한국의 현대사란 무엇인가

(속) 나의 정치일기

한국의 현대사란 무엇인가

지명관 지음

2008년 12월~2014년 10월

종말을 향한 정치 노트

小花

머리말

여기에 나의 인생 마지막 글을 모아 『한국의 현대사란 무엇인가』라는 제목을 부치기로 한 데는 다소 이유가 있습니다. 1955년에서 2008년까지의 수상집은 『나의 정치일기』라고 했었습니다. 그런데 이번에는 『한국의 현대사란 무엇인가』라고 하는 데는 젊었을 때 많은 영향을 받은 E. H. 카의 『역사란 무엇인가』(1961)라는 책 제목을 염두에 둔 것은 두 말 할 것도 없습니다.

이번 2008년 말에서 2014년 가을까지의 제 부족한 수상집에 그렇게 제목을 부친 데는 역사에 대한 일종의 회의주의적인 심정이 깃들어 있다고 할 수 있을 것 같습니다. 후세에 여기에 기록된 역사적 단상이라고 할 글에서 무엇을 다소 가치 있는 것이라고 보아줄 것인가 하고 생각하게 됩니다. 우리가 몸부림치다시피 애타게 생각한 시대나 사건에 대해서 '먼 훗날' 그들은 "잊었노라"고 한 줄도 기록할 필요가 없다고 모두 삭제해 버릴는지도 모르는 것 아니겠습니까.

여기에서는 2천 년대 초 이 시기를 산 사람들은 이렇게 몸부림치다가 갔다고 기록해 놓고 싶었던 것입니다. 얼마나 시간이 지나서야 그렇게 생각하게 될는지 모르겠지만 훗날 이 땅에 사는 사람들이 그때는 뭐 그런 것 가지고 그렇게 괴로워했는가 할는지도 모르겠습니다. 사실은 그런 날이 어서 이 땅에 찾아오기를 기다리면서 이런 글을 써 왔습니다.

이 수상집은 퍽 개인적인 기록입니다. 그런 앞날을 기원하는 심정에서 남기는 글이라고 해주셨으면 합니다. 모래밭에 잠깐 남았다가 바람이 스쳐 가면 지워지는 발자욱이라고나 할까요. 부족하고 잘못된 데도 있으리라고 봅니다. 일생을 사는 동안 참 많은 잘못이 있었지만 그래도 함께해 주시고 격려해 주신 여러 벗들에게 깊은 감사의 뜻을 전하고 싶습니다. 이제는 몇 분 주위에 남아 계시지 않는 것 같아 송구스러운 마음 금할 길이 없습니다.

어려운 시기에 이런 출판을 맡아주신 소화출판사 여러분들에게 깊은 감사의 말씀을 올립니다. 끝으로 원고를 정리해서 입력해 준 아내 강정숙에게 일생 이렇게 함께해 준 데 대해서 마음으로부터 감사의 말을 전합니다.

2016. 6.

지명관

*내용 중 여러분의 인명에 거의 존칭을 붙이지 못한 것을 양해해 주시기 바랍니다.

차례

2012년

2013년

2014년

『미성년』에 안드레 웰르시로프가 망명할 생각으로 유럽에 갔을 때 느꼈던 이야기가 나온다. 프랑스인은 프랑스를 믿고 독일인은 독일을 믿어 유럽에 유럽 사람은 한 사람도 없었다고. 거기서는 망명자인 자기만이 '그 당시 유럽에 있던 단 한 사람의 유럽인'이었다는 것이었다. 망명인이란 이런 특권을 가지고 있다고 할는지도 모른다. 나도 일본에 있었을 때 그랬던 것이 아닐까. …이명박 정부 또는 한국의 현실이 금년에 4·19 그리고 1987년의 6월혁명을 침묵으로 보내고 군사정부의 반혁명 5·16, 12·12도 침묵으로 보낸 것을 주목할 필요가 있다. 그리고 그들은 그것을 '실용의 시대'라고 자칭한다. 역사를 그런 이름으로 소거消去하는 수밖에 없다고 생각하는 것이다. 앞으로 이 나라의 통치, 이 나라의 역사는 어떠한 길을 걸어 가려는 것일까.

2008년

도스토옙스키에서

1979년에 쓴 『한국문화사』 재판을 낸다고 해서 수정을 가한 책을 아카시서점明石書店에 넘겼다. 거의 페이지마다 붉은 글씨로 교정을 표시했다. 얼마 전에는 『한국현대사』 원고를 넘겼으니까 이것으로 내가 책을 쓴다는 작업은 모두 끝난 셈이다. 오래전에 소화출판사에 『나의 정치일기』 원고를 넘겼고 이번에 수정된 책을 아카시서점에 보낸 것은 일본말 원고다.

새로이 단상을 쓰기로 했다. 펜을 들 수 없는 날까지 유서처럼 써갈 생각이다. 참으로 어려운 시대, 국회에 때를 따라 편지라도 내야 하지 않을까 하는 생각을 하게 되는 요즘이다. 이 나이에 지금 같은 시대에는 신문에 글을 쓴다는 것도 어려운 일이니까.

나는 오늘을 단순히 금융 위기로만 생각하지 않는다. 구태여 이름 지어 말한다면 자본주의의 위기, 더 나아가서는 민주주의의 위기라고 하고 싶다. 더 깊게는 민주주의 체제하에서의 인간의 위기라고 해야 할 것 같다. 선하고 바른 인간과 제도를 요구하지만 그것이 어디 가능하겠는가. 선거를 보면 알 수 있지 않는가. 그렇다고 사회주의라고 한다면 그것은 이미 실험해 보고 접어놓을 수밖에 없었던 것이라고 하겠다. 지금 미국에서도 개혁을 시도한다고 하지만 어쩐지 이루어질 수 없는 꿈인 것처럼 생각된다.

인간이 선의지善意志를 상실한다면 그리고 그렇게 된 인간들이 힘을 가진다면 도대체 민주적인 시민의 견제하는 힘이란 얼마나 유효하다고 할 수 있을 것인가. 또 북녘 땅이란 지배자 개인의 사회라고 해야 하는 것 아닌가. 정말 현대의 위기를 되씹지 않을 수 없다. 내 나이에 이미 가고 없는 사람들이 많은데, 내 사고가 멈추어지는 날까지 시대의 증언을 계속 기록해 보기로 한다고 할까. 내 자신의 남은 삶을 제대로 지탱해 나가기 위해서라도.

2008년 12월 1일

도스토옙스키의 『미성년』에서 웰르시로프는 아들 도르고르키에게 이렇게 말했다. "감히 네가 이 부패한 시대에 네 마음속에서 '자기 이상'을 키울 수가 있다고 생각하기 때문에" 너를 존경한다고 했다. "신을 믿지 않으면 안 된다"고도 하고, 신을 믿지 않는다면 삶의 무의미함을 견디어 낼 수가 없지 않은가고 했던 것이다. 그리고 "남이 좋지 않은 일을 해와도 될 수 있는 대로 화를 내지 않고 '그도 인간'이라는 것을 생각하고 참아야 한다"고 했다. "인간이란 생리적으로 이웃을 사랑할 수 없게 되어 있다." 그러니까 '인간에 대한 사랑'이란 '실제는 존재하지 않는 인류에 대한 사랑'이라고 해석해야 한다고. 이것이 바로 도스토옙스키의 인생관이었던 것이 아니겠는가. 이 얼마나 비장한 말들인가 하고 허공을 바라보면서 생각하게 된다.

2008년 12월 9일

『미성년』 제3부에 나오는 병든 노인 마칼 이바노비치의 말이다.

> 인간이란 무엇인가 숭배하지 않고는 견디지 못한다. 그런 것을 가지지 않는다면 어떠한 인간이라도 견디어 낼 수 없을걸. 그러니까 신을 저버린다면 우상을 숭배하게 되는 것이지.

얼마나 많은 우상 숭배자를 보아야 하는가. 인간이란 어떤 가치를 설정하지 않고는 살아갈 수 없다. 거의 모두가 스스로의 우상을 가지고 살아간다. 참다운 신을 믿는다고 하는 경우에도 우상일 때가 많을 것 아닌가. 진정한 신을 가지고 살아가는 사람이란 극히 드문 것이 아니겠는가 하고 생각하지 않을 수 없다.

『미성년』에 안드레 웰르시로프가 망명할 생각으로 유럽에 갔을 때 느꼈던 이야기가 나온다. 프랑스인은 프랑스를 믿고 독일인은 독일을 믿어 유럽에 유럽 사람은 한 사람도 없었다고. 거기서는 망명자인 자기만이 '그 당시 유럽에 있던 단 한 사람의 유럽인'이었다는 것이었다. 망명인이란 이런 특권을 가지고 있다고 할는지도 모른다. 나도 일본에 있었을 때 그랬던 것이 아닐까. 그 땅에 사는 이국인異國人만이 보편적인 인간일 수 있다는 것 아니겠는가. 이런 체험을 했다면 조국에 돌아와서도 조국에 있던 다른 이들과는 다를 수밖에 없다. 거기에 고독이 서리게 된다. 테오도로스 앙겔로프로스의 영화가 생각난다. 망명에서 조국에 돌아왔던 주인공이 다시 떠나지만 조국에 남아 있던 아내만이 그와 함께한다.

이런 망명의 시대에 웰르시로프는 러시아의 과거에 대해서 아무런 미련도 없었다. 그러나 "나는 단지 러시아인이었던 시기보다 훨씬 많은 것을 조국에 바쳤다"고 했다. 이런 망명인이라는 것이 단순한 '프랑스인, 영국인, 독일인'보다 훨씬 자유로운 인간이 아니었던가. 그래서 웰르시로프는 "그 당시 유럽에서 나 한 사람만이 러시아의 우수를 가슴에 품고 있는 자유로운 인간이었어"라고 했다. 이것이 '만민의 고뇌를 짊어진 세계고世界苦의 타입'이라고 하면서. 도스토옙스키는 웰르시로프로 하여금 러시아에서 1천 명에 하나라는 이러한 소수자가 지닌 역사적 의미를 생각하게 했다.

나는 한 가지를 더 첨부하고 싶다. 이것이 러시아혁명으로 가는 혁명적 인간이 아니었을까. 그런 혁명이 성공하고 현실화됐다고 했을 때 그런 혁명적인 사상, 혁명적인 인간은 전락해 가야만 했다. 그래서 그런 인간, 그런 사상을 스스로 추방하면서 그런 이념을 구두선口頭禪처럼 되뇌기만 하는 타락한 소비에트가 지배하게 되었다. 이것이 혁명이 걸어가야 하는 상도常道라는 것일까. 이런 탈선을 계승하기를 거부한다고 하면서도 말이다. 사실은 그런 혁명 없이는 그 정도의 민주주의도 불가능했다는 것일까. 민주주의는 그래서 혁명을 부정하면서 자기를 보전하려고 한다고 할까. 소비에트는 그런 혁명을 계승한다고 하면서 그 혁명을 도리어 부정했었다. 혁명의 계승이란 이런 혁명 부정의 길을 넘어서 가야 하는 것이었다.

*

이명박 정부 또는 한국의 정치 현실이 금년에는 4·19 그리고 1987년의 6월혁명을 침묵으로 보내고 군사정부의 반혁명 5·16, 12·12

도 침묵으로 보낸 것을 주목할 필요가 있다. 그리고 그들은 그것을 '실용의 시대'라고 자칭한다. 역사를 그런 이름으로 소거消去하는 수밖에 없다고 생각하는 것이다. 앞으로 이 나라의 통치, 이 나라의 역사는 어떠한 길을 걸어가려는 것일까. 웰르시로프는 이렇게 말했다.

> 러시아인에게 있어서 유럽은 러시아와 마찬가지로 귀중했다. 그 하나하나의 돌이 사랑스럽고 존귀한 것이다. 유럽은 러시아와 꼭 마찬가지로 우리의 조국이었다.

러시아인은 러시아인 자신들을 위해서만이 아니라 이런 '사상'을 위해서 살고 있었다. 그것을 꿈꾸면서 '무서운 고뇌'의 운명을 살아왔다.

동북아시아의 역사에서 우리가 중국이나 일본에 대해서 이렇게 살아왔다고 한다면 어떨까. 적어도 일제하의 선인들은 그렇게 생각했던 것이 아닐까. 거듭거듭 배반을 당하면서도 이상적인 동양 평화를 꿈꾸었다. 유럽 세계에서의 러시아와 동북아시아에서의 조선이라는 운명을 비교해 볼 필요가 있을 것 같다. 언제나 유럽을 떠날 수 없는 러시아였고, 언제나 동북아시아를 떠날 수 없는 한국이었다.

2008년 12월 15일

도스토옙스키는 『미성년』 마지막에 나오는 후원자의 편지에서 오늘을 그려 내기보다는 역사적인 묘사를 할 수밖에 없다고 다음과 같이 기록했다.

> 그는 역사소설 이외의 양식으로 소설을 쓸 수가 없습니다. 왜냐하면 아

름다운 타입이란 현재에는 존재하지 않기 때문입니다. 설혹 그 잔영이 조금 남아 있다고 하여도 오늘의 지배적인 관념에서 본다면 도저히 이 '미'를 간직해 내지 못하는 것 아닐까요.

그래서 '러시아의 문학이라고 하기보다는 러시아의 역사에 속하는 것'이라 해야 할 것 아니냐고 했다. 그것을 '예술적으로 완성된 러시아의 환영의 그림'이라고 생각했던 것이다.

그는 그런 긴 장편인데도 불구하고 정말로 극히 짧은 기간을 다루었다. 그러면서도 러시아의 방대한 사회와 긴 시대를 다룬 역사소설과 같은 인상을 던져 준다. 그 짧은 기간인데도 불구하고 러시아의 이미지를 충분하게 담아냈기 때문이다. 러시아의 광대한 이미지를 뿜어냈다는 말이다. 어제와 오늘과 내일이 압축된 채 시간을 느끼지 못하도록 결정結晶을 이루고 있다. 어제와 오늘의 러시아의 삶, 그 역사가 생생하게 응결되어 있는 것이다.

2008년 12월 17일

혁명이란 불꽃처럼 일어나지만 그것은 곧 사라져 가는 허망한 꽃. 러시아혁명에서 본 것처럼 그 혁명적 이념이 잔인한 폭력으로 그야말로 순식간에 이화되고 만다. 그것은 악령으로 화한다. …다수로 권력을 잡지만 어떻게 하면 국민 전체를 끌어안을 수 있는 권력을 창출해 낼 수 있을 것인가. 미국도 일본도 한국도 민주 체제하에서 이런 과제에 직면해 있는 것 아니겠는가. 그것에 성공할 수 있을 것인가. 사실은 다수의 국민이란 정당적 대립이라는 것을 넘어 있는 셈이다. 그래서 그 많은 사람이 투표 결과에 관심이 없다고 할까. 애당초 투표에 참여하려고도 하지 않는다. 좀 지나친 표현일지 모르지만 여당이든 야당이든 마찬가지라고 생각한다.

2009년

유럽과 아시아 그리고 혁명

『지중해』 제2권을 읽으면서 아시아와는 다른 유럽의 역사를 이해하게 된다. 거기서는 어느 나라, 어느 지역도 자급자족의 땅이 아니었다. 포르투갈이 소맥을 찾아서 모로코로 갔다가 북해로 향한다. 이처럼 유럽에서는 중동까지 합쳐서 서로 수출하고 수입하면서 계약도 생기고 알력도 일어난다. 그것이 근세로 향하면서 남미와 북미로 향하고 인도와 동양으로도 향하게 된다. 정치 세력이 그 수출입을 통제하려고 한다면 밀항, 밀무역이란 불가피해진다. 그래서 무역이나 밀무역을 약탈하려는 해적은 어디에서나 활동했었다. 유럽 전체가 이런 거래 관계 속에 있었다. 거기에 따라 외교 관계도 생겼고, 이것을 감시하고 통제하며 때로는 협상과 거래를 끌어내야만 했다.

동북아시아에서 중국에 가는 사절이 물물교환을 하면서 무역을 하는 역할도 했다는 것과는 판이하게 다르다. 물론 그것은 관이 하는 것이고 민이 하는 것이 아니었다. 쇄국이 시행되니까 더욱 민에 의한 무역이란 있을 수 없었던 것 아닌가. 무엇보다도 서로 멀리 떨어져 있는 한·중·일은 자족의 나라였다. 그러니까 근세에 이르러 대항해의 시대가 왔을 때 역사에 참여할 수가 없었다. 그것은 유럽에서 오랜 역사를 통하여 훈련된 항해 세력이 그들의 활동 범위를 확대하면서 설치는 것에 불과했다. 그들의 눈은 항해와 무역 그리고 군사적인 침략에서만 남을 바라보는 것이었다. 그래서 후일 동서의 관계란 침략과 이에 대한 저항 이상의 것이 될 수 없었다. 그런 자세를 일본은 재빠르게 모방하게 되었다. 사실 이미 일본은 무사 사회였으므로 강한 것이 곧 선이었으니까. 중국이나 한국에 있어서의 근대란 이것을 학습하면서 몸부림쳐야 했던 시대가 아니겠는가. 이제야 그것을 알았다고 할 때도 가슴으로부터 수긍할 수 없어서 긴 한숨을 내뿜을 수밖에 없었던 것이 아닐까 생각한다.

2009년 1월 22일

에릭 홉스봄Eric Hobsbawm이 『흥미로운 시대*Interesting Times*』에서 공산주의 나라를 찾아갔던 지식인들의 운명을 그린 글은 정말 냉철하기 짝이 없다. 동유럽에서 전개된 이러한 상황은 어디에서나 마찬가지가 아니었을까. 그것이 분명해진 것은 1970년대 후반이 아니었을까. 무엇보다도 경제는 살아남을 수 없었다는 것이다. 우리나라 북에서도 마찬가지가 아니겠는가. 그래도 동독에서는 서독의 텔레비전은 보게 했다고 한다. 그리고 유태인 추방과 박해는 없었다. 체코나 헝가리도 그랬다고 할까. 그것은 마치 물 빠진 뒤에 해안에 남겨진 고래였다고. 성배聖杯가 깨지고 나서 믿을 수 있는 새로운 성배는 없었다. 홉스봄은 이렇게 물었다.

> 휴머니티란 자유와 정의라는 이념 없이, 또는 그런 이념에 헌신하는 사람들 없이 살아남을 수 있는 것인가…. 20세기에 그렇게 살아간 사람들에 관한 기억도 없이.

그런 것 없이 살아가는 공산주의자라면 그것은 잔인한 무리가 아니겠는가. 족장 김일성만이 있을 뿐 그런 이념이나 인물과는 아무런 관계도 없는 우리나라 북에 사는 무리뿐만 아니라 남에도 그런 잔인한 인간들이 존재한다는 것일까. 그렇다면 나아가서 그들을 배격하는 세력이란 자유와 정의라는 이념에 헌신하는 휴머니티의 사람이라고 할 수 있는가. 여기에 또한 문제가 있다. 오늘의 금융 위기란 그것을 들어서 보여 주는 것인지도 모른다.

2009년 3월 25일

데이비드 로지David Lodge는 『바흐친 이후, 소설과 비평에 관한 에세이*After Bakhtin, Essays on Fiction and Criticism*』에서 "1960년대 혁명 접근이라는 분위기 속에서"라는 말을 썼다. 정말 그때는 혁명이라는 말이 얼마나 아름다운 말로 쓰인 시기였던가. 그리스에서도 스페인에서도 파리에서도 베트남에서도 중국에서도 남미에서도 그랬다. 그런 혁명의 공기 속에서 우리도 4·19혁명을 이루어 냈다. 가난과 어려움 속에서도, 많은 모순과 잔인성 속에서도 우리는 희망에 가득 차 있었고 역사에 대해서 지극히 낙관적이었다. 그것은 지금 생각해 보면 현실과 동떨어진 환각이 아니었던가 생각된다. 그러니까 곧 반동이 찾아온 것이 아니겠는가.

혁명이란 불꽃처럼 일어나지만 그것은 곧 사라져 가는 허망한 꽃. 러시아혁명에서 본 것처럼 그 혁명적 이념이 잔인한 폭력으로 그야말로 순식간에 이화異化되고 만다. 그것은 악령으로 화한다. 한국의 1980년대에 승리한 세력이 드디어 성공했다고 하지만, 노무현 일당과 저 민주당 세력으로 전락해 간 것처럼 말이다. 그러면서도 혁명 세력으로 가장하는 것이지만 그렇게 위장하기 위해서는 먼저 자기기만을 강행하고 있는 것 아니겠는가.

역사에서는 혁명에서 반혁명으로 그렇게 재빠르게 진행되는 것일까. 그러나 그러한 인간 군상을 제거하는 혁명—역사의 진보는 진행된다. 혁명 세력 자체도 반혁명 세력으로 화하는데도 그것을 넘어서 아니 그 역사 밑바닥에서 진정한 혁명—역사의 진보는 서서히 진행되어 간다. 이것이 역사의 발전이라는 것이다. 우리나라 현대사에서 1960년대와 오늘을 비교해 본다면 이러한 역사의 변천을 누가 부정할 수 있겠는가. 그렇게 반동화되어서 밀려난 자들 또 본래부터 반동의 이기주의에 사로잡혀 살아온 인간들, 이 모두를 버리고 아니 이것들을 넘어서 역사는 자기 길을 걸어왔으며 걸어간다고 볼 수밖에 없는 것 아니겠는가. 결국은 반동에 가담했던 세력들이 반짝 햇빛을 보았던 그날들을 그리면서 발버둥치고 있는 것이지만. 그들은 그런 처지에서 오늘을 저주할 시대라고 아우성치면서 역사를 어두운 눈으로 바라보고 있을지도 모른다.

역사는 서서히 그 자체의 길을 모든 시대와 상황과 인간들을 이용하면서 걸어간다. 그러니까 그들은 반동의 아우성으로, 달리는 차 앞에서 허둥대는 허상들이라고 보아야 하는 것 아니겠는가. 미래를 지향한다면 그런 것은 때때로 힐끗힐끗 쳐다보면서 다소 참고로 하는 것이고 역사의 본궤도를 그대로 달려가야 하는 것이다.

아무래도 오늘의 현실에 대해서 이것을 눈여겨보아야 하는 것 아니겠는가. 세계적으로 몰락하는 정치 세력. 미국에서는 오바마에 대한 지지율도 50퍼센트 이하로 떨어져 간다고 한다. 취임 6개월이 지났으니까. 국민은 강해지고 정치 세력은 몰락해 가는 것이라는 소식이다. 이것은 세계사적인 현상이 아니겠는가고 해야 할 것 같다. 정치 세력을 둘러싸고 있는 아우라, 그 후광이란 없다. 그렇게 모든 것이 적나라하게 드러난 시대이고 시민이 강해진 시대이다. 그래서 변명하려고 나서면 나설수록 더욱더 폭로되는 시대라고 할까.

로지의 책에서 레너드 J. 데이비스Lennard J. Davis가 『사실적 허구, 영국 소설의 기원*Factual Fictions : The Origins of the English Novel*』(1983)에서 한 말이라는데 다음과 같은 말은 현대문학에 관한 이야기라고 하기보다는 역사 자체에 관한 이야기로 들려온다. 저자의 본뜻과는 다른 이해라고 할는지 모르지만.

"변혁이 이미 역사의 영역에서 제거된 것처럼 이제는 그것이 개인 심리의 영역에서도 제거되었다." 그리하여 '변혁은 순수하게 미적인 카테고리'에 근접하게 되었다는 것이다. 현실 역사에 있어서는 물론이고 개인 심리를 더듬는 문학에서도 그렇다는 것이다. 변혁이란 관념의 세계에만 있고 현실에는 존재하지 않는다. 그러니까 변혁을 꿈꾸다가는 냉엄한 역사에서 누구나 좌절을 경험한다. 그래도 흔히 그런 역사적 사실을 우리의 관념은 쉽사리 받아들이려고 하지 않는다. 그런 생각에는 우리의 욕망이 가담하는 것이니까.

눈앞에서는 컴퓨터의 변화라는 역사가 진행된다. 컴퓨터가 영위하는 것이란 사실은 다른 내용을 산출하는 것 같지만 한갓된 반복이 아니겠는가. 그것은 마치 흘러가는 강물처럼 반복하는 것에 지나지 않을 테니까. 그렇지만 엄청나게 커다란 파장으로 역사는 굽이쳐 간다. 그것을 변화라고 하겠지만 지구의 역사나 인류의 역사에 비하면 그것은 동어반복에 지나지 않는다. 역사의 기복이란 영원 앞에서는 무無요, 공空이라고 보아야 하는 것 아니겠는가.

2009년 7월 31일

좌우를 넘는 발상

산책을 하면서 요즘은 길가에 핀 무궁화와 자주 만나게 된다. 벚꽃이 생각나지 않을 수 없다. 벚꽃은 한꺼번에 아름답게 화사하게 피었다가 한꺼번에 팔랑팔랑 떨어지고 만다. 그래서 일본 사람들은 무사의 꽃이라고 해서 벚꽃을 사랑했다. 요절을 상징하는 꽃이라고 할까. 우리는 무궁화를 국화로 삼았다. 무궁화는 지금 피어 있는가 하면 수없는 꽃망울들이 피어날 자기들의 차례를 기다리고 있다. 피었다가는 지고 지고는 다시 핀다. 그래서 무궁화라고 하지 않는가. 화사한 꽃은 아니다. 눈에 띄지 않는 서민의 꽃이라고 할까. 장수해야 한다. 부모보다 앞서 가는 불효를 저지를 수 없다. 그것은 무武와는 다른 문文의 논리, 유교적인 세계관이 아니겠는가.

*

1987년의 민주항쟁으로 군부독재는 종막을 고했다. 그로부터 민주화의 길이 트여 민주화가 진행되는 선상에 있다고는 해도 2008년에는 한나라당이 다시 집권하게 되었다. 2009년에는 미국은 민주당 정권, 그것도 흑인 대통령을 내세운 나라. 일본은 이번에 민주당이 선거에서 압승. 이렇게 성립된 민주정권이 반동의 흐름을 이겨 낼 수 있을까. 모두가 공동의 과제를 안고 있는 셈인데 말이다.

민주주의는 선거에서 다수가 권력을 차지하면 되는 것이라고 생각되어 왔다. 그러나 나는 현대에 있어서는 다수를 통하여, 한 정당을 통하여 집권하지만 집권하고는 어떻게 야당과도 협력할 수 있는 초당적인 집권 세력이 되는가를 고민해야 한다고 해왔다. 다수로 권력을 잡지만 어떻게 하면 국민 전체를 끌어안을 수 있는 권력을 창출해 낼 수 있을 것인가. 미국도 일본도 한국도 민주 체제하에서 이런 과제에 직면해 있는 것 아니겠는가. 그것에 성공할 수 있을 것인가. 사실은 다수의 국민이란 정당적 대립이라는 것을 넘어 있는 셈이다. 그래서 그 많은 사람이 투표 결과에 관심이 없다고 할까. 애당초 투표에 참여하려고도 하지 않는다. 좀 지나친 표현일지 모르지만 여당이든 야당이든 마찬가지라고 생각한다.

이번 임진강 방류 사태에서 생명을 잃은 여섯 명. 나는 북이 고의로 일으킨 사고라고 생각한다. 경제적 어려움과 국제적인 고립 때문에 남쪽에 호소하려고 하면서 한편에서는 협박을 가하려는 것이라고 하겠다. 거기에서 인간 생명이 희생된다는 것은 아무렇게도 생각하지 않는다. 상대는 적이라고 생각하는 자세니까. 그들의 심성에서는 나와 다르면 누구든지 적이다. 거기서는 보편적인 휴머니티란 찾아볼 수 없다. 그들은 휴머니티니 뭐니 하는 것은 부르주아의 반동적인 사고가 낳은 은폐된 반동사상이고 일종의 환상이라고 생각한다. 이 무서운 자기 정당화를 위한 해괴한 논리를 언제까지 지탱하려고 하는 것일까.

그것은 해방 후 공산주의라는 이름으로 강요해 온 사상이다. 이제는 그것이 어떠한 긍정적인 면도 내포하지 않은 이데올로기로 화해 버린 것이라고 나는 생각한다. 전제적인 경화된 체제 아래서는 모든 사상이나 삶의 자세는 악화 일로의 길을 가고 만다. 적이란 없애 버려야 하는 것, 남南이란 적, 없애 버려야 하는데 어쩔 수 없는 현실로 아직 남아 있는 데 불과하다고 생각한다. 이것이 그들의 권력이 지니고 있는 논리이고 사상이니까 어떻게 할 것인가.

그러나 또 한편 그런 생각이 우리에게도 있는 것 아닌가. 내가 노무현 정권을 비판했을 때, 인터넷댓글에 내게 저주를 퍼붓는 글이 무성했었다. 대화란 있을 수 없는 분위기였다. 나는 때로는 몸을 피해야만 했었다. 그런 것은 내게도 있는 것 아니겠는가고 나는 두려워하면서 점점 인간혐오의 심정으로 전락했다고 할는지도 모른다. 그래도 다수에 대한 신뢰로 스스로를 지켜 세워야 하는 것 아닌가 생각했었다.

이번에 KBS 이사장을 임명하는 것을 보면서 시대의 변천과 변화를 생각하지 않을 수 없었다. 대통령과는 잘 맞는 모양이지만 이제부터 어떻게 해가려고 하는지 모르겠다. 경제계 출신이라고 하는데. 경제 우위의 세대가 완전히 시작된 것이 아니겠는가. 이명박 시대부터 경제 절대 우위, 경제계 주도의 역사가 시작하고 따라서 지식인의 전면 퇴거의 시대가 표면화한 것 아니겠는가. 지식인 우위란 어려운 시대의 상징이겠고 이제는 지식인이라는 이름조차 사라진다는 것이다. 2008년 그리고 금융 위기, 이 시대를 지식인 퇴거의 시대라고 해야 할 것 같다.

지난번에 김대중이 이명박을 향하여 독재자라고 할 때 바로 그런 시대감각의 격차가 있다고 할 수 있지 않을까 생각했다. 그러니까 김대중의 생각에 있던 시대는 지나갔다. 『동아일보』에 그의 그러한 발언에 대한 지식인들의 논평이라도 있어야 한다고 했지만 모두 마이동풍이다. 그런 발언이 가치 있다고도 생각하지 않는 시대이니까. 이른바 지식인이라는 사람들의 정치적 발언이 우습게 보이는 때가 되었으며, 그런 지식인들이 이미 소멸되고 없는 시대이기도 할 것이다. 리즈만의 말에 따라 그들은 아카데미션은 되어도 인텔렉추얼은 될 수 없다는 시대라는 말일까. 매스컴이 정치적 비판자로 지식인을 찾던 시대는 이미 지나가고 다시 오지 않을 것이라고 해야 하는 것 아닐까 생각한다. 수요가 없다면 공급을 위한 준비도 없을 것 아닌가.

이런 시대를 어떻게 살 것인가. 사실은 정부가 이런 시대를 위해서 지적 활동을 자극할 수 있는 정책이라도 세워야 하는 것인데, 서민의 아우성은 두려워하지만 그런 대책에 마음을 쓸 여유는 없다는 것 아닐까. 발언할 장도 없어졌다. 『한겨레』 같은 신문이 좀 더 질적으로 공정한 자세를 높여서 한국의 『르몽드』로 자인할 수 있게 될 수는 없을 것인가 하는 생각을 했다. 고도한 지성을 띄워야 할 시대인데 하고 고집스럽게 생각하면서.

2009년 9월 11일

러시아 지식인들이 낸 '러시아의 참다운 근대화를 위하여'라는 제언에서 그들은 현대에서는 좌우익이 서로 정치 슬로건을 빼앗기도 한다고 했다. 그래서 지난번 독일 선거에서는 좌파가 패배했지 않은가. 오늘의 집권 세력은 국민에게 대해서 아주 저자세이다. 대통령이라고 권위를 내세우지 못한다. 전쟁이 없는 시대니까 더욱 그렇지 않겠는가 하고 생각한다.

이런 시대의 정치 형태, 정치체제라는 것을 문제 삼을 필요가 있다. 우리도 민주화 이후 이런 길을 걸어왔다. 그래서 나는 지난번 정치 일기에 "나는 진보니 보수니 하는 용어는 낡은, 그야말로 오늘에 맞지 않는 공소한 낱말이라고 생각한다"라고 했었다.

2009년 10월 11일

독일에서 망명해 왔던 시카고대학 교수 레오 슈트라우스Leo Strauss

가 1963년 디트로이트대학에서 했던 강연「현대의 위기와 정치철학의 위기」를 읽고 있다. 2008년 10월호『사상』에 일본말로 나와 있는 글이다. 우선 "현대의 위기"에서 공산주의에 대한 언급을 옮겨 보자.

> 죽음의 위기에 처해 있을 때를 제외한다면 공산주의가 형제의 인사에 대답한 것은 경멸의 생각을 가지고서였고 그것도 기껏해야 겉치레였던 것이 분명한 우정의 몸짓을 가지고서였다. 그리고 죽음의 위험에 처해 있을 때에는 서양으로부터의 조력을 열심히 구했지만 거기에 대한 대답으로서 감사하다는 말은 절대로 하지 않겠다는 결심도 그것과 마찬가지로 강했다.

소련을 바라보던 한 철학자의 말이다. 이것을 우리는 오늘 우리나라 북에 대해 되풀이해서 생각해야 할 것이 아니겠는가. 이명박은 오늘 만약 북이 겉치레로 만나자고 한다면 받아들일 수 없다고 말했다. 그리고 핵을 포기하겠다면 만나겠다고 했다고. 잘한 일이라고 하지 않을 수 없다.

2009년 10월 18일

일본도 한국도 권력자가 얼마나 저자세인가. 역사상 처음 있는 일이라고 할는지 모른다. 거기에는 우파도 좌파도 없다. 전쟁이 없는 시대, 국민 투표의 수가 정치권력을 택하는 시대라면 누구든 정치하는 사람이라면 국민에게 저자세일 수밖에 없다. 독일에서도 우파의 승리. 우파가 좌파의 슬로건일지라도 좋다면 다 채택하는 시대니까, 좌파는 속수무책이었다고 하는 것 아닌가. 그렇다면 그 어느 때보다도 유권자인 국민이 강한 셈이다.

좌파는 감사할 줄 모른다는 것. 이것이 혁명을 위한 자세라는 것일까. 혁명이라면 반민주주의적이고 폭력적이라도 찬동한다는 것인지 모른다. 바로 그 고자세에 비인간성이 스며들기 쉽다는 것을 모르는 것일까. 이제는 평범한 인간적인 자세로 남을 돌보고 그들의 배려에 깊이 감사하는 인간성이 있어야 하는 것 아니겠는가고 생각한다. 그런 상식이란 어떠한 혁명적인 자세도 거부할 수 없다. 악을 행하면서 자기 정당화를 꾀하는 것은 그야말로 말할 수 없는 악이라고 해야 하는 것이다. 그런데도 불구하고 그런 비현대적인 정치 자세가 아직도 도처에 널려 있다는 것은 놀라운 일이다.

사실 그들이 그렇게 인간적인 것을 무시한다면 『파우스트』에 나오는 말처럼 "그들이 수호해야 할 이 제국은 약탈과 황폐에 내맡겨져 있습니다"라고 해야 할 것 아니겠는가. 공산주의 사회로 간다는 것이 도리어 수탈과 황폐만 낳아 놓았다. 혁명의 이름에서 수탈과 폭력과 황폐 그리고 허위와 거짓이 허용되고 그것을 찬양하기까지 했다고 해야 한다. 그러니까 혁명은 인간을 황폐하게 만들고 종래에는 실패하고 만다는 것일까. 『파우스트』에는 이런 말도 있다. "당파 같은 것은 찬동하든 비난하든 애증愛憎 두 가지가 모두 내실이 없는 것이 되고 말았습니다." 사실 당파성이란 찬성이든 반대이든 이기심을 위한 것이니까 아무런 의미가 없는 것 아니겠는가. 지금 우리나라의 정쟁 같은 것일 테니까 말이다.

『파우스트』에서 한두 가지 말을 더 들어 보자. 어떻게 메피스토텔레스가 이런 말을 했을까. "언제나 악을 원하지만 언제나 선을 이룬다." 하나님의 역사 속에서의 악이란 그렇게 적극성을 갖지 못하는 것이 아닐까 생각한다. 악이 악을 낳는 것이 아니라 선을 낳고 만다. 이렇게 아이러니컬한 것이 역사가 아니겠는가. 일본의 아시아에 대한 악이 아시아의 각성 그리고 아시아의 선한 협력에 대한 갈망을 낳았듯이.

이번에 수상 하토야마鳩山가 일본에서는 처음으로 '동아시아 공동체'를 말하니까 그런 것을 지금까지 말해 왔다고 할 한중은 도리어 침묵하고 말았다. 전후 60여 년의 역사는 이제 여기까지 왔다고 해야 하는 것 아닐까 생각한다. 미국에서 남북전쟁(1861~1865)의 아픔을 씻는 데 150년이 걸렸다고 하듯이. 흑인 대통령이 나타났으니까 말이다. 이런 데 비하면 우리가 남북, 남한에서는 영남과 호남, 이런 벽을 넘는 데는 얼마나 많은 시간이 필요하다는 것일까. 그러나 그것은 기필코 넘어가야 할 산이다.

2009년 10월 21일

역사에 대한 전망

역사적으로 한반도는 그것이 지닌 지정학적 위기에서 어떻게 살아남으려고 하였을까. 어떤 의미에서는 조선조 이전이란 오랜 시행착오의 과정이었다고 할 수 있지 않을까 생각한다. 조선조에서도 임진왜란이나 병자호란의 난국이 있었지만 그때에 우리가 지녔던 삶의 방향이란 반도에서 어떻게 살아남을 수 있을 것인가 하는 것이 아니었겠는가. 사대적인 자세로 살아남으려고 했던 것이라고 해야 하겠다. 어떤 의미에서는 오늘도 우리는 그런 방향을 찾아야 할는지 모른다. 오늘은 사대로 살기보다는 중간자로서 동북아시아의 평화를 이룩하려고 한다고 할까. 성실하게 그 역할을 다해 가면서 중국과 일본에 영향을 끼친다는 것이다. 중국이 대두되면 일본과의 사이에서 균형을 잡으려고 한다. 20세기 전후해서 우리는 그런 생각에서 얼마나 갈팡질팡했는가. 그때는 제국주의로 가는 시대였으니까, 그때까지 우리가 지니고 온 대중국 자세와 대일본 자세는 무너질 수밖에 없었다.

오늘은 남북 분단이라는 역사적 상황을 앞에 놓고 이런 현실에 대응하려고 한다. 거기에 대해서 미국이라는 요인은 아주 중요한 것인데, 그 힘이 이전처럼 직접적인 것은 아니라고 할는지 모르지만 그 요소는 계속 매우 중요한 것 아니겠는가. 만약 그 힘이 약해졌으면 약해졌을수록 우리의 협력적 자세가 중요할 것이라고 해야 하겠다.

대미 관계에서 우리나라가 이만한 힘을 가졌던 시대가 있었는가. 해방 이후 60여 년의 역사를 되돌아보자. 그것은 어떤 의미에서 미국이 지배적이었던 상황에서 점차로 우리가 자주적인 힘을 가지게 되고 점점 선의의 입장에서 미국과 함께하게 되어 온 과정이라고 할 수 있지 않은가 생각된다. 미국이 우리를 전적으로 지배하던 시기부터 오늘에 이르기까지 성장해 왔다. 이제 미국에 대해서 우리가 필요한 나라가 되어야 하는 시대에 이르렀다고 생각한다. 동북아시아 삼국에 있어서 가장 미국에 가까운 나라가 된다는 것이고, 그런 위치에서 우리의 영향력을 행사할 수 있어야 하리라고 생각한다. 남북문제에 있어서 더욱 그렇다. 그런 의미에서 나는 북을 소외시키고 있다고 할 이명박 정부의 정책을 지지한다.

2009년 11월 10일

칸트도 18세기 말엽에 영구평화론을 전개하면서 경제에 따른 세계 평화를 전망했지 않은가. 헤겔은 19세기로 향하면서 통일된 독일을 전망하고 거기서 역사의 완성을 생각했다. 그때는 철학자나 지식인이 역사의 앞날을 전망하던 시대였다. 오늘날에 있어서는 정치가가 지식인에 앞서서 예를 든다면 '동북아시아 공동체'를 전망해야 하는 것 아닌가 생각한다. 정치가와 지식인의 역할이 전도된 것처럼 보인다. 지식인이 거의 단순한 지적인 일에 종사하는 자들이 되고 말았고 그런 직업적인 것을 넘어 역사를 전망하는 일을 그만두게 되었다고 할까. 어쨌든 그런 지식인이 없어져 가는 시대에 우리는 와 있다.

지식인이 그런 역할을 상실하는 데는 오늘의 신문 같은 출판물이 지식인을 요구하지 않는 데도 큰 이유가 있을는지 모른다. 그런 글을 요구하지 않는다는 데는 신문들이 그런 규제를 가하게 되었다는 것도 있겠지만 오늘의 시민들이 그런 것을 요구하지 않는다는 데도 물론 이유가 있을 것이다. 그런 의미에서도 오늘은 반지성의 시대라고 해야 할 것 같다.

*

기독교에서 종말론적인 사고가 자취를 감추게 되었다. 제1차 세계대전 후에 나타났던 역사에 대한 위기의식이 없어졌으니까 말이다. 그래서 제1차 세계대전 이전의 기독교적인 역사관이 그동안의 단절을 넘어서 이어지는 것이라고 생각한다면 오늘의 신학은 그것에 대해 깊은 검토를 전개해야 할 것 아닌가 생각한다. 근대적인 역사발전론과 오늘의 역사발전론을 비교해서 논해야 하리라고 생각한다. 거기에서 사상사적으로 어떤 논리의 발전을 말할 수 있을 것인가.

*

정반합의 변증법은 아니다. 여야의 대립이 아니고 선거에 이기면 내 세상이라는 발상이 아니다. 반대자 이른바 패배한 소수를 어떻게 수용할 수 있는 정치권력이 되는가가 문제이다. 언제나 현실적인 타협을 찾아야 한다. 그래야 하는 것이 바로 인간 사회가 아니겠는가. 정치권력을 쥔다는 것은 다수자의 지지를 얻어 승리한다는 것이지만, 권력을 쥔 순간부터 전체의 대표가 되려는 노력을 해야 한다. 다수면 진리 또는 지배자라는 생각은 오늘의 정치적 민주주의가 아니다. 역사적으로 다수를 차지한 권력이 이렇게 취약한 시대가 있었을까. 일본의 민주당 정권의 저자세는 볼만하다. 이명박 정부가 우리나라 근현대사에서 지금까지 가장 국민에게 허리를 굽히는 정부가 아니겠는가. 대통령의 권위란 거의 없어 보이는 권력이 아니겠는가고 가끔 생각하게 된다.

변증법이 아니라면 동양적인 논리일까. 사실 이제 역사는 변증법적으로 발전하는 것이 아니라 다만 반복하는 것이라고 해야 하는 것 아닌가 생각된다. 오늘 어떻게 대립 속을 헤쳐 나가는가 하는 것이 정치이고 사실 이것이 역사일 테니까. 그러면서도 발전을 말하게 되었다. 지난번 동창회에서 말하면서 일제하에서 해방된 지 반세기 이상의 역사를 생각해 본다면 우리는 부단히 발전을 말해 왔고 앞으로도 국민소득의 향상, 더 잘사는 사회를 꿈꾸고 있는 것이 아니겠는가라고 했다. 사실 우리는 지난날과는 다르게 항상 발전을 꿈꾸고 있으며 틀림없이 그렇게 되리라고 생각하고 있는 것 아니겠는가.

우리 개인의 인생과는 관계없이, 비록 우리는 가도 역사는 그렇게 갈 것이 틀림없다고 생각하고 있는 것이다. 여기서 기독교적 종말론은 어떻게 해석되어야 하겠는가. 지상처럼 생각해 오던 국민국가라는 생각이 무너져 가는데 어떻게 역사를 재해석해야 할 것인가. 지난날 서구의 역사에서 라틴어가 사라진 것처럼 프랑스어가 외교의 장에서도 사라졌다. 영어가 각국어를 지방어로 만들면서 세계를 지배하려는 것일까. 컴퓨터도 이 흐름을 촉진하는 것 같다. 그러나 그런 변화에 대한 학문적·사상적 반성 없이 현실 정치란 굴러가기 마련이다. 반동은 있을 수 있다. 그러나 역사는 불가역이라고 해야 하는 것 아니겠는가.

죽음의 전장 속으로 정치가 국민을 몰고 가던 시대. 그러나 지금은 한 사람의 죽음이라도 있을까 두려워하면서 아프간 파병을 주저해야 하는 시대가 아닌가. 수많은 생명을 앗아 가는 데도 애국이라고 전쟁을 환호하던 세대는 지나갔다. 인간 개인의 생명을 이렇게 존중할 수밖에 없었던 시대가 지금까지 있었던가. 핵무기로 인간을 절멸할 수 있다는데 말이다. 힘이 극한에 이르면 모두가 무력해진다는 역사의 아이러니라고 해야 할까. 인간이 그렇게 '유정有情'하게 된 것은 아니다. 역사가 우리를 그렇게 몰아가는 것이다. 그런데도 지난날처럼 전쟁과 대립으로 국민을 내몰면서 그것을 구실로 일인독재를 계속하려는 북녘 땅을 우리는 바라보지 않을 수 없게 되어 있다. 역사는 언제까지 그것을 허락한다는 것일까. 그러니까 그 땅에서는 그렇게도 몰락의 날을 두려워하는 이상異常 정신 상태가 되어 있는 것 아니겠는가.

2009년 11월 15일

오늘은 인간에 대해서 좀 관대해졌다고 할까. 편을 가르고 싶지 않다. 지난번에 쇠고기 수입을 반대한다고 할 때 이명박 정부 퇴진이라는 피켓이 수없이 나타났었다. 아니 민주선거에서 승리했는데 정책에 대한 비판은 할 수 있어도 저렇게 퇴진이라고 한다면 민주선거에서 패배하고 폭력으로 권력을 되찾자는 것인가 하고 피켓을 들고 있는 젊은이들을 바라보면서 생각했다.

2010년

『장 크리스토프』를 읽으면서

로맹 롤랭의 『장 크리스토프』를 읽고 있다. 그는 장 크리스토프를 통하여 독일과 프랑스 사이의 국경은 사라져 가야 하고 두 나라가 서로 힘을 보충하면서 협력하여 유럽문명의 기초를 이룩해 내야 한다고 생각했다. 『장 크리스토프』는 1904년에서 1912년까지의 작품이다. 바로 제1차 세계대전 직전에 쓴 소설이다. 그러면서 로맹 롤랭은 제1차 세계대전 제2차 세계대전을 견디어 내야만 했다.

유대인에 대해서 "이민족이기 때문에 수세기를 고립해서 살면서 냉소적인 관찰만이 예리해졌다"고 했다. 또 이렇게도 말했다.

이스라엘의 여인은 전 유럽을 통하여, 살고 있는 국토의 육체적 및 정신적 풍조를 흔히 과장해서 채용하지만— 그럼에도 불구하고 민족 고유의 면모를, 그 흐린 무거운 것을 잃어버리는 법이 없다.

한나 아렌트의 경우는 어떨까, 그리고 세계에 흩어진 우리 민족의 경우는 어떨까 하고 생각한다. 그런 방향으로 우리도 가고 있다고 할 것인가.

로맹 롤랭은 헤르델의 말이라고 해서 "무언가를 영광으로 삼는 자 중에서 자기 국가를 영광으로 삼는 자는 지극히 어리석은 자다"라는 것과 실러의 말이라고 해서 "다만 한 국민을 위해서 글을 쓰는 것은 매우 빈약한 이상이다"라는 말을 인용했다. 독일의 근대 국가주의가 일어날 때 견딜 수 없어 하면서 고뇌한 지식인의 말이라고 해야 한다. 일본의 경우는? 우리의 경우는? 내셔널리즘을 어떻게 해석할 것인가. 21세기의 동북아시아를 눈앞에 하면서 우리도 이런 국가주의를 문제 삼지 않을 수 없는 것 아닌가 생각한다.

프랑스에 대한 말도 흥미롭다. 파리를 들어서 하는 말이지만 "거기서는 정치가 문학·예술에 간섭하는 법이 없고 정의情誼나 신세탓으로 훈장이나 지위나 금전을 나누어 주는 법이 없다"고 했고 "자기들의 모든 것을 비난하고 적을 칭찬하는 프랑스인의 놀라운 자유"가 있다고 했다. 우리는 어떨까. 일본은 어떨까, 중국은? 그것이 동아시아의 새로운 질서라는 과제를 앞에 놓고 우리가 생각해야 하는 문제들이 아니겠는가.

2010년 1월 17일

『장 크리스토프』의 제5장 「광장의 시장」에서 하는 말이다. 크리스토프는 독일과 프랑스가 다르다는 것을 크게 느낀다. 프랑스어는 독일어에 비해 '너무나 논리적이고 너무나 형태가 바르고 너무나 윤곽이 확실해서' 음악에는 부적당하다고 생각한다. 한일을 비교하면 어떨까. 지리적으로 가까우면서도 그런 문화의 차이가 나타난다고 생각한다. 작품의 주인공인 크리스토프는 다음과 같이 생각했다는 것이다.

> 이 프랑스의 음악가는 모든 열렬한 감정도 나지막한 소리로 속삭임으로 나타내려고 이상한 신중성을 가지고 노력한 것 같다. 사랑에서도 죽음에서도 부르짖는 소리를 내려고 하지 않았다. 작품 중 인물의 영혼 속에 나타나는 동란도 멜로디의 가느다란 떨림으로써, 입가의 주름살 정도의 관현악의 떨림으로써 전달될 뿐이었다. 마치 작가는 몸을 내던지는 것을 두려워하는 것 같았다.

적어도 한국의 시와 일본의 시에도 이런 차이가 있는 것이 아닌가 생각한다(나의 논문 「서정과 애국, 한국에서 본 일본 근대 시가」 참조). 『장 크리스토프』에서는 독일과는 다른 음란하다고 할 만한 프랑스의 소설에 대해서도 언급했다. 로맹 롤랭은 이에 대해서 곧 '라틴의 부도덕'과 '성숙한 독일'이라는 말을 썼다.

2010년 1월 18일

로맹 롤랭이 또 『장 크리스토프』의 제5장 「광장의 시장」에서 하는 말. 그는 제1차 세계대전 직전의 프랑스의 "사회주의 또는 급진주의를 '하고' 있다"는 세력에 대해서 다음과 같이 말한다.

> 그 정도로 그들의 야심은 단견천려短見淺慮여서 직접의 이익과 재선의

범위를 벗어나지 못했다. 그들은 새로운 사회를 믿고 있는 척했다. 아마 이전에 믿은 적이 있었을 것이다. 그러나 실제로는 죽어 가는 사회의 유물로 생활하려고만 생각하고 있었다. …선거인의 뜻을 사기 위해서는 조국의 사지를 끊을는지도 몰랐다. 그들이 부족한 것은 지력이 아니었다. 그들은 해야 할 일을 잘 알고 있었다. 그러나 그것을 조금도 하려고 하지 않았다. 그것을 하기에는 많은 노력이 필요하기 때문이었다. …사회의 상하를 물론하고 될 수 있는 대로 쾌락을 많이 취하고 노력을 적게 한다는 동일한 도덕이 지배하고 있었다. 그러한 부도덕한 도덕이 다난한 정치를 이끌어 가는 유일한 끈이었다. …쾌락을 찾는 장교, 쾌락을 찾는 재판관, 쾌락을 찾는 혁명가, 쾌락을 찾는 애국자. 일반적으로 정치 도덕의 타락이었다. … 의원들은 세비의 증액을 위해서 스스로 투표했다.

그런 속에서 '조국에 대한 반항을 가르치는 소학교 교원'이라고까지 했고 그들은 '부자의 파괴가 아니라 세계의 부를 파괴하고 있었다'고 했다. 그래서 '병든 자와 같은 인도주의'라는 것이었다. 그리하여 드디어 주인공으로 하여금 다음과 같이 탄식하게 한다.

프랑스는 자유라는 것에 취해 있다. 광란을 부리고 나서 취해서 쓰러지겠지. 그리하여 눈을 떴을 때에는 구치소에 던져져 있을 것이다.

거기서는 '무엇도 믿지 않는 불안정한 성질과 무엇에도 귀를 기울이지 않고 다만 인생을 뒤흔드는 따지기나 하는 이성'이 횡행한다고 했다. 『장 크리스토프』가 20세기 초의 독일과 프랑스를 무대로 했다면 그것은 제1차 세계대전 전야의 독일과 프랑스가 아니겠는가. 이때 모습이 오늘의 한국의 정치 풍토와 어떻게 그렇게도 닮았다고 할 수 있을까. 오늘은 전쟁이 없다고 할는지 모르지만, 오늘의 한국의 여야당, 국회의 풍토가 얼마나 이 모습을 닮았을까. 세비를 올리는 데만은 만장일치라고 하는 것도 그렇지 않은가. 정치란 언제 어디서나 그런 모습인 것일까. 로맹 롤랭은 그것을 개탄했지만 그는 그런 눈으로 제1차, 제2차 세계대전이 일어나 인류사적인 무서운 죄악이 벌어지는 것을 지켜보아야 했었다.

2010년 1월 21일

로맹 롤랭은 제7권에 「장 크리스토프의 친구들에게」라는 서문을 부쳤다. 그 어려운 시대에 물결에 휩쓸려 흘러내려 가지 않는 인간상을 그려 내려고 했다는 것이었다. "장 크리스토프는 언제나 대하大河처럼 내 눈에 비쳤다"고 했다. 프랑스의 질식할 것 같은 정신계라고 하면서 무엇보다도 "정치인들의 부패한 사상에 대하여 반항해서 일어나고 싶다"고도 했다. 그들에게 다음과 같이 말하고 싶었다는 것이다. "너희들은 거짓을 말하고 있다. 너희들은 프랑스를 대표하고 있지 않다"라고.

이러다가 제1차 세계대전이 일어난다. 로맹 롤랭은 그 혼탁한 사회, 프랑스도 독일도 멍들어 있는 사회를 적나라하게 그려 내면서 그것에 물들지 않은 프랑스와 독일의 우정을 그리려고 했다. 그것은 오늘의 우리들에게 향한 메시지이기도 한 영원한 글이다. 그러한 글이 한일 간에 가능할 것인가. 무엇보다도 로맹 롤랭은 독일과 프랑스를 막론하고 그 시대 상황에 대한 생생한 비판적인 묘사를 가했었다고 해야 한다. 그것은 프랑스였으니까 가능했을 것인가. 독일과 프랑스 간의 국민 감정적인 대립이 대단했었을 텐데 말이다.

2010년 1월 25일

로맹 롤랑이 제7권『집 속에서』에서 전개하는 독일, 프랑스에 대한 분석은 참으로 철저하다고 하겠다. 프랑스의 집단성, 편협성, 폐쇄성은 일본인에게 비할 수 있을는지 모른다. 올리비에가 말하는 자기들 프랑스인에 대한 해명은 정말 가혹하다. "프랑스 소년은 패배의 그림자가 짙게 깔린 상중喪中에 있는 집에 태어나 의기소침한 사상으로 양육 받고 피비린내 나는 숙명적 또는 아마도 쓸모없는 복수를 위해서 양육되었다. 말하자면 그들이 아무리 어리다고 해도 그들이 의식한 첫 번째 것은 정의란 없다는 것, 이 세상에 정의라는 것은 없다는 것이었다." 이렇게 말하고 나서 "너희 독일은 우리를 심하게 괴롭혔다"고 말했다.

그러면서도 그는 "독일이 스스로 알지 못한 채 우리에게 행한 선은 그 악보다 크다"라고 말을 이었다. 그리고 이렇게도 말을 했던 것이다. "넓은 바다와 같은 독일의 힘에 비한다면 한 방울의 물에 지나지 않지만—그래도 우리는 바다 전부를 물들일 수 있는 한 방울이라고 자신한다"고 하고는 "패배는 우수한 자를 단련하고 영혼을 구별한다. 그것은 강한 순수한 자를 구별하고 그것을 한층 순수하게 만든다"고 했다. 그렇지만 그것은 "다른 자들의 쇠퇴를 촉진시키고 힘을 꺾어 버린다"라고도 했다.

독일과 프랑스 간에 대하여 이런 논리를 로맹 롤랑은 계속한다. 제1차 세계대전 전야에, 독일과 프랑스의 대립 속에서 그는 왜 주인공 독일인 젊은이 크리스토프를 독일에서 프랑스로 가게 하고 이런 논리를 전개했을까. 서로 '신뢰에 대한 생각'을 잃어 가고 공동의 행동에 대한 감정을 잃어 가는 상황에서 말이다. 제1차 세계대전에서도 제2차 세계대전에서도 이런 평화의 목소리는 묵살되었다. 그러나 제2차 세계대전 후 그런 지식인의 평화의 목소리가 정치의 한가운데서도 들려오게 되었다고 우리는 말할 수 있는 것일까.

역시 나는 한일 관계를 생각한다. 독일과 프랑스의 관계에 대한 로맹 롤랭의 글은 그대로 한일 관계에도 해당된다고 생각된다. 그러나 지난 100년 간 한일 간에 이런 목소리가 있었을까. 이런 문학작품이 가능했을까. 아니 오늘에는? 그런 의미에서 한일 관계를 냉정하게 비판하면서 앞날을 전망해야 하는 것이 아닐까 생각한다. 『장 크리스토프』의 일본인 역자와 많은 일본인 독자도 그것은 유럽의 이야기지만 일본을 향한 메시지이기도 하다는 것을 느끼지 못했던 것이 아닐까. 한일 간에는 그런 문학이 가능하지 않았었다. 패배하는 자에게 '한 방울의 물'에 대한 자각이 있었을까. 그때 로맹 롤랭은 크리스토프와 올리비에는 그들을 이해하는 정신에 가득 차 있어야 하는 파리에 있으면서도 '아시아의 사막 안에 있는 것과 같이 고독했다'고 했었지만.

2010년 1월 26일

유럽에는 국가나 지역 간의 대립은 있었으나 국경을 넘는 예술과 문화의 교류가 있었다. 정치적인 대립이 예술과 문화에 그림자를 드리우고 증오와 배척을 불러일으키는 일이 부단히 되풀이되었다고는 해도. 사실 기호嗜好와 반발이 소용돌이쳐야 문화는 활성화되는 것 아닐까. 그런 접촉과 충돌이 창조에의 출발이 되는 것 아닌가 생각한다.

동북아시아에서는 이런 문화의 격돌이 거의 없었던 것이 아닐까. 숭상하는가 하면 비하하며 사제의 관계나 적대 관계만이 성립했다고 할까. 우리 동북아는 하나의 문화 공간이기에는 너무 넓었고 서로 떠나 있었다고 할는지도 모른다. 같은 문화권이라고 하면서도 동북아의 경우에는 지리적으로 너무 떨어져 있었으며 바다가 가로

놓여 있었다. 게다가 정치적 갈등과 문화의 갈등 또는 공존에서 우리 사이에서는 정치적 갈등이 언제나 우위를 차지했다고 할는지도 모른다. 로맹 롤랭의 장 크리스토프가 겪었던 운명처럼 유럽에서는 종당에는 문화가 우위를 차지하게 되었다고 하면 어떨까. 유럽 통합이 지식인 사이에서 싹튼 것처럼 말이다. 그런 의미에서 아시아에 있어서도 지식인의 대중에 대한 선도적인 힘이 앞으로는 우위를 차지하게 되어야 한다고 나는 생각했다. 더욱이 오늘은 교통이나 문화 수단이 이렇게 발전한 시대가 아닌가.

로맹 롤랭은 보다 나은 생활을 위한 예술을 위해서는 "생활에 하나의 의미를 주는 열정과 고뇌가 필요하다. 그렇지 않다면 작가는 창작하는 것이 아니라 다만 책을 쓰는 것뿐이다"(제4권)라고 말했다. 나는 내가 쓴 한국 현대사에 대해서 반성해야만 했다. 로맹 롤랭은 '그러한 공통의 영혼이야말로 대예술가가 표현해야 할 것'이라고 했었다. 이것이 '살아 있는 객관주의'이고 '대예술가의 이상'이라고 생각하지 않을 수 없다는 것이었다. 앞으로 동북아시아에서는 어떻게 전개될 것일까. 이제부터는 지난날과는 다르다고 할 것인가. 역시 동북아시아에서는 문화의 힘, 예술의 힘은 약하다고 탄식해야 할 것인가. 로맹 롤랭이 지난날 『장 크리스토프』를 낳을 수 있었던 그런 문화적인 풍토는 전통적으로 동북아시아에는 없었으니까라고 말하면서.

로맹 롤랭의 아름다운 말. 극예술은 '예술 중에서 가장 완전한 가장 간결하고 가장 충실한 것'이라고 했다. 위대한 시인은 일정한 무대 일정한 배우를 자기 사상에 적응시키는 것을 조금도 부끄러워하지 않는다. "그렇게 함으로써 자기가 협소해진다고 생각하지 않는다"고도 했다. 자기의 꿈을 '일정한 장소'에 적응시켜 가는 것을 '위대한 것'이라고 생각한다는 것이었다. "연극은 벽화처럼 일정한 장소에 있는 예술—살아 있는 예술이다"라고도 했다.

그렇다. 사상도 그런 것 아니겠는가고 생각한다. 혼자서 이론을 자아내고 주장하는 것이 아니다. 사람들의 생각 속에 있는 것을 형상화해서 제시하고 공감을 얻어 내야 하는 것 아니겠는가. 이런 의미에서 지식인은 민중보다 그야말로 한 발 앞서 있는 데 불과하다. 민중과 더불어 걸어가는 것이다. 정치적 판단이라면 더욱 그런 것 아니겠는가. 로맹 롤랭은 그래서 '그러한 공통의 영혼이야말로 대예술가가 표현해야 할 것'이라고도 했다. 그것은 '세계에 불고 있는 대중적 열정'이라고도 했고, 그렇지만 그는 그런 순간이란 연극에서도 희귀한 순간이라고 했던 것 아닌가. 그는 입센의 말이라고 하면서 보다 나은 생활을 위한 예술이라고 한다면 "열정이나 고뇌가 필요하다. 그렇지 않다면 작가는 창작하는 것이 아니라 다만 책을 쓰는 것뿐이다"라고 인용했다. 내 책은 어떨까 하는 생각을 하지 않을 수 없었다. 학자들의 글이란 사실 이렇게 인간의 삶을 풍부하게 하고 역사를 전진하게 하고 윤택하게 해야 하는 것이어야 하는 것 아닐까. 그때에 역사의 진전, 진보가 수반될 수 있을 것 아닌가 하고 엄숙히 생각하지 않을 수 없었다.

2010년 1월 28일

미국과 러시아와 우리

일본 도요다 차, 혼다 차가 폭풍우를 만났다. 지금까지 수백만 대가 팔리도록 미국이 몰랐다는 것인가. 언젠가 어린이 한 사람이 혼다 차에 봉변을 당했다고 한다. 이런 것을 미국이 새삼 문제 삼는 것은 일본 민주당 정권이 오키나와 기지 문제 등 미국에 대해서 지나치게 자주적이라고 주장한 것이 근거가 된 것이 아닌가 생각한다. 지금까지 미국은 한국의 현대사에 얼마나 많은 작용을 해왔던가. 지금 이명박 정부는 미국과 함께 걸어간다고 기회 있을 때마다 강조하고 있는 셈이지만.

이명박이 미국 텔레비전의 인터뷰에서 미국과 일치한 대북 자세를 발표했다. 곧 미 국무성이 미국은 그와 견해를 함께한다고 하지 않았는가. 핵무기 해체 없이는 북과 대화할 수도 없고 물론 그들을 도울 수도 없다고 했다. 이것이 한미가 일치를 보고 있는 대북 정책이다. 그것은 이북의 붕괴를 전제로 하고 있는 정략이라고 해야 하겠다. 지금 미국은 동북아시아 삼국 중에서 한국만이 가장 신뢰할 수 있다고 보는 자세가 아닌가 생각한다. 우리는 그것을 따라가면서 국가의 앞날을 생각해야만 한다는 것일까.

미국의 한반도와의 관계는 6 · 25 전후 미국 CIA가 직접 관여하던 시절부터 점점 원격 조정으로 변해 왔다. 그것은 한국 내 정권이 어떤 성격인가에 관계가 없었다. 대미 관계가 우선하고 그다음에 국내 정치에서의 성격 또는 국민의 지지도를 미국은 눈여겨보아 왔다. 이것을 우리는 일단 인정하고 나서 국가의 앞날을 생각해야 하는 것이 아닌가 생각하게 된다. 미국은 될 수 있는 대로 직접 관여는 하지 않으려고 한다. 우리나라 대미 관계에 있어서 정말 비상한 정치력이 요구된다고 하겠다.

북이란 고정된 정략 위에 서 있는 것 같다. 한편에서 협박하면서 또 한편에서는 손을 내민다. 이것이 지금까지 성공해 온 것 아닌가. 김대중 시대에 서해해전을 일으키면서 원조를 받아 낸 것처럼 말이다. 기만과 정략 그리고서 언제나 오만하게 자기들의 승리를 구가한다. 이렇게 해서 언제까지 연명하려는 것일까. 최고 지도자는 언제나 그 거처를 숨기고 있다. 오늘 밤도 그가 어디서 자는지도 모른다는 것이다. 이런 권력이 아직도 지상에 존재한다. 북과는 무슨 상식적인 외교 관계가 아니라 원시적인 폭력과 관계하는 것이라고 생각해야 하는 것처럼 보인다.

역사란 사람을 달리하면서 변한다. 우리는 그래도 민주주의를 채택하게 된 나라다. 변하지 않는 권력이란 더욱 악화되는 법이다. 북의 권력도 그렇지만 박정희의 권력도 그랬었다. 박정희는 북의 권력처럼 반대자를 완전히 제거하지는 못했다. 다른 데로 옮겨 가면 눈감아 주고 때에 따라 가까이 오게 되면 받아들였다. 우리의 경우는 미국이 존재하고 미국에 다녀오거나 체류할 수 있는 길이 있었다는 것이 얼마나 다행이었는지 모른다. 나는 일본에서 무사히 살아남을 수 있었던 것이고.

2010년 1월 30일

『장 크리스토프』 마지막에 가서 주인공은 다른 세대와의 단절을 보여 주지만 그 선언은 정말 가혹하기까지 하다. 이것이 서구적인 전통이라고 할는지 모른다. 세계대전을 앞둔 평화선언으로서 로맹 롤랭은 전쟁을 일삼아 온 세대에 대해서 그렇게 단절을 선언하려고 한 것일까. 우리의 경우로 말하면 8 · 15와 6 · 25를 체험한 세대와 그렇지 않은 세대 간의 간격이라고 할 수 있을는지도 모른다.

새로운 법칙에 따라서 사회는 되살아날 것이다.

유럽의 무서운 전쟁을 바라보면서도 로맹 롤랭은 이렇게 생각했다. 국가주의의 대충돌을 예상하면서도 "그것은 시간과 함께 지나갈 것이다"라고도 했다. 1901년에 그는 다음과 같이 기록했었다.

적도 없고 악인도 없고 다만 비참한 사람들이 있을 뿐이다. 그리고 영속할 수 있는 유일한 행복은 서로 이해하고 사랑하는 것— 지력知力의 사랑 — 이 삶의 전과 후 두 개의 심연 사이에서 우리의 어두운 밤을 비추어 주는 유일한 광명이다.

이런 제1차 세계대전 전의 로맹 롤랭의 사상이 간신히 제2차 세계대전 후에야 '유럽의 아버지' 장 모네의 사상과 실천에서 열매를 맺을 수 있었다는 것일까. 이것을 동북아의 현실에서는 어떻게 받아들여야 할 것인가고 생각하게 된다.

2010년 2월 4일

왜 그런지 과오 많은 지난날을 늘 생각하게 된다. 그때 왜 그랬을까. 하찮은 일에 성을 내고 고집을 써서 남을 슬프게 했다. 물론 그것만이 아니다. 오늘은 인간에 대해서 좀 관대해졌다고 할까. 편을 가르고 싶지 않다. 지난번에 쇠고기 수입을 반대한다고 할 때 이명박 정부 퇴진이라는 피켓이 수없이 나타났었다. 아니 민주선거에서 승리했는데 정책에 대한 비판은 할 수 있어도 저렇게 퇴진이라고 한다면 민주선거에서 패배하고 폭력으로 권력을 되찾자는 것인가 하고 피켓을 들고 있는 젊은이들을 바라보면서 생각했다.

이번에 미국에 와서 퍽 새로운 느낌을 가지게 된다. 흑인 대통령이 가능했다. 오늘도 흑인이기 때문에 겪는 어려움이 있겠지만 미국의 역사는 남북전쟁 150년이 머지않은 오늘 흑인 대통령까지 선출해 냈다. 지난번에도 남부를 다녀 보면서 지난날의 미국의 죄악을 느꼈지만 오늘 이 정도로 인종의 벽을 넘어선 나라가 세계 어디에 또 있겠는가. 역시 미국은 세계사의 선두자라고 느끼지 않을 수 없었다. 1967년에 미국에 와서는 미국의 일종의 종말을 생각했었는데. 미국 흑인들의 민권운동은 백인들이 내거는 가치관을 가지고 백인들을 비판 공격했다고 할까.

오늘 특히 러시아의 인종차별로 한국 젊은이가 살해당했다는 보도를 가슴 아프게 들으면서, 공산주의 통치란 역시 그런 러시아를 극복할 수 없었다고 생각하지 않을 수 없었다. 아니 그런 러시아를 더욱 강화했을 것 아닌가 생각했다. 민주주의가 아니고는 그것을 넘어설 길을 찾아가지 못한다. 우리나라 남쪽에서는 어느 날인가 그럴 수 있을 것 아닌가. 북은 줄곧 다른 사람을 배제해 오고 제거해 온 나라라고 해야 한다. 남에서는 그래도 배제를 당하면서도 살아남을 수 있는 여지가 있었다. 말살하지 못했고 잠잠하기만 하면 남겨 두었다고 할까. 여러 사람의 목숨을 앗아 가고 국민을 절망에 빠뜨렸다고 해도 어떤 형태로든 피하고 살아남을 수 있는 나라였으니까. 해외에 나갈 수도 있었고. 그 정도로 머무를 수 있었던 데에는 미국이 지배하는 세계에 속해 있었기 때문이라고 해야 하는 것 아닌가 생각한다. 그것이 그래도 군부 세력의 폭력적인 독점을 제한한 것이다. 해외로 떠나가는 길을 말살했던 일제하를 생각하면 알 수 있지 않는가. 북에는 그런 선택의 여지가 없었다.

이렇게 걸어온 남북이고 그런 체제를 조금도 변하지 못하게 하고 더욱 강화하려고 한 북쪽. 거기에 남는 자는 양심 없는, 거세기 짝이 없는 상식의 세계와는 먼 자들이 아니었겠는가 하는 생각을 지울 수가 없다. 남쪽의 전제專制는 그렇게까지 사람들을 살해하고 추방할 수는 없었다. 물론 그들 군부 세력의 선의에 의해서가 아니다. 국민의 힘과 미국의 힘에 의해서라고 해야 한다. 이런 생각도 내가 노후에 도달한 때문이라고 할 것인가. 드디어 민주화 된 나라에 살게 되었으니까 하는 생각에서인지도 모르겠다.

사실 한국의 민주화란 미국에 기대하면서 전개한 국민적 저항의 결과가 아니겠는가. 나는 아무래도 8·15 이후 남에서는 미국을 떠받들고 지배하던 친일 세력과 그것에 저항하던 좌파 세력이라는 슬픈 도식이 남긴 사상사적인 흔적이 지금도 남아 있다고 느끼지 않을 수 없다. 일제하에서 교육을 받을 수 있었던 사람들이란 그런 부류의 사람들이었고 일제하의 하부 관료들이 해방 후 남에서는 대거 등용되고 승진하기도 했었다. 이 문제를 여유가 있다면 언젠가 오늘의 분열된 상황의 근거로서 깊이 있게 다루어야 한다고 생각한다. 이렇게 한국의 민주화 또는 민주주의의 기원과 발전을 더듬어 보는 것이다.

2010년 2월 22일

상하이에서 서울로?

우리나라 남북문제란 정말 세계사적인 문제가 아니겠는가고 생각한다. 8·15 이후 북에서 그 많은 사람이 월남할 때 북쪽 당국은 모두를 체포하지 않고 한쪽에서는 내버려 둔다고 했다. 정치적으로 성향이 나쁘다고 그 많은 사람을 모두 감옥에 보내고 처형할 수는 없지 않았겠는가. 그리고 식량난이니까 그런 반체제적인 사람들이 남으로 간다면 다행이라고 생각했다. 남쪽에 그 많은 사람이 내려가면 큰 짐이 될 테니까 북으로서는 자기들에게 유리하다고 판단했다는 것이다. 반체제적인 사람들을 제거해서 사회문제를 없앨 수 있고 식량도 절약할 수 있다는 것이었다. 그리하여 강력한 단결로 혼란에 빠져 있는 남을 능가할 수 있다고 일종의 남침 사상이 거기에서 가능했던 것이다.

마찬가지 문제가 오늘도 있지 않겠는가. 북에서 거추장스러운 사람들을 제거하고 조금이라도 식량을 확보하려고 한다면 탈북자는 은근히 눈감아 주고 달러로 탈북세를 받는다고도 하고 한편에서는 체포해서 고통을 주고 처형하기도 한다는 것이다. 그런 불만 품은 자들은 제거하고 충성심 있는 자들만 남긴다는 것. 그렇지만 어떻게 이런 식으로 의로운 민족 사회를 만든다는 것이겠는가. 공산주의라고 해서 내거는 무서운 반인간적인 길이라고 하지 않을 수 없지 않는가 하는 생각이 가실 길 없이 머리에 떠오른다.

그런 데서 살아남는 사람들이란 충성스러운 사람이라기보다는 강해 보이지만 인간적인 자질을 포기하기로 한 사람들이 아니겠는가. 자기를 주장하는 것을 포기해야만 하는 삶, 이성을 잃은 굴종자가 되어야 살아남을 수 있는 인생. 사실은 남한에서도 이런 길을 가야 했는지도 모른다. 군부독재자들은 그런 길로 끌고 가고 싶어 했다. 그것이 성공할 수 없었던 것은 남한은 자유세계를 향해 열려져 있었으니까, 탄압을 하다가도 옥문을 열어 줄 수밖에 없었고 협력한다고 하면 등용도 했다. 영구적인 반체제 인사란 없었다. 북은 더욱더 그런 폐쇄된 사회로 악화 일로의 길을 갔다면 남은 더욱더 개방된 사회, 민주 사회로 발전해 왔다. 그래서 생각을 달리하는 각종 사람들이 살아갈 수 있는 사회가 될 수 있었다. 미국이 이런 사회를 가능하게 하는 데 도움을 준 점을 우리는 결코 과소평가할 수 없지 않는가. 미국 자체가 역사적으로 그런 식으로 개방된 사회로 나아간 것이라고 생각한다.

이제는 국민을 두려워하는 정권의 시대에 우리는 살고 있다. 일본의 지금 민주당 정권도 그렇고 한국의 이명박 정부도 그렇다. 국민을, 시민을 두려워하는 정권이라고 해야 한다. 그런 의미에서도 전쟁을 할 수 없는 시대의 정권이라고 해야 하겠다. 남북을 비교할 때에 남쪽 사회는 북의 20배 이상 경제적으로 비교가 안 될 만큼 엄청나게 다른 사회다. 그렇다면 생각도, 삶의 방식도 다를 것 아닌가. 하나는 국민을 수용소에 감금하고 억압하며 밖으로 한 발자국도 나갈 수 없게 하는 사회인가 하면, 또 하나는 민족마저 넘어서려는 듯 외국 사람을 받아들이고 외국으로 나아가는 사회라고 해야 한다.

밖으로 나간다는 점에서는 우리는 일본을 능가하고 있다. 왜 이렇게도 제 나라를 등지려고 하는가. 그것은 일제 때부터 우리 민족이 이어 온 성향이라고 해야 할까. 그러면서 나가도 제 나라를 망각하지 못하는 듯하다. 내 삶을 위해서는 밖을 지향하면서도 마음은 안을 떠나지 못하고 있다고 할까. 이런 의미에서 이 민족이 체험하고 있는 세계사적 삶의 문제를 우리는 검토해야 하는 것 아닌가 생각한다. 우리의 분단된 조국이라는 체험, 정말 그것은 세계사적인 의미를 지닌 것이다. 그런데도 세계는 그것에 별로 주목하는 것 같지 않고 우리도 별로 그것을 자각하고 있지 않는 것이 아닌가 생각한다.

2010년 2월 25일

북을 중심으로 한 핵 논쟁이 끊이지 않는다. 무력으로만 문제를 해결할 수 있다는 발상이다. 여기에서도 공산주의사회가 전락할 수밖에 없다는 인류사적 비극을 보는 것 아니겠는가. 인류의 아픔에서 그 구원을 생각하고 한없는 고난을 견디어 낸 사상이 있지 않는가. 일본의 오쓰카 긴노스케大塚金之助의 와카和歌를 읽으면서 더욱 그렇게 생각했다. 그가 처해 있던 무서운 고독. 사랑하던 가족도 갈기갈기 찢겨져 있었다.

참을 수 없어
복도를 허둥대는
늙은 어미에게
수갑 차고 삿갓 쓴 채 문득 부딪치다

인간을
인간으로 취급할 수 없어
마음속으로 운다는
간수도 있었다

그러나 지금은 다시는 전쟁을 일으킬 수 없다는 시대가 아닌가. 이 국제적인 시대에 어떻게 핵을 쓰겠는가. 핵이 국제 평화를 가져왔다는 아이러니컬한 역사라고나 할까. 그럼에도 불구하고 우리는 그렇게는 말하려고 하지 않는다. 그러나 그것은 역사적으로 엄연한 사실이라고 해야 하겠다. 핵전쟁은 피하고 게릴라 전쟁이 이어진다. 이런 시대에 우리도 아프가니스탄에 파병한다는 것이 그렇게 어렵지 않는가. 전쟁이라는 인간 대량 학살을 우리는 이제 견디어 내기 어렵다. 그런 반민주주의 시대는 사라져 가고 있는 것 아닌가 생각하게 된다.

거기서 찾는 동양 평화와 그 문화를 찾아서 공유한다는 것은 가능할 것인가. 근대 이전에는 그래도 가능했었던 것 아닌가. 그런 전통을 유럽에서도 갈구해 왔다. 칸트가 독일의 칸트이면서도 유럽의 칸트였던 것처럼 말이다. 역사적으로 그런 의미에서 파리의 역할은 컸던 것이 아닌가 생각된다.

동양에서는 상하이가 그럴 가능성을 지녔었다고 할 수 있을까. 그러나 그때 상하이는 거의 서구 식민지 도시라고 해야 하는 것 아니었던가. 앞으로 서울의 의미는, 하고 생각해 보고 싶다.

2010년 2월 28일

한국의 문학, 일본의 문학

한국의 시와 일본의 시가를 비교하면서 논할 생각이지만 이것이 얼마나 어려운 작업인가. 오늘 『현대 일본문학전집』을 보고 놀라지 않을 수 없었다. 일본은 와카, 하이쿠俳句, 시 등으로 종류도 다양하고 양적으로도 우리의 수십 배에 달한다고 한다면 지나친 과장이라고 할까. 그리고 무엇보다도 그들은 서구의 문학사상의 변천사를 그대로 따르고 있었다. 신체시에서 상징시, 신서정파에서 사회주의 시, 또 초현실파니 하면서 말이다. 유럽문학사의 흐름을 그대로 따랐다고 할까.

우리는 그렇지 못했다. 거의 무류파無流派 시의 역사라고 해야 할 것 같다. 그냥 그때그때 우리의 정서에 따라서 읊었다. 이것은 우리가 지닌 바깥 문명에 대한 자세에서 온 것이라고 해야 할는지 모른다. 오늘도 일본 가요의 변천사가 일본 사회가 변화하고 발전해 온 과정과 함께한 데 비해서 우리는 어제도 오늘도 거의 마찬가지 가요를 부르는 것 같다. 양적으로 적으니까 그런 유파의 유형이 뚜렷하지 않다고 할는지도 모른다. 그것만이 아닌 것 같다. 일본 사회는 무武의 사회 때부터 내려오는 전통으로 시대와 바깥 세계에 대한 민감성을 지닌 데 비해서 우리의 유교적인 전통, 그 사고방식에는 변화 부정적인 삶의 자세가 스며들어 있는 것인지도 모른다.

그러면서도 사실은 일본인들은 시대적 변화에 대한 강한 거부감을 마음속 깊이에 간직하고 있는 것 아니겠는가. 강하게 자기를 지키고 이어 가려고 했다. 그래서 도리어 바깥 세계에 대해서 민감했다. 대내적으로도 무가적인 대립으로 타자에 대한 강한 경계심을 가져야 했고. 우리는 언제나 타자에 대해서 무감각했다고 할까. 태평한 자세였고 개방적이었던 것이 아닐까. 일본은 그렇게 받아들이고 우호적이다가도 때가 오면 순식간에 적대적이게 되었다. 우리는 나에게 피해를 주기 전에는 무감각했고 태평스러운 자세였다고 할까. 일본은 어제는 친외세적이었는가 하면 오늘은 침략적일 수 있었다. 친선과 항거 · 거부라는 반대극이 분명했고 시대적으로 뚜렷하게 드러났던 것 같다. 나는 일본이 섬나라이고 무사적인 전통을 이어 왔다는 것이 그 사회에 정신적 유산으로 그렇게 작용해 왔다고 생각한다.

2010년 3월 1일

나 자신에 관한 책이니까 운운하기 어렵지만 와세다대학 교수 호리 마키요堀眞淸의 이번 책 『한 망명자의 기록』은 여러 가지로 역사적 의미를 지닌다고 생각하게 된다. 일본 사람이 한국 사람의 전기를 쓴다는 것은 거의 예외적이고 선구적이었다고 생각하면서 특히 앞날을 위하여 나는 감사하게 생각한다. 일본의 통치를 서구의 식민지 지배와 연관시켜 보지 않을 수 없다. 그때는 본국 일본도 철저한 반민주주의 사회였었다. 그러니까 로맹 롤랭의 『장 크리스토프』 같은 작품이 일본에서는 불가능했다고 나는 생각해 왔다. 로맹 롤랭도 나중에는 스위스에서 살았고 그의 작품은 프랑스에서는 인기가 없었다고 하지만.

키플링의 소설, 듀엘의 『애인』, 펄벅의 『대지』, 님 웨일스의 『아리랑의 노래』 등을 생각하게 된다. 그래도 일본과는 달리 그들의 본국에 민주주의가 존재했으니까 그런 작품들이 가능했다고 할 수 있지 않겠는가. 그리고 우리에게서는 도산도 춘원도 그런 비극적인 운명의 길을 가야만 했지만 인도에서는 간디도 네루도 가능했지 않은가. 식민지 경영과 본국의 민주주의라는 상관관계를 생각하지 않을 수 없다. 그런 의미에서도 호리 교수의 오늘의 저작은 사상사적으로 자리매김을 할 수도 있지 않을까 생각한다.

*

일본문학은 놀이의 문학이었고 오랫동안 권력에서 소외되어 있었다고 하겠다. 거기에서 중국이나 한국은 소재로서도 그들의 관심 밖에 있었다. 혹시 만난다면 감상적으로 취급되었고 비정치적으로 그려졌다. 그러다가 그런 문학이 전쟁 말기에는 일본의 침략적인 정치에 참여하게 된다. 일본에 있어서의 정치는 무사적인 것이고 문예는 놀이였고 소외되어 있는 것이라는 전통적인 관계가 무너진 것이다. 문예는 말하자면 일본말로 하면 그런 사회에서의 이키누키 息抜き, 휴식에 지나지 않았는데.

조선이나 중국은 그들의 놀이 문학의 관심 밖에 놓여 있었다. 한국은 그들의 식민지 정책하에 들어갔고 중국은 곧 일본의 적이게 된 것이었다. 이런 과정은 한국문학이 걸어가야 했던 길과는 너무도 다르다. 우리에게 있어서는 특히 근대에 들어와서는 문학도 계몽과 새로운 시대와 정치에 대한 미디어였으니까 말이다. 그러니까 일제하에 있어서의 우리 문학의 수난이란 더욱 불가피해졌다. 그 시대의 일본문학, 예를 들어 다니자키 준이치로谷崎潤一郎의 문학과 비교한다면 너무나 현저한 차이에 놀라게 된다. 그의 작품 『세설細雪』을 읽으면서 이러한 대조에 끌려들어 가지 않을 수 없었다.

2010년 5월 14일

시마자키 도손島崎藤村의 『날이 새기 전에夜明け前』(1932~1935)에 나오는 말. '유불儒彿의 도가 이 나라에 건너오기 이전 혼탁된 것이 없었던 시절'이라고 모토오리 노리나가本居宣長(1730~1801)의 사상을 전하는 말이 나온다. 그런 국학사상이 국수주의적인 혁명의 사상이게 된다. 그러나 그것은 반동의 사상으로 전락한다. 국학이 근대일본의 체제의 학이 되면서.

우리나라 사상사에서의 고대 찬양은 신채호에게도 최남선에게도 있었다. 그것은 신채호에게서는 일제에 대한 저항의 사상이었다면 최남선에게서는 어떠했을까. 최남선의 경우에는 처음에는 한일에 공통적인 동일한 고대를 말하면서 일제에 대한 우리의 우위라고 할까 선진성을 말하려고 했었지만 점차로 한일 동조론同祖論으로 기울어졌던 것이 아닐까. 그는 해방 후에 이르러 그것은 일제하에서 우리를 지키려고 한 노력이었다고 했었다. 나는 그것을 신채호의 망명인으로서의 민족주의와 대조를 이루는 일본통치하에서의 국내 민족주의라고 한 적이 있었다.

그리하여 해방 이후에는 우리의 내셔널리즘에서 역사 이전 신화시대에 근거를 두는 고대찬양론은 사라져야만 했다. 미래 지향의 조국 해방이었다. 그리고 한·중·일 간의 동북아시아평화론으로 나아갔다고 해야 하지 않을까. 이처럼 한·중·일의 근대적 내셔널리즘을 비교해 볼 필요가 있지 않는가 생각하는 것이다.

2010년 6월 14일

시마자키가 근대 일본의 상황을 서구 외교관들이 어떻게 보았는가 하는 것을 서술하면서 다음과 같이 말한 것이 나온다.

전자(유럽문명)는 허위를 일반적으로 배척하지만 후자(동양문명)는 공공연하게 일반적으로 그것을 승인한다. 일본인이나 지나인에 있어서는 가장 두드러진 허언이 발각된다고 해도 부끄러운 일이라고 생각하지 않는다. 그처럼 신용이 행해지기 어려운 이 사회에서 어떻게 하여 인생에 있어서의 갖가지 관계가 유지되는가 하는 것은 매우 이해하기 어렵다고 말하는 사람도 있다.

여기에서 막스 베버를 생각하게 된다. 그는 자본주의 사회윤리로서 신용과 정직을 말했다. 그것이 자본주의하에서 가다듬어졌다고는 하여도, 거기에는 기독교와의 관계가 있다는 것을 생각해야 한다. 도산 선생도 얼마나 전통적인 사회에서의 거짓을 지적하고 정직을 강조했던가. 도산이 기독교에 접근하게 된 것은 그런 것과 관계가 있었던 것이 아니겠는가. 그러면서도 그는 선교사 밑에서 일하기를 원치 않았던 것을 우리는 생각해야만 하겠다.

2010년 6월 18일

지식인 없는 민주사회

오늘의 현실에서 지식인의 문제를 다시 생각해 본다. 이제 지식인이라는 특별한 부류의 인간은 존재하지 않는다. 그래서 일본에서도 지적인 일에 종사하는 사람들이라고 해보았다는 것 아닌가.

리프먼은 지식인이란 '이념에 의해서by ideas' 사는 사람이 아니라 '이념을 위해서for ideas' 사는 사람이라고 했던 것 아닌가. 그러나 이제는 좀 더 역사적으로 생각해 볼 필요가 있을 것 같다. 위기의 시대에는 '이념에 의해서' 사는 사람과 '이념을 위해서' 사는 사람이 구별될는지 모른다. 그러나 오늘과 같은 자유로운 시대가 되면 이 두

가지 삶을 누구나 하고 있다고 할 수 있는 것이 아니겠는가. '이념을 위하여' 산다는 것이 아무런 위험을 수반하는 것이 아니라 누구나 제 나름대로 '이념을 위해서' 산다고 하게 된다. 그래서 우리는 지식인이 소멸된 시대이고 거의 모두가 고등교육을 받고 사회적 관심을 가지고 발언하는 시대라고 해서 총지식인화 된 사회라고 해왔지 않는가 생각한다.

위기에 처해서만 '이념에 의해서' 사는 사람들을 리프먼이 말한 대로 '아카데미션academician'이라고 하겠고 '이념을 위해서' 사는 사람들인 '지식인intellectual'과 구별하게 된다. 그래서 오늘 이른바 민주주의 사회에서 우리는 총체적 지식인화를 말하기도 하고 또는 지식인 계층의 소멸을 말하게 된다. 거기서 나타나는 정치적 현실에서 어떤 지난날의 이른바 지식인은 스스로 자기소외를 느끼면서 그 현실을 타기할 것이라고 하는 수도 있을 것이다. 그러나 이것은 비역사적인 자세가 아닐까 생각한다. 지식인 스스로도 이제는 자기희생 없이 흔히 정치적 이해관계에 전락한다고 해야 한다. 지식인의 소멸을 자인하고 그 현실에서, 누구나 이른바 민주주의하에서 다수의 결정에 따라가면서 다수 속의 하나임을 자인해야 할 것이다. 그것이 자기들이 추구했던 현실이라는 것을 인정하고 그것에 따라가야 한다. 그리고 지식인은 어떤 의미에서 이러한 자기희생적인 역할을 요청하지 않는 사회에 감사해야 할는지도 모른다. 지난날 그들이 요청받은 역할이란 바로 지식인의 자기 소멸을 추구하는 역할이었으니까 말이다.

이런 때 지나간 날을 회상하고 자기 아집에 빠진다면 그것은 지나가 버린 허상을 쫓는 자기소외의 어떤 의미에서 우스꽝스러운 모습이게 될 것 같다. 그뿐만이 아니다. 역사에 있어서 혁명에 승리한 세력이 흔히 민중을 억압하는 반혁명의 반동으로 순식간에 화한다는 너무도 슬픈 인간의 역사를 우리는 기억해야 하는 것 아니겠는가. 그러니까 역사에 승리한 반체제 지식인이란 그들의 아이덴티티를 지키려면 혁명 성공의 그날 거기에서 물러나야 하는 것이다. 그런 의미에서 지식인의 역할이란 근본에 있어서 자기 소멸로 가는 몸부림이어야 하는 것 아니겠는가.

지식인이란 사실은 자기 소멸을 추구하는 비극적인 존재라고 해야 하는 것 아닐까. 애국자란 특이한 애국자 같은 존재를 요청하지 않는 시대가 되면 무명의 시민으로 되돌아가야 하는 것처럼 말이다. 애국자를 특히 요구하지 않아도 되는 사회에 도달한 것에 기쁨을 느끼면서 살아가야 하는 것 아니겠는가. 이런 체념에 이르지 못할 때 말할 수 없는 비극이 되풀이된다고 할까. 우리는 해방 이후의 역사에서 이런 역사의 아이러니에 직면하여 얼마나 방황했는지 모르지 않는가. 러시아혁명의 아픔을 새삼 회고하게 된다.

2010년 6월 20일

동북아시아의 민주주의에 대해서 특히 생각하게 된다. 일본이 선진국이라고 해야 할 것 아닌가. 역사에는 에누리가 없다. 그들은 '조용한 민주주의의 나라'가 되기까지 많은 진통을 겪어야 했다. 이에 비하면 대화할 줄 모르고 자기주장만 되풀이하는 우리라고 해야 할 것 아닐까. 이명박 정부가 그래도 민주주의하에서 성립되었는데도 불구하고 걸핏하면 '퇴진 이명박 정부'의 피켓을 들고 아우성을 치는 민주 사회. 이렇게 생각한다면 일본이 이런 상황을 넘어선 것은 언제부터일까. 중국은 아직 이러지도 못하는 사회가 아닌가. 중국은 민주주의 이전, 민주화를 주장하고 있는 시대라고 할까. 동북아시아의 민주주의적 성장사에서 우리는 일본, 한국, 중국이라는 순서를 매겨야 하는 것 아닐까 생각한다.

그러나 저 거대한 중국이 그런 민주사회로 나아갈 수 있을 것인가. 진정한 민주 사회로 자리매김하기 이전에 연방제라도 추구해야 하는 것 아닌가 하고 생각하게 된다. 소련이 붕괴될 때 떨어져 나간 나라들, 지금 얼마나 많은 진통을 겪고 있는가. 그런 의미에서도 티베트나 신장新疆 같은 데를 주목하게 된다.

오늘은 6 · 25 60주년의 날. 얼마나 처참했던가. 방황의 날들이 머리에 떠오른다. 그러나 과거는 정당화되고 미화되는 것이라고 할까. 북은 남침이 아니라 북침이라고 오늘도 되풀이하고 있다고 한다. 그들은 참회는 없고 자기 정당화만이 남는 것이 역사라고 하는 것일까.

2010년 6월 25일

일본 불교계에서는 왜 그렇게도 인생무상을 강조하고 '염리예토 흔구정토厭離穢土 欣求淨土'를 강조했을까. 우리나라 불교에서는 무속적으로 영리만을 기구하는 자리로 흘러갔다. 일본에서처럼 요절을 찬양하고 젊어서 육체가 아름다울 때 영예로운 죽음으로 가는 것을 갈망한다고 한 것은 고대 그리스 사회에서도 마찬가지였다. 이것은 전사戰士 사회, 무사 사회의 사상, 그 시대 그 사회의 이데올로기가 아니었던가 생각한다. 우리는 전쟁을 혐오하고 장수를 찬양하는 문관 사회, 즉 유가 사회였다고 해야 한다. 그러니까 우리 사회의 불교는 죽음을 미화하려고 한 일본의 불교와는 달랐다.

우리는 부처님 앞에서도 장수 치병을 간구해야만 했다. 부모에게 슬픔을 안겨 주는, 부모보다 앞서가는 죽음을 최대의 불효라고 했지 않는가. 전사 사회, 무사 사회에서는 장수란 경멸해야 할 것이었고 부모에 앞서가는 죽음을 도리어 찬양해야만 했다. 이처럼 그 문화, 그 사회의 특성에서 불교를 받아들였다고 하지 않을 수 없다. 사실 그 사회의 이데올로기에 따라서 불교도 다르게 받아들였던 것이다.

이런 의미에서 역사적으로 유교의 역할도 한국과 일본 사이에서 서로 달랐다고 해야 한다. 우리나라에서는 그것은 우선 가족 윤리에 기반을 둔 것이었다. 일본에서는 유교란 각 번藩의 정치적 통치 사상이었고, 불교는 무사 사회를 살아가는 그들의 사생관과 깊이 관련지어졌다. 그래서 그들은 죽으면 곧 호토케佛가 된다고까지 하지 않았던가. 그것은 죽음에 대한 최고의 미화라고 할까.

2010년 6월 27일

정치 세력과 동요하는 국민

일본에 노구치 요네지로野口米次郎(1888~1948)라는 시인이 있다. 젊어서 미국에 건너가 13년간이나 머물면서 미국 시단에 알려졌다. 일본에 돌아와서는 게이오대학 영문학 교수로 있었다. 영어 시를 쓰면서도 일본을 위해서 살았다. 우리나라 미국 유학생들은 대개가 퍽 정치적일 수밖에 없었다. 일제하에 있었기 때문에 독립이 우선이라고 생각했고 미국 유학도 독립을 위한 것이었고 국내에서는 시도 문학도 독립을 위한 것일 수밖에 없었다. 독립을 떠나서는 문화를 생각할 수 없었다고 하겠다. 지배자 일본의 경우는 우선 서구의 패권을 넘어서야 한다고 생각했다. 이것은 한일 양국의 근대문화에 나타난 너무나 뚜렷한 차이일 수밖에 없었다.

물론 해방 이후는 우리의 경우라면 민주화와 남북통일이었다고 하겠다. 이러한 정치 제일의 풍토에서의 해방이란 우리 문화의 오랜 과제였다고 하겠다. 그러나 이제 남북이 분단된 채인데도 문화가 전반적으로 탈민족문화로 향한다고 할까, 남북 분단을 그대로 둔 채 세계성으로 기울어지고 있다고 할 수 있지 않을까 생각된다. 이에 대한 민족주의적인 문화의 줄기찬 압력이 있기는 하여도 말이다.

1947년 월남했을 때를 상기하게 된다. 북에는 소망이 없다고 월남했던 것 아닌가. 사실 북은 집권 세력이 바뀌지 않은 채 지금까지 걸어왔다. 그리하여 1인 독재로 점점 악화되어 왔다고 해야 하는 것 아닌가. 이른바 '유일체제'로의 길을 달려왔다. 더욱더 강경한 자세로 더욱더 많은 사람을 내몰고 피를 흘리게 했다. 남은 자들은 무기력해지고. 이제는 남으로 흘러들어 온 사람들의 반공적인 자세도 쳐부수겠다고 야단법석이라고 한다.

1947년 내가 월남을 했을 때는 남쪽은 미 군정하에서 그야말로 친일파가 판을 치던 시기였다. 그러니까 미 군정을 비판하고 북을 민족적이라고 지지하는 풍토가 있었다. 양심적이라면 그래야만 하는 것처럼 생각하는 정치 풍토였다. 우리 땅은 남이건 북이건 양심적이라면 현 정치권력을 부정해야 하는 것이었다고 해야 할는지 모른다. 이런 민족사에 대한 반성이 요구된다고 하겠다. 국민이 정치권력을 지지하는 정치 풍토란 해방 이후의 역사 아니 오랜 우리나라 정치사에서는 찾아볼 수가 없는 것 같다. 그래서 바른 선거를 한다면 항상 야당에게 유리하다고 해왔지 않는가. 정치 세력과 국민의 비판의식 사이에 시민적인 양식이 지배하게 되어야 하겠는데 하는 생각을 지울 수가 없었다.

내가 월남했을 무렵, 1947년경 남에 있는 그 당시 반공 세력이란 전날의 친일 세력이 치장을 달리한 정도로 보였다. 북을 저버리고 왔다고 해서 그것을 지지하고 거기에 가담할 수는 없었다. 그래도 남에는 국민에게 어디에도 가담하지 않는 비참여非參與라는 길이 허용되어 있는 것을 다행하다고 생각했다. 그러다가 군부 지배의 시대에 당면하게 되었다. 현실을 산다는 것은 그들의 정치적 지배에 복종하는 것이고 정치적 이상주의란 가능하지 않았다. 그후 드디어 민주화 세력이라는 정치권력의 등장을 보면서도 정치적 이상이란 허구에 불과하다고 뼈저리게 느낄 수밖에 없었다.

이제는 정말 '레서 이블lesser evil'을 선택하는 것이라고나 할까. 그러나 우리 정치 풍토는 야당일 때는 지지, 여당일 때는 비판이라는 전통을 아직도 이어 가고 있는 것이 아닐까. 권력 있는 자는 싫다는 것일까. 언제까지 그런 풍토를 이어 가야 하는 것일까. 세심하게 분석해 볼 필요가 있는 것이 아닌가 생각한다. 일본은 권력층이라면 국민 대다수가 지지한다는 오랜 전통을 지난번 선거에서는 깨어 버렸다. 지금은 다시 퍽 회의적이게 된 모양이지만. 정치 세력과 국민이라는 이 지극히 유동적인 상태를 민주주의 사회라고 한다면 면할 길이 없다. 그러나 혁명에 대한 환상은 우리에게서 사라졌다고 하겠다. 이 비혁명의 시대에 주어지는 정치 풍토를 어떻게 살아갈 것인가. 사실 이 복잡다단한 시대에 어떻게 혁명을 수행한다는 것인가. 혁명 불가능의 시대를 사는 정치적 지혜란 도대체 무엇일까. 현대 정치학 또는 정치철학이 심각한 문제에 봉착하고 있는 것이 아닐까 생각한다.

*

1970년대 말에 나는 한국문화사를 썼다. 그러나 오늘은 다시금 문화사라는 항목으로 그후의 문화의 흐름을 더듬을 수 없다고 느끼고 있다. 문학, 교육, 예술 등 개별 문화사를 쓴다는 것도 어려운데 어떻게 이 복잡다단한 문화 영역을 종합한 문화사라는 것이 가능하겠는가. 그래서 나는 1960년으로 문화사라는 종합적인 서술을 끝내기로 했다. 처음에는 군사 통치에 대한 비판적인 기술이라면 서점에 내놓을 수 없다고 해서 1960년 군사정부 이전까지 썼던 것이다. 이제는 그후 모든 문화 영역이 너무나 팽창해져서 문화사라는 명목으로 종합적으로 논할 수 없게 되었다고 해야 할 것 같다. 적어도 먼 훗날 그 많은 것이 역사라는 시간의 체로 취사선택될 때까지는 말이다.

2010년 7월 3일

혁명 없는 역사에 대한 회상

노구치 요네지로의 시를 읽으면서 많을 것을 생각하게 된다. 그는 영미의 시 그리고 그 문화를 사랑하면서도 그것에 대립하려고 했고 비판적이 되려고 했다. 나도 미국에 대해 그랬고 일본에 대해서도 그랬었다고 생각한다. 이제 80대 중반을 넘어서 생각한다. 230년이 넘은 미국의 역사. 1960년대 후반에 미국에 갔을 때 나도 미국 문명의 황혼을 말했지 않았는가. 그러나 역사란 그런 혼란을 넘어서 새로운 단계에 접어들어 가는 것이 아닐까. 올바른 민주사회라면 새로운 역사를 흡수함으로써 새로운 단계로 나아간다. 미국 텔레비전에 등장하는 저 많은 흑인들. 저런 변화란 세계 어느 나라에도 없는 정경이 아니겠는가. 그것이 변해 가는 시대에 따라 요청되는 것이고 어쨌든 새로운 문명을 창조해 가는 것이다.

처음부터 선한 문명이 어디에 있겠는가. 저렇게 발전해 가는 것이지. 이 시대는 언제나 과도기에 불과하다. 언제나 새로운 세계문명이 움터 가고 있는 것 아니겠는가. 우리나라에서도 민족주의 제일을 고조하던 때가 지나가고 있는 것처럼 말이다. 1970년대에 일본에 가서 나도 그런 틀에서 벗어나려고 하면서 동북아시아의 문화를 말했지만 그때는 한국에서도 일본에서도 많은 사람이 그것을 생소하게 느꼈었다. 노구치의 시는 일본적이라고 하겠지만 일본의 전통에서 보면 이국적·미국적이라고 보였던 것이 아닐까. 그러면서도 그의 시도 일본적으로 '마間'를 중시했던 것 같다. 침묵을 말하면서 일본의 시는 관능과 정서의 미를 찾았고 서구에서는 '인텔렉추얼한 미'를 찾았다고 했지 않은가.

아무래도 동양에서는 발전사관이 결여되어 있던 것을 생각해야 하는 것 아닐까. 직선적인 멀고도 먼, 더욱이 발전해 가는 시간이 아니라 기껏해야 흥망성쇠의 원환圓環을 생각했다. 그런데 일본은 그런 시간도 소거하고 시간을 공간으로 환원하려고 했던 것이 아닌가 생각한다. 일본도 우리도 역사 이전의 신화의 세계에서 민족 이념을 찾으려고 했다. 신채호, 최남선 사관이 이런 일본과는 관계가 없었을까. 최남선은 대항적인 의미에서 그런 사관을 뿜어낸 것이 분명한데 말이다. 이것은 유럽 근대사상에서 중세를 암흑기로 규정하는 것과도 관계하지 않겠는가. 근대화의 과정에서는 어디서나 그럴 수밖에 없었을 테니까 말이다. 그러나 발전사관과 종말론은 우리에게는 없었던 히브리사상이라고 해야 한다고 생각한다. 위기에는 종말사상이 등장하고 평상시에는 발전사관이 등장했다. 오늘은 경제 위기가 왔다고는 해도 발전사관의 시대라고 해야 한다. 위기는 정책의 잘못 탓으로 하고 발전을 추구하고 있다. 이런 상황에서 기독교에서도 칼 바르트의 신학을 이제는 멀리하려고 하는 듯하다. 신학의 역사적 한계를 생각할 수밖에 없다고 할까.

2010년 7월 5일

후진국 내셔널리즘이 반권력과 연결되었다고 요시모토 류메이吉本隆明는 메이지 시대 문학을 논하면서 말했다. 나는 한국의 오늘을 말하면서 거기에 우리는 후진적 민주주의를 첨가해야 한다고 『세카

이世界』의 편집장 오카모토 아쓰시岡本 厚에게 썼다. 우리는 선거를 비롯해서 저 국회의 난맥상에서 보는 저런 민주주의를 보장받고 있는 셈이다. 오늘의 민주주의란 세계 어디서나 인간악 또는 인간의 한계를 드러내고 있는 민주주의지만 우리의 경우는 틀림없이 후진적 민주주의의 모습이라고 해야 한다.

우리는 미국 쇠고기 수입을 반대하는 촛불시위를 내걸고 선거로 막 시작된 이명박 정부를 퇴진하라고 외쳐대는 민주주의, 정말 후진적 민주주의라고 해야 한다. 그리고 오늘은 천안함 사건을 둘러싸고 북이 일으킨 사건이라고 할 근거는 희박하다는 논리를 펴느라고 안간힘을 다하고 있다. 그리고 촛불시위식 항거로 정권을 타도할 수 있는 듯이, 이른바 지식인이라고 하는 사람들이 시사하는 그런 식의 민주주의다.

이것을 일본의 전후 민주주의 발전사에 비한다면 어느 시대에 비교할 수 있을까. 1960년대의 이른바 안보 투쟁 시기에 비할 수 있는 것이 아닐까 생각된다. 그것은 거대한 대중 동원으로 민주적으로 선출된 정권을 타도할 수 있다는 환상에 불타던 시절이었다. 그때는 일본이 민주주의를 시작한 지 15년이었던 셈이다. 우리의 경우는 촛불시위라는 것이 2008년이니까 민주정치를 시작한 지 20년이라고 할까. 나 어린 민주주의의 진통이 오늘도 계속된다. 일본 사람들은 '패배 선언'을 하듯 명확한 후퇴로 선을 긋지만 그것은 무사 사회에서 온 전통적인 의식이라고 해야 하겠다. 우리의 경우에는 패배와 후퇴로 끝이 명확하게 드러나지 않고 여운이 길게 이어지는 것 같다.

그런데 우리나라에서는 정권에 대한 항거에 동원되는 국민의 힘이 1960년의 일본의 경우에 비해 한층 크다고 할까. 앞으로 어떠한 정국이 찾아올 것인가. 이런 상황에 비하면 지금 태국의 상황은 어떻게 자리매김을 할 수 있을 것인가. 아무래도 그것은 민주화 초기의 동요의 시대라고 할 수 있을 것 같다. 그것은 우리나라의 2천년 전후에 비할 수 있다고 할까. 아니면 1987년 전후라고 할까. 그러나 우리나라의 경우처럼 미국의 개입이 없으니까 저렇게 처참한 상황이 계속되는 것이 아닌가 생각한다. 이런 역사적 경험이 그들에게 어떤 의미를 던져 주는 것일까. 민주주의의 쟁취와 그 발전에 대한 비교정치학이라고 해서, 크레인 브린튼이 『혁명의 해부*Anatomy of Revolution*』에서 전개했듯이, 비교연구를 할 필요가 있을 것 같다.

참 후진적 민주주의라고 한다면 김영삼과 김대중의 아들들의 부정, 노무현의 40억 파동, 거기에 야당이던 세력의 국회에서의 끝없는 저항 그리고 오늘 이명박 정부하에서의 야당의 실력 저지, 거기에 박근혜 계열의 여당 내에서의 저항, 이 모든 것이 민주주의라는 이름에서 행해지는 후진적 정치투쟁이 아니겠는가. 언제 가서 이런 거친 모습이 사라지고 우리 국민이 정치에서 좀 눈을 돌릴 수 있는 시대가 올 것인가 생각한다.

전두환, 노태우가 막대한 선거자금을 사유화하던 시절 그리고 국회의원 선거에서 패배하면서도 막대한 선거자금을 염출했던 김영삼, 김대중 시대도 생각해야 할 것 아니겠는가. 전두환, 노태우는 그렇게 쓰다가 남은 것이라고 하면서 막대한 금품을 들고 청와대를 나왔다. 이런 모든 우울한 역사를 되돌아보면서, 그래도 오늘을 지난날에 비해서 발전한 모습이라고 하면서 내일을 기대해 보아야 하는 것이 아니겠는가.

2010년 7월 21일

이제는 무혁명의 시대일까. 그래도 지난번 일본 선거는 민주주의하에서의 혁명이라고까지 하지 않았는가. 그러나 7~8개월이 지나자 참의원 선거에서는 민주당이 참패했다. 그래서 내각이 뒤바뀌지 않을 수 없었다. 혁명에 대한 환멸이란 이렇게도 빨리 찾아오는 것이다. 혁명 세력이 그전 구세력과 다름없는 세력이라는 것도 있겠지만, 오늘날 개혁의 여지란 그렇게 작은 것이고 문제란 그렇게 간단한 것이 아니라고 해야 한다. 그럼에도 불구하고 국민의 성급한 기대는 크다고 하지 않을 수 없다. 앞으로 민주주의 하에 있어서의 정권의 교체란 하나의 행정상의 절차처럼 모두가 좀 더 담담하게 바라보아야 하는 것 아닐까.

혁명을 했다고 해도 민주주의는 유지해야 한다. 그런 정치적 고비를 넘기면서 혁명 의지를 상실하게 될 뿐만 아니라 대국민 자세가 더욱 무기력해지고 더욱 여론 앞에서 비틀거리게 될 뿐이다. 혁명이 끝나면 지난 날처럼 이른바 선의의 독재를 내걸고 구세력을 몰아낼 수 있는 것이 아니다. 한국의 4 · 19와 1987년 6월혁명을 생각해도 그런 것 아닌가. 1987년에는 우리는 민중혁명이라고까지 했지만 군사독재자들을 잡아넣었다고는 해도 4 · 19에 비하면 아주 느슨한 정치 변혁이었다. 물론 혁명이라는 이름의 독재는 생각할 수도 없었고 이제는 혁명이 없는 무혁명, 반혁명의 시대라고 해야 한다. 혁명에 대한 장밋빛 환상이 사라지고 말았다.

한국의 여당과 야당의 관계를 바라보면 매우 흥미롭다. 야당은 아직도 혁명을 유발한다는 자세다. 그러나 국민은 대개가 무혁명의 시대를 살아간다는 자세다. 저렇게 떠드는 모습이 그지없이 공허하게 느껴진다. 지난번 중간 선거에서 야당을 이기게 하더니 이번에는 여당을 이기게 했다. 정치를 하는 그들의 눈에서 보면 국민은 정말 자의적이고 무정견이라고 할는지 모른다. 그러나 거기에는 정치 불신이 자리하고 있고 이제는 정치에 기대할 것이 없다는 자세가 드리워져 있다. 좌우 이데올로기도 아니고 이 사람도 저 사람도 두고 본다는 것이다. 이데올로기 시대도 지나갔고 여야에 대한 혁명적 인 시각이나 기대가 사라졌는데도 민주당에는 아직도 혁명의 시대에 대한 낡은 기대와 시각이 남아 있다. 촛불시위 때 이명박 정권 퇴진이라고 외쳤던 것처럼, 민주선거에서 선출된 권력을 촛불시위가 내쫓을 수 있다는 말인가.

혁명의 희석. 그래서 박정희 시절에의 회귀 같은 공기도 있었던 것 아닌가. 그러나 그것도 이제는 지나가 버린 역사의 한 토막에 지나지 않는다고 생각된다. 오늘의 역사에서는 그런 역사적 회귀란 있을 수 없다. 지나간 날은 망각하는 것이다. 그런 역사적 기억을 가진 세대는 지나가 버린다.

이렇게 생각한다면 북의 정치는 김 씨 일가의 60년 이상 3대의 장기 집권을 유지하려고 지나간 역사를 불멸의 역사라고 각색하기에 안간힘을 다한다. 김일성 배지를 달아야 한다고 아직도 강요하고 있지 않은가. 그러면서 전개하는 그야말로 반혁명·반진보의 역사, 아직도 피비린내 나는 정치사다. 월드컵에 졌다고 축구감독을 강제노동으로 추방했다는 것 아닌가. 그런 역사란 시간이 지나가면 지나갈수록 집권 세력은 전제정치의 소수자로 남아서 비법적인 개인 독재로 전락하며 국민의 끝없는 희생만 강요하게 된다. 지난 60년 그 체제는 더욱 악화되어 왔고 희생자는 증가 일로였고 민생은 더욱 궁핍해지기에 이른 것이 아닌가.

그런데도 남쪽에 아직 그 세력을 동경하는 정치 세력이 있다는 것인가. 해방 직후 남북에는 서로 보지 못한 땅을 동경하던 시절이 있었다. 북에서 박해를 받고 절망한 세력은 남을 이상향처럼 동경했었다. 남에서는 북에 대해서 그랬고. 월남을 해야 했던 나는 남의 현실에 실망한 나머지 그런 이상향이란 지상의 역사에 있을 수 없다고 정치에 등을 돌리려고 했었다. 그러다가 민주화투쟁으로 한

번 더 정치에 대한 이상을 추구했다고 할까. 그런 환상을 추구하려고 했다고 하겠지만, 지금은 정치적 리얼리즘에 회귀하여 멀리 그것을 바라보고 있다고 할까. 이제는 생의 마지막, 일생은 그런 방황의 나날이었다고 할 수밖에 없을 것 같다.

2010년 8월 3일

소시민화의 시대를 향하여

이명박 정부는 대대적으로 물갈이한 내각 명단을 발표했다. 이명박은 민주당은 물론 박근혜 계열도 전면적으로 부정하는 자세다. 그것이 정치 싸움이라는 것이고 날로 심해지면서 이명박 집권 후반기를 얼룩지게 하는 것이다. 이것이 우리나라의 정치 양상이라고 해야 한다. 이런 전면 부정적인 자세란 우리 정치 풍토에서는 어찌할 도리가 없다는 것인가. 정치적으로 집단을 달리하면 일보의 양보도 없다는 것이다. 여기서 우리는 후진적 민주주의의 양상을 보게 되는 것이라고 생각한다.

새롭게 총리가 된다는 사람은 어떻게 그렇게도 소신에 가득 차 있다고 장담할 수 있는 것일까. 겸허하고 신중한 자세란 불필요하다고 하는 것처럼 보인다. 현실은 그렇게 간단한 것이 아니지 않는가. 정치에서는 아무리 어려움이 가로놓여 있다고 해도 심사숙고하는 자세를 보여서는 안 된다고 하는 것 같다. 대언장담을 떠나서는 정치란 없다고 생각하는 것일까. 이런 생각이야말로 기우라고 할는지 모른다. 그랬으면 얼마나 좋을까 하고 멀리서 후원하는 심정으로 지켜보고 싶다.

2010년 8월 8일

조선닷컴인가에 김지미와의 대담이 나와 있었다. 1997년 김대중 유세 때 영화계 지지를 끌어낸다고 하면서 2,800억 원 지원을 약속하게 된 이야기였다. 이렇게 된 정권, 그야말로 김대중 정권도 금품에 얼룩진 정권이었다. 그러고 나서 영화진흥위원회에서 김대중계가 판을 치게 되었다고 했다. 그뿐이겠는가. 이북에도 4억 8천만 달러인가를 가져다주고 노벨평화상을 받았다고. 이런 어두움을 전제로 우리는 혐오의 눈으로 정치를 바라보지 않을 수 없다.

*

나는 『조선일보』에 쓴 글에서 후진적 민주주의라는 말을 썼다. 선거가 끝난 다음에 미국 쇠고기 반대 운동에 나타났던 그 많은 이명박 퇴진의 티켓. 젊은 학생들이라고 해서 민주주의적 선거에서 압도적인 다수를 차지한 정치권력에게 곧 퇴진이라고 할 수 있겠는가 하고 생각했다. 민주주의의 룰은 인정해야 하지 않겠는가고 했었다. 요즘 민주당 대변인 박지원의 말을 보면 반정부라고 하면 무슨 말이라도 한다고 할까. 대통령이 러시아에 간 것은 천안함 사건에 대한 러시아 측 조사보고의 입을 막으려고 갔다고까지 공공연하게 말한다. 그것은 북이 한 것이 아니고 사고로 침몰했다는 것인가. 군함이 그렇게도 어수룩한 것이라고 하는 셈이다. 이러면서 이것을 민주주의적 정치 풍토라고 하니까 후진적이라고 할 수밖에 없다는 것 아니겠는가.

공공의 가치, 공공의 여론이란 없다. 자리를 위해서 무슨 발언을 해도 된다는 것이 민주주의라는 것인가. 『동아일보』 사설에서도 비난하고 개탄하는 모양이다. 지식인을 키워야 할 언론도 지금까지 그런 정도였는데 이제는 저런 정치 싸움 꼴을 보면서 자성하면서 성장할 수 있을 것인가 하고 생각한다.

어제오늘 우리나라 사회와 지식인의 문제를 또 생각하고 있다.

이제는 『사상계』도 없고, 있다고 해도 읽는 사람도 없다고 하겠고, 국민은 모두가 총지식인화, 스스로 자기 생각에만 권위를 부여한다고 할까. 그래서 언론이 지식인을 키워야 한다고 했지만 신문사 글도 정말 페이소스가 없는 글이라고 해야 할 것 같다. 사방에서 파편을 모아다 간신히 엮어 놓은 글처럼 느껴지는데 이것은 내 부질없는 편견일 것인가.

우리나라는 전통적으로 지식인의 나라였다. 문관 통치의 사회였고 재야의 유학자들이 비판의 기치를 들었고 그러면 거기에 민중이 따라갔었다. 이런 지적 풍토가 사라진 것은 언제부터일까. 4·19 학생혁명은 지식인의 참여가 절정을 이룬 역사라고 했다. 이제 우리는 혁명 없는 시대에 들어갔고, 정권을 타도하고 그 그릇된 정치세력을 심판하고 감옥으로 보내던 역사는 사라졌다.

1979년 박정희 시대의 종결과 더불어 그러한 시대가 저물어 가기 시작했고 1987년 전두환의 후퇴로 완전히 사라진 것이라고 해야 할 것인가. 전 국민 총지식인화의 시대이고 뒤이어 컴퓨터가 판을 치는 시대라고 할까. 전두환의 몰락까지 미국이 한국 정치에 거의 공공연하게 관여했던 것도 잊을 수가 없다. 이런 시대를 오늘 태국에서 민중 봉기가 거듭 좌절을 맛보는 것과 비교해 볼 수 있을 것 아닌가.

혁명 이후 그때까지 고된 저항을 일삼던 국민적인 세력이 한줌밖에 안 되는 집권 세력으로 화할 때 성공한 혁명이란 존재하지 않는다는 역사를 어디서나 되풀이하게 되는 것처럼 느끼게 된다. 혁명 후 광범위한 국민적인 통치 세력이 성립한다는 것은 환상에 불과한 것 아닌가. 더욱이 혁명 후 희생의 정신은 사라지고 과실만을 탐내는 욕심만이 무성해진다면 그럴 것 아니겠는가. 성공한 혁명의 부패와 퇴진, 그리하여 찾아오는 비혁명 또는 반혁명의 시대. 우리의 현대사란 그런 것이었다. 혁명이 아니라 이제는 정권교체로 이어지고 이것이 민주화의 길이라고 해야 하는 것이다. 박정희의 죽음, 전두환 노태우의 투옥 그러나 혁명 세력이라고 하면서도 계속 누리는 특권, 노무현의 자살. 이 과정을 정치사적으로 특히 혁명사적으로 더듬어 볼 필요가 있다. 혁명이 희박해지고 후퇴 또는 소멸되어 가는 과정으로서 그려 본다. 아직 그 과정에 불만족을 표시하는 정치적 가치가 나부끼기는 하지만, 역사란 이러한 비혁명화의 과정을 거쳐 가면서 매우 일상적인 사회로 되어 가는 것이라고 할 것인가. 거기서 인간 모두가 왜소화되어 가는 것이 현대가 찾아가는 길인지도 모른다.

그것을 무엇보다도 컴퓨터의 문화가 촉진해 왔다고 역사는 기록해야 할 것 같다. 영웅도 위인도 없는 그야말로 카리스마가 사라진 시대다. 탈카리스마의 시대, 모두가 소시민으로 가는 시대, 그리하여 자기희생이 없는 평범한 시대가 되는 것이 아니겠는가. 이런 시대를 사는 시민적 자질이 요구되고 그것을 견디어 낼 수 있는 시민적 끈기가 요구된다고 할까.

2010년 9월 13일

일본의 시가

일본문학전집에 나와 있는 시를 읽으면서 또 여러 가지를 생각한다. 일제하에서 김소월이나 김기림 등의 시를 읊으면서 우리는 얼마나 우리의 현대시를 사랑했던가. 그래서 나는 어느덧 우리는 시에 있어서는 일본보다도 더 훌륭했다고 생각해 왔다. 작품 수로는 적었지만 일제 억압 속에서 우리는 정말 우리의 시를 사랑했었다. 해방 후에도 윤동주의 시를 그렇게 즐겨 읊어 왔지 않은가. 우리 국민은 시적인 정서의 국민이라고까지 생각했었다. 그래서 은근히 이것만은 일본에 자랑할 수 있다고 해왔다. 그것은 일제하에서 독립을 찾는 목소리이기도 했으니까.

요즘 일본의 시가를 더듬어 보면서 큰 충격을 받고 있다. 일본의 운문의 세계는 하이쿠, 와카, 시 얼마나 다채로운가. 이에 종사한 시가인은 수로 보아도 우리의 수십 배에 달할는지 모른다. 이 세 영역이 차지하는 문학 세계는 서로 달랐었다. 하이쿠나 와카는 일본의 전통을 따르는 것이고 일본의 독특한 운문 세계였지만 시는 근대에 일어난 것이고 절대적으로 서구, 특히 프랑스의 영향을 받았다. 아니 프랑스의 시를 따르려고 했다고 할까. 그렇지만 미요시 다쓰지三好達治에서 보는 것처럼 "나그네 길에 죽는 날은 어쨌든 곽료廓寥하고 세상이란 서글퍼"라는 것은 서구적이라고 하기보다는 일본적인 불교의 냄새를 뿜는 것이라고 나는 생각한다. 그리고 그 운문의 세계는 수많은 일본 국민이 참가하는 개방된 세계이기도 했다. 실로 일본 국민은 우리의 경우에 비해 훨씬 운문의 세계, 그 리듬의 영역에 살고 있었다고 해야 했다.

하이쿠의 세계가 다르고 와카의 세계가 다르고 시의 세계가 다르다. 하이쿠의 세계가 가장 실사적實寫的이라고 할까. 운문이 그들의 생각하는 삶을 뒤덮고 있었다고 할 수 있을 것 같다. 운문문학의 세계가 서구문화에 있어서의 종교처럼 그 사회를 감싸 안고 있었던 것처럼 보인다. 우리에게 있어서의 유교의 경우처럼 말이다.

그리고 무엇보다도 그들의 문학에 반영된 생활 체험 세계가 훨씬 넓고 깊었던 것이 아닌가 생각한다. 우리의 경우는 일본의 지배에 대한 저항이 서정 속에도 서리어 있었다. 일본의 경우는 운문의 세계란 각박한 바깥 세계의 삶에서 도피하는 데 있었던 것 같다. 그러나 어쨌든 그것은 근대 이후 침략과 패전 등으로 그들이 겪어 가야 했던 처절한 삶의 그늘에서 읊어 온 정서의 세계였다. 그런 의미에서 철저하게 비정치적·몰정치적이고자 했으나 말기에는 선불리 전쟁 참여에 동원되었던 것이 아니었을까. 막다른 골목에 이른 정치에 대한 흥분도 있었을 것이다. 시인의 정치 참여란 나방이 멋모르고 뛰어드는 불붙는 마당이 아니었을까 생각된다. 그러나 그들의 시 세계는 반일이라는 절대적인 모노톤을 은폐하면서 전하려고 애썼던 우리의 경우보다는 훨씬 다채로웠다.

이런 것을 생각하면서 한일 시가를 비교한다는 것은 너무나 커다란 과제이기는 하여도 매우 흥미롭고 의미 있는 작업이 아닐까 생각한다. 오늘은 패전 후 시베리아에 억류를 당한 시인들의 시를 읽었다.

2010년 9월 23일

나는 일본의 센카쿠열도 중국의 댜오위다오釣魚島 분쟁에 있어서 일본의 주장은 취약한 것이라고 생각한다. 그것은 우리나라 독도 문제와 마찬가지로 지난날 일본이 아시아에서 우위를 차지하고 있을 때 영유를 선언한 땅이 아닌가. 침략했던 나라는 새로운 평화를 위하여 독일의 경우처럼 분쟁지에 대한 주장을 포기하는 결단을 내리는 편이 좋지 않을까. 이런 사건에 있어서 한국은 어떤 위치에 있어야 하는 것일까. 한국이 동북아시아의 평화를 위하여 중·일 간에 있어서 국가적으로 어떤 역할을 하기에는 아직 요원하다고 할는지 모른다.

그러나 예를 든다면 이번 대립에 있어서 적어도 일본에게 중국 선장을 조기 석방하고 아시아의 불안을 해소하라고 동북아 평화의 입장을 강조하면서 신문과 같은 데서 사설을 쓸 수는 있었지 않을까. 동북아시아에서 평화적인 역할을 담당하는 자세를 점차로 다짐해 갈 필요가 있지 않을까 생각한다. 일본과는 물밑 교섭이라도 하면서. 일본은 그런 이웃 국가의 권고를 받아들이는 것으로 체면을 좀 세울 수도 있을 것 같다고 한다면 멋모르고 하는 지나친 말일까. 나는 한일 간에 그런 관계가 성장되어 가야 한다고 생각한다. 중·일 양자 대립에서 일본이 궁지에 몰리는 정세를 방관하는 것은 동북아시아의 앞날을 생각할 때 결코 좋을 리가 없다. 중·일은 영토 문제로 대립해서는 안 된다는 입장을 양국에 권고하는 태도를 취해야 하는 것이 아니었을까. 중·일에 가 있는 우리 대사를 통하여서라도. 적어도 언론은 그런 입장을 보였어야 하지 않을까 생각한다. 우리의 독도 문제도 넌지시 비추면서 그래야 양국 사이에서 우정을 나누는 자리에 나아갈 수 있는 것은 아닐는지 모르겠다. 이것이 우리의 지정학적 위치를 살리는 길일 것 같다. 이런 입장이란 한반도가 지닌 숙명이 아니겠는가고 생각한다.

이처럼 중국의 대두라는 현실에서 한국이 신중하게 국력을 생각하면서 어떤 역할을 하느냐 하는 것은 중요한 과제가 아닐 수 없다. 방향은 동북아시아의 평화라는 관점에서 한국이 이제는 중개자의 역할을 담당한다는 것이다. 그런 점에서 대북 관계도 신중하게 접근할 필요가 있겠고 남북문제를 이런 동북아라는 틀에서 생각하는 자세를 좀 더 강화해 갈 필요가 있지 않을까. 중국이나 러시아를 너무 멀리하는 것도 생각할 필요가 있으리라고 본다.

*

미국에서 활동하는 정보통신회사 STG2그룹 회장인 이수동이 '고려대, 미 조지워싱턴대 교류'에 쓰라고 100만 달러를 기증했다고 한다. 그는 고려대학교를 나온 후 조지워싱턴대학 대학원에 재학했으며 지난해에도 100만 달러를 조지워싱턴대학 공대 발전을 위해 기증했다고 한다. 이번에 양 대학 간의 교류를 위해 거액을 기부한 것은 정말 잘한 일이라고 생각한다. 해외에 사는 우리 교포들이 이렇게 우리나라와 외국의 관계를 향상시키는 데 공헌하면서 새로운 시대를 열어 가야 하는 것이 아니겠는가. G20회의 서울 개최로 국제적으로 나라 위상이 향상되어 가는 오늘이라고 하는데.

2010년 9월 24일

동북아시아의 새로운 방향

북에서는 김정일이 또 자기 아들을 차기 권력자로 내세웠다. 3대째 60여 년의 권세를 누린다는 것으로 정말 김 씨 왕조다. 이러한 가부장적 봉건체제가 언제까지 가는 것일까. 그리고 김정일이 자기 누이동생이니 그 남편이니 하면서 그 주위의 군사·정치 당정 책임자들을 모두 여섯 명이나 대장으로 임명했다는 것이다. 그리하여 영원히 권력을 계승해 간다는 것이다. 만화와 같은 정치사가 아니겠는가.

그러나 한편 생각하면 저것이 우리 민족의 모습이라고 해야 하는 것 아닐까 싶다. 민주주의를 채택하지 못했다면 남한에서도 저런 모습이 이어진다는 것 아니었겠는가. 박정희는 저렇게는 못하겠으니까 자기만의 영구 집권을 꿈꾸었다. 한심한 우리의 자화상이라고 해야 한다. 남에서는 지금 민주주의를 채택했다고 해도 저런 타성에 얼마나 향수를 느끼면서 끌려가고 있는 것인가.

남한이 건전해지려면 언제나 북의 저런 모습을 나의 거울처럼 바라보아야 한다고 생각한다. 그것은 사실 우리의 모습일 뿐만 아니라 인간의 본연적인 모습이기도 하다. 그런 것을 극복하려고 해온 것이 인류사라고 할 수도 있다. 한심한 인간사. 저런 압제 속에 있는 우리 민족에게 어떻게 인간적인 우리의 관심을 전달할 수 있을 것인가.

2010년 9월 30일

지난번에 미국에서 돌아올 때 일이다. 유나이티드항공 비즈니스를 타고 있었는데 1년 전 미국에 갈 때와는 전혀 다른 서비스에 놀라지 않을 수 없었다. 두 사람, 세 사람이 자리를 잡게 하고 그 사이에 칸막이가 있었으며 누우면 거의 침대가 되다시피 하는 자리였다. 과자 등 먹을 것을 자유로이 밤중에도 가져가게 놔두었고 스튜어디스들이 다니면서 필요한 것을 묻고 필요하다면 언제나 전해 주는 것이었다. 중년이 된 노련한 승무원들이었고 거의 쉬지도 않는 듯했다.

이런 친절, 이런 서비스란 유나이티드항공에서 그전에는 볼 수 없었던 근무 형태였다. 이렇게 되어 있는 유나이티드 항공기는 몇 대 안 된다는 것이었다. 그래서 나는 좀 지나친 상념인지 몰라도 이렇게 생각했다. 유나이티드는 콘티넨탈인가 하고 합하면서 세계에서 제일 큰 항공회사가 된다고 하는데 어떤 변혁운동을 일으키고 있는 것이 아닐까 하고.

전체를 한 번에 고치기는 어렵다. 어떤 부분에 개혁의 바람을 불어넣는다. 거기에 협조하는 사원들을 동원한다. 이러한 움직임이 커지고 언젠가는 거기에 동조하지 않는 세력은 물러설 수밖에 없어진다. 이것이 노조의 전면적인 항거를 피할 수 있는 길인지도 모른다. 새로운 시설에 새로운 노사관계를 도입한다는 것일까. 그렇게 해서 반발을 넘어 개혁을 해나간다는 것일까 싶었다.

*

솔제니친의 『이반 데니소비치의 하루』를 읽으면서 생각했다. 공산주의 체제란 꿈이고 이상이었지만 결국은 강제수용소로 전락해 버렸던 것 아닌가. 오늘 북한에서도 『이반 데니소비치의 하루』가 계속되고 있는 것 아닐까 생각한다. 그런 수용소가 있다면 그 땅에서는 수용소 바깥 세계도 그렇게 비인간적이라는 것 아니겠는가. 남을 규탄하면서 결국은 그들을 닮는다. 혁명 후의 사회는 그것을 넘은 휴머니티를 지녀야 한다고 했었는데. 그 작품에서 그들이 저항한 체제와 인간이란 사실은 어디에서도 가능한 악 유산이 아니겠는가 생각했다.

공산주의 혁신이 범한 무서운 과오. 그것은 인간의 증오와 억압을 거부하려고 하면서 그보다 훨씬 더한 증오와 억압의 체제를 만들 수밖에 없었던 혁명이 아니었던가. 그런 것이 지금 마지막으로 북에 남아 있다고 할까. 아프리카에도 남아 있는 예가 있다고 할 수 있지 않을까. 민주주의를 회복하기만 하면 된다는 것이 아니지 않는가. 그래서 오늘은 혁명이라는 이름에 냉소를 내뿜는 세상이 되어 버린 것 아닌가 생각된다.

김대중 정부는 그런 관료를 추방하면 된다고 생각했다. 그런 것일까. 민주주의하에서 국민이 신뢰할 수 있는 제도를 수립한다는 긴 과정이 요구된다. 정직하고 유능한 정부를 선출하고 유지하는 새로운 풍토가 이루어져야 한다. 새로운 제도를 만들어 세워야 한다. 새로운 정부와 관료와 국민의 관계가 이루어져야 한다. 역사상 오늘처럼 집권 세력이 국민의 눈치를 보아야 했던 때는 없었다. 대통령이나 수상은 카리스마가 전혀 없이 국민의 동정을 살펴야 한다. 국민은 국가 일원적 관심만을 가지고 있는 것이 아니다. 지역사회, 국가, 시민 공동체, 아시아 공동체, 인류 등으로 그 관심은 분산되어 있다. 일극집중一極集中이 아니라고 사카모토 요시카즈坂本義和는 강조했다. 정말 일국을 통치하는 정치 세력이란 약하기 짝이 없다. 표를 얻기 위해서라면 보수니 혁신이니 하는 차이가 없어진다. 여기에 유럽에서의 이른바 혁신정당의 패배라는 역사가 이어지고 있는 것 아닌가. 이런 시대에 어떤 정치 형태를 이룩해 내는가 하는 데 새로운 연구가 필요한 것이 아닌가 생각된다. 그렇지만 인간 자체가 완전하지 못한 것처럼 인간 사회도 완전할 수는 없다. 항상 요동치는 수밖에 없으며 역사란 그런 미완의 길을 비틀거리면서 걸어가는 수밖에 없다고 생각한다.

2010년 11월 14일

낮은 것으로의 평준화가 아니다. 끌어올리면서 평준화해야 할 것 아닌가. 흑백논리는 오류이고 인간이란 과오에서 성장해 가는 법이라고 해야 한다. 낡은 시대의 기업과 노동조합이 아니라 끌어올리면서, 이익을 증대시키는 법을 찾으면서 동시에 분배의 길을 찾아야 한다. 민중의 선의를 막연히 기대하는 것도 잘못이 아니겠는가. 일본항공은 나누어 먹는 데만 집중하다가 적자투성이가 되었다고 한다. 일본은 한국에 대하여 원화 절상을 요구한다고 한다. 대립하기보다는 협력의 길을 찾아서 상황을 극복하려고 해야 한다. 중국에 대해서도 그래야 하는 것 아닐까. 여기에 동북아시아 공동체가 문제가 되는 것이다. 경쟁하면서 협조한다는 것은 부단한 조정을 요구하는 것이라고 하겠다. 그것이 인간이 평화스럽게 살아가는 증표라고 해야 한다.

한·중·일이 발전한다면 일본은 어떻게 해야 할 것인가. 미국을 중심으로 한 경제권처럼 일본을 중심으로 한 경제권을 생각할 수도 있지 않을까. 장차 일본은 금융과 유통업을 지배하게 되어야 한다는 것도 있겠고 고도한 기술에 힘을 집중하는 것도 있어야 하리라고 생각한다. 교육 특히 아시아에 개방된 교육이 매우 중요하리라 고 본다. 경제가 활발한 곳에 후진국 젊은이들이 모여 든다. 그러나 지금 상황으로는 그들이 쓰는 용어는 영어가 되어야 할 것 같다. 한·중·일 사이 또는 아시아에서 일본은 미국과 같은 존재를 지향해야 할 것이라고 생각한다. 일본은 그런 고민을 하면서 스스로 성장해가는 길을 찾아가야 하는 것 아닌가 생각한다.

2010년 11월 16일

이제는 국가 간 전쟁은 있을 수 없다고 해야 한다. 경제적인 면에서 이렇게 서로가 긴밀하게 얽혀 있는데 어떻게 전쟁을 하겠는가. 핵무기 시대에는 전쟁에서 누구도 살아남을 수 없다는 단순한 전제 밑에서 모두가 살고 있지 않는가. 전쟁을 하면 상대만이 아니라 자기도 무너지게 된다. 그것보다 더 중요한 문제가 있다. 지금 식민지라고 해서 다른 나라를 지배하면서 살아갈 수 있을 것인가. 우의를 말하면서 서로 벗으로 삼고 함께 살아가야 할 다른 나라가 있을 뿐이라고 해야만 한다. 국가 간에서도 국내에서와 마찬가지로 남을 지배하는 시대는 지나가 버렸다. 역사의 진보란 그런 것 아닌가. 역사의 진보에 의해서 한층 더 인간의 선의가 요청되는 것이다.

어제 북이 연평도를 향해서 포를 쏘았다는 것은 군사적인 전쟁으로 볼 수는 없는 것 같다. 이겨서 어떻게 할 것인가. 우리도 그들도 나의 삶의 방식을 남에게 강요하면서는 살아갈 수 없는 것인데. 분단된 민족이 원래대로 함께 살고 싶을 뿐이다. 그러나 그것도 분단의 아픔을 가진 세대가 점점 사라져 가니까 이제는 막연히 분리된 민족이니 통일을 회복해야 한다는 생각이라고 할까. 다만 북이 막혀 있으니 답답하다고 할까. 남북분단의 위협 또는 고통이나 부담이 없어져야 한다는 생각일까. 분단 65년에 우리의 심정도 그렇게 변해 버렸다고 해야 하는 것 아닌가 하고 어쩐지 슬퍼진다.

2010년 11월 27일

박정희 정권에 대한 긍정적인 평가가 일어나고 있다는 문제를 여러 가지로 생각하게 된다. 역사를 계승할 때는 지난날의 사소한 것, 아니 어떤 의미에서는 그 당시에 있어서는 중요했던 것이었는데도 털어 버리고 오늘의 시점, 오늘의 관점에서 지난날을 계승하는 것 아니겠는가고 생각한다. 그래서 박정희는 경제발전을 이룩한 사람이라고 하고 그 업적을 높이 평가하려고 하는 것이겠지. 그 당시에는 그 권력이 눈앞에서 가해 오는 부정과 박해에 몸서리쳤었지만 말이다.

오늘 우리의 관점은 아직도 국제 관계에 있어서는 우승열패라는 도식에서 살아남으려 하고 남을 지배한다는 지난날의 삶의 방식에서 벗어나지 못하고 있는 것 아닌가 생각한다. 현실은 전쟁이 있을 수 없고 상호 협력해야만 발전한다는 상황인데도 불구하고 말이다. 앞서가는 역사적 현실을 뒤따라가는 데 당황하고 있는 우리의 의식이라고 하지 않을 수 없다.

지난번 북이 연평도에 포격을 가하여 네 명의 인명을 앗아간 사건이란 무엇일까. 북은 동북아시아에서 한·중·일이 사이좋게 살아가면서 상호 발전을 추구한다는 상황을 교란하고 세계가 자기들의 존재를 재확인하고 떠들어대는 상황을 만든다는 것을 제일의 목표로 하고 있는 것이 아닐까. 중국과 러시아를 동북아시아의 상황에 끌어들여 자기들 쪽에 가담하게 하자는 것, 이것이 가장 중요한 목표가 아니었을까 생각한다. 중국은 일본과의 영토 분쟁과 북을 이용한 위기 조성으로 국내의 불만을 잠재우려고 했을 것 같다.

이러한 우여곡절을 거치면서 역사는 진행한다. 북은 물론이고 중국의 체제도 길게 본다면 수정될 수밖에 없는 것 아니겠는가. 국민의 대두, 독재적 권력의 배제란 역사의 앞날이니까 말이다. 경제가 발전하려고 한다면 그런 길이란 피할 수 없는 것이다. 북의 연평도 공격을 부정·은폐하면서 사태를 수습하려는 중국의 태도가 어떻게 국제적으로 용인된다는 것이겠는가. 그러니까 러시아는 갈팡질팡하고 있지 않은가. 그러다가 중국은 파키스탄에 대대적인 경제원조를 제공한다는 것으로 호평을 얻어 보려고 하지만, 역사가 그런 궤계와 술책으로 호도되기에는 이미 시대가 너무 발전한 것이라고 해야 할 것 같다.

무서울 정도로 언로言路가 발전했고 경제는 상호 의존적인 체제로 나아가고 교통과 교류의 엄청난 발전. 그런데 북은 이 모든 것에 대하여 스스로를 봉쇄하는 정책을 쓰고 있다. 다만 몇 사람이 흑암 속에서 나라에 군림하기 위해서다. 그러니까 거기에는 법의 지배란 있을 수 없다.

2010년 12월 20일

박정희라는 존재도 역사에 따라 얼마나 그 양상과 평가를 달리해 오는가. 그러나 역사란 그 시대 자체에 의한 판단이 가장 정당성을 가지는 것이라고 해야 한다고 나는 생각한다. 말하자면 박정희에 대한 판단은 그가 죽은 1979년 10월 26일을 중심으로 한 판단이 가장 정확한 것이라고 나는 생각하는 것이다. 그에 대한 평가가 다소라도 달라졌다면 그것은 우리의 지난날에 대한 망각증과 현실에 대한 증오라는 비판의식 사이에서 일어나는 과거에 대한 미화라는 상상력이 자아낸 결과에 불과하다. 어제는 아름답고 오늘은 타기하고 싶은 것이다.

2011년

이집트의 혁명을 보면서

이집트의 혁명의 소용돌이를 보면서 우리나라 현대사에서 겪어야 했던 1960년의 4·19, 1979년의 박정희의 죽음 그리고 1987년의 6월 항쟁을 생각하게 된다. 이집트의 혁명은 역사적으로 보면 우리의 4·19와 비교할 수 있다고 생각한다. 그것이 아프리카 튀니지에서 비롯해서 더욱더 아프리카 전역으로 번져 갈 것 같다. 토인비는 1775년 미국의 콩코드에서 일어난 총성이 세계를 몇 바퀴째 돈다고 했는데 지금도 돌고 있는 셈이다. 현대적 또 세계적으로 가능해질 수 있는 평화의 날까지 그 소용돌이는 돌고 도는 것 아니겠는가. 그러면 세계의 문제를 지난날의 주권국가 간의 경쟁이나 전쟁이라는 수단과는 다른 관계를 가지고 갑론을박하게 되는 것이 아니겠는가.

미국이 세계사를 조정하는 상황이 계속되고 있다. 미국은 역시 유럽의 백인 세계를 대표하는 것이라고 하겠다. 어쩐지 이집트에서도 군부가 나오고 우리나라의 1980년 전후 같은 상황이 이어질 것 같은 생각이 든다. 박정희체제가 전두환의 등장을 가능하게 했고 1988년에야 명색만의 민주사회가 가능했던 것 아닌가. 그러는 사이에 한국 정치에 대한 미국의 관여가 계속되었다. 앞으로도 그런 이른바 백인의 세계 지배라는 역사는 계속될 것 같다.

일본이 넘버원이라고까지 치켜세워지는 시대가 계속되더니 이제는 중국이 넘버 투라고 한다. 얼마 지나면 미국도 넘어선다고 하고. 그것도 미국이 지배하는 체제하에서 일본이 춤추던 역사와 같은 것이 아닌가 하고 생각한다. 여기서 살아남아야 한다. 이런 역사를 누가 어느 나라 어느 세력이 마치 배후에서 조정이나 하는 것처럼 우리 눈에 비치게 하는 것 같다. 이런 세계에 적응하면서 자기네 이익을 찾으면서도 그 역사를 넘어서 세계사와 민족사를 전망해야 하는 것 아니겠는가.

나는 북의 행보는 어둡기 한이 없다고 생각한다. 그들은 당 지도부에는 절대 잘못이 없다고 하는 것 아니겠는가. 그들은 남을 향해서도 세계를 향해서도 자기네 무오설無誤說을 주장한다. 자기네 국민은 굶주림 속에 남겨 둔 채. 남을 향해서 구걸하면서도 자기네는 위대하다고 내세우면서. 남에는 이런 북을 두둔하면서 민족적이라고 하는 사람들이 있다. 내가 1947년 북을 떠나려고 할 때 그런 독재의 무오무류설無誤無謬說이 횡행하기 시작하였고 그것에 기식하려는 세력이 형성되어 가면서 정직하고 유능한 사람이란 점점 찾아볼 수 없게 되어 가던 것을 회상한다.

폭력적 사고를 때로는 받아들이고 출세하는 길까지 열어 준다. 그러나 그것은 이용할 때뿐이고 불필요하다면 지금까지 감추어 두었던 검은 면을 들추어내서 그들을 가혹하게 숙청하고 추방한다. 김일성, 김정일의 이러한 궤계 속에서도 살아남았다는 극히 적은 무리들이 머리를 들고 있었다. 그 사회에서는 그런 충성을 하지 않는다면 거의 모두가 처참하게 이름도 없이 죽어 가는 것 아닌가. 그 몇 사람밖에는 인간으로서 살아갈 수 없고 기억될 수도 없다는 것이었다.

사회주의라는 이념이 이렇게도 타락할 수 있다는 것인가. 그런 체제가 다만 물리적 힘으로 그대로 계속된다. 그런 사회에는 그것을 제어하고 수정할 수 있는 견제력이란 있을 리 없다. 그런 체제란 시간이 가면 갈수록 더욱 악화되는 법이다. 인간사는 이렇게도 슬프고 잔인하다는 것인가. 이상을 한없이 추구하는 깊은 정신과 그러면서도 주어진 것에 체념할 줄 아는 겸허한 지성이라고 할까. 이것이 인간세계를 사는 삶의 지혜라는 것 아니겠는가고 생각한다. 서두르면서도 기다린다는 것, 이것이 그리스도인의 삶이라고 칼 바르트는 말했었다.

2011년 2월 8일

민족주의를 넘어서

역사란 '물자체物自體, Ding an sich'라고 해야 하는 것 아닐까. 그러니까 그것은 우리가 파악하고 인식하는 것을 넘어서 있다. 역사불가지론歷史不可知論이라고 할까. 그러나 그것은 시간이 지나면 지날수록 그 자체를 드러내기 마련이다. 그럼에도 불구하고 궁극적으로는 불가지한 것이다. 그러니까 역사는 눈에 보이지 않는 손으로 인도된다고 한다. 박정희라는 존재도 역사에 따라 얼마나 그 양상과 평가를 달리해 오는가.

그러나 역사란 그 시대 자체에 의한 판단이 가장 정당성을 가지는 것이라고 해야 한다고 나는 생각한다. 말하자면 박정희에 대한 판단은 그가 죽은 1979년 10월 26일을 중심으로 한 판단이 가장 정확한 것이라고 나는 생각하는 것이다. 그에 대한 평가가 다소라도 달라졌다면 그것은 우리의 지난날에 대한 망각증과 현실에 대한 증오라는 비판의식 사이에서 일어나는 과거에 대한 미화라는 상상력이 자아낸 결과에 불과하다. 어제는 아름답고 오늘은 타기하고 싶은 것이다.

어제 우리의 과거는 관념으로 바꾸어 지금 우리가 가슴으로 품어 내는 아름다운 시이고, 오늘 우리의 현실은 우리가 아픔으로 견디어 내야 하는 고난 어린 산문이라고 해야 한다. 그래야 우리는 오늘을 살아갈 수 있다. 과거를 낭만으로 바꾸어 놓을 때 그것은 현실에 대한 비판의 근거가 될 수 있지 않겠는가. 우리의 역사의식의 작용이란 그런 것이 아닌가 생각한다. 그렇게 우리는 인생을 살아가는 것이다. 낭만주의자로 또 현실주의자로. 지난날을 낭만으로 바꾸어 가면서 오늘 다가오는 아픔을 온몸으로 견디어 내려고 하는 것이다.

2011년 3월 25일

남한에 통일 우선론자, 즉 선통일 후민주화라는 흐름이 남아 있다는 것은 흥미롭다. 그러면서 그들은 반미적인 경향을 띤다. 그것은 해방 직후부터 흘러내려 오는 흐름이 아니겠는가. 그래서 나는 북에서 내려온 사람이라고 해서 소외되어야만 했다. 남한에서 해방 후 통일 우선의 발상을 한 사람들이란 얼마나 수난을 겪어야 했던가.

그들의 희생을 잊을 수가 없다.

이제는 그들도 거의 자유롭게 발언할 수 있게 되었다. 그러니까 민주주의 사회라고 해야 하겠다. 야스퍼스와 아렌트는 독일에 대해서 통일이 우선이 아니라 자유가 우선이라고 했다. 그들은 무엇보다도 나치스를 체험했기 때문이었다. 지금 많은 사람이 일제시대 때보다 해방 이후 이승만체제, 박정희 군사전제 등을 겪으면서 희생당한 사람들을 기억하고 있다. 그리고 일제하도 분단체제하의 북도 체험하지 못한 채 남에서 민주주의로 오는 길에서 겪은 아픔만 기억하고 있는 사람들. 이처럼 역사적 경험을 달리하는 세대들이 함께 살아가는 문제를 신중하게 고찰해 볼 필요가 있다.

2011년 4월 8일

아렌트의 남편 하인리히 블뤼허가 야스퍼스에게 보낸 편지(1960. 10. 4)는 참 흥미롭다. 국민국가란 거짓이라는 것이다. 그는 민족주의란 자본주의, 사회주의, 종족주의, 제국주의와 마찬가지로 위험하다고 했다. 그것들은 걸핏하면 복합되어서 나타났다. 이런 것으로 말미암아 전후에도 국가를 넘은 연합이 불가능했다. 정말 그런 정치적인 슬로건으로 자유는 억압되었고 독재자가 사방에서 특히 신생국에서 횡포를 더해 갔던 것 아닌가. 자유 없는 내셔널리즘—그것이 요즘은 아프리카에서도 무너지고 있는 셈이다. 우리나라 이북에서는 그것이 최후의 교두보처럼 남아 있고 중국에서도 그 유산이 아직 남아서 북도 지지하고 옹호하려고 하는 것이 아닌가 생각한다.

야스퍼스는 블뤼허의 편지에 심히 감동되어 내셔널리즘을 아직 도처에 나타나고 있는 악마라고까지 했다. 우리도 지난날 일제하에서 소중하게 품지 않을 수 없었던 내셔널리즘이다. 그러나 해방 후 그 내셔널리즘에 따라다니는 위험성을, 특히 북에서는 그것이 반동적 반역사적으로 독재 3대를 옹호하려는 정치적 음모로 나타나고 있다는 것을 생각해야만 하겠다.

내셔널리즘이 일제에 항거하던 시기에 지닐 수 있었던 후광後光은 이제는 정말 해체되어야 하겠다. 그리고 이른바 식민지 보유국이 지녔던 내셔널리즘 그것이 아직도 일본 같은 나라에도 남아 있다는 것을 고발하고 내셔널리즘을 넘어선다는 세계사의 방향에 모두가 공감하자고 해야 하겠다. 중국이나 일본에서 내셔널리즘이 낡은 힘을 강화하려고 하는 것 같은 경향에 대한 비판과 저항이 이어져야 한다고 생각한다.

2011년 4월 9일

민족주의라는 말이 오늘 얼마나 생소하게 들려온다고 하겠는가. 그러나 지난날 침략자들이 말하는 민족주의에 대하여 그들에게 유린당하면서 민족을 지키려고 민족주의를 부르짖은 것을 생각하면 민족주의란 얼마나 피맺힌 아름다운 언어였던가. 그러나 지금은 민족주의 하면 좀 지나친 말이기는 하지만, 나치가 말하던 것과 같은 냄새를 풍긴다고 할까. 시대에 따라서 언어가 풍기는 향취가 달라진다는 것일까. 오늘은 동북아시아의 평화를 말하려는 시대이니까. 플라톤은 『법률』에서 다음과 같이 말했던 것 아닌가.

> 실제로 세상 많은 사람이 평화라고 부르는 것은 단지 명목만이고 사실은 도리어 모든 나라가 모든 나라를 상대로 언제나 선전포고 없는 싸움 속에 말려들어 가 있다는 것이 자연에 적합한 존재 방식이라 해야 한다.

그러니까 플라톤은 "공적으로는 만인이 만인에 대하여 또한 사적으로는 각자가 자기 자신에 대하여 적polemios이다"라고 한 것이 아닌가. 그렇게 생각하면 참으로 많은 사상가가 전쟁, 적대 관계, 적의를 문제 삼아야만 했다. '안에 있는 적' 그리고 '밖에 있는 적'을 거론할 수밖에 없었다.

그리하여 핵무기의 시대에 들어오면서 아이러니컬하게도 우리는 인간 공멸의 위기를 염두에 두고서 평화를 문제 삼지 않을 수 없게 되었다. 한편 지구가 좁아져서 서로가 물품을 교환하고 번영을 추구하면서 말이다.

그렇다면 지금까지의 사상을 통틀어서 전쟁과 대립 속에서 자아낸 사상이라고 한다면 지금은 평화 속에서의 삶을 추구하는 사상이어야 한다고 말해야 할 것 아닌가 생각된다. 그래서 칼 바르트의 전쟁을 눈앞에 두고 생각한 신학은 오늘의 신학에 속하지 않는다고까지 하게 된 것 같다. 이런 것은 모든 사상에 해당되는 것 아니겠는가. 21세기의 새로운 사상이 지닌 지평이라고 할까. 나와 적이 아니라 우리 인류가 우리의 사상의 핵심을 이루어야 한다. 그렇게 생각한다면 우리나라에서는 남북이 얼마나 다른 사상의 터전에 놓여 있다고 하겠는가. 우리의 남북문제도 지난날과는 다른 역사의 장에 놓여 있다는 것을 깊이 인식해야 한다. 대일 관계도 마찬가지다. 그러니까 이번에 일본의 지진 문제에 대한 우리나라의 대응도 국가 차원을 넘어서고 있다고 나는 생각한다. 우리가 지난날 언제 일본을 도와야 한다고 생각한 적이 있었던가.

이러한 새로운 방향으로 오늘의 정치가 걸어갈 수 있겠는가. 개혁적 방향이란 언제나 시민 사이에서 싹터 나온다. 그렇게 새로운 시민의식이 형성되고 있다면 낡은 정치 형태는 취약하기 짝이 없고 새로운 역사적 방향에서 오는 도전에 허둥지둥할 수밖에 없다. 그래서 나는 일본은 이번 지진으로 더욱 반동화될 것이 아닌가 하는 신문의 질문에 그러면 일본은 반역사적으로 전락하는 수밖에 없을 것이라고 했다. 그리고 지금 일본 동북 지방의 지진에 대하여 세계적으로 구원의 손이 뻗쳐 오고 있다는 것은 바로 바른 역사적 방향을 촉구하고 있는 보이지 않는 역사의 손이라고 해야 한다고 했다.

2011년 4월 14일

앞날을 위한 한일 관계를 생각하며

요즘 오스틴의 『오만과 편견』(박진석 · 송정은 옮김)을 읽으면서 문학, 그리고 번역 등 여러 가지 문제를 생각하게 되었다. 지금까지 읽은 번역서에 비하면 참 좋은 문장이라고 느낀다. 지금까지 우리나라 말로 이 정도로 좋은 표현을 해낸 번역 작품을 읽어 본 적이 없는 것 같다. 한문 표기를 하지 않은 문장에 대해서 여러 가지로 생각하게 된다.

참 또 한쪽에서 『고전시가론』이라는 책을 읽으면서 이 책이야말로 자기네 전공자들 사이에서나 읽힐 책이지 일반적인 독자라면 누가 이 글을 이해할 수 있겠는가 하고 생각했다. 필자에 대한 소개조차 없고 전혀 일반 독자를 고려하지 않은 글들이다. 거기에다 국문학을 했다는 분들의 글인데 왜 이렇게도 생경할까. 고전문학을 했기 때문일는지도 모른다. 한글 표현의 생경성, 세련되지 못한 문장도 문제가 되는 것 아닐까 생각했다.

원래 한글은 15세기에 들어와서야 제정된 것 아닌가. 그러면서도 언문으로 천시를 당하면서 근대에 이르기까지 소외되어 왔다. 일본은 7~8세기에 가나假名가 성립되었고 얼마나 가나에 의한 표현이 세련을 거듭해 왔는가. 그들은 거기에다가 한문을 일본어화해서 이른바 훈독訓讀까지 해왔다. 한문을 음독도 하고 훈독도 하면서 그야말로 자유자재하게 일본화했다. 우리는 정통을 주장하면서 이러한 변화를 거부하려고 했다. 그러니까 근대에 이르기까지 우리의 경우는 한글 표현도 거의 문어와 구어로 구별되지도 않았고 충분한 발전을 보지 못했던 것 아닌가 생각된다. 이런 것도 중국을 문화 중심으로 한 지난날의 문화지리적인 문제라고 할 수 있는 것이 아닐까.

그렇게 생각한다면 우리의 글은 일본의 경우보다도 아직 훨씬 더 변화 도상에 있다고 해야 할는지 모른다. 그러니까 『고전시가론』의 글들이 그렇게 생경한 것일까. 그런 모든 것을 생각할 때 군사정권이 한글 전용을 전면적으로 채용하기로 공포한 것을 다시 생각해 보아야 할 것 같다. 요즘 한글과 한자의 병용을 주장하는 분들이 움직이기 시작한다고 한다. 우리의 경우에는 우리글에서 한문의 훈은 쓰지 않았었다.

사실 최현배 같은 분의 한문폐기론이란 우리 말본, 한글갈 같은 한글 용어까지 창제한다는 어려운 과정이 아니었던가. 일본은 우리에게 비하면 훨씬 한문을 일본화하려고 했다. 외래문명을 도입하는 데 있어서의 일본과 우리의 차이를 비교해 볼 필요가 있다. 주변국가의 경우를 문명 중심에 대한 거리에서 생각해 보아야 하겠지만, 우리는 유교의 경우 주자학 일변도로 중국보다도 한층 더 단일화하려고 했던 것 아닌가 생각된다.

근대 이후의 한글 발전사를 정말 주의 깊게 검토해 볼 필요가 있다. 그리고 한문을 일본의 고유한 가나 표현과 교묘하게 융합시키면서 문어와 구어로 발전시켜 온 일본의 경우와 대비해 보아야 하겠다. 참 근대에 들어와서 우리는 한글을 사용한다고 하면서 일제의 지배와 억압이라는 수난을 겪어야 했고, 그리고 한글 전용이라는 군사정권의 비문화적인 언어 정책 속에서 또 다른 수난을 겪어야 했었다. 그런 의미에서 우리의 한글, 우리의 표현 매체의 역사적 발전사를 깊이 다루어야 하리라고 생각한다.

또 요즘 영어 교육을 강조하는 것을 어떻게 보아야 할 것인가. 컴퓨터로 간략화·평이화하는 문제도 있겠고. 거기서는 문장의 과다한 수식은 제거하고 될 수 있는 대로 간략하게 표현한다. 그렇다면 문학적인 문장이란 어떠한 의미를 가지는 것일까. 정말 문장이 참 다양화되는 것 같기도 하다. 가요의 종류에 따라 문장 구성도 달라지는 것처럼 보인다. 언어란 그렇게 생명체처럼 역사에 따라 변해 간다. 국어 문제란 앞으로 커다란 과제가 될 것이라고 하지 않을 수 없다. 거기에다가 앞으로는 남북통일이라는 문제가 가로놓여 있지 않는가. 한글의 운명을 오늘의 역사에서 정말 진지하게 생각해 보아야 할 것 같다.

2011년 5월 10일

한일 관계를 생각한다. 해방 이후 66년, 얼마나 오랜 세월인가. 더욱이 현대사의 템포에서 본다면 말이다. 적대 관계에서 일본을 따라잡으려고 애쓰던 추종과 경쟁의 시대였다고 하겠다. 이제는 거의 대등한 시대에 이르렀다고 할까. 나는 한일은 문화와 언어에서 보더라도 이제는 협력하는 시대를 어떻게 산출해 가는가 하는 것을 내다보아야 하는 것 아닌가 하고 생각한다. 어떻게 협력하면서 거의 통합의 시대를 자아낼 것인가 하는 것이다. 그리고 어떻게 중국을 견제하면서도 경쟁과 협력을 위한 새로운 파트너로 삼느냐 하는 것이다.

우리는 한반도에서 지정학적으로 중일 사이에 끼어 고통을 겪어

왔다고 한다면 이제는 어떻게 거기에 협력과 발전과 평화를 자아내는 역할을 해나갈 것인가 생각해야 한다. 지정문화적으로 역사를 생각하고 앞날을 전망하면서 말이다. 지금까지 그렇게 역사의 고통을 짊어져야 했던 땅이 이제는 그 고통을 넘어 평화와 번영을 낳게 하는 지렛대가 된다. 우리 선인들이 그렇게 동양 평화를 소리높이 외쳤던 것을 눈물겹게 회상하면서 말이다.

1965년 일본에 처음 갔을 때 내가 한일 협력을 말하면 일본 사람들이 나를 우습게 대하던 것이 생각난다. 그들은 한국은 일본의 선진국 경제 밑에서 농산물 생산이나 해주면 되지 않겠느냐고 하는 것이었다. 이런 역사를 되돌아보고 오늘날 우리가 우리보다 가난한 나라들을 어떻게 대할 것인가를 생각하게 된다. 나는 이런 점에서 이명박을 바라보고 감사하게 생각한다. 그는 무엇보다 대통령이란 국민에게 군림하는 것이라고는 생각하지 않는 것 같다. 물론 그럴 수도 없는 시대이지만. 우리나라 역사에서 대통령이라는 존재를 이렇게 국민과의 거리에서 평가해 보고 싶다.

2011년 7월 11일

전통적인 문장이 어떠한 처지에 놓여 있는가고 여러 가지로 생각하게 된다. 우리는 일본에 비하여 한글 문장의 발전이 늦어졌다고 생각해 왔다. 일본은 7~8세기에 가나가 생기고 점차로 그것을 사용하여 11세기 초에는 『겐지모노가타리源氏物語』가 나온 것 아닌가. 한글의 창제는 15세기 중반이라고 한다면 그리고 그후에도 한문을 숭상하고 한글은 수난을 겪어야 했던 것을 생각할 때, 한글의 발달이란 아주 늦어진 것이라고 해야 하는 것 아니겠는가. 그래서 문어, 구어의 문제도 우리의 경우에는 뚜렷하지 않은 것처럼 보인다. 일본어의 문장적인 발전, 그 표현이나 수식어의 발전을 말하면서 나는 우리나라 가요곡에서 나타나는 언어의 문제도 한일을 비교하면서 생각해 왔다.

요즘 젊은이들의 가창의 세계를 보면 수식어는 삭제해 버린 직설법으로 가는 것처럼 보인다. 서간문은 없어지고 컴퓨터의 수식 없는 언어로 가는 것이 아닌가. 이것은 한일 양 국어 모두가 가는 길이겠고 언어 표현의 간략화의 시대라고 할는지 모른다. 이렇게 되면 일본어의 그 풍부한 문장 언어는 어떻게 될 것인가. 그들의 시나 가요곡에 나타났던 그 과잉하다고 할 만한 수식어들은? 새로이 일어난 문어 소멸 과정이라고 할까. 그 영역은 별도로 보호해야 하는 것인가. 앞으로 문제가 될 것이라고 생각한다.

2011년 7월 14일

오늘 『조선일보』에 선우 정 특파원 기사로 일본 동북 지방 지진 현장 르포가 나와 있었다. 미나미소마南相馬의 사쿠라이 가쓰노부櫻井勝延 시장과의 인터뷰였다. 타이틀이 "일본, 아무 정보도 안 주고 따르라는 정부, 믿을 수 없었다"였고 시장은 마지막 말도 "한국도 미나미소마를 계속 주목해 주길 바란다"라고 했다. 지진이 일어났을 때를 전후하여 내가 했던 두 가지 말을 상기하게 된다. 일본 민주당이 집권을 했을 때 나는 혁명적이라고 했다. 혁명이 없는 나라, 일본에서 드디어 선거로 일본의 민중이 혁명을 이루어 냈다고 했던 것이다. 그다음에 지진이 일어났을 때 이렇게 되면 일본은 반동의 길을 갈 것 아닌가고 물어 왔을 때 나는 '아니다. 지난날과는 다르다. 개방의 길을 택할 것'이라고 했었다. 무엇보다 오늘은 그런 폐쇄된 시대가 아니지 않는가고 하면서.

오늘 사쿠라이 시장의 말을 읽으면서 오늘의 일본을 생각한다. 자민당은 민주당의 실패라고 좋아한다. 그러나 일본 국민이 그들을 지지하고 있는 것은 아니다. 혁명적인 정권의 실패, 반동화 그리고 여야의 극한적인 대립, 이것은 세계적인 현상이라고 해야 할 것 같다. 그렇다고 반동적인 세력으로 국민의 마음이 기울어지는 것도 아니다. 정치 부재의 상황이라고 할까. 옛날 같으면 정치적인 반격의 시대가 올 것 같지만 오늘은 그렇지 않다. 미국도 일본도 한국도 그렇다. 국민의 현대정치 전반에 대한 거부이며 정치 세력의 타락이라고 할까. 저런 인간들만이 정치 주변에 모이고 국민은 이를 외면한다. 그렇다고 다른 어떤 정치적 가능성도 눈에 보이지 않는다. 지난날에 보았던 혁명의 도식이란 오늘에 있어서는 가능하지 않은 것 같다.

지난번에 일본 지진 때에 보인 한국의 관심에 대해서 나는 역사적으로 처음 있는 일이라고 했었다. 6억 달러나 되는 의연금이 모일 정도였으니까. 그러나 그때 다시 교과서 문제가 일어나고 독도 문제가 일어나자 그 열기는 시들어졌다. 일본의 언론은 그동안 한국의 선의 어린 동향에 관한 보도를 도리어 축소해서 보도하려고 했다. 빙상 선수 김연아가 경기에서 받은 일화로 200만 엔인가를 일본 피해자 돕기에 내놓을 정도였었다. 나는 불행한 관계에 있던 나라에서 피어나는 이러한 우정의 꽃에 주목해 주는 언론이어야 하지 않겠는가고 생각했다. 일본은 부자의 나라 우리가 그런 것을 반갑게 여길 줄 아느냐 하는 식의 자세인 것처럼 보였다. 한국은 독도 문제도 있고 하니 더욱 그랬을는지도 모른다. 세계의 호의에 감사할 줄 모르는 일본의 편협성을 보는 것 같았다. 감사할 줄 모른다는 공산당도 아닐 텐데 하고 생각했다. 그렇다면 일본은 옛날과 다르지 않다는 것 아닌가. 그러니까 나는 정부나 권력을 넘은 국민이 여는 한일 우호의 역사를 말한다. 그리고 여기에서도 오늘의 정치권력은 어디서나 국민과는, 적어도 양심 있는 국민과는 유리되어 있다고 보고 있는 것이다.

일본에서도 한국에서도 국민의 혁명적 흐름을 타고 나온 세력이 무서운 반동화로 나아가는 것처럼 보인다. 이러한 혁명의 반동화를 소련에서도 동구 여러 나라에서도 북한에서도 경험했던 것 아닌가. 이런 혁명 반동화의 시대에 정치는 어디로 갈 것인가. 그것을 뚫고 나아갈 인간 예지가 있을 수 있을 것인가. 그리고 이 광대한 세계사적 전환을 어떻게 파악하고 그려 낼 수 있을 것인가고 생각해 보는 것이다.

2011년 7월 23일

소용돌이치는 세계와 미국

오늘 일본에서 요시모토善元가 찾아왔다. 몇 가지 물어 와서 대답했다. 이전과는 달라서 이런 내용을 곧 글로 쓸 수는 없다고 하면서, 무엇보다도 이 나이에 누가 지면을 주겠는가고 했다. 더욱이 그런 지면이 신문이나 잡지에서 사라져 버린 시대가 아니겠는가.

일본의 우익 정객에 대하여 나는 그들은 반역사적이니까 무시해 버려야 한다고 했다. 언제나 그런 인간들이란 존재하는 것이고 더욱이 일본에서는 그래서라도 이름을 알리면 선거운동이 된다고 생각하는 것인지 모른다고 했다. 한편 한국은 점점 그런 것을 무시할 정도로 성장해 가고 있다고도 했다.

그는 이명박에 대한 국민의 지지도는 바닥이 아니냐고 했다. 나는 어떤 정권이거나 정당이거나 인물을 지지하지 않는다고 했다. 민주주의라는 정치적 원칙을 위해 나는 싸워 왔다고 생각한다. 나는 북의 지금 체제에 대해서는 아무런 기대도 가지고 있지 않다고 했다. 식량 등은 도와야 하느냐 하는 문제에 있어서는 나도 망설이지 않을 수 없었다. 연평도 사건도 있으니까 말이다. 저 협박과 허위에 굴할 수는 없지 않겠는가. 일본의 사카모토坂本善和 교수의 글을 보니까 그가 북을 방문했을 때 저녁을 대접한다고 하더니 샴페인이니 고급술을 그들이 너무 마셔서 그 비용을 생각하면서 놀랐다고 했다.

이명박에 대한 지지도에 대해서 말해야 했다. 어쨌든 아직은 국민의 반 이상이 지지한다. 김대중도 노무현도 집권당을 떠나야 한다는 압력에 굴복할 수밖에 없었지만 아직 이명박은 집권당과의 관계를 유지하고 있다. 한국의 정치 풍토에서는 임기 말기가 되면 집권자는 집권당의 지지를 받기 아주 어렵다는 것을 생각할 때 아직은 그가 용하게 그 관계를 유지하고 있다고 하겠다고 했다.

나는 두 가지를 생각하고 있다. 첫째는 국민 사이에는 그가 쓰는 인물들에 대한 강한 비판이 있다. 여기에 대해서 권력에 나아갈 사람들 중에 남다른 유능한 자가 있느냐 그리고 무엇보다도 청렴한 자가 있느냐 하는 데 대해서 나는 퍽 회의적이라고 했다. 그러면서 이 나라의 관료 엘리트의 세계를 머리에 떠올렸다. 권력 지향의 인간으로서, 남아 있는 사람이라면 모두가 다 엇비슷한 것 아닌가.

이명박을 비판할 때 나는 항상 지나간 대통령들의 경우와 비교해서 생각한다. 이제는 권위라는 후경은 대통령에게서 사라지고 없다. 무엇보다 민주선거란 선거운동 과정에서 권위나 위신을 모두 벗어버리게 하는 것이니까. 역대 대통령에 비해서 나는 그가 그래도 낫다고 생각한다고 했다. 권좌에 나아가면 누구든 깎아내리는 풍토에서 그만큼 지지도를 유지하는 것만 해도 다행한 것 아니겠는가고 생각한 것이다.

다음 대통령 선거에 대해 말하라고 해서 나는 혼자 이런 생각을 한다고 했다. 박근혜가 나오면 민주화 운동 시대의 반목이 계속될 것이 아니겠는가고. 박근혜가 국민 통합의 인물을 내세우면서 물러설 수 있다면 아름다운데 그가 그럴 인물이 되지 못할 것이라고 했다. 그러나 정말 그 자신이 나와서 권좌를 차지하게 되고 그 옛날 대립이 재현된다면 어쨌든 그것은 해방 후의 우리 정치 싸움의 마지막 단계가 되는 것 아니겠는가. 이것이야말로 과거의 청산이라고 할 수 있을는지도 모른다. 민주주의하에서의 그런 대립이라고 한다면 우리가 과거를 극복하는 마지막 단계인지도 모른다고 생각하면서 나는 지켜보고 있다고 했다. 역사란 에누리 없이 준엄한 것이니까 말이다.

박근혜를 이명박이 싫어하고 있으니까 그런 의미에서 지금의 여야를 넘어서 여야의 민주화 세력이 지금까지의 실패를 넘어 공동전선을 펼 수 있다면 그것이야말로 장관이 아니겠는가라고도 했지만. 이것은 허탄한 꿈일 수밖에 없는 것일까. 그렇게 된다면 한국의 고질적인, 예를 든다면 영남이니 호남이니 하는 지역주의도 상당히 극복할 수 있다고 하겠는데 이것이야말로 공상도 지나친다고 할는지 모른다고 했다.

일본의 간 나오토菅 直人 총리의 전락된 인기에 대한 말이 나왔다. 나는 그도 민주적 시민운동 출신이라면 정치사적으로 큰 족적을 남길 수 있는 단 한 가지 길이 있다고 생각한다고 했다. 물러나면서 일종의 정치백서를 발표하고 완전히 정계를 떠나 그 옛날 야인이 되는 것이다. 그 백서란 일본 정치의 난맥 그리고 거기서 오는 정치 아닌 정치에 대해서 고백적으로 해부해서 국민에게 제시하고 국민의 판단을 요청하면서 물러나는 것이다. 더욱이 천황제하에서의 책임내각제 정권이란 얼마나 비개혁적일 수밖에 없는가를 지적하면서 말이다. 그리고 아시아를 바라보면서 일본이 걸어가야 할 정치의 길을 제시한다. 그래야 아시아 정치에 대한 일본의 영향력도 회복, 아니 생겨날 것이 아닌가고 했다.

*

NHK를 보면서 느꼈다. 일본은 중국 고속전철 사고를 열심히 선전하고 있다. 자기들도 동북 지방 지진에서 생긴 원자력 피해를 은폐하려고 했음에도 불구하고. 중국의 경우는 그것에 언론은 저항하고 있지만 일본에서는 언론이 그것에 협조한 것은 아닌가 생각하게 된다. 중국에서는 체제에 저항하는 언론이고자 하지만, 일본에서는 그런 의욕 또는 그런 지향성이란 원래 결여되어 있는 것은 아닌지 모르겠다. 정치권력에 저항하다가 탄압을 받는 것이 아니라 적절한 선에서 정언政言 연합으로 국민의 눈을 가리고 있는 것은 아닌가. 지배층에 언제나 나타나는 이익 공동체적인 형태가 이번에도 일본에서 계속되어 온 것이라고 해서는 잘못일까.

2011년 8월 4일

미 · 중 관계를 늘 생각하게 된다. 가령 시리아나 리비아 같은 나라들에서 나타나는 상황은 2010년대의 아프리카 민주화의 물결이라고 할 수 있을는지도 모른다고 생각한다. 미국이 반카다피로 간다면 중국은 어쩐지 그 반대의 입장을 취하려고 한다고 할까. 중국에서는 항공모함을 축조하고서는 국내용 운운이라고 했다가는 슬며시 국제 무대에 등장시키기도 한다. 이중적인 잣대라고 할까. 세계에서 미국 다음가는 나라라고 하니까 더욱 그런 길이 옳다고 생각하는 것일까. 세계에 나타나는 그런 평가로 중국내에서 통치 세력은 더욱 자신을 가진다고 할 수 있을는지 모른다. 불안해하다가도 힘을 얻는다고 할까. 금융 위기에 대해서도 그렇다.

중국이 그런 식으로 대해도 되는 미국 정책 또는 세계정세라고 안심해서 되는 것일까. 인류적인 보편적이면서도 현실적인 성실한 자세를 가다듬으려고 하지 않고서 말이다. 그런 자세란 소련이 오랫동안 취해 오다가 쓰러져 간 과정이 아니겠는가. 일본도 '재팬 애즈 넘버원'이라고 하는 그들의 말에 도취되어 있다가 쓰라린 경험을 해야만 했다. 사실 중국은 애매한 이중적인 자세로, 더욱이 국내적인 모순을 그대로 둔 채 미국과의 거래에서 국가 이익을 취한다고 하다가 난경에 부딪히게 되는 것이 아닐까 염려가 된다. 세계의 흐름에 미국은 그들의 세계 전략을 맞추어 가고 있는데 하는 생각이 든다. 지금 중국으로서는 저런 국내 정치 가지고는 미국과 함께 세계 문제를 성의를 가지고 논의하면서 풀어 가려고 하지 못할 것 아닌가 하는 생각을 떨쳐 버릴 수가 없다.

미국이 중국을 그렇게 방치해 두고 세계 정략을 짜고 있다는 느낌을 나는 품고 있다. 어쨌든 중국이 지금 그런 세계 전략을 가지고는 세계에서 우위를 차지할 수 없을 것이다. 그리고 중국이 지금 정치력과 그런 자세를 가지고 어떻게 발전해 가는 중국 국내 정치에 대응한다는 것인가. 신장이나 티베트 문제도 거기에 관련될 것이다. 소련 붕괴와 더불어 소련 제국이 붕괴된 것 아닌가. 중국의 신장, 티베트에 대한 강경책을 미국 CIA는 응시하고 있을는지도 모른다.

2011년 8월 15일

카다피의 리비아는 드디어 패배하고 붕괴되었다는 보도다. 1960년 민주혁명 후 한국이 겪어야 했던 민주화와 반동의 시대를 회상하게 된다. 그리고 이제는 민주화되었으니 경제발전 운운하면서 박정희를 내세우고 이제 와서는 박근혜가 대통령을 꿈꾼다는 역사를 생각한다. 그렇게까지는 반동화로는 가지 않으리라고 생각하지만, 그런 한국사라면 나는 한국을 멀리 떠나고 싶다고 다시 생각한다. 그런 자유만은 다행하게도 내게 주어져 있으니까 말이다.

*

일본에서는 민주당의 새 정권이다. 그러나 수상이 된 사람은 야스쿠니신사 참배는 당연하다고 공언하는 사람이 아닌가. 일본에서는 위기가 다가오면 언제나 반동에 기울어진다는 것. 이것이 그들의 역사라고 해야 하는 것 아니겠는가.

오늘도 일본은 역시 그 길을 간다. 미국은 한때 일본이 세계 제2위에서 미국을 능가하게 되었다고 야단했지 않는가. 이렇게 끌어올리다가는 몰락의 길을 가게 하는 미국이라고 해야 하는 것 아닌가 하고 생각한다. 소련도 일본도 당했고 지금은 중국을 내세우고 있는 것 아닐까. 표면적인 대통령은 4년이나 8년에 한 번씩 바꾸지만 그렇게 세계 정치를 획책하는, 대통령도 어떻게 할 수 없는 힘의 중심이 미국 정치 배후에 있는 것이 아닐까 생각한다. 영속적인 세계 전략을 추구하는 본부 말이다. 자유를 누리려면 그런 배후 조종이 불가피하다고 하겠지만. 민주주의란 사실 무척 취약한 체제니까.

중국은 티베트나 신장성 같은 데서 반대 세력을 추방하면서 그들의 지배를 강화하고 있다. 미국의 정책은 느긋하게 기다린다. 그들에게는 그럴 여유가 있다. 그런 세력이란 미국의 표면적인 정치력 배후에 있는 것이 아니겠는가. 혹은 펜타곤 배후에 있는 것인지도 모른다.

*

소련의 경우와 마찬가지로 중국이 흩어질 때가 되어야 티베트 등은 물론 우리 이북 문제도 해결되는 것이라고 해야 하는 것은 아닐까.

미국은 느긋하게 북을 방치해 두고 있다고 생각된다. 대소 정책이라고 할까. 소련을 붕괴로 몰고 가던 그 힘을 생각하면서 대중국 문제, 대이북 문제도 생각해야 하는 것은 아닌지 모르겠다. 서둘지 않고 역사가 무르익을 때를 기다리는 세계사 전략 본부를 상상해 본다. 오늘의 세계사는 그 어느 때보다도 거대한 세력이 매니퓰레이트할 수 있다고 해야 하는 것이라고 생각하면서. 북이 저렇게 하고 있는 것이 오늘의 세계사에서는 미국에게 유리하다고도 하겠는데. 중국이 2030년대쯤에는 미국을 능가할지 모른다는 식의 미국의 보도에 세계는 놀아난다고 할까. 중국의 집권자들은 그것으로 들떠 있는 것처럼 보이는데 자기들의 권력이 불안해지면 남이 만들어 낸 호의적으로 보이는 전략에 말려들게 되는 것 아니겠는가. 역사의 흐름에 거역하지 않으면서 전개하는 무서운 세계 전략. 오바마 대통령도 그런 전략에서 출현할 수 있었을는지도 모른다. 우리나라의 다음 대통령 선거는 어떻게 할 것인가. 오랫동안 한국의 운명과 미국이라는 생각에 사로잡혀 왔기 때문에 나는 터무니없다고 할 이런 생각을 하게 된다.

어쨌든 우리도 그날까지 참아 내야 하는 것 아니겠는가. 중국이 북을 돕는 일은 그때까지 멈추어지지 않는다고 보아야 하는 것 아닌가 생각한다. 그런 미국의 전략 배후에는 어떤 강대한 세력도 비인간적이라면 역사에서 무너지는 날이 오는 법이라는 철칙이 깔려 있는 것이라고 생각한다. 그것을 무리하게 인간의 힘으로 앞당기려고 하지 않는다. 카터 대통령 같은 사람은 한국에서의 미군 철수 등 지나치게 리버럴하다는 정책으로 중임을 할 수 없이 백악관을 떠나야 했다고 생각된다. 미국은 민주주의란 그런 보호 방벽 없이 방임해서는 안 된다고 생각하고 그 원칙을 눈에 보이지 않게 견지하고 있다고 나는 생각한다. 그것은 정말 초헌법적 계략이면서도 그들은 그것이 그들의 헌법을 수호하는 길이라고 자인하고 있는 것이 아닐까.

2011년 8월 30일

야스퍼스와 아렌트

14세기 초의 글, 요시다 겐코吉田兼好의 수상록 『쯔레즈레구사徒然草』(1310~1331)를 읽는다. 천황은 '인간의 종種'이 아니라는 말이 처음부터 나온다. 승려는 경멸을 받는다고 하면서도 무사들은 언젠가는 그 길을 택하려고 했었다. 체념을 의미했던 것 아닐까. 자손 같은 것은 없는 것이 낫다고 했다. 쇼토쿠태자聖德太子도 그랬다는 것 아닌가. 40세 이전에 죽는 것이 낫다고 했다. 노추老醜를 드러내고 사는 것이 무엇이 좋겠는가고 한 것이다. 이 세상에 집착하는 마음만 거세지고 정취도 모르고 살다니 처량한 것 아니냐고 한 것이다. 무사의 삶의 철학이 스며들어 있다고 해야 할 것 아니겠는가.

옛것이 좋고 요즘 것은 품위가 없다고 했다. 이러한 고대 예찬이란 중세에서는 당연한 역사관이었을 것 같다. 말세 혐오란 불가피했다. "조용히 생각해 보면 무슨 일이든 지나가 버린 옛날에 대한 그리움만은 어찌할 도리가 없구나." 그래서 오래되었다고 버리는 것이 아니다. "손때 묻은 도구들 어쩐 일인지 변함없이 오래 남아 있으니 정다워라"(29단)라고 했다. 『쯔레즈레구사』에는 일본의 중세적 불교적인 무상감無常感이 서려 있다는 것일까.

8세기에 『고지키古事記』와 『니혼쇼키日本書記』가 성립한 이후부터 일본은 한반도에 대해서는 호감을 가지려고 하지 않았다. 그러니까 그 오랜 역사에 있어서 중국문화에 대한 언급은 있지만 한반도의 문화에 대한 언급은 거의 찾아볼 수 없는 것이 아닌가. 도쿠가와德川

시대에 이퇴계에 대한 언급이 있었다고는 하여도, 진구황후神功皇后에 대한 그들의 기록이 한반도에 대한 의식의 기초를 이루고 있었던 것 같다. 거기에는 일본으로 간 백제 유민의 한이 서려 있었다고 할는지도 모르겠다. 그러니까 중국 고사에 대한 인용은 있어도 한반도의 고사라든가 그런 것에 대한 언급은 없고 한국은 그들의 지적 관심의 대상에서 거의 제외되어 있었던 것이 아닌가 생각하게 된다.

2011년 9월 7일

야스퍼스와 아렌트의 왕복 서간집을 참 오랫동안 읽고 있다. 이제 1965년까지 왔으니 야스퍼스가 세상을 떠나기 4년 전이라고 해야 한다. 야스퍼스도 부인도 몸이 아프다고 했다. 그리고 그 자신 이제는 신경통 때문에 손을 잘 쓰지 못해 편지를 쓰기도 어렵다고 했다. 82세였으니까. 그 안에 나오는 주옥같은 문장을 옮기려고 한다면 끝이 없다. 1949년에 야스퍼스가 "정치적 질서와 자유에 대해서 말한다면 미국이 유일한 희망이다For political order and freedom, America is the only hope."라고 한 말을 생각하면서 오늘날에도 역시 그렇지 않은가고 현실적으로 말해야 할 것 아닌가 생각한다. 세계를 둘러본다면 어디에 선한 세계를 위탁할 나라가 있다는 것인가. 야스퍼스와 아렌트의 관계는 세기적인 사제 관계이고 사제애라고 하겠지만, 두 사람은 서로 모든 견해를 공유하려고 해서 교환했을 뿐만 아니라 모든 저술, 모든 원고를 교환하고 의견을 말하고 서로 격려해 준다. 아렌트는 야스퍼스에게 그는 다른 모든 사람을 합한 것보다 더 많은 영향을 자기에게 끼쳐 주었다고 하지 않았는가. 아렌트는 언제나 자기는 '이국에서 온 여인the girl from a foreign land'이라고 했다. 야스퍼스도 마찬가지 심정이었던 것 아닌가. 아렌트는 야스퍼스의 저작을 소개하려고 노력했다. 몇 번이고 사랑하는 사람들 사이 같은 말을 주고받았지만 오늘 읽은 1965년 3월 편지에서는 아렌트가 "Oh, how good it would be if we only lived a little closer together!"라고까지 편지 마지막에 쓰고 있지 않는가. 아렌트가 예루살렘에서 재판을 받은 아이히만에 대해서 책을 쓰고 이스라엘 사람들로부터 많은 비난을 받고 있을 무렵이었다. 아렌트는 민족적인 것보다 진실이 앞서야 한다고 생각했다. 세기적인 사제애라고 다시금 깊은 감명을 받게 된다.

2011년 9월 24일

1965년 4월 야스퍼스의 편지에 아렌트가 미국에서는 자기 학생들이 베트남전쟁에 대한 비판을 잘 받아들인다고 한 것에 대해서 답하는 말이 나온다. 그는 독일에서의 경험으로 그렇게 학생들이 순진하다고 생각하기 어려웠던 모양이다. 제2차 세계대전 전후를 경험했으니까 그런 것 아니겠는가. 사실 야스퍼스는 전후 스위스에서 글을 쓰면서도 당신은 너무 유토피아적이라고 투서로 비판을 받아 왔다고 했다. 유대인을 변호한다고 해서 "You Jew lover, you traitor, you slimy reptile!"이라고 능글능글한 비열한이라는 편지를 보내왔다고 했다. 그래서 아렌트에게 다시 "So again it is the Americans we have to set our hopes on them."이라고 말했다.

야스퍼스는 민중을 합리적이라고 하다가 실망한 적이 얼마나 많은가 하는 입장이었다. 그것은 독일의 경험에서였는데 한국에서 우리는 우리 국민 또는 젊은이들에게 대해서 어떻게 말할 수 있을 것인가. 역시 아렌트의 미국 젊은이들에게 대한 견해에 동조하게 되는 것이 아닐까 생각된다. 일제에 대한 경험에서, 아니 원래 유교사회에서 이상적인 사회와 타락한 정치권력 사이에서 고통을 받고 오뇌하던 경험에서, 우리는 권력에 비판적이며 반권력적이었다고 할까. 그래서 지나치리만치 집권 세력에 대해서는 비판적이라고 해왔었다.

이것과 맥을 같이한다고 할까. 노명식이 "민주화 운동을 정치투쟁으로 본 사람들과 폭력주의에 대한 투쟁으로 본 사람들로 갈라지게 될 것입니다"(전집 제8권, 166쪽)라고 한 말을 생각하게 된다. 정치권력을 탈취하자는 사람들과 폭력적인 권력에 저항한 사람들로 구분된다. 전자의 인간 군상이 오늘까지도 발호하고 있는 현실이 아닌가 생각한다. 폭력과 싸운 사람들은 오늘까지도 밀려나고 있는 셈이다. 나는 그들이 정권을 잡으려고 하지 않은 잘못을 지적하기도 했지만 노명식이 말한 대로 이 양자는 길을 달리할 수밖에 없는 것 아니겠는가.

오랫동안 나는 국내 분들의 글을 읽지 못했다. 아니 우리는 언제나 외국 글을 읽으면서 제 나라 동료들의 글을 읽지 않았던 것이 아닌가 생각한다. 이것은 유학의 시대로부터 내려온 전통이라고 해야 하는 것인지도 모른다. 이번에 노명식의 글을 읽으면서 참 많은 것을 생각했다. 그는 그런 자신의 글이 망각의 늪에 묻혀 버리는 것을 아쉽게 생각해서 자비로 열두 권이나 되는 전집을 낸 것이 아닐까 생각한다.

2011년 9월 25일

남쪽의 좌파 전통

라오서老舍의 『낙타상자駱駝祥子』를 읽고 있다. 그는 문화대혁명

때 입수자살入水自殺을 했다. 수십 년 전 중학교 때에 읽은 루쉰魯迅의 『아Q정전』이 생각난다. 라오서와 루쉰 사이에는 문학적 차이가 있을는지 모르지만, 그들의 작품은 근대의 눈으로 본 중국이 아니겠는가.

우리나라에서는 이광수의 『무정』이나 『흙』이나 『유정』, 일본에서는 나쓰메 소세키夏目漱石의 『도련님坊っちゃん』이나 『풀베개草枕』일까. 또는 시마자키 도손의 『날이 새기 전에』일까. 중국문학에 있는 해학은 우리에게는 거의 없었다. 일본문학에 있는 해학이나 여유도 우리에게는 없었다. 염상섭의 『삼대』의 경우는 어떨까. 어쩐지 우리에게는 중국문학에서처럼 부유한 계층에 대한 여유로운 마음이란 없었던 것처럼 느껴진다. 근대를 맞이한 정신사적 자세에 나타난 이러한 차이는 각기 다른 역사와 전통에서 오는 것 아니겠는가. 이것을 근대사상의 면에서 비교하면서 유교적인 전통을 지녔던 한·중·일이 겪어야 했던 근대를 향한 사회의 몰락을 더듬어 보는 것은 흥미 있는 작업일 텐데 하고 생각한다.

2011년 10월 3일

저녁에 일본 방송을 보다가 생각했다. IMF의 부상임위원이라고 하는 중국인 주 씨와의 인터뷰였다. 그리스에 IMF가 원조자금을 넣으면 유럽 경제 위기는 일단 넘어갈 것이라고 그는 말했다. 낙관적인 자세였다. 그리고 그대로 둬서 유럽에 경제적 위기가 온다면 전 세계가 위기에 직면하게 될 것이 아니겠느냐고 하는 참으로 세계적인 비전이었다. 아시아도 거기에서 벗어나지 못한다고. 위기에도 불구하고 그의 신념 어린 직관이 인상적이었다. 우리에게는 저런 인물이 없는 것이 아닐까 생각했다. 우리는 체제하의 소인들의 무리라고 할까.

오재식이 미국을 다녀온다고 해서 전화로 이야기했다. 서울시 시장선거에 나 씨와 박 씨가 나온다고. 아이들 무료 점심을 주느냐 안 주느냐를 가지고 시장과 시의회가 대립하다가 시장이 그만두자 그것 가지고 싸우면서 여야 후보가 나온다는 것이다. 세계적으로 경제적 위기가 오고 일본 돈은 환율이 올라가고 우리 돈은 환율이 떨어지고 해서 야단인데 말이다. 이러한 위기에서 한국의 앞날을 위해 우리는 이렇게 하고 이렇게 살아가야 하지 않겠느냐고 국민적 호소를 해낼 수 있는 세력도 개인도 사상도 기력도 없다. 나오는 인물이란 초등학교 급식을 유료로 하느냐 무료로 하느냐를 가지고 왈가왈부하면서 자기가 시장이 되어야 하겠다는 식이 아닌가. 국민은 그런 데 현혹되어서 그 이상의 민족적인 과제에서는 소외된 채로이다.

박근혜라는 사람은 눈치를 보면서 할 말을 삼가고 어떤 자세를 취하는 것이 자기에게 유리할 것인가 하고 머리를 갸우뚱거리고만 있다. 그것 가지고 어떻게 대통령이 되겠다는 것인가. 그런 방법만이 대통령이 되는 길이란 말인가. 정신 부재, 이념 부재, 정치 부재. 그런 잔재주만 가지고 이 나라를 다스리겠다는 것인가. 위기에 우리도 또다시 말려드는 날이 오지 않을까 염려된다. 저 그리스처럼 말이다. 수입도 없이 국민을 이익 유도로 복지 유도로 끌고만 온 것이 좌파 세력의 정치였다. 그 감미甘味를 계속 부여한다고 국민을 기만해 온 세력이 그런 국민을 가지고 자기희생이란 없다고 하는 정치를 한다는 것인가. 대국大局을 바라보지 못하는 소아병적인 정치가 아니겠는가고 생각한다.

나는 이명박 정권에 대해서 과다하리만치 관대하다고 할는지 모른다. 작년 8월 『조선일보』와 인터뷰를 했을 때도 나는 일부러 그에게 퍽 수고하고 계신다고 했으니까. 그렇지 않은가. 민주정치하에서 역대 대통령에 비하면 가장 취약하게 보이고 국민의 소리는 강해졌다고 하지 않겠는가. 나는 여러 가지를 생각해서 그는 역대 대통령 중에서 힘이 가장 약해진 시대에 그만 했으면 잘해 온 분이라고 생각한다. 자기 재산을 내놓고 대통령직을 수행한 사람이 아닌가. 이것은 좋은 전통으로 이어지기 바란다. 정몽준도 4천억, 5천억 원을 이미 장학재단에 내놓았다고 하지 않는가. 지금까지 그런 대통령이 있었는가. 오히려 돈을 긁어모으고 떠나고는 했는데 말이다.

우리는 전통적으로 집권 세력에 대해서 가장 비판적인 국민이었다. 오랫동안 억압을 받으면서 권력에 복종해야 했음에도 불구하고 주자학적인 전통에서 유교적으로 이상적인 정치를 그리면서 매우 체제 비판적이었다. 고난에 처하면서도 체제를 비판한다는 것은 유학자들 또는 근대 이후, 더욱이 식민지하에서는 지식인들이 긍지로 여기는 것이었다. 이런 우리의 문화적 · 윤리적인 전통을 깊이 생각할 필요가 있는 것이 아닌가. 우리 국민은 아시아 삼국 중에서 어떤 의미에서 가혹하다고하리만치 가장 권력 비판적이었다. 그런 심성이 오랫동안 억압되어 왔으니까 지금 과도하게 분출하는 것이라고 할 수 있지 않을까. 그렇지만 아마도 역사의 흐름에 따라 그런 심성도 좀 완화되어 가는 것이 아닌가 생각한다. 우리는 수난을 당하는 정치 지도자에게는 한없이 동정적이지만 일단 정권을 잡으면 추호도 관대하려고 하지 않았다. 이명박 정부가 끝나는 날까지 국민의 50퍼센트 내외의 지지를 받을 수 있다면 해방 후 우리나라 정치사에서는 초유의 경험이라고 해야 하는 것이 아니겠는가 생각한다.

2011년 10월 4일

해방 직후 한국에서의 좌우로 분단된 역사적 경험과 대통령이라는 것을 생각하게 된다. 북에서 이남으로 내려와서 그리고 대학에서 등등 경험한 것을 회상하면서. 남에서 좌익 동정적인 분위기에 나는 외로워해야 했다. 좌익 동정적인 사회 특히 젊은이들의 분위기였고 교회는 우익적인 자세였다. 나는 6 · 25 전까지 그래서 남쪽 출신의 젊은이들과 어울릴 수 없었고, 그렇다고 교회 분위기에도 휩쓸리기 싫었다. 이런 상황이 6 · 25 후에는 모두가 반공적인 분위기에 휩쓸려 갔다고 생각했는데, 이런 젊은 시절의 역사 체험이 거의 잠재의식화해서 내 마음속에 깔려 있었던 것이 아닌가 생각된다.

대통령 몇 사람의 행적을 생각해 볼 필요가 있지 않을까. 김영삼과 이명박은 그 무렵에 교회에 충실한 가정 출신이었고, 김대중과 노무현은 그 무렵 젊은 시절을 그것에 비판적인 좌파적인 분위기에서 보냈다. 박정희는 특히 일본 군부에 가담했으니까 해방 후 호신을 위해서도 좌파적 분위기에 휩쓸려 가다가 우파로 전향한 기회주의적인 군부 인사였고. 참 그 당시의 교회란 거의 우파의 고도처럼 보였었다. 더욱이 지방에서는 그랬었다. 이런 분위기, 이런 정신 유산이 언제쯤 되어야 가실 것인가. 이명박 후일까. 북의 문제도 있으니까, 당분간 더 계속될 것인가.

참 이명박이 4 · 19 전후의 역사에서는 반정부적이었던 것도 회상할 필요가 있다. 사실 나도 박정희 비판에는 참여했고 그때야말로 재야 세력에 참여했던 것 아닌가. 교회도 그랬으니까. 이북에 대해서도 냉랭한 태도를 취했고 그런 의미에서 국내 정치 판도나 대북 정책에서는 북한에 대해서 관대한 세력과는 대립했다. 대미 자세에서도 그 두 세력 사이에는 차이가 있었다. 이번에 이명박이 미국을 방문해서 FTA 문제를 중심으로 해서 유감없이 그의 친미적인 자세를 다짐했다고 할까. 역사는 이렇게 시간이 지나가도 우리의식 속에 남아서 감돌고 있다고 해야 하지 않을까 하는 생각이 든다. 젊은 시절의 좌파적인 생각을 청산하지 못하는 사람이라고 할까, 아니 그런 분위기 속에서 자란 사람들을 생각하지 않을 수 없다. 그들 주위에는 좌우 대립 시대의 상처가 남아 있는 것 아니겠는가. 역사의 아픔, 보도연맹 관계자라고 해서 6 · 25 때 트럭으로 실려 가던 사람들의 모습이 눈앞에 떠오른다. 그들은 살해된 것 아닌가.

2011년 10월 17일

만년에 대하여

1966년 10월이니까 야스퍼스가 83세가 되었을 때가 아니겠는가. 그는 아렌트에게 지금까지 자신의 책이나 글에 제한을 가해 오던 많은 것 특히 정치에서 해방되었다고 했다. 이에 대해서 아렌트는 야스퍼스가 정치에 대한 관심에서 멀어진 것을 그의 부인 게르트루트가 기뻐하는데 자기도 공감한다고 했다. 야스퍼스는 철저하게 정치에 대해 싫증을 느끼고 있었다는 것이다.

또 이 무렵에 야스퍼스는 아렌트와 함께 노후의 자살 문제를 논한다. 그러면서 "The 'free world' is not free because it prohibits suicide."라고 야스퍼스는 아렌트에게 썼다. 그 자신 자살을 위한 약도 준비하고 있었다고 한다. 실제로 그들의 죽음이 자살과 관계가 있었는지 없었는지는 모르지만 야스퍼스는 1969년 86세로 세상을 떠났고, 아렌트는 1975년 69세로 세상을 떠났다. 삶과 죽음에 대한 두 분의 생각에 공감할 수밖에 없다. 아렌트는 이렇게 쓰지 않았는가. "What I would like to have is a sure and decent way of committing suicide if need be. I'd like to have it in hand." 또한 만년에 있어서의 정치에 대한 그들의 체념에 대해서도 깊은 공감을 느끼지 않을 수 없다. 이들은 나치하에서 수난을 당한 사람들이니까 언제나 죽음의 문제를 생각해 왔을 것이다. 그리고 어떻게 정치를 떠나서 생각할 수 있었겠는가. 그래서 정치에 대한 그 많은 언급과 관여에도 불구하고 종당에는 정치에 등을 돌리지 않을 수 없었다. 이것이 철학자의 길이라고 할 수밖에 없다고 할까.

이번 서울시장 선거의 정치를 보면서 나도 야스퍼스와 아렌트의 만년을 머리에 떠올리지 않을 수 없었다. 한 사람은 민주 세력 출신이라고 했고, 또 한 사람은 여당 쪽 여성 정치인이라고 하면서 모두 시장 당선을 내걸고 자기의 정당성과 희생정신을 강조했다. 두 사람이 다 변호사 출신이라고 한다. 요즘 정치인 지식인이라고 하면 태반이 자유 시간을 가질 수 있는 변호사들 아닌가. 그들은 언제나 갖은 논리를 구사해서 자기에게 유리하게 만들어 놓는 변호사들이다. 아마 그들로서는 나는 죄인이로소이다라고 하는 삶이란 생각할 수도 없다고 해야 하는 것 아니겠는가.

민주 세력이라고 해도 그것은 이제는 정치적 야심을 포장하는 장식일 뿐, 이념도 모럴도 사라진 지 오래다. 지난날 해방 직후의 애국과 망명이라는 간판이 정치에서 사라져 가고 추악한 정치인의 모습만이 횡행하던 나날을 회상하지 않을 수 없다. 그리하여 해방 후의 정치가 혼탁의 길을 가게 되었고 오늘의 정치는 정말 국민과는 거리가 멀게 되었다. 투표하는 사람이 유권자의 반도 못 되고 그중에서 반의 지지표를 얻었다고 한다면 유권자의 4분의 1 정도의 표로 당선이라고 하는 것 아니겠는가.

이명박이 당선할 때는 3분의 1을 가지고 압도적인 승리라고 했었다. 투표를 하지 않은 사람, 반대투표를 던진 사람들에게 대한 아무런 고려도 없이 승리라고 도취한 셈이다. 이번도 마찬가지다. 이 허위, 이 가식을 부끄러워할 줄 모르고 거기에 대한 배려도 언급도 없이, 자기는 승리자라고 떠드는 셈이다. 이번에는 초등학교 학생들에게 대한 무료급식을 모두에게 실시한다는 것이 시장으로서의 첫 번째 결재 사항이라고 하는 것 아닌가. 서울 시민의 5분의 1의 지지밖에 없는데 빈부의 구별도 없이 일률적으로 급식을 시행한다는 것인가. 투표에 나오지 않은 시민들이 더 문제가 아니겠는가. 대중의 지지를 가장한 허위적인 정치라고 할까. 반대투표를 한 사람들은 반동분자라는 듯이 돌아다보지도 않고 투표에 나오지도 않은 많은 사람에게 대해서는 미안하다는 말 한마디 없이 정치에 부화뇌동하는 자들만 가지고 의기양양하다고 할까. 너무나 인휴메인inhumane한 정치라고 해야 하는 것 아닐까 생각한다.

민주정치라는 이름에 깃들어 있는 이 허위. 정치를 한다는 자들은 이 허위를 그대로 두고 나는 내 길을 간다는 것일까. 이른바 민주정치와 국민 사이에 나타나는 이러한 괴리, 이것을 안타까워하는 정치는 존재하지 않는다. 그것에 대하여 고뇌하는 정치는 없고 그것으로 득을 보았다고 환호하는 세력만 있는 것이 오늘의 민주정치라고 해야 하는 것인가 생각한다. 이러한 타락한 정치 상황으로 고민하는 사람들은 없다는 것일까. 이미 양심적인 정치 세력이란 존재하지 않는다고 국민은 등을 돌리고 있는데 말이다. 나도 다음 선거부터는 투표하지 않는 대중에게 합세한다고 해야 할지 모른다. 정치에서는 보다 적은 악lesser evil을 선택한다는 데도 나는 퍽 회의적이 되고 말았다.

적어도 당선되어도 투표하지 않은 거대한 대중, 또는 반대한 거대한 수에 대해서 죄송하다는 생각을 털끝만치라도 가졌으면 한다. 저런 것이 정치라고 포기할 수밖에 없게 되는 것이 민주정치라고 해야 하는 것일까. 선거란 저런 자들을 위한 요식 행위라는 말인가.

2011년 10월 29일

1967년 10월에 임종을 앞둔 야스퍼스에게 아렌트는 이스라엘과 이집트의 7일전쟁에 대해서 쓰면서 이스라엘군 사령관 다이아나를 찬양하고 "Nasser should be hung instantly."라고 썼다. 아렌트는 아이히만 문제에서는 이스라엘 사람들의 수없는 비난을 받아야 했지만, 이번에는 이스라엘을 지지하고 이스라엘군이 얼마나 질서정연했는가를 찬양하고 있다. 역시 이스라엘 출신이라고 하지 않을 수 없다.

나도 1967년에 유니언신학교에 가 있으면서 그랬었지 않는가. 유니언의 영국인 교수 크래그가 아랍 측을 지지하고 이스라엘을 비난하는 데 의문을 품었었다. 그러나 1968년 가을 이스라엘에 가보고는 아랍 사람들에게 동정하고 이스라엘에 대해서 비판적이 되었다. 무엇보다도 이스라엘 사람들이 아랍 사람들을 무시하고 오만한 데 대해서 반감을 느끼지 않을 수 없었다. 아랍 사람들이 원한에 가득 찬 눈을 하고 바라보는데 차를 타고 오만한 자세로 줄을 지어 달려가던 이스라엘인들을 보고, 그리고 관광버스 안에서 줄곧 아랍인 욕만 하는 안내원을 바라보아야만 했다. 그때는 세계 지식인들이 이스라엘을 비판하고 있을 때였는데 아렌트는 달랐다. 역시 가족이 이스라엘에 있었으니까.

거기에 대한 야스퍼스의 반응은 알 수 없다. 그는 병상에 누워 있었으니까. 나는 숙소에서 이스라엘 청년과 크게 토론을 하고는 다음날 아침 예정보다 빨리 달아나다시피 호텔을 떠났다. 신변에 무슨 위험이 닥칠지 모른다고 생각해서였다. 아렌트는 미국에서 이스라엘에 대한 비판이 너무나 강하게 일어나서 그랬을까, 1968년 2월 편지에서 "… so-called world history shows little regard for our desires."라고 썼었다. 현실 정치에 대한 절망이라고 할까, 미국 대학에서의 소용돌이에 그는 퍽 낙담했었다.

어쨌든 야스퍼스도 아렌트도 만년에는 현실 정치에 대해서는 관심을 잃어버렸던 것 아닌가. 그들의 생각에 공감하게 된다. 그래서 이제는 침묵하려고 한다. 김영삼, 김대중 그리고 노무현을 보면서 점점 그렇게 되어 갔다고 할까. KBS의 이사들 사이에서도 민주화 운동 세력이라고 하는 사람들이 자기들 잇속을 위해서는 그렇게 철저하다는 것을 보면서 정치나 현실 자체에 대해서 체념하게 되었던 것이 아닌가. 인간, 인간의 역사는 모두 그런 것 아닌가 생각한다.

2011년 10월 30일

소란스러운 한국

오늘 『조선일보』에 "10개국 다문화 가정 아이들로 구성된 '레인보 합창단' 48명 단원이 지난 12일 불교역사기념관 대공연장 무대에서 '평소처럼 하자, 긴장하지 말고 스마일' 하면서 노래를 부르자고 하면서 공연을 했다"고 나와 있었다. 이 합창단은 '중국, 일본, 나이지리아, 이라크' 등 10개국 다문화 가정 출신으로 유치원생부터 중학교 3학년까지의 아이들로 구성되어 있다고 한다. 창단한 지 3년밖에 안 되었지만 "매년 40여 차례 공연을 하면서 한국 속의 다문화 가정을 알리고 있다"고 하는 것이었다. 이정현 단장은 "피부색, 옷차림이 다른 아이들이 무대에 올라서서 노래를 부르면 그 자체가 전 세계의 화합이자 희망의 메시지"라고 하면서 "내년에는 호주 등 해외 공연도 추진하고 있다"고 했다는 것이다.

단일민족의 나라라고 그것을 자랑이라도 하는 듯하던 한국이 이렇게 변했다고 할까. 우리는 이런 변화를 드러내고 선전이라도 하는 것처럼 보인다. 어쩐지 이런 면에서도 일본과는 다른 것 같다. 한국에서는 다문화 가정 이야기를 매주 정기적으로 텔레비전에 올리고 그것을 즐겨 보고 있다. 이 프로에서는 매번 한 가정의 부부가 동남아 출신 부인의 친정집을 찾아가는 모습을 보여 주는데, 우리 국민이 아무런 저항 없이 그것을 즐기고 있는 데 재일동포들이 깊은 흥미를 느끼던 것이 생각난다. 일본에서는 우리보다 국제결혼이 늘어나고 있는데도 그것을 일본 국민에게 알리지 않으려고 하는 듯하다.

그런 현상이 진행되는 것을 알면서도 나타내려고 하지 않고 숨기듯이 그대로 내버려 두는 것이 일본식이라고 할까. 우리는 드러내 놓고 국민이 납득하고 당연시하게 하려고 한다고 할까. 일본에서는 그것을 예외라고 방치한다면, 우리는 그것을 공식화하고 적극적으로 받아들이도록 권장한다고 할까. 일본은 단일민족이라는 허상을 그대로 유지하고 싶어 한다고 할 수 있을는지 모른다. 어쨌든 텔레비전에 내놓고 공식화하려고 하지 않는다. 두 국민이 보여 주는 이러한 자세의 차이는 미국과 유럽 여러 나라와의 차이이기도 할 것이라고 생각한다. 남북전쟁 1세기 반으로 흑인 대통령을 내세우는 미국이다. 앞날의 역사를 생각하면서 우리는 어떻게 미국처럼 개방적일 수 있을 것인가고 생각하게 된다. 중국문화의 영향을 받으면서 이념적인 일치, 혈연적인 일치를 고집하려고 했는데… 물론 그것은 요즘에야 나타난 현상이라고 해야 하겠지만 말이다.

한 가지만 더 생각할 일이 있다. 일제강점기에, 가령 1920년대 초에 북쪽 파출소가 독립군에 의하여 공격당했다는 기사가 신문에 나와 있었다. 우리 신문은 그것이 작은 거의 숨겨진 사건이라고 하여도 기사화하고 싶었을 것 아닌가. 그렇게 작은 사건이라고 해도 크게 다루고 싶었을 것이다. 그리고 조금이라도 기사화하면 널리 알려지고 커지는 것임을 알고 있었을 테니까. 오늘도 그것이 FTA 반대 기사 같은 경우라면 작은 사건이라고 해도 신문에 나오면 실제로 커진다. 4·19 때도 그랬다. 정말 모두가 기사로 나올 수 있는 사건을 기다리고 있었다. 지금 같으면 신문사 측에서는 달갑게 생각하지 않을 사건인데도.

일본의 경우는 기사화하지 않고 무시함으로써 부재不在로 화하게 한다는 생각으로, 실제로 사건을 부재로 이끌어 갔다. 이러한 역사가 오늘도 계속되고 있는 것이 아닌가. 신문기사에서 다루지 않고 무시함으로써 무로 화하게 하려는 것이다. 지난번 동북 지방 지진과 해일 때도 그랬으니까. 이런 식으로 사실이나 반대를 억압하는 것이다. 무시하면 없어질 텐데 하는 것이다. 이런 점에서 한일 간에 있어서의 체제에 대한 저항 사건과 그것에 대한 매스컴의 관계를 검토해 볼 필요가 있을 것 같다.

2011년 11월 14일

아카시서점明石書店의 구로다黒田貴史 편집장에게서, 11월 27일 오사카 지사와 시장의 동시선거에서 포퓰리스트적인 정치가 두 사람 모두 당선되게 하여 오사카를 도쿄와 마찬가지로 도都로 격상시키고 교육을 우익적으로 지배하려고 하는 움직임이 걱정된다는 연락이 왔다. 그래서 나는 전화로 일본에서의 포퓰리즘은 우로 향한다면 한국에서의 포퓰리즘은 좌로 향한다고 했다.

*

일본에 영국의 정치학자가 와서 국민의 선의지를 믿어서는 안 된다, 민주주의를 지탱하기 위해서는 새로운 민주적인 국민교육 그리고 민주적인 정치 엘리트 교육이 필요하다고 하고 있다고 한다. 민주주의의 위기가 다가오고 있는 것은 사실이다. 위기 앞에서 반半폭력적인 극우, 극좌의 세력이 대두한다. 그런 국민의 분위기를 교육이라는 수단을 가지고 극복한다는 것은 지나치게 온건한 복고적 이상주의 또는 상식주의라고 해야 하는 것은 아닐까. 온건한 민주주의를 찾아서 사회를 정돈하자는 생각을 거부할 수는 없다고 하겠지만.

*

우리나라에서 요즘 박근혜라는 극우가 등장해서 박정희를 회상하려고 하니까 젊은 층에서는 남북문제를 들썩거리면서 좌로 흘러가려고 한다. 그런 사이에 박세일처럼 중도를 찾는 세력도 있지만 그것이 다음 선거까지 세력을 유지하고 승리할 수 있을까. 오늘의 동북아나 미국을 중심으로 한 질서의 동요 그리고 유로의 몰락, 이런 모든 격동 속에서 어떤 정치가 전개된다는 것일까. 일본에서는 위기가 오면 극우가 우국 정치 세력으로 등장하는 법이었는데 그런 정치 풍토를 넘어설 수 있을 것인가. 우리나라 남의 경우에는 해방 이후 줄곧 좌경에 대한 향수를 가지고 있었던 것인데.

나는 현대의 병폐를 다스리기 위한 여러 가지 방법을 찾으려고 할 수 있겠지만 어떻게 해도 사회의 동요, 극단주의적인 동요는 피할 수 없으리라고 생각한다. 가장 중요한 것은 민주주의적인 사회적 관용을 허용하면서도 사회의 총체적인 붕괴를 막을 수 있는 강력한 통치기구를 유지할 수 있어야 하는 것이 아닐까 생각한다. 그리하여 침묵하는 다수의 지지를 얻을 수 있어야 하는데 그것이 가능할까. 그래서 이것을 위한 새로운 정치학이 모색되어야 한다고 생각하는데 참 지난한 문제라고 하지 않을 수 없다. 당장 우리나라도 곤경을 눈앞에 놓고 있는 것처럼 보인다.

일본도 방법을 찾지 못하고 정치 세력이 망연자실하고 있는 것 같지만 우리도 국회에서 가스탄을 터뜨려도, 그야말로 폭도mob가 일어나서 경찰의 멱살을 잡아도 어찌할 바를 모르고 있다. 법원에서는 입법부의 자유라고 이데올로기적인 판결을 서슴지 않으려고 하는 것 아닌가.

그러나 한 가지 분명한 것이 있다. 우거나 좌거나 지난날과 같은 폭도를 불가능하게 하는 아시아의 정세가 있다. 지난날과 같은 일본의 국수주의를 허용치 않는 동북아시아 평화의 시대가 눈앞에 다가와 있다. 우리의 좌익 감상적 극단주의도 이러한 역사적인 현실에 당면해서 거품처럼 들떠 있는 것일 수밖에 없다. 그렇기 때문에 이 시대에 대한 현실적이며 철학적인 논설이 있어야 하겠고, 그것을 크게 전할 수 있는 미디어가 있어야 한다고 나는 생각한다. 적어도 야스퍼스의 『이 시대의 정신적인 상황』(1931) 같은 저서라도 있어야 할 텐데 하고 생각한다.

되돌아보면 지금 젊은이들은 참으로 우리 세대와는 다르다. 1950년에 열 살이었다면 벌써 70을 넘었다. 그들은 일제시대도 모르고 한국전쟁도 자각적인 연령으로 경험하지 못한 셈이다. 50세 이하라면 6·25 때에는 태어나지도 않았지 않은가. 박정희체제와의 관계에 대해서도 그렇다. 그리고 그의 잔인성에 관해서도 국내에서는 가려져 있었던 것 아닌가. 역사적 경험에 이러한 차이가 있다. 우리가 3·1운동에 피 흘리던 우리 선인들과는 거리가 있었듯이. 그런데 우리에게는 오랫동안 역사나 국제 정세를 이성적으로 받아들일 수 있는 여유가 없었다. 그런 교육도 없었다. 왜곡되고 은폐된 교육이 아니었던가. 그런 역사가 오늘 우리에게 네메시스를 가한다. 게다가 우리 국민 사이에서는 불만과 비판의식이 턱없이 강하지 않은가. 그래서 우리는 그 모든 왜곡된 역사의 대가를 지불해야 하는 것인지도 모른다. 일상생활을 해나가기에 부족함이 없는 급여를 주는 직장조차 찾기 어렵다고 하는데 정부의 기관이라고 하면서 연봉 50억 원을 주고 사람을 모셔 온다는 것 아닌가. 10년 내에 노벨상을 탈 학자를 배출시킨다고 하면서…. 이것은 어이없는 일이 아닌가 생각하는데, 이런 격차가 당연하다는 사회를 가지고 어떻게 국민 통합을 이루어 내는 통치를 가능하게 한다는 것인가. 아, 드디어 내일이면 12월 1일, 금년도 저물어 가는데.

2011년 11월 30일

노추老醜의 미학

앞으로 책을 쓴다는 계획은 없다. 만년에 이 단편이나 『나의 정치일기』 속편으로 낼 수 있다면 하고 생각한다. 그러면 이제부터의 독서란 취미로 하는 것, 다른 할 일이 없으니까 하는 것이라고 할 수 있을지도 모른다. 사실 지금 한나라당도 민주당도 저런 소용돌이를 치고 있지만 이제 나에게는 별로 관심도 없다. 정권이 여야로 바뀌어야 하지만 거기에 진보니 보수니 하고 이데올로기의 차이를 찾아볼 수 없다고 생각한다. 지금 저렇게 정당들이 시끄러운 것은 모두 선거를 위한 것에 불과하지 않은가. 그러다가 늙으면 무대에서 사라지는 것이고.

그래서 신문을 보아도 정당 기사에는 흥미가 없다. 그렇다면 정치일기라는 것도 의미가 없을 것이라고 해야 할 것이다. 이런 속에서 오늘 아침에 문득 이 같은 생각이 났다. '노추의 미학'이라는 것을 마지막으로 남기면 어떨까. 일본말로 쓰고 싶다는 생각이 났다. 일본 사람들이 우선 관심을 가져 줄 것 같아서. 늙는 것을 추하다고 생각하는 것이 일본인이 아닌가. 그들은 무사 사회에서 그렇게 생각했고 그렇게 살아왔다. 요절을 찬양하면서 말이다. 우리 사회에서는 요절은 불효라고 저주했지만 말이다. 그런데도 일본은 지금 세계에서 제일가는 장수의 나라가 아닌가. 참 아이러니컬하다. 우리도 상당한 장수의 나라지만 자살은 세계 제일이라고 한다. 노인 천시의 현실은 어디에서나 확대되어 간다. 어쨌든 늙음과 죽음의 문제를 다루어 보았으면 한다. 그런 현실을 앞에 두고 있으니까 적절한 테마가 아닐까 싶다. 일본에 있으면 많은 책을 구해서 읽겠지만, 미국에 가면 그럴 수 없을 것 아닌가. 천천히 그것을 테마로 책을 읽고 생각하면서 소일하기로 하자. 미국에 가 있으면 내 생각에 어떤 방향이 잡히고 정리가 될 것 아닌가.

2011년 12월 8일

노명식이 그의 전집 제4권 『민족주의와 민족주의 운동』에 수록된 「이탈리아 리소르지멘토 연구」에서 한 말. 이탈리아에서 1859~1860년 사이에 일어난 이탈리아 통일 문제에 대해서 기록한 것이다. 그는 차별을 당한 이탈리아 남부에 대하여 이렇게 기록하였다.

> 그 결과 야당은 정치적 야당이 아니라 결국 지방적 야당이거나 사회적 종교적 야당이 되고 말았다. — 272쪽

"피에몬테에서는 지도층 인사들까지 남부 놈들은 상놈들, 자유가 무엇인지 모르는 야만인들, 나폴리는 골수까지 썩어 빠지고 더럽

고…"라고 했다는 것이다. 이런 남부에 대한 '무지와 교만 그리고 물질적 탐욕'이 남부의 '농민반란의 원인이 되었다고 한다.' 정권은, 더욱이 취약한 정권은 자기네 비호 세력이 될 만한 지역을 만들어냈다. 우리나라에서도 이런 문제를 안고 다음 선거에서는 어떻게 하려는 것일까. 반영구 야당 지역과 반영구 여당 지역이 생겨나는데 말이다.

또 한 가지 이런 점에서 본다면 통일의 날 소외될 북의 문제와 한국의 민주정치 문제도 생각하게 된다. 한국의 현대사는 정말 많은 문제를 안고 어떻게 걸어갈 것인가 하고 생각하지 않을 수 없다.

*

밀턴의 『실낙원』을 읽는데 사탄이 세계사에 대하여 '자연 속에 드디어 지구를 포함한 새로운 우주가 일어나고 거기에 신이 창조한 인간이 산다는 소식'을 퍼뜨렸다고 역자는 주를 덧붙이고 있다. 자연적으로 우주가 생겨났다고 하는 것뿐 아니라 인간도 자연적으로 생겨났다고 하는 것이 사탄의 세계관이라고 해야 한다. 그래야 우주에서도 인간의 삶에서도 의미가 사라지게 된다. 성서적인 세계관은 이것을 배제함으로써 우주와 인간의 삶에 윤리적 의미를 부여하려고 했다고 해야 하겠다.

나는 일본의 근대시가에 대한 글을 쓰면서 미요시 다쓰지의 전쟁 찬양의 시와 전쟁 후의 시를 논하고 그의 전후 시로서는 「우리 전쟁에 패하고 나서」를 인용했다. 그 안에서 "우리 전쟁에 패한 다음 1천만의 어린아이가 태어났다"라고 읊은 것을 지적했다. 그렇게 읊은 것은 "역사의 의미 같은 것은 생각할 수 없다는 허무감에서였을 것이다"라고 나는 쓰고 나서 다음과 같이 계속했었다.

> 역사가 무의미하다는 발상에서 그는 그 자신이 전쟁에 참여하였던 문학

활동을 후회하는 일이란 전무했던 것이다. 그것은 인생에 대한 의미 상실 그리고 거의 자포자기의 심정으로 위기를 뚫고 살아가려고 한 것이라고 생각할 수밖에 없는 것 아닐까.

말하자면 기독교적 역사관이 아닌 자연주의적 역사관을 가지고 어떻게 전쟁범죄와 속죄의 문제를 말할 수 있을 것인가. 이렇게 문제를 제기하려고 했던 것이다. 이 점을 가지고 나는 오늘도 문제가 되고 있는 전쟁범죄에 관한 독일과 일본의 경우를 비교하면서 생각하곤 한다.

2011년 12월 11일

김정일의 죽음

미국에 가기로 마음먹고 있다. 한국에 있으면 한국의 현실과 희로애락을 함께하게 된다. 미국에 가면 그런 생각을 떠날 수 있을 것이라고 기대한다. 마음 둔 곳 없이 유랑하고 싶다고 할까. 그렇다면 죽음을 향해서 세속에 대한 미련에서 한 발자국 떠나는 것이 되지 않겠는가. 스스로 이 세상을 등지는 길을 택하자는 것이다. 밀려난다고 하기보다는 스스로 버린다고 해보려는 가엾은 몸부림이라고 할까.

오늘 밀턴의 『실낙원』을 읽고 있으니까 '맘몬mammon'을 마귀는 어떤 보화보다도 찬미하고 "그 모독 무참한 손으로 어머니인 대지의 뱃속을 파고들어 가 본래 거기에 그대로 숨겨져 있어야 할 이것 저것 보물을 탈취하게 되었다…"고 했다. 악마는 의인화되었고 악마를 다룬 학자들은 '맘몬'을 9계급의 악마 중에서 최하위에 자리매김했다는 것이다. 그렇다면 오늘 그 맘몬이 인간들의 최고 목표가 되었다고 한다면 오늘은 그야말로 전도된 사회이고, 오늘의 인간은 모두가 악하다고 해야 하지 않겠는가. 그러니까 인류는 저주받을 운명 앞에 놓여 있다고 할까. 그리고 그런 가치 전도에 대한 부정 없이는 인류의 구원이란 있을 수 없다는 것이 아닐까.

2011년 12월 13일

김정일이 사망했다고… 누구나 다 가는 길인데 그것을 멈추어 보려고 안간힘을 다하다가, 그는 생각하지 않으려고 하는데 죽음이 찾아왔다. 그가 생각하는 것보다도 훨씬 빨랐다고 할까. 여러 가지 생각을 하게 된다. 17일 아침에 사망했는데 19일 정오에야 발표했다는 것이다. 전체주의 사회란 이런 일이 있으면 어떻게 수습을 할까 계책을 세우는데 그런 노력을 하면 할수록 더욱 몰락해 가는 것 아니겠는가. 민주사회가 가진 자생력이란 거기에서는 있을 수 없으니까. 우리는 조용히 지켜보면서 필요하다고 하면 조금씩 도움을 주어야 하는 것이 아닌가 생각한다. 우리 언론도 이번에는 그다지 떠들지 않겠지 하고 생각한다.

전체주의 사회란 저런 일 앞에서는 정상적인 인간관계, 사회관계를 회복하기 아주 어려울 것 아닌가. 비정상적으로 박수를 치던 모습에서 이제는 광적으로 울고 몸부림치는 상태가 나타날 것 아닌가. 그렇게 고의적으로 하게 하기도 하고 그렇게 비인간화되어 있기도 할 것이고. 1947년에 내가 북을 떠날 때도 그랬는데 그후 더욱 비정상화되고 그래야만 살아남을 수 있게 된 것이 아니겠는가. 우리도 지난날 그보다 훨씬 약한 전제체제 속에 있으면서도 그래야 했던 것 아닌가. 1979년에 박정희가 죽었던 때를 생각하지 않을 수 없다. 북도 남도 그 후유증이 언제까지 계속될 것인가.

그로부터 정상적인 인간 사회가 회복되는 데 얼마나 많은 시간이 걸리는 것인가. 아직도 여야가 싸우는 것을 보면 우리는 그 시대의 여진 속에서 살고 있는 것 같다. 나는 비인간화에서 인간으로 그러고 나서 이성적인 인간으로라고 생각한다. 이성적인 인간이라기보다는 정상적이고 상식적인 인간이라고 해야 하지 않겠는가. 우리는 전체주의는 아니고 전제적인 사회에서 살았던 것이라고 하겠지만. 유신체제인가 하는 것은 그래도 야당이라는 것, 반체제적인 것을 거느리고 있기는 했다. 그러나 거기에서 회복되는 아픔을 오늘도 우리는 경험하고 있는 것이라고 생각한다. 여야의 저 대립을 보면서 그런 생각을 반추하지 않을 수 없다.

2011년 12월 19일

1947년 봄 남하했을 때 나는 남한은 그렇지 않으리라고 생각했다가 남에 와서 정치와 사회의 꼴을 보고 절망했었다. 그래서 우리나라 사회 아니 인간 사회 어디에서나 마찬가지라고 생각하려고 했고 세상을 단념하고 멀리하려고 했다. 그러면서 남에서 북을 동경하는 젊은이들을 보면서 내가 북에서 남을 동경한 것과 같은 것이라고 이해하려고 했었다. 남북 분단이란 이런 특수한 이중적인 경험을 우리에게 강요한 것이었다.

그러다가 전쟁을 경험하고 북과 같은 전제의 길로 가는 정권을 바라보고 이데올로기를 달리한다고 하면서 서로 적대하고 있으나 남북이 같은 모습이라고 생각했었다. 그러나 남에는 체제 부정의 세력이 잔명을 유지할 수 있다는 의미에서 북은 전체주의 사회, 남은 전제정치 사회라고 생각했다. 그러면서 남에는 그래도 민주화의 날이 가능하리라고 내다보려고 한 것 아닌가. 그래서 민주화에 열성을 다

했다. 그러나 그것은 단지 가냘픈 인간화의 시작에 불과했다. 그렇지만 변화와 발전을 기대했다고 할까. 무엇보다 민주화되고 개방된 사회라면 더욱 성장할 가능성을 지니고 있는 것이 아니겠는가고 참고 살아왔다고 할까. 이 목숨을 감사하면서 살려고 했다. 이제는 인생의 황혼을 맞이하고 지난날을 감사한다고 할까. 북의 변화와 발전의 날을 기대하면서. 말하자면 북이 뒤늦게나마 남한이 걸어온 길을 밟게 되기를 염원하면서.

이런 때가 되면 우리 생각이 서로 엇갈린다. 김정일의 죽음에 대해 조의를 표하는 행동을 취할 수도 있을 것이다. 죽음을 앞에 놓고는 시비를 넘어선다고 하겠고…. 남북 관계의 앞날을 생각해야 한다고 할는지도 모른다. 그러나 그럴 수는 없다. 민족에 대해 범한 죄악이 너무 크니까라고 하는 분들도 있을 것 아닌가. 어느 한쪽으로 결정짓기 어려울는지도 모른다. 그러니까 정부는 어떻게든 결정할 수 있다. 그러나 어느 쪽을 택하든 비판을 받는다. 국제적인 관례를 생각하지 않을 수 없는 것 아닐까.

이런 때는 판단을 정부에게 맡긴다. 그리고 야당이나 민간단체는 마음대로 할 수 있다. 남에게 강요하지는 말고 말이다. 그것이 민주사회가 아니겠는가. 남이 자기와 다르게 했다고 비난하지 말고 말이다. 북에 찾아가고 싶어 하고 북에서 받아들인다고 하면 보내기도 하고…. 내가 원하는 대로 하지 않으면 소리 내어 비난하고 비판한다는 일만은 이제는 그만해야 하는 것 아니겠는가고 생각한다. 다양한 견해란 민주사회의 특징이 아니겠는가. 내가 주장하는 대로 하지 않으면 안 된다고 야단하는 그 비민주적인 풍토를 극복했으면 할 뿐이다.

2011년 12월 20일

독도 문제 같은 것은 떠들지 말고 은근히 우리가 지켜 가면서 역사적으로 정착하게 하면 된다. 일본의 국민성에서 그것을 전진적으로 우리와 해결할 도리는 없을 테니까. 내 주장만이 아니라 상대의 입장도 고려해 줄 줄 알아야 이 시대의 정치라고 하겠는데 민족주의적인 목소리를 높여서 정치의 안정을 찾아야 한다는 정부니까. 독도 문제도 중·일 간의 센카쿠열도 문제도 국제적으로 양국 소유로 한다는 것을 인정하는 지혜의 시대가 올 수 있으면 하고 나는 생각한다. 그래야 동북아시아 공동체의 시대라고 하지 않겠는가.

2012년

무사색의 시대

만약 나에게 연구할 수 있는 여력이 남아 있다면 한국 근현대 시가사詩歌史라는 것을 쓰고 싶다. 시가가 그 시대를 가장 분명하게 반영하고 있다고 생각하기 때문이다. 그것이 사상사의 중심을 이룬다. 시가가 세태의 결정이라고 해야 할 것 같다. 김소월, 이상화, 김기림 그리고 임화나 이육사, 백석, 윤동주, 노천명을 더듬어 가면 일제하와 해방 전후의 흐름을 더듬는 것이 되지 않겠는가. 박두진과 조지훈에서 일제하 마지막 어두운 시대를 더듬고 김수영에서 김지하 그리고 양성우로 가면서 4·19에서 군사정권 시대로 더듬어 갈 수 있는 것 아닐까 생각한다. 그리고 민주화가 되고 나면 오늘과 같은 회의의 시대가 찾아오는 것이겠고.

이번에 『조선일보』에 나온 신춘문예 당선작 「조선사 K」를 보면 격앙된 감정이란 없다고 할까, 산문화한 시라고 할까, 그런 것을 느꼈다. 최동호의 시집 『얼음 얼굴』이나 계간 『서정 시학』에 나온 난삽한 시들에서 느끼던 그것과 같다고 할까. 그것은 오늘이 회의의 시대라는 것을 반영했다고 생각한다. 회의하면서 고민하는 것과도 먼 무사색처럼, 체념처럼 뒤얽힌 시대라고 할까. 그런 모든 시대를 살면서 고통을 경험할 때 시는 그것을 형상화한다고 하겠지. 그 시대를 사는 사람들의 심성을 결정화하여 드러내는 것이다. 그래서 그런 것을 더듬어 가면서 사상사를 기록해 나갈 수가 있다. 시는 어떤 문화 현상보다도 사상사를 꾸려 나가는 데 가장 적절한 자료가 되는 것이 아닐까 생각한다.

"선사 시대에는 인간의 15퍼센트가 타살당했다"(『조선일보』, 2011. 12. 19. 자)라는 기사에 하버드대학의 스티븐 핑거 교수의 책 *The Better Angels of Our Nature*가 소개되었다. 수많은 무서운 전쟁이 있었다고 해도 이 시대 우리 사이에서는 인구 비례로 본다면 전쟁에 의한 죽음은 줄어들었다는 것이다.

나는 곧 우리나라 남북을 생각한다. 북의 저 처참한 탄압과 인간에 대한 살해. 그것도 무엇보다 인간의 생명을 보호하는 정치와 법이 없기 때문이 아니겠는가. 그것은 역사에서 사라져 가는 사회라고 보아야 한다. 정치가 변해도 이제는 그것에 따른 인간의 죽음이란 거의 없는 시대라고 해야 한다. 한반도가 남쪽의 이니시어티브로 통일된다면 정치적 보복은 있을 수 없는 것 아니겠는가. 직장에서도 마음대로 사람을 추방할 수 없다는 것이고 개인의 가난도 국가적 책임이라고 하는 시대가 아닌가.

2012년 1월 4일

평화를 위하는 이 시대에 이웃을 대하는 자세라는 것을 생각해 볼 필요가 있다. 그가 마음에 들지 않으면 그와 대립하는 자세란 있을 수 있다. 다만 그가 마음에 들지 않는다면 침묵으로 피하고 새로운 상대를 찾는다. 그리하여 새로운 마음에 드는 상대와 더불어 우의友誼를 다짐하고 우정을 성장시켜 나아간다. 대립을 찾는 것이 아니다. 평화와 협력을 찾는 것이다. 지난날에는 국제적인 대립을 찾아서 그것을 확대한다는 자세가 우세했던 것이 아닐까. 지금 우리가 평화를 찾는다면 대립할 수밖에 없는 상대는 피하고 함께 평화와 협력을 누릴 수 있는 새로운 상대를 찾아서 평화에 대한 희망을 말해야 하는 것 아니겠는가고 생각한다. 그런 의미에서 전쟁을 일삼은 근대와 평화를 추구하는 현대는 본질적으로 다르다고 해야 한다.

2012년 1월 11일

시리아에서 장기 집권을 해온 대통령이 시민들이 민주화를 외치면서 일어나자 발포를 하는 사태가 계속되고 있다. 이미 7천 명이 넘는 시민이 학살되었다는 것 아닌가. 이런 사태에서 시리아 정권을 지지하는 나라는 러시아와 중국이었다. 유엔이 이에 제동을 걸려고 하면 거부권을 행사하는 나라가 역시 러시아와 중국이라는 것이다. 이제는 좌익적인 정치 이데올로기도 없이 다만 그렇게 이른바 자유 진영이 세계를 지배하는 것에 저항한다는 것 아닌가 생각한다. 혁명적 좌익 이데올로기가 이렇게 변질됐다고 할까. 그런 자세에서 그들은 우리 한반도에서도 이북의 정권을 지지한다는 것 아니겠는가. 이데올로기가 문제가 아니라 양식의 문제다. 아직도 이런 중국 때문에 앞으로 동북아의 공동적인 질서를 위하여 우리는 얼마나 험한 길을 걸어가야 한다는 것일까 하는 생각이 든다.

*

지금 야당이라는 민주당이 자기들도 돈 봉투를 돌리고 나서 자기네 흠은 숨기고 한나라당만 공격한다고…. 그러고는 범법자를 박해를 받는 자라고 지지하고 옹호한다는 것이다. 그렇다면 나에게는 더 엄중한 잣대를 적용하고 남에게는 관대하다는 도덕적 잣대란 정치에서는 소용없는 것이 된다. 이런 의미에서 정치의 세계란 상식적인 모럴이 통하지 않는 영역이다. 이것은 정치 세계에서는 으레 그렇다는 오늘에 있어서의 세계적인 현상일는지도 모른다.

정말 그들의 세계는 세상의 도덕적 잣대나 종교적인 잣대와는 아주 멀다. 이런 정치와 모럴의 괴리는 어떻게 해야 하는 것인가. 이제는 흑막 뒤에서 숨어서 하는 정치란 가능한 것이 아닐 텐데 말이다. 혁명적 또는 양심적인 정치인이란 이미 사라진 지 오래다. 젊은 반체제 세력이라는 것도 저런 악 유산을 닮아 가고 있으니까 말이다. 북의 사악한 세력에 동조하는 것도 정치적 배려라는 흑막으로 가려지는 오늘의 분위기가 앞으로 무엇을 몰고 오려는 것일까. 어쨌든 무서운 도덕적 퇴폐가 아닌가 생각한다.

2012년 1월 23일

다시 남북을 생각하면서

세계 정치의 잔인성, 북을 탈출해서 중국으로 간 어린이들의 참혹한 나날이 신문에 나와 있다. 북의 잔인성 그리고 이것에 동조하는 중국의 비인간성. 그뿐만이 아니다. 이것을 방치하는 국제정치 그리고 한국의 냉랭함. 세계사의 잔인성은 계속되고 있다.

그것이 그대로 유엔에서도 되풀이된다. 유엔 안전보장이사회에서 지난 4일 시리아의 '하루에 300명이 죽는' 처참한 상황에 거부권을 행사해서 시리아 독재자 바샤르 알아사드에게 '학살면허'를 주는 데 동의한 것은 15개국 이사국 중에서 러시아와 중국 두 나라뿐이었다고 한다. 두 나라는 알아사드 정권과 맺은 이권이 너무 크기 때문이라는 것이다. 러시아는 시리아와 11억 달러의 수출에 19억 4천만 달러의 투자 등을 하고 있고 중국은 22억 달러 수출에 시리아 석유 이권에 참여하고 있다고 한다.

이것이 지난날의 공산국가, 반미를 하는 나라의 모습이라는 것인가. 이념적인 것은 추호도 없고 이해타산만이 지배하고 있는 것 아닌가. 공산주의는 정치적 운동 과정에서 이성적이며 이상적인 판단을 포기하고 이익 일변도의 자세로 전락해 왔다. 승리를 위한 현실적인 자세라고 하겠지만 자기 합리화의 무서운 정치적 행태가 아니겠는가. 인간이란 더욱이 국가란 그런 것이란 말인가. 그러나 설혹 어떤 선한 목적을 위해서라고 해도 악한 수단을 정당화할 수는 없다. 국가라고 해도 그러한 자기변명을 허용해서는 안 된다. 그것은 인간이 지녀야만 하는 한계성이라고 해야 한다.

이런 의미에서 기독교적 사고는 절대적이다. 그런 러시아와 중국의 반인간성은 몰락해 가야만 한다. 미국을 비롯한 자유세계도 자유로운 사고를 허락하면서 그런 지난날의 역사에서 계속 탈피해 가야 한다. 미국도 지난날 얼마나 많은 죄악을 범했던가. 오늘도 그 그늘에서 여러 나라가 고민하고 있는 것 아닌가. 우리나라의 역사도 그런 것이고. 북은 아직도 그런 지난날의 잔인성과 허위를 밥먹듯이 하고 있는 셈이다. 악을 합리화하려고 하면 그것은 더욱 확대·재생산되는 법 아니겠는가. 그래서 무서운 흑막이 더욱더 드리우게 된다. 이것은 역사의 법칙이라고 해야 한다.

*

나는 강동진을 잊어버릴 수가 없다. 그의 운명은 그가 혼자서 짊어지고 갈 것이 아니라 바로 조선의 운명이었다. 도쿄의 어떤 커피하우스 한구석에서 그를 만났을 때 그는 형님들인가, 해방 후에 학살당한 분들 또는 북으로 간 분들을 잊을 수가 없다는 것이었다. 그래서 남한이 가는 길을 그대로 따르지 못하겠다고 했다. 자기들을 박해한 그때 그 친일파들의 나라라고 하겠기 때문이라는 것이었다. 이런 심정을 북에서 남하한 내가 도리어 동정했다고 할까. 내거는 이데올로기는 달라도 남북이 같은 형태의 길을 걸어왔다고 할까. 남쪽은 민주사회를 지향하면서 다소라도 자기를 수정하는 길을 걸어왔다. 그러나 북은 권력이 변하지 않으려고 고집하고 있는 나라다. 지금은 중국의 힘을 빌려 가면서 잔명을 유지하려고 하고 있는 셈이다.

해방 후 대학에는 북에서 남하한 세력과 남에서 북상하거나 북에 기울어진 세력하고 하나가 되어야 할 것 아닌가고 하던 친구들도 있었다. 양쪽이 모두 주어진 현실에 비판적이었으니까 말이다. 그러나 그런 것이 가능할 리가 있겠는가. 이것은 민족적인 고뇌, 현실정치와의 갈등이라고 해야 할는지 모른다. 거기에서 나는 이미 운명적으로 선택해 버린 남한의 정치적 현실에서 조금이라도 나아지는 현실을 발견하고 긍정과 선택의 여지를 찾으려고 몸부림치면서 살아왔다고 할까. 그리하여 남하해서 사는 현실을 조금이나마 긍정하고 실천의 여지를 찾으려고 했다. 사실 그런 점에 있어서 역사는 남한의 경우 조금씩이나마 나아졌다고 하면서 현실 긍정을 할 수밖에 없다는 심정이었었다.

그렇지만 그것에 자기연민을 느낀다고 할까. 오늘도 무서운 압제 속에서 굶주리고 있는 북녘 사람들을 생각하지 않을 수 없다. 그리고 어떻게 된 것일까. 나는 친구 채재선을 통해서 구출되어 남쪽으로 내려올 수 있었지만 그는 그러고 나서 20대에 세상을 떠나야 했다. 나는 90을 눈앞에 바라보면서 오늘도 살고 있다. 이 역사를 어떻게 해석하고 받아들인다는 말인가.

2012년 2월 6일

신문은 정치 기사로 야단인데 나는 흥미가 없어서 그런 것은 읽으려고 하지 않는다. 오늘도 야스퍼스와 아렌트가 정치에 대한 관심을 잃고 살아간 만년을 생각한다.

어제는 필리핀 이주 여성 이자스민의 이야기가 『동아일보』에 나와 있었다. 19세 때에 의과대학에 다니다가 남편이 될 한국인과 만났다고 한다. 참 영리한 여성이다. 남편은 재작년에 여름 휴가지에서 급류에 휩쓸려 숨졌다고 했다. 이주 여성들이 '언니는 우리의 우상'이라고 하면서 "어떻게 하면 우리도 언니처럼 되어?"라고 한다는 것이었다. 여기에 대한 대답이 또한 훌륭하다. "시어머님은 너무 간섭한다"고들 불평하는데 "너무 잘 챙겨준다고 생각해 봐"라고 대답한다는 것이었다. 아들에게 자신감을 심어 준 이야기는 더욱 훌륭하다.

"아이에게 이렇게 말했어요. '너는 필리핀인의 피와 한국인 피를 갖고 있어 더 좋은 거야. 가령 사탕 하나가 좋아 두 개가 좋아? 두 개지. 그러니 네가 더 좋은 거야.' 아이는 '우리 엄마는 필리핀 사람이야' 하면서 자랑하고 다녔어요. 자신이 남보다 특별하다는 자신감을 갖게 되었어요."

남편이 세상을 떠나자 시어머니는 재혼을 권했다는데 그것에 대한 대답이 정말 훌륭했다.

> "시어머니가 더 화끈하세요. '너는 내 딸과 같으니 좋은 자리 있으면 딴생각하지 말고 가라. 어차피 친정이 여기야, 너는 아직 젊어, 네 나이 때 아직 결혼 안 한 사람들 많아'라고 말씀해요. 결혼은 한 번 했으면 되었지. 결혼한 사람 중에도 어떻게 하면 이 결혼생활에서 빠져나가지 하고 생각하는 사람도 있는데…. 남편은 항상 '당신은 머리도 빨리 잘 돌아가고 이해도 깊다. 당신만한 이주 여성이 없다'며 자신감을 심어 줬어요."

참 총명한 사람이다. 남편이 세상을 떠나자 "한 달 동안 방안에 처박혀 있었다"고. "그러나 아이들이 학교에 갈 준비를 바리바리하고 딸애는 부엌에서 달걀 프라이를 부치고…" 하는 것을 보고 "산사람은 살아야겠다고" 생각했다는 것이다. 남편이 세상을 떠난 후에 필리핀에 돌아가지 않느냐고 하자 이렇게 대답했다는 것이다.

> "저는 필리핀에 돌아간다는 생각은 결코 해본 적 없어요. 제 국적은 한국이고요. 우리 아이들은 한국 사람이고요. 제 집이 있고 시부모가 있어요. 여기에 오게 된 이유가 남편이지만 제가 어른이 되는 세월을 한국에서 보냈어요. 19세에 와서 35세가 되도록 살았으니. 제가 배우고 아는 사회가 한국 사회이고, 제 삶이 여기에 있어요."

감격스러운 답변이었다. 남편을 잃은 상황에서 더 크게 성장해 주기를 바랄 뿐이다.

2012년 2월 14일

이태준 그리고 김승옥

이태준 문학전집 제3권 『해방 전후 · 고향 길』을 읽었다. 첫 작품 「해방 전후」(1946. 3. 23)는 정말 해방 직후의 어리석었던 공백시대의 정경이라고 할까. 거기에 일제하에 하수인이었던 각계 유지라고 하는 자들이 대두한 것이 아닐까. 그래서 이태준도 좌파로 기울어졌을 것이다. 미 군정하에서의 남한의 정경이다. 거기서 선한 세력이 좌익이었다는 그 시대의 역사가 벌어졌다. 그런 속에서 북으로의 길을 택한 상허. 그리하여 1949년 11월 북에서 나온 『첫 전투』라는 작품집에서 그는 6 · 25 전인데도 게릴라전을 한다는 무리들을 그리고 있다. 그래서 「첫 전투」라는 단편에서 이런 글을 쓴다.

> …정운조 녀석은 지금은 그 사랑기둥에다 督促支部 간판을 뻐젓이 내어걸고 서북청년회 놈들과 모여 앉아 미국 맥주만 처먹고 있을 것 아닌가!
>
> — 72쪽

그러면서 북의 상황에 대해서는 다음과 같은 찬양을 늘어놓았다.

> 쏘련 군대가 들어온 북조선에는 그 착취 없는 노동제도가 실현되었다! 거기는 남의 땅 아닌 농사들이 실현되었다. 북조선은 진실로 해방되었고 조선 인민의 조선으로 무한한 가능성에서 발전하며 있지 않은가? 어째 한 조선 안에 이런 두 현실이 나타나는가? 하지야? 리승만 놈아? 네놈들의 가슴패기는 오늘 우리 앞에 얼마나 대문짝처럼 넓은 과녁판이냐? — 71쪽

> … 이 나라 팔아먹은 리승만이헌테 몇 푼이나 얻어 처먹니? …우리두 쏘련군대가 들어온 북조선처럼 잘살 수 없었던 게 아니우. …김일성 장군의

영도대루 토지개혁을 비롯한… 우리 민족과 국토를 분열해 미국에 팔아먹는 단선단정을 꾸민 리승만이 김성수놈들의…. ― 97쪽

이 개씨끼들아! 보자! 누가 굴복하는가 보자. ― 140쪽

「미국대사관」(1951. 4)이라는 작품에서는 이렇게도 쓰고 있다.

이 개간나 새끼들아! 여긴 조선인 줄 모르니? 대통령두 돈으루 사구 파는 너희 미국인 줄 아니? 이따위 짓은 우리 조선군인에겐 모욕이다 모욕! 정말 죽구 싶으냐? ― 145쪽

이런 북녘 땅에서의 작품에 비하면 북으로 가기 전 마지막 작품으로 1946년 여름 그가 월북하기 직전까지 『현대일보』에 연재했던 「불사조」라는 중단된 작품의 세계는 너무나 성격이 다르다. 「불사조」에서는 그의 센티멘털리즘이 그대로 흐르고 있지 않는가.

그는 일제시대 말에 철원으로 돌아가 절필하면서도 친일문학에 기울어지지 않기 위해 그야말로 몸부림쳤다. 나는 해방 전 1940년 경이었을까 평양에서 한국 작가들이 시국과 문학이라는 시국 강연회를 열 수밖에 없었던 것을 기억하고 있다. 유진오는 한국 작가들이 일본어로 소설을 쓴다는 것이 얼마나 어려운가를 유창한 일본어로 말했다. 이태준은 그때에도 태연스럽게 장편소설과 단편소설을 비교하는 문학 이야기를 우리말로 했다. 이광수만이 친일 이야기를 노골적으로 내비치던 것을 기억하고 있다. 그때 이미 그는 가야마 미쓰로香山光郞라는 이름이었다고 기억한다.

일제시대를 그렇게 이겨 내던 이태준이 북에서는 그처럼 소설 아닌 선전문을 쓰면서 "놈들에게 원수를 갚되 백배 천배로 앵기자!"

(1951. 4. 「백배 천배로」)로 끝맺는 이데올로기 소설, 아니 소설 아닌 소설을 써야만 했다. 거기에는 '아가리에 쏟아진 피'(88쪽) '뚱뚱한 배때기'(93쪽) 등 이태준답지 않은 낱말이 수없이 튀어나온다. 1946년에 방소문화사절단에 참가하고 나서 그가 김일성대학에서 한 「소련기행」을 정치를 피해 가면서 재미있게 풀어 가던 강연 그리고 그후 내가 월남해서 그 기행문책에 접했던 기억들이 모두 되살아난다.

그때는 그가 43~44세가 되던 시기가 아니었던가 생각된다. 소련에 가서 감기에 걸렸던 이야기를 하면서 특히 병원에 입원했을 때 간호사가 솔직히 당신을 사랑한다고 했다고 하면서 그는 그 나라에서는 그처럼 감성이 해방되어 있었다고 순진하게 말하던 것이 생각난다. 그러다가 그는 초가을 날 청명한 날씨에 평양 공항에 내렸을 때 역시 내 나라가 가장 아름답고 사랑스럽구나 하고 느꼈노라고 했다. 그후 북조선문학 예술총동맹 부위원장이었던 그는 남로당 숙청의 폭풍 속에서 몰락에 몰락을 거듭하여 자강도 산간 협동농장에서 막노동을 하다가 1960년대 초 50대의 나이로 병사한 것으로 알려져 있다고 한다. 북에서는 『현대일보』에 쓴 「불사조」 같은 센티멘털리즘은 한 줄도 찾아볼 수 없는 작품 아닌 작품을 썼는데도 말이다. 일제시대를 견디어 낸 그였지만 해방된 조국 북녘에서 같은 민족의 탄압은 견디어 내기가 매우 어려웠다는 것일까.

남북 대립, 더욱이 북의 저런 정치체제로 말미암아 얼마나 많은 순진한 지식인들이 추방되고 사멸의 길을 밟아야 했다고 할까. 그런 긴 흑암 같은 시대를 거쳐 우리는 남에 있다면 지금 21세기 자유의 시대에 살고 있다고 하겠지만, 도리어 고난의 시대에 간직하고 있었던 아름다운 인간성은 잃어 가고 있다고 할까. 나는 이제 인생 마지막에 이른 탓일까, 잔인한 북의 역사를 직시하면서 남북

문제를 생각한다. 남에서는 보도연맹에 가입시켜 놓고 6·25가 일어나자 끌고 가서 수없이 살해한 역사가 있는 것 아닌가. 그런 불행을 당한 집안에서는 뼈아픈 추억 때문에 오늘도 남한의 정치적 정당성을 인정하고 싶어 하지 않을는지도 모른다. 이런 생각을 나는 지울 수가 없다. 해방 직후 서울대학교 문리대에서는 학생 다수가 좌익이었다는 기억과 더불어… 해방의 날들은 정말 엄청난 광기의 날들이 아니었던가 하는 생각을 나는 좀처럼 내 기억에서 지울 수가 없다. 그후에는 군사정권이 군림한 날들이 또 계속된 것 아닌가.

2012년 2월 21일

오늘 『조선일보』에 "척추장애—14살 식모살이—세계장애인기능 금메달—14년 아프리카 봉사—美콜롬비아대학 석사"라는 설명을 부친 표제로 「134cm의 巨人」이라는 기사가 나와 있었다. 눈물과 각고의 노력으로 이렇게 성장했다는 47세의 김해영과의 인터뷰 기사였다. 그의 마지막 말에는 이런 이야기가 있었다.

> 엄마에게 매 맞고 자란 기억, 아버지의 죽음이 내겐 다이아몬드다. 거기에 빚을 지고 살고 있다. 행복한 것은 그냥 지나가지만, 아픔과 상처는 지나가지 않고 그 자리에 남아 반짝반짝 빛을 내더라. 다이아몬드처럼 빛나는 그 상처와 아픔의 힘으로 내가 계속 살아가고 있다고 생각한다.

그래서 "내가 견디어 낼 만한 고통이 있다는 것은 축복이다"라고 끝을 맺었다. 이 얼마나 무섭고도 아름다운 철학인가.

2012년 3월 10일

어제 김승옥의 "등단 50년 축하 문학 낭독회"에 다녀왔다. 나는 김승옥은 한글로, 정말 한글의 아름다움을 끌어낸 한글 세대의 대표작가가 아니겠는가고 말했다. 우리의 경우에는 일본어가 머리에 박혀 있어서 언제나 우리가 쓰는 한국어의 어색함에 괴로워했다. 지난번에 채만식의 『탁류』와 염상섭의 『삼대』를 읽으면서 더욱 그렇게 생각했다. 채만식의 전라도식 대화의 문장이라고 할까, 그런 것에 특이성을 느꼈지만, 우리가 이제는 거의 쓰지 않는 고투의 한문식 표현이 많았다.

다시금 15세기에 제정된 한글의 운명을 생각하고 8세기에 제정된 일본의 가나를 생각했었다. 그리고 한글 사용이 탄압을 받아야 했던 역사를 상기했다. 그러면서 김승옥에 나타난 한글 세대의 아름다운 한글이라고 할까, 그런 것에 언급했다. 특히 「무진기행」에 나타난 한글을 예로 들었다. 정말 김승옥이 그 모임에 꼭 참석해 달라고 강요하다시피 해서 이런 작품들을 읽게 된 것을 감사했다. 그리고 앞으로 좀 더 그의 여러 작품을 읽어 가겠다고 했다. 그러면서 '역사의 소거消去와 교차交叉'라는 말을 했다. 옛날 『사상계』에서는 우리가 그의 세대와 대화를 나눈 적이 거의 없었던 것 아닌가. 말하자면 우리는 1964년이라면 비상계엄령, 6·3사태, 월남파병 등 정치적 소용돌이 속에서 살고 있었다. 한편 김승옥의 세대는 「무진기행」 「서울 1964년 겨울」이라는 우수의 정신 속에서 살고 있었다고 하겠고. 그러니까 우리가 산 역사는 표층의 역사라고 한다면 김승옥의 「무진기행」 「1964년 겨울」이라든 역사는 심층의 역사, 거품 아닌 물밑에서 조용히 흐르는 역사였고 아주 실존적이라고 해야 할 우울한 역사가 아니었겠느냐. 그래서 그가 그린 작품 세계란 그야말로 처절한 '앙누이ennui'의 세계가 아니겠는가고 했다.

그때 우리에게는 표층의 역사와 심층의 역사 사이에 오가는 대화란 거의 없었다. 우리가 쓰는 역사는 표층의 역사 어떤 의미에서 그것은 심층을 흘러가는 역사를 소거한 허위라고까지 말할 수 있을는지도 모른다. 그런 의미에서 그것은 결코 상황situation에 근거하는 전사, 토털 히스토리는 되지 못했다고 반성하지 않을 수 없었다. 그 모두를 포함한 사상사적인 접근, 그런 전사적全史的인 것이 진정한 역사가 아니겠는가고 했다. 그 두 가지 흐름이 1970년에 김지하가 「오적五賊」 사건으로 투옥되었을 때는 교차했다고 할까.

나는 이제 노년에 이르러 표층에 대한 관심은 잃어버렸다고 생각한다. 지금은 잃어버린 시간을 찾아서 심층의 역사에 공감하고 싶다고 할 수 있을는지도 모른다. 그렇지만 이렇게 노년이 되면 20년의 연령의 차이에도 불구하고 모두가 함께 역사의 길을 걸어간다고 할까. 박정희의 딸이 설치고, 무명 또는 거짓의 무리들이 설치는 정치에 놀아나는 역사를 바라보면서… 나는 4월에 있다는 국회의원 선거에는 투표에 참여할 생각도 없다.

그런데 김승옥의 그 기념회에는 왜 옛날 그의 친구들은 그다지 참석하지 않았을까. 이청준 같은 작가는 이미 가고 없지만. 김승옥이 몸이 불편해지니까 모두 떠나 버린 것 같은 허전함을 느꼈다. 작가란 이런 데 모여 슬픔을 함께하면서 무언가를 느껴야 할 것 같은데 말이다.

2012년 3월 24일

토크빌(1805~1859)의 『프랑스 2월혁명의 나날』(1893)을 다시 읽기 시작한다. 오래전에 읽다가 중단했던 책이다. 그는 현대사를 '미로'라고 했다. 역사의 키key로 아직 취사선택되지 않은 현대사라면 미로가 될 수밖에 없는 것 아니겠는가.

제1부 첫머리부터 그전에는 아무런 느낌도 가지지 못하고 지나쳐 버렸던 서술에서 감동에 가까운 것을 느낀다. 오늘의 정치적 현실 속에서 내 눈이 달라졌다는 것인가. 7월혁명(1830) 후 "모든 사건이 말하자면 전반적으로 소형화되었다"고 했다. '기풍은 활동적이고 근면'하지만 흔히 '불성실'하고 '물질적 만족'을 구하면서 '기질'에 있어서는 퍽 수줍어한다는 등등.

그런 기질은 '민중과 귀족의 기풍'이 합하여 '비범한 일을 해낼 수 있지만' 혼자만 내버려 두면 '덕성을 결여한 천박한 정부'를 만들어 낼 수밖에 없다는 것이다. "사적 사업의 이익을 위하여 국사國事를 이용하려고" 하며 "그 작은 물질적 만족 속에서 민중이라고 하는 사람들에게 대한 것은 아주 쉽사리 잊어 버리고 만다"는 것이었다.

나는 오늘의 한국 정치에서 이러한 현상들을 그대로 볼 수 있는 것 아닌가 생각한다. 박근혜니 안철수니 뭐니 뭐니 하는 정치인들에게서 나타나는 소형화, 덕성을 결여한 천박한 정부에로의 경향 그리고 입으로는 부의 불균형을 말하면서 가난한 사람들에게 대한 복지 운운하지만 그것은 집권을 위한 구호일 뿐 그런 이념에 헌신할 수 있는 윤리적인 자세란 완전히 결여되어 있다. 물론 그럴 수 있는 국가적인 경제 형편인가 어떤가에 대한 배려도 없이… 지금 바로 총선을 3일 앞두고 있다고 하는데.

2012년 4월 8일

2월혁명 속의 토크빌

토크빌의 회상록 『프랑스 2월혁명의 나날』을 다 읽었다. 폭풍우에 휘말렸던 유럽의 19세기 중반, 혁명과 전쟁이 일상화되었던 시절이고 동양에서는 오랜 쇄국의 시대를 넘어 서구의 침략에 물들기 시작했던 때였다. 유럽이란 동란의 땅, 권력을 쥔 자, 봉건 군주와 왕권을 쥔 자들이 세력을 다투던 시절이고 한편에서는 민중이 대두하던 시기였다. 근대 직전 '대중사회화' 바로 전날이라고 했다. 역사는 '혁명에의 경계와 자유 실현에의 적극적인 의지' 사이에서 흔들리고 있었다고 토크빌은 말했다. 인상적인 공감이 가는 그의 말을 여기에 적어 보자.

> 모든 통치하는 계급은 부패한다고 믿게 되고 이 계급에 대해서 마음속으로 경멸하게 되었지만….
>
> 거기서는 사람들이 그들보다 상층에 있는 자들이란 그들을 통치할 능력을 잃었고 그 자격을 상실해 버렸다고 반복해 말하고 있는 것을 듣지 못했을까.

이것은 우리나라의 오늘의 상황과 유사하다고 하지 않겠는가. 의회정치에 대해서 토크빌이 한 말들. '자기 감정의 표현을 극단적으로 화려한 것이게 하거나 자기 사상을 극단적으로 과장하거나 하는 의회 정치가들의 해묵은 병폐.' 그런 인간들이란 "자기들이 나라의 지도자가 되지 않는다면 나라를 구한다는 것 같은 일은 자기들의 일이 아니라고 생각하는 사람들이다"라는 것이었다. 그래서 토크빌은 "보수파가 우리를 실패에 빠져 버리게 계략을 꾸미지 않은 날이 하루라도 있었다고는 나는 생각하지 않는다"고까지 했다. 우리의 국회를 생각해도 마찬가지라고 할까. 그런가 하면 정치가라고 하면 다음과 같은 것이라고 했다.

> 공직을 구하려고 하는 경향 또는 세금에 기생하는 생활을 희구한다는 것

은 우리나라에 있는 어떤 당파의 고유한 병리가 아니라 국민 자신에게 따라다니는 약점이다.

*

이것은 권력에 따라다니는 '숨어 있는 병'이라고 했다. 정말 토크빌은 '그 시대의 의회 생활'을 경멸하면서도 거기에 머물러 있었다. 이어서 이렇게 말한다는 것이었다. '그리고 그 편협한 정념情念과 그것을 만들고 지도하고 있다고 믿고 있는 인물들의 정열의 협소함과 속된 악당적惡黨的 자세'를 혐오한다는 것이었다. 그것은 19세기의 프랑스에서만 찾아볼 수 있는 것이었을까. 그는 다시 혁명과 민중에 대해서 이렇게 말했다. "1848년의 혁명을 저지하는 일을 담당한 인물들은 1830년의 혁명을 실현시킨 사람들과 동일한 인물들이었다." 그러나 "민중의 성향이라는 것은 역사적 사건도 같은 것이지만 부단히 변화한다. 한 시대가 다른 시대와 꼭 같다는 것은 결코 있을 수 없다"고 했던 것이다. 이 혁명의 시대에 토크빌은 역사에 대해서 다음과 같이 생각했다.

> 중요한 역사적 사실은 거의가 우연하게 일어난 상황에 의하지 않고는 설명될 수 없었고 그 외에 많은 것이 설명 불가능한 것으로 남는다.

그래서 역사는 보이지 않는 손에 의하여 움직여진다고 할 수밖에 없는 것 아니겠는가. 토크빌은 '혁명에의 경계와 자유 실현에의 적극적 의지 사이에서 미묘하게 동요하는 긴장' 속에 있었다고 역자는 기록했다. 사실 그는 "자유는 나의 생애를 통해서 정열이게 되었다"고 했다. 그리고 자신의 운명에 대해서는 "용인과 억압이 교대로 찾아오는 반동 속에서 자신의 생명을 비참하게도 소모하게 된다"고 생각했다. 한국적 삶이라는 것도 그런 것 아닌가 생각한다. 그는 정치에 참여하면서도 철저한 지식인이었고 방관적인 관찰자였다. 그는 이렇게 말했다.

혹시라도 나는 나쁜 입장에서 말하지 않을 수 없게 되거나 악한 길을 걸어가야 하게 되었을 때에는 나는 모든 재능과 정열을 잃어버리고 만다.

나는 내가 바른 발음으로 정밀하게 흔히 깊이를 가지고 그러나 언제나 냉정하게 따라서 역동감 없이 말하는 부류의 인간이라는 것을 알았다.

마찬가지로 나는 나 자신이 다수의 인간을 집단으로 해서 전체를 함께 인도해 가는 기술을 전혀 가지고 있지 못하다는 것을 깨닫게 되었다.

19세기 혁명의 시대에 산 토크빌은 혁명 그리고 혁명적 시대와 인간에 대해서 거듭거듭 생각하지 않을 수 없었다. 그가 다음과 같이 말한 것은 우리가 1960년 이후 혁명적 시대에서 겪은 체험이기도 하다고 해야 하는 것 아닐까.

혁명, 특히 민주주의혁명에 있어서는 사람들이 비유로 미친 사람들이라고 말하는 사람이 아니라 진짜 미친 사람이 대단히 중요한 역할을 하였던 것이다.

그의 입장이란 '새로운 당파가 민중에게 아부하는 일 없이 또한 그 정열을 불러일으키는 일 없이 그 정책을 기본적 사명으로 하는 것'이었다고 역자는 기록했다. 1960년 이후 우리나라 혁명의 시대를 걸어온 인물들은 어떠했던가. 나는 오늘의 정치를 바라보면서 정치가가 된 변호사에 대해서 퍽 회의적으로 생각하게 되었다. 일제하에서 독립운동가들을 변호하던 변호사들을 우리는 얼마나 존경했던가. 그러나 오늘날은 다르다. 어떤 파당이나 논리도 정당화할 수 있는 사람이라면 오늘의 정당정치를 위하여 어떤 역할을 할 수 있겠는가. 지난날 전제 체제하, 불법 정치하에서 저항하던 변호사와는 다르다. 그들은 어느 정권 어느 정치도 변호할 수 있는 셈이다. 오늘의 사회에서 한가한 지식인이라면 변호사밖에 없다고 하겠다. 정치에 참여하건 거기에서 후퇴하건 그들의 변호사 직업에는 별로 지장이 없다. 정치에 참여하였다면 변호사 사업에 플러스가 되는 것 아닌가. 그들은 여유로운 지위와 시간을 가질 수 있는 특별한 지식인이라고 해야 한다. 정치에 참여할 수 있고 거기에 참여함으로써 커다란 득을 본다고 하겠다. 직업에서 요구하는 것에 매달려야 하는 교육자나 종교가들과는 다르다.

이리하여 세계 어디서나 민주주의 정치라고 하면 변호사가 대거 어느 정당에나 참여하게 된다. 그렇다면 어떤 정치적 악이라도 그들이 변명해 내는 정치가 되기 쉽다고 말할 수 있다. 토크빌은 이미 19세기 중반에 변호사 정치를 비판적으로 그려 내고 있다. 변호사가 하는 발언에 대해서 그는 이렇게 말했다.

> 그는 용감한 행위를 말할 때 자기 식의 과장된 표현을 언제나 첨가했고 실제로 그가 느낀 열정을 내가 보기에는 공허한 말투나 떨리는 목소리 또는 이러한 위기적 상황에서도 배우가 아닌가고 생각하게 되는 비극적인 말투 등으로 표현했기 때문이었다. 이러한 우스꽝스러운 것과 숭고한 것은 함께 하지 못한다.

나도 변호사란 얼마나 다루기 힘든 인간들이라는 것을 다소 경험한 적이 있었다. 어떤 변호사는 다른 데로 자리를 옮기게 되자 그동안 미안했다고 솔직히 말했지만, 그에게는 진리나 참다운 우정이란 있을 수 없었다. 토크빌은 또 한 곳에서 변호사에 대한 놀라움을 다음과 같이 전했다.

> 변호사란 자기 자신이 믿지도 않는 것을 변호한다든가 또는 변호하려고 하는 것을 아주 간단히 그렇다고 믿어 버린다든가 하는 이 두 가지 태도 중에서 어느 쪽인가를 선택하는 습성에서 벗어날 수 없는 것이다.

*

'나쁘다고 생각한 입장을 좋은 입장이라고 하고 싶은 욕구'에서 벗어나지 못한다는 것이다. 그래서 토크빌은 "나는 그가 지금까지는 지지하기를 주저하고 있던 주장을 심하게 옹호하는 것을 보고 몇 번이나 놀랐던고"라고까지 했다. 그렇다면 변호사 국회의원이나 정치가가 늘어나는 오늘의 정치를 어떻게 우리는 보아야 할 것인가.

토크빌은 기자들에게 대해서도 '이념'과는 거리가 멀다고 비판했다. 프랑스인에 대한 토크빌의 다음과 같은 자기비판을 우리는 어떻게 받아들일 것인가. 그리고 우리 한국인의 경우에 대해서는 무어라고 할 것인가.

> 프랑스인은 정치적 정열에 휩쓸리게 되면 비이성적이 되고 만사를 따지려고만 한다.

> 프랑스 국민처럼 자기들을 통치하는 자에게 충성심을 가지고 결부되지 못하는 국민, 그러면서도 정부 없이는 지낼 수 없는 국민은 다른 어디에서도 찾아볼 수 없다. 프랑스인은 혼자 걸어가야 하는 것을 이해하는 순간 일종의 현기증을 경험하게 되는데 이것은 언제나 프랑스인으로 하여금 심연에 빠지게 한다고 생각하게 하는 것이다.

프랑스인에게 대처하는 데는 그들을 광인으로 보고 강제를 가한다면 광폭화할 수 있는 데가 있어서 구속 같은 것은 하지 말고 광인으로 취급하는 것이 적당하다고 토크빌은 생각했다. 프랑스인은 자기 국민을 비판하는 데에는 용서가 없다고 전해져 오고 있다. 토크빌은 정부 관리의 습성에 대해서 다음과 같이 기록했다. 그렇다면 지금 임기 말에 처해 있는 이명박 정부에 대해서 우리는 어떠한 경향을 보여 주고 있다고 할 수 있을 것인가.

> 정부의 지속성에 대해서 의문을 가지고 다음 내각의 경우에 마음을 쓰게 되면 관리들은 전혀 입을 다물고 완전한 침묵을 지키게 된다.

토크빌은 어느 정부나 다음과 같은 위기에 대처할 자세를 다짐해야 한다고 했다.

> 파멸에 이르는 최대의 위기가 나타나는 것은 일반적으로 말해서 커다란 성공을 거둔 다음이라고 해야 한다. …위기가 계속될 때는 상대해야 할 것은 적대자뿐이다. 그러나 적대자에게 승리했다고 하면 이번에는 자기 자신이나 자신의 유약함, 오만함 그리고 승리했다는 경솔한 안심감 등을 상대로 해야 한다. 그런데 사람들은 이 상대에 이겨 내지 못한다.

토크빌은 자신에 대해서 다음과 같이 말하기도 했다.

> 어떤 사람들의 경우에는 오만함은 지위의 상승에 정확히 비례해서 커져 가지만 내 경우에는 그렇지 않고 내가 더할 수 없이 뛰어나다고 자신이 느낄 때는 일반 사람들 사이에 있을 경우에 느끼는 것보다 훨씬 쉽게 나는 친절하고 겸손한 사나이라는 것을 남에게 보일 수 있다고 생각했다.

그러니까 혁명 후의 어려움이란 불가피한 것 아니겠는가. 토크빌은 러시아인들에게 대해서 이런 말을 했다.

> 그들은 황제를 정통성이 있는 군주라고 보았을 뿐만 아니라 신의 사자使者이고 거의 신들에게 속하는 존재라고 보았다.

그래서 러시아혁명으로 황제에 대한 저항이 일어나자 그렇게 사태가 치열해질 수밖에 없었는지도 모른다. 그 시대는 차르 정권이 대외적으로 거대한 추락에 직면했고 러시아 국민에게 커다란 좌절감을 안겨 주던 때였다. 우리의 역사에서는 그러한 왕권은 존재하지 않았다고 할 수 있지 않을까. 일본의 경우에는 천황이란 종교적으로 은폐된 권력이기 때문에 그렇게 장구하게 지탱되는 것인지도 모른다.

토크빌이 19세기에 유럽 도처에서 일어난 혁명에 대하여 내린 결론은 우리에게 있어서도 매우 중요하지 않을까 생각한다. 우리로서는 이해하기 힘든 봉건 군주들의 지극히 자의적인 몸부림이었다고 생각하지만. 그것은 오랜 역사에 있어서 국가적으로 분립된 채로 남아 있던 동북아에서는 보기 어려운 몸부림이었다. 그러나 서구의 그것은 곧 세계 침략의 길로 나아가는 것이었고 아시아에서 뒤늦게 그런 것을 체험하게 되자, 일본은 재빨리 그런 침략의 길을 가게 되었다. 다시 토크빌의 혁명회의론을 들어 보자.

> 혁명은 어디에서나 규율 있는 확고한 자유를 세우는 데 실패했다. 어디에서나 혁명을 자아낸 폐허 한가운데에서 지난날의 여러 세력은 쓰러질 때의 그 모습은 아니었으나 매우 유사한 형태로 재건되기 시작했다.

*

이런 역사가 제1차 세계대전까지 이어졌다. 그리고 새로운 국가주의에서 일어난 전란이 바로 제2차 세계대전이었다. 그리고 그후에야 새로운 세계질서를 찾는 역사 그 진통이 일어나는 것 아니겠는가. 제1차 세계대전은 정말 유럽에서의 봉건질서의 마지막 몸부림이었다.

프랑스에 대한 토크빌의 다음과 같은 자의식을 어떻게 볼 것인가. 이에 비하여 우리 한국인은 우리 자신을 어떻게 볼 것인가 하는 생각이 든다. 역시 나는 한말의 동양평화론을 귀중하게 생각하고 싶다. 한중 관계에서 온 주자학적인 세계관을 생각하면서.

> 프랑스 국민은 우월하지는 않지만 장려壯麗하고, 행동하는 것을 두려워하지만 소리 높이 말하고, 자국 정부가 긍지 높은 것임을 요구하지만 그렇다고 해서 위험한 역할에 정부가 몸을 바치는 것을 원하지 않았다.

스위스에 대한 토크빌의 다음과 같은 논평은 어떻게 평가해야 할 것인지.

> 스위스인처럼 자존심이나 긍지가 강한 사람들은 없기 때문이다. 스위스인은 농민의 한 사람까지도 자기 나라는 세계 여러 나라 군주나 국민이 상대도 하지 못할 정도로 뛰어난 것이라고 믿고 있다.

토크빌은 『회상록』에 남긴 말 중에서 자기는 미래에 대한 명료한 전망을 가지지 못하고 있다고 고백했다. 그리고 자기는 등용되기는 해도 승리하면 '무용지물' '방해물'로 취급될 것이라고 내다보았다. 그러면서 어디까지나 '온건한 도리에 맞는 공화정'을 대표한다고 하면서 그는 "마음속으로부터 입각을 희망한다"고 하고는 이것은 '야심과 위기에서 나라를 구하고 싶다는 소원이 뒤섞인 것'이라고 했다. 이것이 그의 지식인 정치가로서의 소망이었다. 그는 어디까지나 겸허했다. "사건의 발생을 기다릴 수밖에 없다"고 생각하고 리얼리스틱하게 '온건하고 자유로운 권력이라는 성격을 지켜 갈 것'이라고 생각한 것이었다.

여기에서 '격정'으로 치닫지 않고 나아가는 '유일하게 마음에 드는 국가인 영국'과 '될 수 있는 한 양호한 관계를 유지하는 것'을 바라면서 그는 '오만해지지 않고 확고한 자세를 지키면서 결코 불손해지지 않고 프랑스에 적합한 발언은 할 것, 그리고 그것이 인정되지 않는다면 파멸적인 결정을 하거나 또는 내가 그렇게 해서 이 나라가 굴욕을 당하게 하기보다는 몸을 피할 것'이라고 했다. 사실에 있어서 프랑스는 그런 길을 가려고 했고 토크빌은 그런 지식인의 삶을 관철했던 것이라고 해야 하는 것 아닐까.

토인비가 말하는 동시대사에서 본다면 토크빌은 우리가 가지지 못했던 지성적인 정치인이고, 애국자이며 양식에 근거한 리얼리스트였다고 할까. 그의 학문과 정치적 식견을 회상하면서 나는 한국도 미국, 일본, 중국의 사이에서 오늘 그런 정치적 지성을 요청받고 있는 것이 아닐까 생각한다. 그의 『아메리카의 데모크라시*Democracy in America*』를 읽어야 하겠다. 이것은 2월혁명에 관한 회고록보다 앞서는 것. 아주 젊었을 때 그가 내놓은 저작이다.

2012년 5월 20일

『아메리카의 데모크라시』를 읽으면서

토크빌의 『아메리카의 데모크라시』(제1권 1835, 제2권 1840)를 읽으면서 놀랐다. 25세의 나이에 아메리카 기행을 하고 이 명저 제1권을

30세에 발표했다고 한다. 더욱이 서문을 읽으면서 그의 천재적인 조숙성에 놀라지 않을 수 없었다. 미국 체제 중 "생활환경의 평등만큼 내 눈을 놀라게 한 것은 없었다"고 그는 모두에 기록했다. 이 책은 이것을 실증적으로 제시하는 데 있는 것이었다고 하겠다. 기독교는 "성직자의 지위는 만인에게 열려 있다"고 하면서 그 당시의 유럽 사회와는 판이하게 다르게 개방적이었는데도 불구하고 실제로는 계급사회에 봉사하면서 그것을 지지하고 있다고 했다.

"왕은 대원정으로 자신을 멸망으로 내몰고 귀족은 사투私闘 속에서 힘을 잃어 가며 평민은 통상으로 부를 축적한다." 그리고 데모크라시의 승리를 위하여 노력한 사람도 그것을 적으로 삼고 대항한 사람도 데모크라시의 전진에 공헌했다는 놀라운 역사관을 피력했다. 역사란 신의 손안에 있는 '맹목의 도구'이기 때문이라는 것이었다. 정말로 매우 관대한 역사관이었다. "온갖 것이 새로워지는 세계에서는 새로운 정치학이 필요하다"고 하면서 다음과 같이 이어 갔다.

> 국가의 수장이 미리 이러한 사태에 대해 준비한 적이 없었고 혁명은 그의 뜻에 반하여 또는 그가 알지도 못하는 사이에 이루어졌다. 국민 속에 있는 가장 유력한 계급, 지식과 도의에 있어서 탁월했던 계급이 혁명의 지도권을 차지하고 그 선두에 선 적은 없었다.
>
> 그러나 이 무지하고 거친 민중 속에는 격렬한 정열, 관대한 기품이 있었고 거기서는 깊은 신앙과 자연인의 덕성을 볼 수 있었다.

그는 시민이 헌신적이게 되는 것을 믿었고 사회는 고정적이 아니고 그 변동에는 '절도가 있고 점진적인 것'이 될 것이라고 생각했다. 그가 미국을 보는 자세란 '미국 속에 미국을 넘는 것을 보는 것'이라고 했다. 말하자면 토크빌은 미국 역사 속에 인류사가 나아가야 할 방향을 보았던 것이다.

내가 미국을 보는 눈도 얼마나 많은 변화를 겪어 왔는가. 1967년 미국에 처음 갔을 때 나는 미국에 대해서 지극히 비판적이었다. 그러나 그후 1968년에 유럽을 보고는 그래도 미국이 세계 문제에 있어서는 낫지 않나 생각했다. 군사정부 특히 전두환 정부 무렵 나는 미국에 대해서 퍽 비판적이었다. 그리고 그후 민주화의 역사를 경험하면서 미국에 대해 호의적이게 되어 왔다. 그리하여 오늘에 있어서는 미국의 세계사적 역할에 기대를 걸고 있다. 미국은 오래 참으면서 역사의 변화를 시도하는 나라라고 할까, 지금 시리아에 대해서도 그렇고, 멀게는 중국에 대해서도 그리고 우리나라 이북에 대해서도 그렇다고 할 수 있지 않을까. 미국은 신경질적인 반응은 하지 않는다. 그 점이 지난날의 소련과는 다르지 않은가 생각한다.

토크빌을 읽으면서 생각했다. 그는 매우 진보적이면서도 혁명의 성공에 대해서는 아주 회의적이었다. 리얼리스틱하다고 할까. 점진적인 변화와 진보를 믿고 추구했다. 거기에 나는 공감한다. 토크빌의 자유와 평등과 평화를 그리는 생각은 계속 현실에서 배반을 당했다. 제1차, 제2차 세계대전을 겪고 나서야 세계적으로 '평등화'가 실현되어 가고 점차로 세계 평화가 전진하고 있다고 해야 하겠다. 토크빌은 그런 데서 일종의 '신의 손'을 본 것이지만 거기에 공감하지 않을 수 없다. 그는 이렇게 말했다.

> 사회 환경의 평등이 점진적으로 진전한다는 것은 그러므로 신의 역사.

> 사회가 고정적이라고는 생각하지 않는다. 그러나 사회의 변동에는 절도가 있고 그것은 점진적인 것이 될 것이다.

그의 시대는 평등을 위한 시대라고 해서 그는 '새로운 정치학'이 필요하다고 했지만 그는 '점진적인 것'을 말하면서도 "지금 일어나지 않으면 시기를 잃어버린다"고도 했다. 한국의 정치적 현실을 경험하면서 나는 그의 혁명론에 찬동하고 싶다고 생각한다. 그의 시대는 평등을 향하고 있었지만 지금 우리의 시대는 그것을 넘어서 세계평화를 요구하고 있는 것이 아니겠는가. 토크빌은 그 시대에 평등을 찾는 혁명을 정열을 가지고 추구했으나 점진적이기를 기원했었고, 그러면서도 그것은 지금 일어나야 하고 그 길은 신이 역사하는 길이라고 했었다.

토크빌이 『아메리카의 데모크라시』에서 영국에서 미국으로 이민을 간 사람들에 대한 해석을 보면서, 우리도 이제는 북에서 남으로 온 사람들 그리고 그 많은 수가 다시 미국으로의 길을 택한 것을 회상하면서 역사적인 해석을 시도해야 하는 것 아닌가 생각한다. 해방 후 북에서 온 사람들이 이승만 정부 내외에서 크게 활약했었다. 남쪽 출신의 수많은 엘리트들이 아직 남한에 있는 우리 정부에 대해서 회의적이었다고 할까, 심지어는 군에서조차 그런 경향이 있었다. 그러나 6·25 이후부터 이 사태에 커다란 변화가 일어났다. 남쪽 엘리트들이 남쪽 정부 내외에 크게 참여하게 되었다. 북쪽 출신이 정치와 그것에 영향을 받는 경제라든가 그런 영역에서 후퇴하는 일이 시작되었다. 경제는 정치에 밀착해서만 발전할 수 있었기 때문이었다. 북쪽 출신의 후퇴가 일어나고 북쪽 출신의 엘리트는 마치 일제 강점기처럼 법조계나 의학계 그리고 대학에 모이기 시작했지 않은가. 그리고 미국으로의 이민. 이들의 이민사라고 할까, 그런 것을 미국의 퓨리턴의 경우와 비교하면서 논할 필요가 있지 않는가 생각된다. 더욱이 남북통일의 날을 내다보면서 말이다. 그리고 북에 남아 있는 민족과 앞으로 어떻게 대화의 자세를 가질까도 생각해야 하는 것 아닐까. 남에서는 정치적인 문제를 둘러싸고 영남과 호남의 문제가 생겼다고도 하겠는데 말이다. 역사의 거의 불가항력적인 이러한 슬픈 왜곡을 우리는 어떻게 넘어가야 할 것인가.

2012년 5월 22일

『아메리카의 데모크라시』에는 너무나 중요한 말들이 많다. 토크빌은 역사에다 정치심리학적 사고를 도입해서 미래를 전망했다. 우선 미국에 대해서 이렇게 말했다.

> 미국은 한 사회의 자유스럽고 평온한 성장을 사람들이 직접 볼 수 있는 유일한 나라다. 거기서는 여러 주의 앞날에 출발점이 어떤 영향을 미쳤는가를 확인할 수 있었다.

*

나는 미국에 온 퓨리턴이라는 문제와 마찬가지로 한국에서 남으로 온 북쪽 사람들이라는 문제를 생각할 필요가 있다고 본다. 남에서 성공했으면서도 그것을 가지고 미국으로 향하기도 했다. 나도 아이들을 모두 자연과학으로 향하게 했지만 그렇다고 남을 원망한 것은 아니다. 앞으로 통일의 날에는 하는 문제를 요즘 많이 생각한다. 중국이 조금이라도 남북에 대한 자세를 달리해 준다고 한다면? 이제 북으로 갈 수 있는 날이 온다고 하여도 그 옛날 특권을 되찾는다고는 못할 것 아닌가. 어떤 대화의 길을 찾고 지도력을 발휘하느냐? 통일 문제를 내걸려고 한다면 남쪽 영남이나 호남의 그런 남부적인 사고나 인간성 가지고는 어려울 것 아닌가. 이런 의미에서 한반도는 결정되지 않은 미정의 땅이라고 해야 하는 것 아니겠는가. 『대동강』(평양고보 동창회 잡지)이 그런 과제를 짊어져야 한다고 생각하는데. 그리고 교회는?

토크빌은 미국에서 연방제를 잘 운영해서 많은 새로운 시도가 성공해 왔음을 지적했다. 한 곳만 예로 들어보자.

> 이처럼 많은 또 효율적인 학교를 세우는 데 성공한 국민을 나는 다른 데서 찾아볼 수 없다. 주민의 필요에 적절한 교회당을 만들고 이 이상 잘 정비된 공도公道를 건설한 국민도 나는 알지 못한다.

거기에는 '신민臣民'이 아니라 '시민의 모습'이 있었던 것이다. 토크빌은 미국의 연방정부와 주정부 연방재판소와 주재판소 그리고 대통령과 의회 등 이런 제반 관계에 대한 문제를 지적하면서도 그 구성에 찬사를 아끼지 않았다. 미국의 행정에 대해서 다음과 같은 말도 했다.

> 합중국의 행정권 조직에는 그 중심도 정점도 전혀 보이지 않는다. 행정의 존재가 눈에 띄지 않는 것은 이 때문이다. 권력은 존재하지만 어디에 그 대표자가 있는지 모른다.

*

미국에서는 경찰관은 눈에 띄지만 시내 중심에 경찰서 건물이 호령하듯이 버티고 서 있는 법은 거의 찾아볼 수가 없다. 칼은 보이지 않게 숨기려는 듯하다. 일본의 조선 통치와는 정반대라고 나는 몇 번이나 생각했었다. 그러나 토크빌은 "남쪽에 내려감에 따라… 타운 미팅의 횟수도 줄고 취급하는 문제도 적어진다. …선거민의 힘도 작다. 자치 정신의 각성이 부족하다"라고 했다. 그가 직접 경험하지 못한 후일의 남북전쟁을 예고하는 듯한 글이 적지 않다. 토크빌은 "집권제集權制의 거대 조직은 놀랄 만치 무력하다"고 보는 입장이었다. 작은 나라에 있어서의 폭정에 대해 언급한 글은 우리로 하여금 우리나라 군사정권을 그대로 되돌아보게 하는 것이었다.

> 작은 국가 속에 폭정이 세워지면 그것은 다른 어디에서보다도 불유쾌하다. …그것은 무수한 작은 일에 간섭한다. 폭정은 포악하면서 수다스러워진다. 그 본래의 영역인 정치의 세계에서 나와 사생활에 침투한다. 행위뿐만 아니라 취미까지 지도하겠다고 하면서 국가 다음에는 가정을 지배하려고 한다.

그렇다고 하면서도 소국小國에서 "피치자被治者가 결집하여 공통의 노력으로 폭정과 폭군을 대번에 전복시키는 것은 어렵지 않다"고 했다. 우리는 우리나라에서 남북을 생각할 필요가 있지 않을까. 토크빌은 "자기를 지키지 못하고 자족할 수도 없는 민족의 경우처럼 불쌍한 것을 나는 알지 못한다"라고까지 했다. 전쟁의 위험이 많고 전쟁이 일어나면 크게 불행해지는 소국. 이것을 생각하면서 토크빌은 '지역의 이기주의'에서 탈피할 수 있는 연방 또는 국가연합이라는 대국의 방향을 추천했다. 제1차, 제2차 세계대전 전 19세기 중엽에 있어서 이미 유럽연합을 제언한 것이라고 할까.

아직 유럽의 소국들이 전쟁이나 혁명을 일삼고 있을 때가 아니었던가. 국가 간의 협력이 유럽연합에서 시작하여 오늘에는 아시아의 한·중·일 간의 평화로까지 압력을 가하고 있다고 할까. 그런 것은 중남미나 아프리카에서는 아직 먼 과제인데 말이다. 여기에다 우리는 우리나라의 남북을 가져다 놓고 생각할 수 있을 것인가. 남북이 이해관계나 정서를 달리하게 된다 하여도 말이다. 토크빌은 '우리가 아는 연합헌법으로서 가장 완전한 합중국헌법'이라고 했다. 그리고 멕시코의 경우는 실패한 것이라고 보고 그것은 '무정부 상태로 부단히 왕래한 것'에 불과하다고 했다. 토크빌은 연방제도의 장점을 인정했지만, 이것은 유럽의 경우라면 오늘의 EU에 대해서 1백 년 전에 그가 전망한 것이라고 해야 하는 것 아니겠는가. 그는 『아메리카의 데모크라시』 제1권 제8장 「연방헌법에 대하여」의 마지막에서 다음과 같이 말했던 것이다.

> 인간이 자기 자신 이외에는 적을 가지지 않아도 되는 신세계란 얼마나 멋있는 세계일까. 행복하고 자유로워지기 위해서는 인간은 다만 이것을 원했으면 되는 것이다.

'자기 자신 이외에는 적을 가지지 않아도 되는 신세계' 우리나라 남북의 국민은 이런 나라, 이런 시대를 얼마나 원하고 있을까.

2012년 5월 24일

토크빌이 『아메리카의 데모크라시』(제1권 제1부)에서 남긴 중요한 말, 오늘에도 살아 있는 말들을 좀 더 옮겨 보기로 하자. 주로 미국에 대해서 하는 말이다.

> 이 나라에서는 사람은 지상의 어떤 나라에서보다, 또한 역사에 기억되어 있는 어떠한 시대에서보다 재산과 지성에 있어서 평등하다. 다시 말하면 모두가 평등한 힘을 가지고 있다.

토크빌은 그 당시 유럽의 어느 나라에도 "지역공동체의 자유를 아는 국민은 하나도 없다"고도 했다. 탄압을 받았으므로 유럽에서 이민을 해온 미국인들은 그것을 잘 알고 있었다. 한국도 그렇지 않겠는가. 토크빌은 "지역자치단체에서 힘과 독립을 빼앗는다면 거기서는 피치자만 인정되는 것이고 시민은 없어질 것이다"라고 했다. 미국에 대한 다음과 같은 말들은 얼마나 아름다운 것인가.

> 합중국의 혁명은 자유에 대한 성숙된 사려 깊은 배려가 낳은 것이고 막연하고 무한정한 독립 충동이 낳은 것이 아니다. 소란을 부리는 열에 지탱된 것이라고는 조금도 없다. 그런 것이라고 하기보다 혁명은 질서와 합법성을 사랑하는 마음과 함께 걸어왔다.

> 인간은 독립성을 잃어버리고 자기가 알지 못하는 목적지를 향하여 걸어가야 한다면 다만 조용히 움직이지 않는 편을 선택하게끔 되어 있다.

이 얼마나 아름다운 말인가. 인간에 대한 얼마나 존경스러운 정의인가. 독재정권의 경멸적 인간관과 비교해 보고 싶다. 그들은 인간이란 때리고 밀어야 움직인다고 하지 않았는가. "모든 시민을 누구나 한 목적을 향해서 장기간 걸어가게 하는 것은 애국심이나 종교밖에 이 세상에는 없다." 나 자신을 되돌아보아도 그런 고백을 할 수밖에 없는 것이 아닌가 생각한다. 인간에 대한 이러한 위대한 긍정 위에서 그는 이렇게 말한다.

> 여러 개인들의 힘의 작용이 사회의 힘의 작용과 연결될 때 권력이 가장 집중하고 가장 활동적인 행정으로써도 실행할 수 없는 것이 때로는 달성된다.

*

대통령은 그만둘 때가 되면 인기가 내려간다고 한다. 재선이 가능한 정치제도라면 정말 말기에는 재선을 위한 선심이 유행할 것 아니겠는가. 대통령 주변의 인물들은 대통령이 실권하면 실직자 신세를 면하기 어렵다. 미국의 경우는 그후 찾아갈 자리에 과히 염려가 없다고 하지만, 한국에서는 심각한 모양이다. 그래서 임기 말에는 더욱 주변 인물들의 부패가 문제 되지 않는가. 이런 문제를 앞으로 한국 정치는 어떻게 할 것인가. 그리고 대통령 자신이 말기에는 무력해지는 문제는?

나는 대통령들을 그들의 임기 말에 나타난 국민의 지지율로 평가해 보려고 하는데. 미국의 대통령들의 경우는 어떨까. 존경을 받으면서 대통령이라는 권좌를 떠나게 된다면 얼마나 좋을까. 미국에서는 그들은 인민들이 사랑하기보다는 존경하는 분이었다는데 말이다. 그들의 자유의 정신은 "지배자의 강권과 부단히 싸우는 사회적 위기에서 성장하였으며" 싸움의 정념에 민중들이 불타고 있을 때에 "결정적인 혁명은 이미 끝났으며 인민을 위협하는 금후의 위험은 자유의 남용에서 올 수밖에 없다"고 국민을 설득할 수 있었던 분들이라고 토크빌은 말했다.

이리하여 미국의 시민과 그 지도자들의 우수성과 성실성을 토크빌은 그지없이 찬양했던 것이다. 말하자면 이런 의미에서도 미국의 혁명은 거의 유일하게 성공한, 그야말로 혁명의 모델이라고 했었다. 이런 미국의 장점들이 금후 미국의 역사나 세계사에서 어떤 의미를 가진다고 하겠는가고 거듭 묻고 싶어진다. 이러한 토크빌의 역사적 혜안에서 볼 때 미국과 세계의 관계에서 오늘도 세계사의 전환을 기대해 볼 수 있을 것인가 묻고 싶어진다. 나는 미국사 배후에 어떤 지적 집단이 있다고 생각한다. 민주주의는 역사를 그대로 방임하는 데 성립되는 것이 아니다. 민주주의가 정말 행해지도록 지원해야 한다. 그렇지 않으면 민주주의란 민주주의의 이름에서 반민주주의로 전락해 갈 수도 있으니까. 나치스가 그런 방임 속에서 나왔지 않는가고 나는 생각한다.

미국은 세계 전략에서 매우 신중하고 결코 서둘지 않는다고 생각한다. 소련의 붕괴 그리고 동서독의 재결합에 대해서도 미국은 그런 자세를 취했던 것이 아닌가. 나는 그것이 역사의 우연만으로 성립된 것이라고는 생각하지 않는다. 미국의 흑인 대통령의 출현도 그렇게 바라본다. 그 옛날 소련의 세계 지배란 얼마나 독재적이었으며 자의적인 것이었던가. 시간이 지나면 지나갈수록 그것은 조여들어서 질식할 만치 목을 조르지 않았는가. 미국은 그것과는 반대라고 하면 어떨까. 점점 관대해지고 개방적이 된다고 할까. 해방 이후 오늘에 이르는 우리나라에 대한 그들의 자세를 보면 알 수 있다. 반미주의자들은 그렇지 않다고 할는지 모르지만, 그들이야말로 관념적이고 비현실적이라는 생각을 나는 지울 수 없다고 하겠다.

2012년 5월 25일

비교사상의 거저巨著라고 해야 한다

토크빌의 『아메리카의 데모크라시』(제1권 제2부)는 비교사상의 거저라고 해야 한다고 생각한다. 그것은 유럽과 신생 미국을 비교한 것이었다. "미국에서는 법을 만드는 사람도 이것을 집행하는 사람도 인민이 임명한다." '관심에 있어서나 이해에 있어서나 나라의 행복을 진지하게 희구하는 평온한 시민.' 이것이 미국 시민이라는 것이다. 그런 미국 시민과 유럽의 국민을 비교한다. 국왕과 같은 지배자가 있는 유럽과 시민만이 있는 미국이다. 전제를 하는 수탈자라는 지배자에게 대한 무거운 경험이 미국사에는 없었다. 우리도 오랜 역사 속에서 얼마나 어진 인군仁君을 갈망했던가.

한국의 소란한 정당정치를 바라본다. 민주화운동의 거장들이 실패자로 끝나자 독재자의 딸이라는 이름으로 각광을 받고 나타나는 오늘이 아닌가. 젊은이들은 그가 희망의 상징이라고 말하기까지 한다고 한다. 그러나 토크빌이 '위대한 정당'이라고 부르는 것을 보자.

> 내가 위대한 정당이라고 부르는 것은 결과보다는 원리에, 개개의 경우보다 일반원칙에, 그리고 인간보다는 사상에 집착하는 정당이다.

그런 정당은 "그렇지 않은 정당에 비하여 품위가 있고 고상한 정열에 불타고 굳은 신념을 지니며 그 행동은 솔직하고 대담하다"라고 했다. 그래서 토크빌은 "왜소한 정당에는 일반적으로 정치적 신념이 결여되어 있다"고 하면서 "위대한 정당은 사회를 전복시키는 것이고 왜소한 정당은 이것을 소란스럽게 한다"라고 말한다. 그렇다. 누가 그것을 부정하랴. 그런 정당이 언제 어디에 존재했다고 할까. 한국의 정당사란 왜소한 정당의 연속이 아니었던가. 토크빌은 "미국에도 이전에는 위대한 정당이 있었지만 지금은 존재하지 않는다"고 했지 않는가. 정당정치의 비극이여, 한계여. 어쩌면 그것은 인간 사회의 비극이고 한계가 아니겠는가. 그 한계를 최소로 줄일 수 있다면 그것은 자기 이해를 넘어선 국민의 비판 행동에 의해서가 아니겠는가.

토크빌은 180여 년 전에 "미국은 현재 세계에서 국내에 혁명의 싹을 가장 적게 가지고 있는 나라일 것이다"라고 말했다. 이것은 오늘도 진실일 것이다. 혁명을 두려워하지 않는 나라. 소련도 그럴 수 없었고 오늘에 있어서는 중국도 그럴 수 없다. 그래서 그런 나라들은 정치적 변동의 가능성에 대한 경계를 위해 얼마나 많은 예산을 책정해야 하는가. 미국은 그 대신 그런 비용을 대외적으로 사용해야 하는 것이 아닐까. 세계의 위기에서 오는 위협을 경계하며 세계의 경찰이고자 한다는 것이 바로 미국 자신에 대한 방어라고 생각하는 것 아니겠는가.

미국에서는 출판의 무한에 가까운 확산에 바로 출판이 무력해지는 원인이 있다고 생각한다는 것이다. 다른 여러 나라에서는 출판의 이런 대량 소비를 두려워하고 감시의 눈을 게을리하지 않는다. 그렇다면 지금 컴퓨터에 의한 비판 언론의 확대는 어떻게 볼 것인가. 비판은 늘어났지만 그 힘은 중화되었다고 하겠다. 토크빌은 이렇게 썼다.

> 신문의 영향을 중화하는 유일한 수단은 그 수를 늘리는 것이라고 하는 것은 합중국의 정치학적 공리의 하나다.

그렇지만 토크빌은 그의 조국 프랑스는 물론이고 거의 모든 나라가 매스컴과의 전쟁을 계속하고 있는 것 아니냐고 했다. 오늘도 그렇다고 하겠지만 특히 컴퓨터의 증대로 그런 이른바 사적私的 언론과 신문과 방송의 갈등이 있다고도 할 것 아닌가. 인터넷 신문도 있을 정도다.

민주정치의 취약성은 무엇보다도 "인민은 이성보다 훨씬 감정으로 움직인다"는 데 있다고 토크빌은 말했다. 사실 그런 것 아닌가. 군사정권하에서 그렇게 희생을 당하고 고뇌하면서 많은 시민이 그런 정권을 거부했었는데 오늘은 도리어 그 정권을 찬양하고 그때의 그 전제정치가의 딸을 지지한다고 한다. 지금 젊은이들이란 거의 그 시대에 살지 않았다. 그런데 그때가 좋았다고 하는 것은 민주화 후의 사회, 특히 정치 세력에 대한 비판이 불가피해졌으니까 그러는 것 아니겠는가. 거기에서도 과거에 대한 망각과 미화가 나타난다. 정면으로 괴로워하면서 그것과 싸운 사람이 아니라고 한다면 말이다. 역사의 반복, 혁명에 이은 반혁명. 이번 선거에서 우리는 이런 상황에 당면한 우리나라 국민의 선택을 눈여겨보아야 한다고 하겠다. 이때야말로 민주화 세력이 당면한 참회의 기회이기도 하다고 하겠다.

토크빌은 전제체제하에서는 '이성과 지성을 갖춘 존재의 모임'은 있을 수 없다고 했다. 이런 의미에서 한국이 군사정권하에서 경험한 인간의 전락이란 정말 심각했던 것이 아닐까. 선한 사람은 수난을 당해야 하고 악인은 성공하던 시절. 그 시대를 거쳐 오면서 저항한 사람들이라고 해도 인간을 미워해야 했고 수단과 방법을 가리지 않고 싸워야 했기 때문에 마음은 황폐할 대로 황폐해진 것이라고 해야 하는 것 아닐까. 싸움에서 승리는 거두었지만 마음은 온전한 자리에서 멀리 떠나 버렸다. 그러니까 싸움이 끝난 날 참회와 화합의 의식儀式이 있어야 했던 것 아닐까 하는 생각이 든다. 지난날에 불가피하게 전락했던 인간성을 우리는 그후도 그대로 지니고 왔던 것처럼 생각된다. 악한 시대가 가져다주는 가장 커다란 죄악이란 타락한 인간성을 낳아 놓는 데 있다고 할 수 있는 것이 아닐까. 남아서 자리를 차지한 인간이란 거의가 그런 인간들이라는 것일까. 토크빌이 다음과 같은 인간상을 제시한 것을 기억해야 하겠다.

> 폭력에 복종하는 인간은 비굴하게 된다. 그러나 동포가 가진 명령권을 승인하고 이에 따르는 자는 어떤 의미에서 명령하는 자보다 위에 선다. 미덕 없이 위대한 인물은 없고 권리의 존중 없이 위대한 국민은 없다.

참 아름다운 말이 아닌가. 군사정권의 폭력에 협력한 자는 말할 것도 없지만 그것에 복종한 자도 저항한 자도 그 인간성은 퇴폐해진다. 그러니까 폭력적인 정권은 전 국민을 퇴폐의 구렁텅이에 몰아넣은 용서받을 수 없는 것들이라고 해야 하는 것 아닐까. 군사정권의 폭력에 복종해서 비굴해진 인간들. 그런 인간들이, 지금까지 득세했던 민주 세력이 정당성을 잃어버리자, 다시 일어나는 요즘이다. 투옥을 당하면서도 싸웠던 이재오가 권력에 참여한 부끄러움을 가지고 박정희 딸에게 여자는 안 돼 했다가 면박을 당하는 모습은 측은하기 그지없다. 잔인한 군사독재자의 딸이 그 독재자를 업고서 대통령이 되겠다고 하는 도착된 윤리의 시대를 나는 살지 못하겠노라고 당당히 말할 수 없으니까 말이다.

토크빌은 "미국 땅에 내려오자 일종의 소음에 휩쓸린다"라고 하면서 동요하는 나라가 "운명에 만족해 버린 나라보다 일반적으로 훨씬 풍요롭고 번영하고 있다"고 하고는 "행복의 추구에 이처럼 힘을 다해 노력하는 나라는 없을 것이다"라고 했다. '이 부단히 끓어오르는 소음은 민주정치가 먼저 정치 세계에 도입한 것'이라고 했다. '활력'은 "사회 전체에 끊임없는 활동력, 넘치는 힘과 에너지를 사방으로 흘러가게 한다." 바로 이것이 유럽 사회에 비교할 때 그 당시 미국 사회가 보여 주고 있는 모습이라는 것이었다.

토크빌은 옛날이야기지만 나는 현대에 있어서도 미국을 바라보면서 일종의 신국론神國論을 그려 보아야 할 것 아닌가 생각한다. 미국이 현대 세계에서는 정상을 차지한 유일의 나라라고 해야 하는 것 아닌가. 제2의 나라로서는 일본이니 중국이니 하면서 러시아도 유럽의 여러 나라도 거의 고려하지 않는 것 같다. 그러면서 모두를 미국의 경제 체제 안에 넣고 미국의 견제를 정당시하려고 한다. 아우구스티누스의 『신국론』을 다시 자세히 읽어야 하겠다. 미국에서의 법률가, 얼마나 많은 변호사가 정치에 나아갔던고… 토크빌은 이렇게 말했다.

> 미국에는 귀인도 문인도 없고 민중은 부자를 경계하고 있다. 그래서 법률

가야말로 제1의 정치적 계급이고 사회의 가장 지적인 부분을 이루고 있다.

또 미국인의 서쪽으로의 이동에 대해서는 이렇게 그들의 정열을 찬양했다.

그들에게 있어서 풍부한 생활에의 욕구는 끊임없는 열렬한 하나의 정열로 화하여 이루어지면 이루어질수록 더욱 커진다.

그들은 아주 종교적이었다. 그들은 그들이 떠나온 유럽의 배경에 따라 기독교적인 배경, 말하자면 교파적인 배경을 달리하는 종교를 지니게 되었다. 그러나 그것은 모두가 하나, 동일한 역할을 하는 것이었다. 그것은 그들이 거센 바깥 세계를 헤매다가 가정에 돌아오면 '질서와 평안의 이미지'를 부어 주는 보금자리였다. 그것은 그들에게 넓고 자유스러운 활동력으로 자유롭게 떠돌아 다니게 하다가 '도의의 연결'로 되돌아오게 하고 하나로 묶어 주는 고리였다. 그것은 그들의 일차적인 생활 세계였다. 토크빌은 다음과 같이 말했다.

정치의 연결이 풀어지는 데 대하여 도의의 연대가 강해지지 않는다면 어떻게 그 사회가 멸망을 면할 수 있겠는가. 신에게 복종하지 않는 인민을 어떻게 주인이라고 할 수 있겠는가.

서방으로 기울어지는 해를 향하여 끝없이 달려가는 말을 오두막 교회당의 가느다란 촛불 줄기가 멈추어 주었다고 할까.

종교가 모든 불행을 구별 없이 위로하는 감정에 의해서만 지탱되는 한 그것은 인류의 마음을 끌어들인다.

그러나 제 고장으로 돌아오면 또 빠질 수밖에 없는 불안 속으로 젖어 들어가는 모양이었다. 그렇지만 토크빌은 이렇게 생각했던 것 아니겠는가. 전제주의는 침묵의 사회이지만 민주주의는 사실 불안정하고 때로는 흥분하는 사회라고 해야 하겠다. 그는 이렇게 말했다.

정지靜止와 졸음이 절대왕정의 법칙이 되듯이 흥분과 불안정은 민주적 공화정의 본성에 유래한다.

토크빌은 미국의 민주적 제도는 '환경, 법률, 습속' 위에서 성립된다고 했다. 북미, 중미, 남미에서 민주주의가 성공한 것은 북미뿐이 아닌가. 환경의 탓이기도 하지만 그것 때문만은 아니다. 토크빌은 그래서 이렇게 말한다.

영국계 미국인의 법제와 습속이야말로 그들이 성공한 특별한 이유이고 내가 구하는 결정적인 요인에 틀림없다.

특히 미국의 동부에서 그랬다. '종교와 자유' '습관과 의견' '관행과 신앙' 모두가 민주사회를 가능하게 했다. 서부에서는 "사회의 움직임이 어쩐지 무질서했고 격정적이었고 거의 열병과도 같은 것이 지배하여 그 장래를 전망하기 어려웠다." 이에 비하여 동부에서는 "힘차고 규칙적이고 또한 안정되어 천천히 진행되었다." 역사적으로 형성된 이러한 습성이 민주주의를 가능하게 했다. 그것은 삶의 방식이고 삶에 대한 자세였다. 거기에는 국부國父라고 부를 '주권자'란 있을 수 없었다.

토크빌은 『아메리카의 데모크라시』의 후반부에서 어쩌면 미국의 남북전쟁이 일어날 것을 예언하다시피 했다. 북에서는 상공업에 종사하면서 땀 흘리고 있는데, 남에서는 흑인 노예를 쓰면서 한가로움을 즐기는 새로운 귀족 생활을 추구하고 있는 셈이라고 했다. 남북 사이에서는 이러한 사회가 지닌 생산성의 차이 등등 대립이 불가피했다. 흑인 노예는 해방되어야 하지만 토크빌은 흑백 간의 차별 없는 공생까지는 생각하지 못했던 것 같다. 그리고 인디언들은 수렵경제에서 패배할 것이라고 보았다. 토크빌은 "만인이 평등화를 구하는 세기에 살고 있다"고 분명하게 말했다.

그리고 마지막에 이르러 각기 다른 지점에서 지구상으로 퍼져 나가는 두 국가 '러시아인과 영국계 미국인'을 토크빌은 들었다. 그리고 "미국인의 정복은 농부의 가래로 행해지고 러시아의 그것은 검으로 행해진다"고 했다. 그래서 "한쪽의 주된 행동 수단은 자유이고 또 한쪽의 그것은 예종隸從이다"라고 했다. 그것은 1835년에 있어서의 세계사에 대한 예언이라고 할 수 있을 것 아닌가. 그리고 지금 나는 토크빌의 저작을 현대 이 시대에 보는 신국론이라고 하면서 아우구스티누스의 『신국론』을 다시 읽어야겠다고 생각하는 것이다.

나는 현실에 나타나는 신국을 그렇게 미화하고 절대시하려는 것이 아니다. 도리어 험악한 얼굴을 전지불로 비추어 보듯이 현실을 바라보는 편이다. 미국은 아직도 어둠 속에 묻혀 있으며, 적대하는 자들이 아직도 그 땅을 횡행하고 있지만 그런데도 나는 저것이 21세기의 신국의 모습이 아니겠는가고 하는 생각을 지우지 못하고 있다. 미국은 세계라는 거울에 그렇게 자신이 비추어지는 것을 경계하고 있겠지만 말이다. 그리고 인간이 실현한다는 신국이란 사실은 그런 정도의 모습이 아니겠는가 하고 나는 생각하는 것이다.

2012년 6월 21일

유럽의 눈으로 본 미국

토크빌은 『아메리카의 데모크라시』 제1권 제2부 제1장을 "미국에서는 법을 만드는 자도 그것을 집행하는 자도 인민이 임명한다"로 시작했다. 시민이 시민의 힘으로 고위직에 임명된다. 통치자가 있고 귀족계급이 있던 유럽에서는 생각할 수도 없는 정치 구상이었다. 이것은 '혁명의 시대'를 의미했고 '위대한 정당의 시대'를 의미했다. 그러나 그것은 '선거 때마다 국가 전복의 위험이' 있다는 것을 의미하지는 않는다. 앞에서도 인용했지만 "위대한 정당은 사회를 전복시키는 것이고 왜소한 정당은 이것을 소란스럽게 한다"고 하면서 양대 정당이 미국의 정치를 결정하게 한 것을 바라보았다. 그것은 혁명이 있을 수 없게 된 체제다. 한국의 양대 정당은 취약하기 짝이 없는 것이니까 그 외의 소수 정당이 언제나 혁명을 내세우고 뒤흔든다. 이에 비하여 "미국은 현재 세계에서 국내적으로 혁명의 싹이 가장 작은 나라일 것이다"라고 토크빌은 말했던 것이다. 국가 전복의 위험이 없다는 것이다.

신문의 힘은 민주정치에서는 매우 크다고 해야만 한다. 이에 대하여 "미국에서는 신문의 영향을 중화하는 유일한 수단은 그 수를 증가시키는 것이다"라고 생각해 왔다고 했다. 우리나라에서도 이것은 '정치학의 공리의 하나'라고 해야 할 것이 아닌가 생각된다. 제3당 소수당을 어떻게 생각해야 하는가에 대해서는 토크빌의 "왜소한 정당에는 일반적으로 정치적 신념이 결여되어 있다"라고 할 생각을 참고로 해야 할 것이 아닌가. 우리나라에서는 양당정치가 전통을 이룰 수 있는 정치 풍토가 성립될 수 있을 것인가. 아직은 멀었다고 할는지 모른다. 그러니까 새로운 정당이 생기고 정당명도 그렇게 자주 바뀌지 않는가. 우리의 정치 풍토는 오랫동안 거의 선거가 없었다고 해야 할 독재를 경험했으며 혁명을 주장하는 소수당인 야당이 있었을 뿐이었던 것 아니겠는가.

미국에서는 전통적으로 개개인이 자기밖에는 믿을 사람을 가지지 못했다. 여러 나라에서 이민으로 왔으니까 더욱 그럴 수밖에 없었다. 동양 사람들의 경우는 한층 더 그렇지 않은가. 그래서 미국에 이민을 와서는 한국 사람은 우선 한국인 교회로, 중국 사람은 중국 요리점으로, 일본 사람은 일본 현민회縣民會로 간다고 하는 데는 상당한 이유가 있다고 하겠다. 우리는 '교회로'라는 특징을 어떻게 살려 가야 할 것인가. 국외에서도 아직은 그래도 교회 모임에는 신뢰를 가진다는 것 아니겠는가. 선교학적인 고려를 해야 하지 않겠는가고 생각한다.

토크빌은 "민주주의의 관점에서 본다면 정부는 선이 아니라 필요악이다"라고 했다. 지배하고 통제해야 하는 권력이 존재해야 하는 것—정말 이것은 인간악에서 오는 것이라고 하지 않을 수 없다. 토크빌은 미국에서는 "훌륭한 사람은 선거에 나가고 싶어 하지 않고" "일반적으로 재능이 풍부하고 정열에 불타는 자는 권력에서 떠나서 부를 추구한다. 흔히 자기 자신의 일은 잘 처리하지 못한다고 느끼는 자들만이 국가의 운명을 좌우하는 역할을 맡는다"라고 했다. 국회의원을 존경할 만한 인물이라고 생각하려고 했던 시절은 우리에게서도 이제는 옛날이 되어 버리고 말았다. 대통령도 존경할 인물이기를 그만두게 된 것이라고 해야 한다. 그렇게 된 것은 노무현 시대부터일까. 해방 이후 애국자가 국회의원이 되던 시절에서 점점 전락해 왔다고 하지 않을 수 없다.

토크빌은 미국의 경우 신문에 대해서 이렇게 말했다. "합중국의 유일한 역사 기록은 신문이다. 신문이 한 호 결간되면 시간이 사슬이 끊어진 것처럼 현재와 과거는 연결되지 못한다." 우리의 경우도 그런 것 같다. 그렇지만 그 신문의 역할이 텔레비전이나 컴퓨터에 많이 넘어가 있으니까 이런 것을 또 어떻게 생각해야 할 것인가. 나는 우리나라에서의 오랜 군사정권의 시대를 상기하면서 군사통치가 우리 국민 의식에 무엇을 남겨 주었을까를 생각하지 않을 수 없다. 군사정권 속에서 쇠퇴한 우리의 정신이라는 문제는 정말 심각한 것이 아닐까 생각한다. 민주정치에 대한 토크빌의 다음과 같은 찬사를 읽을 때 우리는 민주화된 오늘을 얼마나 다행하게 생각해야 할 것인지 모르겠다.

> 민주정치는 정치적 권리의 관념을 말단 시민에게까지 미치게 한다. 내 눈에는 이것이야말로 민주정치 최대의 장점의 하나로 비친다.

토크빌은 '무력한 법률과 반항적인 피치자被治者, 높아지는 격정과 덕의 무력'이라는 말을 했다. 우리가 군사정권하에서 체험한 상황이란 바로 이것이 아니었던가. 동시대 사람 아니고는 그 시대를 표현할 수 없다고 할는지 모른다. 그래도 토크빌은 "정부는 멸망하지만 사회는 죽는 법이 없다"고 했다. 군사정부하에서도 그랬지만 일제하에서도 그런 역사적인 체험을 했던 것 아니겠는가. 이런 쓰라린 체험을 거듭해야 했던 나라들에 비하여 미국은 다음과 같은 남다른 체험을 해왔다고 했던 것이다.

> 합중국에서는 수많은 언제나 떠들썩한 대중이 법률에 대해서 태어나면서부터 적이라고 보고 전적으로 공포와 의심의 눈으로 이것을 바라보는 일이란 있을 수 없다. 그와는 반대로 모든 계급이 나라를 다스리는 법률에 커다란 신뢰를 보이고 일종의 아버지를 대하는 것 같은 애정을 보내고 있다는 것을 인정하지 않을 수 없다.

가난한 사람들이 지배하는 합중국에서 부자는 그 권력이 자기들에 대해서 남용되지는 않는가 하고 언제나 근심해야만 한다.

합중국에서 인민이 법에 따르는 것은 법률이 다만 그들 자신의 작품이라고 하는 것 때문만이 아니라 만약 법률이 장애가 될 때에는 이것을 변경할 수 있는 힘을 그들이 가지고 있기 때문이다.

이 얼마나 다행한 일일까. 미국이 그렇다면 분명 그것은 유럽에서 자유를 찾아 넘어온 가난한 사람들이 이상을 투영한 국가 형태를 가지게 되었기 때문이라고 해야 할 것이다. 토크빌은 미국을 이렇게 이념화하면서 계속 찬사를 아끼지 않았다. 미국에 대한 그의 수많은 찬사를 여기 어찌 모두 인용할 수 있겠는가.

행복을 추구하면서 저처럼 동요가 끊이지 않는 나라 쪽이 운명에 만족해 버리고 있는 것처럼 보이는 나라보다 일반적으로 훨씬 풍부하고 번영하고 있다.

합중국에 넘치고 있는 정치적 활력.

미국 땅에 내려서자마자 일종의 소음에 휩쓸린다.

행복의 추구에 이처럼 열심인 국민은 없을 것이다.

이처럼 끊임없이 일어나는 소음은 민주정치가 먼저 정치의 세계에 도입한 것이다.

공공의 문제에 관여함으로써 인민의 사고 범위가 틀림없이 확대되고 정신은 확실하게 일상의 경험을 넘어선다.

법률이 산업에 활기를 가져다주는 것이 아니라 인민이 법률을 제정하는 과정에서 산업에 활력을 불러일으키는 기술을 배우는 것이다.

사회 전체에 끊임없는 활동력, 넘치는 힘과 에너지를 충만하게 한다.

미국 민주주의에 대한 토크빌의 끝없는 찬사가 이렇게 이어진다.

다수의 힘이 절대적이라는 것은 민주정치의 본질에 유래한다.

최다수의 이익은 소수자의 이익보다 우선해야 한다는 원칙.

그러므로 "합중국에 있어서는 다수는 전능이고 그 의지는 곧 절대적인 형태로 실행된다"고 한다. 미국에 있어서의 이 다수의 힘에 대해서 토크빌은 거듭거듭 언급하지 않았던가.

다수자의 권력이 유럽에 알려져 있는 어떠한 권력에 비교해도 얼마나 압도적인가는 합중국에 있어서의 사상적 영위를 검토해 보고서야 처음으로 명료하게 인식하게 된다.

*

다수의 압도적인 힘을 인정해야 하지만 우리말로 하면 국시를 부정하는 다수가 생겨난다면 어떻게 할 것인가. 거기에 단순 다수가 아니라 각 주에서 다수에 따라 선거인단을 구성해서 민주, 공화 양당 중에서 권력을 주고받는 한계를 설정하고 있지 않는가. 그리하여 우리로 말하면 북의 정체政體에 휩쓸려 가는 세력은 있을 수 없게 되어 있다. 이런 안전장치 속에서의 다수에 대한 절대적인 지지라는 것이라고 해야 한다. 토크빌은 미국의 운명 그 역사 속에서 특별한 의미를 느끼고 있었다.

최초의 인간 중에 인류의 모든 것이 있는 것과 마찬가지로 미국의 전 운명이 신대륙의 바닷가에 도착한 최초의 청교도 속에 이미 있었던 것을 본다는 생각이 든다.

그래서 토크빌은 "광대무변의 대륙을 그들에게 위탁하고 자유와 평등을 장기간에 걸쳐 지킬 수 있는 수단을 제공한 것은 실로 신 자신이다"라고까지 했다. 인디언은 '토지가 주는 자연의 부를 이용하려고 하지 않는 유목민족'이었다. 그래서 그는 "합중국에서는 법제가 민주적일뿐만 아니라 자연조차 인민을 위해 일하고 있다"고 했다. 인디언 박멸을 옹호하는 것은 아니다. 그러나 미국이 활력에 넘치는 젊음의 시대에 발견되었다고 해서 토크빌은 "북아메리카는 이 단계에 발견되었지만, 그러나 그 모습은 신이 그때까지 비장하고 있었던 것처럼 보이며 마치 홍수의 물이 지금 막 빠져나간 다음에 나타난 토지와 같았다"라고 했다. 그리고 "서방에 행운의 기회가 있다고 듣고" 몰려온 유럽 사람들을 토크빌은 이렇게 표현했다.

이 끊임없는 인간의 이동에 비할 것은 아마도 로마제국 붕괴 때 일어난 것 외에는 하나도 없을 것이다.

그런데 그들 이주자들은 과거와는 달리 '파괴와 살육'을 일삼는 자들이 아니라 "모두가 번영과 생명의 싹을 가지고 왔다." 그리하여 토크빌은 유럽의 눈으로 놀라움을 가지고 미국의 발전사, 그 서방으로의 이동을 묘사했다. 한 가지만 더 인용해 보자. "유럽에서는 정신의 초조, 지나친 물욕, 극단적인 독립심은 사회에 대한 커다란 위험이라고 생각해 왔다." 그러나 미국에서는 이러한 '인간 행동에 대한 평가방식'이 다르게 나타났다.

> 흔히 미국인은 우리가 탐욕이라고 부르는 것을 칭찬할 만한 근면이라고 부르고 우리가 욕망의 절제라고 생각하는 것을 일종의 무기력이라고 생각한다.

거기서 기독교는 특이한 역할을 했다. 그것은 그들의 한없는 확장에 도의적 자제와 질서를 부여해 주고 고도한 인간 사회의 건설을 가능하게 했다. 기독교는 미국 사회의 온갖 것에 영향을 주었고 그것은 바로 그 사회의 관습이라고 할 수 있었다. 토크빌은 그러한 미국 사회가 현대 세계에 던져 주는 의미를 다음과 같이 설명했다.

> 기독교도 사이에 데모크라시를 조직하고 확립한다는 것은 현대의 중대한 정치 과제다. 미국인은 확실히 이 문제를 해결하고 있지는 못하지만 해결을 바라는 사람들에게 유익한 가르침을 준다.

미국은 세계의 모델이 되었다. 먼저 "국가의 수장에 집결되었던 존경의 염念을 결정적으로 파괴하였다." 그러면서도 훌륭한 질서를 수립했다. 토크빌의 인디언과 흑인에 대한 묘사는 19세기 중반의 관찰로서는 뛰어난 것이라고 해야 하는 것 아닐까. 남북 관계에서는 30년 가까운 시일 안에 찾아올 불행, 남북전쟁을 예언하다시피 했다. 인디언의 패배에 대해서는 그들의 일상생활인 수렵경제에서부터 설명했다. 흑백의 융합으로 가는 오늘의 미국은 전망하지 못했지만…. 미국은 혁명적인 나라. 나는 현대에서야말로 미국이 거의 독존하는 시대라고 생각해서 『현대의 〈신국론〉』을 불가불 구상해 볼 수밖에 없다고 생각한다.

『아메리카의 데모크라시』 제2권 상하는 미국의 민주주의를 유럽의 경우와 비교한, 보다 비교사상적인 글이라고 하겠다. 1840년 발행이라고 하니까 토크빌 35세 때의 글이다. 문장적으로 좀 난해한 곳이 있고 다소 논리적으로 명확하지 않은 데가 있지만 상권은 권말에 가면 민주주의에 대한 비판으로서 분명하다. 데모크라시라는 정치체제는 방임해서는 안 된다. 생생한 운용이 필요하다는 것이다. "문명 세계에서 합중국만큼 사람들이 철학에 관심을 가지지 않은 나라는 없다고 생각한다"로 시작하는데 이 말은 미국이 실용주의적이라는 것을 말하려는 것이었다.

제2부 제4장 마지막에서 하는 말이지만 토크빌은 미국에는 국왕이니 귀족이니 하는 것이 존재한 역사가 없다는 것을 얼마나 부러워했는지 모른다.

> 아메리카인의 커다란 이점은 민주혁명으로 고통을 겪지 않고 데모크라시에 도달한 것이며 평등하게 되는 것이 아니라, 평등하게 태어난 것이다.

*

민주사회가 평등을 요구하는 것은 두말할 것 없다. 그것이 또한 "모든 시민을 개인으로서는 무력하게 한다." 토크빌은 그래서 다음과 같이 계속한다.

> 사람들은 거의 상사형相似形이 되어서 같은 길을 지나갈 때 발걸음을 빨리하여 둘레를 감싸고 있는 획일적인 군중에서 혼자 뛰어난다는 것은 누구에게도 어렵다.

그렇기 때문에 프랑스에서는 자살이 유행하고 미국에서는 정신 이상이 유행한다. 자살은 종교적인 금기가 되어 있기 때문이라고 한다. 역시 “영혼은 한층 요동하면서 진정되지 않고 마음의 고뇌가 심하다는 것은 인정하지 않으면 안 된다.” 그러니까 유물론적인 인간 해석은 타당하다고 생각할 수 없다는 것이다. 토크빌은 미국인은 세계에서 가장 ‘사적 이익’에 몰두하지만 “다음 순간 모두 그런 것을 잊었다는 듯이 공공의 문제에 몰두한다”고도 했다. 어쩌면 이것은 한국인에게도 다소 해당되는 것이라고 할 수 있지 않을까.

토크빌은 유물론에 대한 심한 비판을 전개했다. 우리는 “영혼을 향상시키고 영혼을 하늘로 향하도록 끊임없이 노력해야만 한다”라는 것이었다. 그래서 “유물론자가 인간은 동물에 불과하다고 충분히 증명했다고 생각할 때 그들은 마치 신이라는 것을 증명이나 한 것처럼 득의만면하다”라고 비꼬기까지 했다. 그렇지만 그는 “많은 종교는 인간에게 영혼의 불사不死를 가르쳐 주는 일반적이고 단순한 실용적 수단에 불과하다”고 했으니까 실용주의적인 종교관을 견지하고 있었던 셈이다.

> 인간의 마음은 인간이 생각하는 것보다 넓어서 지상의 재물에 대한 사랑과 천상의 그것에 대한 사랑을 동시에 수용할 수 있다. 때로는 어느 쪽인가 한쪽을 미친 것처럼 뒤쫓는 일이 있다고 하여도 또 한쪽을 오랜 기간 잊어버릴 수는 결코 없다.

그리하여 토크빌은 유심론적인 교육을 강조했다. 이런 점에서 본다면 오랫동안 고집해 온 우리의 반공교육이란 공산 세력에 직면해 있던 우리에게는 이런 면에서는 유용했다고 할까. 토크빌은 제16장을 다음과 같은 말로 끝맺었다.

만약 인간이 물질적 안락에 만족해 버리게 되면 인간은 조금씩 이것을 생산해 낼 수 있는 기술을 잃어버리고 드디어는 짐승과 마찬가지로 어떤 분별도 어떤 진보도 없이 다만 이것을 누리기만 하게 될 것이다.

이리하여 토크빌은 종교를 강조하는 아름다운 말들을 계속한다.

먼 장래에 커다란 희망을 품는 습관을 잃어버린다면 사람은 머지않아 당연한 것처럼 왜소하기 짝이 없는 욕구를 순간적으로 실현하고 싶어져서 영원을 사는 것을 절망한 그 순간부터, 하루밖에 살 수 없다고 결정된 것처럼 행동하는 데로 기울어진다.

철학자와 위정자는 인간의 행동 목표를 눈에 보이지 않는 멀리에 두는 것을 언제나 명심해야 한다. 이것이야말로 그들이 해야만 할 대사업이다.

제19장 마지막에서 토크빌은 "나는 산업의 위기가 되풀이되는 것은 현대 민주국가에서 하나의 전염병이라고 생각한다"라고 했다. 그는 민주국가에 대한 경고를 여러 가지로 계속했다. 인간의 비종교화와 왜소화 또는 유물론적 인간론에 대해 경고하고는 드디어 그 사회 전체의 생태학적인 결점을 지적하기에 이르렀다. 여기서도 그는 30세의 젊은 나이에도 불구하고 참으로 예언자적이었다.

날마다 그의 팔은 올라가지만 창의적인 연구는 없어져 간다. 그 자신 속에서 노동자가 완성되어 감에 따라서 인간은 타락한다고 하겠다.

기능공이라는 사람들이 정년도 되기 전에 추방되고 다른 직장에서는 적응력이 없어서 쓸모가 없다고 하지 않는가. 이것을 토크빌은 "그는 이미 자기 자신의 것이 아니라 그가 선택한 직업의 것이다"라고 했다. 그 무렵 그런 노동자가 추방당하는 것은 "노동자는 힘을 잃어버리고 시야가 좁아지고 보다 종속적이게 된다. 기술은 진보하는데 직인職人은 퇴보한다"라고 하겠기 때문이라고 했던 것이다. "그래서 산업의 지식은 끊임없이 노동자계급의 지위를 저하하게 하는 동시에 고용주의 계급은 상승하게 한다"고 하면서 경영자는 노동자와 반대로 성공을 위해 천재적인 능력을 가져야 한다고 했다. 그 간격은 무섭게 넓어지고 경영자는 마치 "명령하기 위하여 태어난 것처럼" 된다는 것이었다. "이것이 귀족제가 아니고 무엇이겠는가", "데모크라시의 바로 중심에 본래 있는 하나의 움직임에서 귀족제가 나타난다." 민주 사회 안에 이전에는 생각지도 못한 거대한 귀족제가 생겨난다. 그리하여 그것은 '소수의 극단적으로 부유한 사람들과 대다수의 극빈의 사람들'이 아니겠는가고 하면서 토크빌은 이렇게 말을 이어 갔다.

> 부유한 자들이 상호간에 굳게 뭉쳐 있지 않을 뿐 아니라 빈자와 부자 사이에 참다운 연결고리가 없다.

> 공장주는 노동자에게 노동만 요구하고 노동자는 공장주에게 임금밖에는 원하지 않는다.

> 우리의 눈앞에서 성장하고 있는 공장 귀족제는 이 지상에서 지금까지 보아 온 중에서도 가장 가혹한 귀족제의 하나라고 생각한다.

이리하여 토크빌은 『아메리카의 데모크라시』 제2권 제20장을 다음과 같은 경고의 말로 끝냈다.

만약 혹시 항구적인 환경의 불평등과 귀족제가 새로운 세계에 스며드는 일이 있다고 한다면 그것은 이 문을 통해서일 것이라고 예측할 수 있기 때문이다.

이것이 1840년 젊은 선각자 토크빌의 눈에 비치기 시작한 민주주의하의 어두운 현실이었다. 지금 우리 눈앞에 대두되고 있는 것이야말로 바로 이러한 현실 아니겠는가.

『아메리카의 데모크라시』 마지막 3권에서 토크빌은 다시 중요한 문제를 제기했다고 할까. 제1장에서 그는 "진정한 공감이란 동류의 인간에게만 있다"고 했다. "귀족적인 세기에는 같은 신분의 성원 속에서가 아니면 친구를 발견하지 못한다"고도 했고, '중세의 연대기 작가'는 비극에서 귀족의 최후는 비통하게 그려 냈지만 '민중의 살육과 고문'을 당하는 이야기는 "당연한 것처럼 눈살 하나 찌푸리지 않고" 그려 냈다는 것이다. 그렇다. 아군의 시체를 보았을 때와 적의 시체를 보았을 때는 전혀 다르지 않는가. 더욱이 다른 동물의 죽음에 대해서는 그렇게도 우리는 냉혹하다. 원죄적인 인간의 모습이라고 할까. 육식을 금한 불교의 세계를 생각하게 된다. 토크빌은 이렇게 말을 이었다.

그들은 가난한 사람의 괴로움을 분명하게 머릿속에 그릴 수 없었기 때문에 그의 운명에 거의 관심을 보이지 않았다.

일단 평등이라는 생각이 사라지면 동포의 고통에 무감각하게 된다.

"미국 사람들의 말씨는 자연스럽고 솔직하며 개방적이다." 이에 비하면 영국인은 특이한 '비사교성'을 지니고 있다고 토크빌은 말했다. 미국 사람에게 있어서는 '출생에 의한 특권'이란 존재하지 않았다는 것이다. 미국 사람들은 낯모르는 사람들에게도 친절하지 않는가. 이렇게 환경에 따라 인간이 형성되는 것이다. 일본 사람들이 그렇게 친절하다고 하지만 낯선 사람에게 대해서는 어떨까. 무사 사회의 전통에서 그들은 아군과 적군이라는 경험을 떠날 수 없었지 않는가 생각한다. 토크빌은 데모크라시와 관습을 이야기하면서 다음과 같은 결론을 내렸다.

> 데모크라시에 있어서는 남에게 대은大恩을 베푸는 일은 결코 없지만, 남과의 사이에서 조정調停을 담당하는 일은 언제나 있다. 현저한 헌신은 드물지만 누구나 친절하다.

*

우리는 어떨까. 한 · 중 · 일을 비교하면 어떻게 이야기할 수 있을 것인가. 인간의 대인관계에 있어서의 자세에는 이렇게 역사가 스며들어 가 있다고 해야 한다. 토크빌은 영국과 프랑스에 대해서 다음과 같이 기록했다.

> 나는 언제나 영국은 오늘날 하인이 가장 심한 규율에 얽매어 있는 나라이고 프랑스는 그것이 가장 느슨한 나라라고 생각해 왔다.

토크빌이 19세기에 미국 여성들에 대해서 한 말이지만 오늘은 어떨까 하고 생각하게 된다. "젊은 딸들은 다른 어디서보다도 속박을 받지 않는다고 해도 아내는 어디서보다 심한 의무 아래 놓인다." 그리하여 남편과 더불어 가족을 이끌고 서부로 간 미국 여인들에 관해서 그는 다음과 같이 썼던 것 아닌가.

얼굴 표정이 변하고 여위어 보였지만 눈초리는 확실했었다. 슬픈 듯한 표정이었지만 의연하였다.

그리하여 토크빌은 유럽문학에 있어서는 '악의의 여론이 언제나 여성의 나약함'을 비난하는 데 비하여 미국에서는 문학에서조차 여성을 엄격하게 그려 왔다고 했다.

미국에서는 소설을 포함해서 모든 책이 여성의 정숙함을 당연하다고 보았고 성적인 애정 이야기를 떠들어대는 법이란 없다.

*

토크빌은 『아메리카의 데모크라시』 제2권 하에 수록된 제19~21장에서는 미국론을 본격적으로 전개하는데 170년 전 이야기라고는 생각할 수 없을 정도로 생생하게 미국 사회와 미국인에 대해서 그려내고 있다. 그것이 내게는 바로 만민이 심한 상승 운동을 전개하고 있는 오늘의 한국인에 대한 묘사인 것처럼 생각된다. '야심이 만민의 감정'이라는 것이다. '민주 사회'가 내거는 '평등 원칙' 속에서 만민은 '같은 보조'로 걸어가고 '같은 시련'을 겪어야 한다. "그 속에서 인간은 약하고 고립되어 있고 안정을 잃고 있다." 그럼에도 불구하고 "야심가는 한번 권력을 수중에 넣으면 뭐든지 할 수 있는 듯이 생각한다"고 했다.

거기서는 "균형 잡히고 온건하고도 원대한 야심이란 거의 찾아볼 수가 없다." "권력을 잃어버리면 그것을 되찾기 위하여 국가를 전복하려고 생각한다"는 것이다. 토크빌의 다음과 같은 말이 내 마음에 와 닿는다. "지난날 권력 주위에 모여들었던 사랑과 존경이 점차로 사라지고 있는 현대사와 같은 시대"라고 했다. 그리하여 그는 이러한 시대에 대해서 다음과 같은 적절한 말을 기록했다.

> 위정자는 각 사람을 이익에 의해서 보다 굳게 연결시킬 필요가 있고 이들을 질서 속에서 침묵하게 하기 위해서는 그 정념을 이용하는 것이 적절하게 보인다는 것을 잘 알 수가 있다. 그러나 그런 것은 오래 지속될 리가 없다. 그래서 어떤 일정 기간 힘의 원인이라고 보인 것이 장기적으로는 틀림없이 재난과 무력無力을 가져다주는 커다란 요소가 되는 것이다.

이리하여 토크빌은 "모든 인민 중에서 가장 제어하기 어렵고 지도하기 어려운 것은 정부에 간청하는 인민이라는 것을 충분히 유념해야만 한다"고 했다. 오늘 우리나라에서의 이른바 시민단체라는 것 중에는 이런 부류에 속하는 단체가 많은 것 아니겠는가. 심지어 좌파라는 것 속에서도 그렇게 나타나고 있다고 하겠다. 민주정치에 다가오는 이런 고민으로 지금 유럽에서도 그리스나 스페인의 정치가 뒤흔들리고 있다고 하지 않는가. 그것 때문에 유럽연합 전체가 위기에 빠져들어 가고 있다고도 한다. 대중 포퓰리즘이라고 할 민주주의의 위기라고 하겠다. 반대 극으로 가고 있던 사회주의, 공산주의는 자칫하면 사악한 세력의 탄압적이며 기만적인 지배로 전락하기 쉬웠다. 그래서 "부유에서도 빈곤에서도 등거리의 적절한 여유를 가지고 살고 있는 사람들은 자기 재산에 한없는 가치를 둔다"고 했다. 이것이 혁명을 싫어하는 중산층이라고 할 것이다. 여기다가 미국의 경우에 대해서 토크빌은 다음과 같이 흑인의 경우를 들었지만 이것은 얼마나 놀라운 지적이었던가 하고 생각하지 않을 수 없다.

> 만약 미국이 장래 커다란 혁명을 경험하는 일이 생긴다면 그것은 합중국의 땅에 흑인이 존재하는 것으로 인하여 일어나게 될 것이다.

사실 1960년대 이후 흑인의 문제로 여러 해 동안 미국은 실제적으로 혁명의 가능성을 감싸 안고 불안해하지 않을 수 없었다. 그러나 미국은 외부의 영향에서 분리되어 있는, 스스로 자기 운명을 제시할 수 있는 나라라고 해야 했다. 지난번에는 흑인 대통령마저 내세우면서 흑백 문제에 많은 변동을 가져왔다. 새로운 실험이다. 갑자기 텔레비전에 나타난 흑인의 등장, 흑백 남녀의 서슴지 않는 데이트만 보아도 이러한 실험적인 변화를 느끼게 된다. 1960년대에 케네디를 암살하던 세력도 미국의 장래를 위해 오바마의 등장을 참아 내는 것이라고 해야 하는 것 아닌가. 여기에 미국의 전향적인 가능성을 본다고 말하고 싶다.

그러나 토크빌은 미국에 대하여 "인간은 끊임없이 움직이지만 인간 정신은 거의 움직이지 않는 것처럼 보인다"고 염려했다. 이런 면에서 미국이 주도하는 오늘의 세계사에서 한편 나는 역사의 종말을 보는 것처럼 느끼는데 토크빌은 제1차, 제2차 세계대전에 누구보다도 앞서서 이런 시대를 내다보았던 것이라고 할 수 있지 않을까. 21세기에 있어서의 세계사의 종말을 아우구스티누스의 종말론과 함께 생각해 볼 필요가 있을 것 같다. 이것은 부르주아지의 역사 발전론 아닌 종말론이지만 카타스트로픽한 종말론은 아니고 지구의 종말, 천체적인 종말이라고 할까. 토크빌은 전쟁에 대해서 생각하지 않을 수 없었다. "민주적인 여러 국민은 본래 평화를 원하지만" 군대는 역시 전쟁을 원한다고 경고했다. 전쟁은 '우발사偶發事'이므로 평화에 대한 상당한 준비를 게을리해서는 안 된다. 다만 그는 "시민들이 개명적開明的이어서 질서를 지키고 굳은 의지를 가지고 자유스럽다면 병사들도 규율을 지키고 순종할 것이다"라고 했다.

이런 점에서는 4·19 직후 우리 국민이 군사 쿠데타에 대해서 경계하기는커녕 고대하기조차 했던 것 그리고 그런 상황인데도 정권은 거기에 대한 경계심 없이 정쟁을 일삼던 시절을 가슴 아프게 회상하지 않을 수 없다. 그러나 이제는 채찍으로 강요하던 군정은 가고 없다. 그렇지만 새로운 위험이 앞에 다가왔다고 해야 하는 것 아닐까. 토크빌은 다음과 같은 말로 이어 갔다.

> 오늘날 민주적인 여러 국민 아래 전제가 세워지게 된다면 그것은 다른 성질을 가지게 되리라고 생각된다. 그것은 더욱 넓어지고 더욱 온화해질 것이다. 그리고 사람들을 괴롭히지 않고 타락시킬 것이다.

오늘 유럽에서 유럽연합EU을 위협하는 파산 국가들이란 바로 그런 것이라고 해야 할는지 모른다. 채찍으로 권력을 유지할 수 없을 때 당근으로 권력을 유지해 오다가 파산하게 된 국가들 말이다. 토크빌은 그것에 대해서 '민주적 전제'라는 말을 썼는데 거기서는 모든 것을 국가에 맡겨 버리고 지방에서 책임을 지는 행정력, 주민 자치적인 '2차적 권력'이 사라져 버린다는 것이다. 그러니까 '신이 우리를 살게 해주신 민주 사회에서' 진정한 '자유를 이끌어 내야 하는 것'이라고 했다. 거기에서 신문의 역할과 사법권의 역할을 강조했다. 군정하에서 통치자가 가장 두려워한 것이 바로 이 두 가지 세력이 아니었던가. 공산국가가 나타나기 이전에 토크빌은 그의 『아메리카의 데모크라시』 끝부분에서 여러 국가는 '불평등'을 방치할 수는 없겠지만 평등이라는 이름으로 파국을 맞이할 것을 크게 염려했다.

> 그렇지만 상황의 평등이 국민을 예속으로 인도하는가, 자유로 인도하는가, 문명으로 인도하는가, 야만으로 인도하는가, 번영으로 인도하는가 곤궁으로 인도하는가, 그것은 그들에게 달려 있다.

그들이란 그 문명 속에 살아야 하는 인간들이다. 주옥같은 이 사상, 그것은 먼 역사의 앞날에 대한 젊은 토크빌의 무서운 예언이었다. 어떻게 그런 역사의식이 가능했을까. 무엇보다도 그것은 '사감私感' 없이 역사를 바라보는 훈련된 지성에서 왔다고 하면 어떨까. 나는 그의 미국에 대한 인식에서 현대에 있어서의 종말론이라고 할까, 그런 것을 볼 수 있을 것 같다는 생각으로 아우구스티누스의 『신국론』을 읽어 가려고 한다.

2012년 7월 10일

『신국론』을 읽으면서

아우구스티누스의 『신국론』 제1권 제8장에 있는 말이다.

> 고통은 비슷해도 그것에 괴로워하는 사람은 비슷하지 않으며 같은 것에 괴로워해도 덕과 부덕은 결코 동일하지 않다. …악한 자는 신을 원망하고 그 이름을 욕되게 하지만 선한 자는 하나님에게 기도하고 그 이름을 찬양한다.

신을 믿는 자는 어떠한 어려움이나 고난이 와도 거기에 신의 뜻이 있다고 생각하고 그것을 이겨 냄으로써 그 뜻이 이루어질 것을 기도한다. 신앙과 불신앙에 따라서 운명에 대한 태도를 이렇게 달리하게 된다.

로마에서는 그리스시대와는 달리 연극에서 신을 희화화했다. 음탕한 신들이 등장했고 그러니까 연극인은 로마의 시민권을 가질 수 없었고 천민이 되어 버렸다. 제2권 제19장에서 몰락해 가는 로마와 대두하는 기독교를 대조적으로 분명하게 그려 내고 아우구스티누스는 기독교의 보급이 로마를 멸망으로 몰아갔다는 비난을 일축했다. 이미 선인들이 이렇게 말했지 않는가. "서서히 변하여 선미善美의 극치에 이른 것으로부터 추악하기 짝이 없는 것으로 되었다." 조상들의 선한 습관이 "급류처럼 전락하여 젊은이들은 사치와 탐욕으로 전적으로 타락했다." 바로 이러한 상황 속에 기독교가 찾아왔다. 그것은 프롤레타리아트에 찾아오는 프롤레타리아트의 종교였다. 그것을 아우구스티누스는 정말로 아름답게 묘사했다. 기독교 이전의 로마의 신이란 타락한 인간상을 지니고 있었고 거기에 처음으로 지극히 윤리적인 신이 전해졌다. 그리하여 그 문화를 전적으로 새로운 차원으로 끌어 올린 것이다. 그래서 기독교의 선교는 어디서나 우상과의 싸움을 펼쳐야만 했다는 것이다.

2012년 7월 12일

『신국론』 제3권 제27장 「마리우스와 술러 사이의 내전」은 아우구스티누스가 계속해서 그려 온 살상의 비극 중에서도 가장 처참한 것이었다고 보인다. 그 살인은 잔학상의 극치였다. 그래서 아우구스티누스는 루카누스의 말이라고 해서 "희생자는 망했다. 그래서 다만 유해한 자들만 살아남을 수 있었던 것이다"라고 기록해야만 했다.

인간의 역사란, 그중에서도 유럽의 고대사란 살인의 역사라고 해야 할는지 모른다. 카인의 역사였고 살아남은 자는 유해한 자, 살인자와 그에 가담한 자뿐이었다. 이리하여 기독교의 역사란 아우구스티누스에서 그랬던 것처럼 살인을 금지하는 것이었고 인간 생명이란 신이 주신 고귀한 것이며 살인, 즉 중죄라고 가르쳤다. 이것을 아우구스티누스는 강조하려고 했다. 로마 사회에 대한 기독교란 무엇보다도 살인 금지, 살인은 중죄라는 것이었다.

이러한 가치관의 역전, 이것이 바로 기독교의 역사라고 해야 한다. 인간의 생명은 신이 주신 것, 그것은 신성한 것으로 인간이 손을 댈 수 없는 것이다. 개개인이 그가 소유한 생명의 주인이 아니라고까지 했다. 그래서 노인이 되어서 생명이 그 역할을 다할 수 없을 때도 스스로 목숨은 끊을 수가 없었다. 야스퍼스도 아렌트도 만년에 이르러 유럽의 이러한 기독교적인 전통을 매우 안타까워했었다. 노년으로서의 삶이 너무 괴로웠기 때문이다. 그러나 이것은 유럽, 아니 인류를 구원하는 사상이 아닌가. 그렇지만 기독교가 전해지고 나서도 더욱이 유럽의 역사 속에서는 기독교도 가담하기까지 해서 인간이 인간의 생명을 살해하는 것을 아무렇게도 생각하지 않은 역사가 얼마나 오래 계속되었던가. 그것은 그야말로 인간의 원죄가 이끌어 온 역사였다.

2012년 7월 14일

흑인 해방이라는 역사는 흑인이 싸워서 백인에게서 자유를 얻어냈다는 것이 아니다. 백인이 서로 싸워서 흑인에게 자유를 부여했다는 것이 아니겠는가. 남북전쟁에서 얻어 들인 흑인의 자유. 그것이 그후에 가서는 흑인도 백인도 함께 투쟁하면서 더 많은 자유를 얻고 흑인 대통령을 산출하는 데까지 이르렀다.

흑인 해방에 백인 미국인의 이해와 협력이 있어야 했던 것처럼 우리의 해방에도 더욱이 군사정권에서 해방될 때 미국을 비롯한 세계적인 양식의 지원, 특히 언론과 기독교 세력의 이해와 협력이 있었다. 한국 교회에는 해방시켜 준, 해방을 허락해 주신 하나님이라는 이해가 있었다. 여기에서 한국 교회의 세계적인 선교에 대한 사명감도 일어났다고 할 수 있지 않을까. 미국 흑인들에게도 그런 것이 강한 사명감으로 일어나고 있어야 하는 것 아닐까.

유럽에 살던 백인들이 신앙으로 미국 땅을 찾았을 때 구약에서처럼 '젖과 꿀이 흐르는 땅'(「신명기」 11장 9절)이라고 생각하지 않았겠는가. 그들은 이런 새로운 땅에 대한 새로운 신앙적인 긍정에서 출발했다. 한국 교회는 하나님이 해방시켜 준 아름다운 땅이라는 신앙적 긍정을 가졌었다. 우리는 해방 후에 지녔던 이러한 신앙을 그후 모진 역사 속에서 잃어가는 나날을 걸어왔다고 할는지도 모른다.

미국 사람들의 흑인에 대한 역사에서 우리는 많은 것을 배워야 한다. 흑인을 노예로 삼았다. 그러나 흑인을 노예에서 해방시켜 주기 위해서 싸웠다. 그리고 흑인을 대통령으로 삼으려고 노력했다. 신앙에서는 이러한 역사의 큰 줄기, 말하자면 교훈으로서의 역사를 놓쳐서는 안 된다.

한국의 신앙의 역사. 그 속에서 오늘 한국 교회가 세계 선교의 나라가 된 것이며, 미국에 오면 교회부터 세우는 특이한 이민사를 가지고 있다. 비극으로 보이는 역사 속에서 위대한 승리의 역사를 구현하시는 하나님이시다. 이것에 감격해야 하는 신앙이어야 하지 않겠는가. 그런 사명 그런 큰 뜻을 이해하지 못할 때 우리 신앙은 전락하고 만다. 역사에 대한 선교적인 이해를 해야 하며 해방의 역사로서의 우리의 역사를 망각해서는 안 된다. 이런 역사가 종당에는 중국에서도 러시아에서도 전개되어 가는 것이 아닐까 생각한다. 이런 의미에서 나는 이른바 종말론적인 역사 이해에 기울어지는데 아우구스티누스의 『신국론』은 나에게 어떤 영향을 줄 것인가 하고 생각하게 된다. 중국은 신 없는 공산국가라는 전통 속에서 이미 1억 신자의 나라로 성장하고 있다는데….

2012년 7월 23일

아우구스티누스는 데몬에 대해서 여러 가지로 논박을 가했다. 그것은 로마의 그 많은 신 중에서 인간과 신 사이 중앙에 자리하고 있는 선악 양성을 갖추고 있는 존재라는 것이었다. 아무리 선하게 살아도 현실적으로 불행을 당하게 되는 것을 어떻게 생각해야 할 것인가. 거기에서 로마의 신화는 땅과 하늘 사이 즉 공기, 에테르계에 사는 데몬을 생각했지만 기독교는 그것과는 달리 선한 일신론一神論에서 내세를 생각했다고 하겠다. 이 모순 많은 시대에 선한 사람이 고통 속에 있고 악한 사람이 성공의 기쁨 속에 있다는 이 견딜 수 없는 상황에 대해서 기독교는 내세를 내세웠다. 우리는 거기서 내뱉은 강한 분노를 눈여겨보아야 할 것이다. 「마태」 13장 41~43절에서 예수는 종말에 이르러 "불법을 행하는 자들을 거두어 풀무 불에 던져 넣으리니…"라고 하지 않았는가. 악한 자는 "거기서 울며 이를 갈게" 되고 "의인들은 자기 아버지 나라에서… 해와 같이 빛나리라"고 했다. 얼마나 분명한 대조인가. 그렇기 때문에 기독교에서는 데몬이란 필요 없는 존재였다. 그리고 내세란 반드시 전개되어야만 했던 것이다.

2012년 8월 3일

『신국론』을 읽으면서 아우구스티누스의 시대에 어떠한 문제에 신학적인 관심이 있었는가를 생각할 때 현대와의 차이를 무척 느끼지 않을 수 없다. 『신국론』은 413~426년 고트족의 침략으로 로마가 무참하게 파괴되었을 때 그것은 기독교의 탓이라고 하는 비난이 일어나자, 그 앞에서 아우구스티누스는 "이교도들의 독신瀆神과 오류를 반박하기 위하여" 썼다고 했다. 그래서 아우구스티누스는 희랍 · 로마의 다신론에 대항하여 성령과 천사에 대하여 많은 논의를 전개해야만 했다. 그것은 오늘날에 있어서의 기독교 변증과는 아주 다른 것이 될 수밖에 없었다. 오늘의 기독교는 윤리적인 반증을 제시하고 매우 정치적인 것이 될 것이라고 나는 생각한다. 오늘에 있어서는 다시 전쟁을 생각할 수 없다고 한다면 현대적인 종말론을 제기해야 하는 것 아닌가고 생각한다. 그것은 현대적인 평화론 위에 서는 좀 더 세속적인 것이라고 하겠지만….

그렇게 화려한 다신론 논의란 동양사상에는 없었다고 해야 할 것 같다. 동양사상에서의 천天이란 페르소나를 가진 것이라고 하기보다는 하나의 질서라고 해야 할 것 아닌가. 그리고 무엇보다도 그것은 배타적인 것이 아니었다. 그래서 동양에서는 힘이 약한 애니미즘의 잡신들만이 들끓었다.

2012년 8월 10일

『신국론』을 읽고 나서

『신국론』 제22권을 모두 읽고 나서 지금까지 생각해 온 것을 좀 정리하고 싶지만, 7월 초부터 읽기 시작해서 3개월이 지났으니 제대로 될 것 같지 않다.

아우구스티누스는 로마 사회에 존재하던 힘이 있어 적에게 승리하기만 하면 된다고 생각하는 전쟁관에 대해서 윤리적인 반성을 촉구했다. 이것이 기독교가 로마 사회를 정복할 수 있었던 중요한 요인이 된 것이 아니었을까. 인간 생명에 대한 존엄성이 기독교에서 제기됐던 것이다. 그는 제3권 제14장에서 이렇게 말했다.

누구도 나에게 이러이러한 자는 이러이러한 자와 싸워서 승리했으니까 위대하다고 해서는 안 된다. 검투사도 싸워서 이겼다고 그 잔혹성에 대한 찬양을 보상으로 받는다. 그러나 그런 무력에 대한 영예를 구하기보다는 어떤 종류의 부질없는 것이라고 해도 그것에 대한 벌을 받는 것이 낫다고 나는 생각한다.

그러면서 아우구스티누스는 부자간의 싸움이나 어머니의 나라와 딸의 나라의 전쟁이라면 어떻게 그 승리가 영광스러운 것이라고 할 수 있겠는가고 했다. 로마의 전통에서는 어떠한 전쟁인가가 문제가 아니었다. 승리하면 선이고 영광이라고 했었다. 일본 무사 사회에서도 '승리하면 관군官軍'이라고 했지 않는가. 이것은 무가 사회의 논리다. 많은 인간 생명의 손실에 아픔을 느끼고 전쟁 자체를 악이라고 하게 된 것은 오랜 훗날 제2차 세계대전 전후부터가 아닐까. 그 전쟁 후라고 할는지도 모른다. 그 얼마나 오랜 인간 무시의 처참한 시간이 흘렀다고 하겠는가.

아우구스티누스에서 보는 것처럼 기독교는 그런 전쟁에 커다란 항의를 제기했다고 하겠지만 또 한편 그것 때문에 기독교는 오랫동안 전쟁에 도의적인 의미를 부여해 주는 위선적인 역할을 해왔다고도 할 수 있지 않을까.

힘을 과시하는 것으로 끝나는 것이 아니라 그것이 선을 추구하는 이른바 의전義戰이라고 했었다. 이처럼 하나님을 위한 전쟁, 정의를 위한 전쟁이라고 국민을 몰아갔다. 일본도 그들의 아시아 침략전쟁을 모두 그런 위선으로 가장했던 것 아닌가. 제2차 세계대전을 아시아를 위한 해방전쟁이라고 했으니까. 오늘날은 그런 의미에서, 전쟁에 대한 커다란 회의에 빠져 있다는 의미에서 새로운 시대라고 할까. 아우구스티누스는 제3권 제15장 끝머리에서 로마의 전란에 대해서 다음과 같이 기록했다.

그사이에 그처럼 많은 유혈과 그처럼 심한 재앙으로 얻어 들였다는 승리란 로마의 영토를 구 수도에서 20마일까지 간신히 확대한 데 불과했다.

아우구스티누스의 말을 한마디만 더 인용해 보자.

양쪽 다 상처를 입었다 — 살해된 쪽은 그 신체에 칼을 받아서, 살해한 쪽은 그 정신에 상처를 입어서. — 제3권 제22장

나는 어쩐지 오늘 한 · 중 · 일 간의 대립을 보고도 아우구스티누스의 이 말을 회상하게 된다. 남에 대한 공격과 쟁투는 우리 마음의 상처를 확대시킨다. 이해와 평화를 위한 노력은 우리 마음에 따뜻함을 확대시켜 주는 것이지만. 아우구스티누스는 로마의 역사를 이런 피비린내 나는 나날로 그려 냈다. 그리하여 기독교의 역할을 새로운 사회 새로운 역사로의 시발이라고 강조했던 것이다.

예기치 않은 은혜의 실마리라고 할까. 미국에 와서 우연하게도 토크빌의 『아메리카의 데모크라시』를 읽기 시작했다. 그러면서 현대사가 오늘날 미국의 우위로써 하나의 역사의 종언을 맞이했다고 볼 수 있지 않겠느냐고 생각했다. 아우구스티누스가 역사의 종언을 바라본 것은 위대한 영원한 로마라는 제국에 다가오는 종언이라는 역사의 그늘 그리고 새로운 기독교의 등장이라는 현실을 배경으로 한 사색의 결과였다. 그래서 아우구스티누스는 『신국론』 제4권 제4장 모두에서 "정의가 없어질 때 왕국은 커다란 도적단 이외의 무엇이겠는가"고 했던 것이다.

오늘 현대사를 바라보면서 우리는 『신국론』을 운위할 수 있을는지 모른다. 그 옛날의 로마와 오늘의 미국. 토크빌의 미국론도 다시 이어져야 하고 오늘에 있어서의 기독교국가 미국의 행방을 주시하

면서 현대의 『신국론』을 구상할 수 있을는지도 모른다. 5세기 초의 유럽과 21세기의 미국 사이에는 너무나 큰 차이가 있다고는 해도.

미국은 적어도 1860년대의 남북전쟁에서 1960년대의 흑인들을 위한 민권운동을 거쳐 2010년 전후에는 흑인 대통령의 통치로까지 변해 왔다. 이것은 세계사적인 파동이 아니겠는가. 이런 의미에서 오늘의 종말론은 아우구스티누스의 경우와는 다른 의미에서 현실과 기독교라는 문제를 다루어야 할 것 같다. 그러나 그것은 아우구스티누스의 경우처럼 현실에서 출발하여 영원으로 찾아가야 하는 것이라고 생각된다. 오늘의 신국론에서는 물론 미국과 세계를 로마와는 다른 눈으로 보아야 할 것이다. 나는 무엇보다도 미국이 서민의 나라이고 민주주의적인 변화를 추구하고 있다는 데 의미를 두고 싶다. 아직 현대에 있어서의 신국론 운운이라는 논의는 나타나고 있지 않지만 그것을 적어도 신학적으로는 논할 가능성은 있다고 하지 않겠는가. 오늘의 역사에서 '천상의 나라'와 '지상의 나라'의 기원과 종말을 논한다는 것이다. 오늘의 세계사에 대한 하나의 역사 철학적인 의미 부여의 시도로서 말이다.

『신국론』 제13권 제10장에서는 죽음에 대해서 논한다. 다음과 같은 말들은 현대에 이르러 실존철학에서 되풀이되던 말이다.

> 사람은 모두 이 죽어야 할 몸으로 존재하기 시작하고 어느 때나 죽음으로 종국을 맞이하는 도정으로 걸음을 재촉받게 된다.

이 세상 일생이란 죽음을 향해 걸어가는 도정 이외의 아무것도 아니다.

> 그는 살고 있는 육체라고 하기보다는 도리어 죽어 가고 있다고 해야 할 이

육체 속에 존재하기 시작한 시점으로부터 결코 생 속에는 있지 않은 셈이다.

『신국론』을 읽으면서 지금까지 내가 성서를 얼마나 무턱대고 읽어 왔으며 깊이 생각하려고 하지 않았는가를 반성하게 된다. 아우구스티누스는 『신국론』 제15권 제8장에서 가인과 아벨에 대해서 다음과 같이 말하고 있다.

이 성스러운 역사를 기술한 자는 그 당시 존재했으리라고 생각되는 모든 인간의 이름을 일일이 들 필요 없이 그가 의도한 사업 계획에 필요한 인간의 이름만을 들면 되었다.

이스라엘 민족이 '선민'이라고 하는 것은 바로 이러한 의미에서 하는 말이었다. 역사에는 언제나 그러한 세계사의 중심을 이루는 국가 또는 국사의 중심을 이루는 집단이나 인물이 있는 것 아닌가. 그리하여 그들만이 역사 기술의 대상이 된다. 아쉽지만 역사란 그렇게 써진다는 한계를 어찌할 수가 없다. 어떠한 역사를 쓰느냐 하는 것은 그렇게 선택된 국가와 집단 그리고 인간과 사건에 따라 달라진다. 그러므로 그야말로 이데올로기적인 역사일 수밖에 없다.

그런 생각에서 지극히 종교적인 입장에서 쓰인 이스라엘 역사가 보편사적인 의의를 가졌던 것이라고 하겠다. 그래서 그 민족이 오랜 인류 역사에서 선민이라고 불리어진 것 아닌가 생각된다. 그것은 전통적으로 일관된 의미를 가진 역사였으며 인류를 깨우치고 인간의 삶에 인간다운 의미를 부여해 주는 역사였다. 역사에 있어서 그런 민족과 지역은 변동하는 것이라고 생각된다. 그런 의미에서 이스라엘 민족은 신구약 시대를 넘어서는 그런 세계사적인 역할을 해내지 못했다고 해야 하는 것 아닌가고도 생각한다.

기독교가 강조해 온 '평화' '겸손' '관용' '정의' '사랑' 등 이런 덕목에 비해서 우리 동양에서 말해 온 '삼강오륜' 등을 어떻게 생각할 것인가. 후자는 지금 가지고 있는 봉건사회의 질서를 유지할 것을 강조했다면, 전자는 끝없이 이상을 향하여 의미 있는 질서를 찾으면서 현실 사회를 비판하고 넘어서려고 한 것이라고 할 수 있지 않을까. 그래서 그들은 역사를 전진시키려고 했다면 우리는 퍽 보수적이 아니었던가 생각된다. 아우구스티누스에 있어서의 천상의 삶과 지상의 삶이라는 뚜렷한 대립과 갈등 그리고 천상의 삶이 승리로 가는 역사의 과정과 거기에 찾아오는 종말. 그것은 기독교적인 낙관적인 역사관이었다.

『신국론』 제19권 제24장에는 '인민'에 대한 다음과 같은 규정이 나온다.

> 백성이란 그 사랑의 대상을 함께하는 화합에 의해서 결합된 이성적인 인간 다수의 집단이다.

물론 신과 교회를 염두에 두고 하는 말이겠지만 이렇게 5세기 초에 기록했다는 것은 얼마나 놀라운 일인가. 그러면서 서구의 기독교의 신을 두고 하는 말이겠지만 이렇게 기록했다.

> 화합의 대상이 보다 뛰어난 것일수록 그 백성은 더욱 뛰어난 것이며, 그 대상이 보다 저열한 것이라고 한다면 그 백성은 보다 저열한 것이다.

저열한 우상숭배에 몰두하는 많은 사람을 바라보면서 개탄하는 마음으로 한 말이 아니겠는가. 드높은 민족의 이상이 있어야 한다. 삼강오륜에 이러한 가치 의식이 깃들어 있다고 할 수 있을 것인가.

『신국론』의 마지막 제22권 제12장 이하에는 여러 장에 걸쳐서 부활론이 전개된다. 내가 오랜 교회 생활에도 불구하고 한 번도 생각해 본 적이 없는 문제가 제기된다. 부활한다고 하면 어떤 몸으로 한다는 건가, 젊은 시절 몸인가, 늙었을 때 몸인가. 그것은 젊었을 때의 몸이라고 해도 출생 후 곧 사망한 어린이의 부활은 어떻게 될 것인가. 또 태중에서 사망한 생명이라면? 아우구스티누스는 이 모든 생명의 부활도 변증하는 것이지만 부활론이라는 것이 이런 모든 문제를 안고 있다는 것을 나는 한 번도 생각해 본 적이 없었으니 어떻게 된 일일까. 아우구스티누스는 그 모두가 대략 부활할 것이라고 긍정적이었지만 '유산아流産兒'에 대해서는 긍정도 부정도 하지 않는 입장이었다. 제22권 마지막 장 제30장 첫 머리 구절만 인용해 보자. 칸트가 저 별 반짝이는 무한한 하늘과 인간 속의 도덕법칙에 한없는 경외를 느꼈던 그런 마음으로.

> 거기에는 이제 어떠한 악도 없으며 어떠한 선도 숨겨짐이 없고 만유의 주로서 만유 안에 계시는 하나님을 찬양하기 위하여 시간을 사용하는 그 행복이 얼마나 클 것인가. 어떠한 게으름도 없고 어떠한 결핍에 의하여 강요되는 노고도 없는 곳에서는 어떤 다른 일이 행해지게 되는 것인지 나도 모른다.

2012년 10월 3일

디킨스의 미국관

토크빌의 『아메리카의 데모크라시』의 서문 마지막 한마디가 깊은 의미를 풍겨 준다. 일역을 읽고 나서 영역을 보니까 그 의미가 더욱 선명해진다. "그들은 다만 내일을 위하여 서두르지만 나는 그들과는 좀 달리 더 먼 앞날을 내다보려고 했다." 그 바로 앞에서 자기는 어떠한 당파에도 관계없이 "모든 당파와 다른 방식으로 보려고 했고 훨씬 앞을 내다보려고 했다"라고 적혀 있다. 얼마나 중요한 말인가. 토크빌은 역사가이자 정치인이었다. 그는 프랑스의 앞날, 미국과 인류사의 앞날을 염려했다.

정치적 당파에 따라서 보려는 생각이 넘쳐흐르는 우리나라의 지적 풍토에 나는 혐오를 느끼면서 그 말을 반추한다. 미국에서도 대통령 선거가 한참이지만 이 차분함을 어떻게 볼 것인가. 그런 것은 잊은 듯한 사회 분위기를 바라보면서 민주주의적 풍토는 이래야 하는데 하고 생각한다. 1960년대의 소란하기 짝이 없었던 선거 분위기를 상기하기 때문일까. 그러나 그때는 세계적으로 비상한 시기가 아니었던가. 이번의 미국 대통령 선거는 10월이고 한국의 경우는 12월이며 더욱이 미국에서는 상원의원 선거와 지방의원 선거까지 함께한다는 것이다. 한국에서는 야당이라면 선거를 위해서 국정을 모두 흑암으로 풀칠하려고 청와대 감사까지 한다고 떠드는 것 아닌가. 자기들이 한다는 정치에는 온갖 미사여구를 나열하면서 말이다. 지금 대통령하고 여당 후보 박근혜와는 그리 좋은 사이가 아니라고 하니까 더 그렇게 흘러가는 것 같기도 하다. 될 수 있는 대로 품위 있는 분위기에서 선거를 치러야 한다는 풍토가 언제야 우리나라에서도 이루어질 것인가. 나는 정당하고 너는 부정하다는 풍토. 선거가 되면 우리나라의 치부를 드러내듯 그것이 표면화 되는 것 같다. 그러니까 선거 자체가 품위가 없고 선출되는 사람도 고배를 마시는 사람도 상처투성이가 되고 마는 것 아닌가.

정말 정치 마당은 추하기 그지없다. 선출되는 사람은 상처투성이로 국정을 맡는다. 그러고 나서도 그런 풍토가 임기 내내 계속한다는 것일까. 그리하여 대통령이란 추한 인간상 그대로 다만 부여된 현실적인 힘으로 5년을 지탱한다는 것인가. 그러니까 제대로 된 사람은 정치에서 멀어져 간다. 그래서 더욱 정치계는 흐려지고 이념 없는 사람들의 이해관계를 중심으로 하는 쟁투의 마당이 되어 버리고 만다. 독립과 애국, 이념의 마당이던 정치가 이렇게 더욱더 전락해 가는 처참한 역사를 중단시킬 길은 없는가 생각하게 된다.

2012년 10월 5일

사상사의 과제는 역사와 더불어 변해 간다고 해야 할 것이다. 그런 것을 지금까지 왜 나는 느끼지 못했을까. 그러니까 낡은 생각에 사로잡혀 젊은 세대들과의 대화가 불가능해진다고 하는 것 아니겠는가. 정말 늙은이의 생각이라고 하지 않을 수 없을 것이다. 어제 스미야隅谷 교수의 손녀 오쿠라 사오리小倉沙央里와 이야기하다가 생각한 것이다. 그는 환경문제에 대해서 공부하고 싶다고 했다. 그래서 이야기하다가 환경문제는 인간 생활과 주변 자연과의 문제로 어디서나 동일한 문제가 아니겠는가고 했다. 그런 의미에서 그것은 현대에 있어서 세계 어디서나 제기되는 보편적인 문제가 아니겠는가. 도쿄의 문제이기도 하고 지금 수력발전소 문제로 갈등을 겪고 있는 네팔의 문제이기도 하고. 그러니까 그것은 라이샤워가 말한 '신분 지향성'과 '목표 지향성'으로 중국과 일본을 대비하면서 근대화를 말하고 선진국이니 후진국이니 하던 시대의 사상적 과제와는 다르다. 환경문제로 자연과 인간의 삶을 다룬다면 그것은 상이한 문화를 배경으로 하는 것이 아니라 현대에 있어서 일어나는 자연 파괴라는 공동의 문제를 가지고 씨름하는 것이게 된다. 그러니까 그것은 '신분 지향성' '목표 지향성' 하면서 서로 다른 개별성을 문제 삼으면서 자칫하면 선진적, 후진적이라고 차별하던 근대화 논의와는 다른 현대의 보편적인 과제라고 해야 하지 않겠는가.

지난날에는 이질성을 찾아내서 문제 설정을 하였다면, 지금은 동질적이며 인류적인 사회문제를 가지고 모두가 모색하고 있다고 해야 하지 않겠는가. 비록 전통적으로 사회가 다르고 빈부에 엄청난 차이가 있다고 하더라도…. 중국이나 한국이나 일본을 비교한다고 해도 문제가 되는 것은 '신분 지향성' '목표 지향성'이니 하는 따위가 아니라 현대 공업이라는 면에서 기술력이나 자본력, 생산성 같은 것이 문제가 되는 것이 아니겠는가. 그리고 이 같은 개발과 그것이 유발하는 환경문제도 일어날 것이고. 이런 의미에서도 지난날의 근대화 논의 같은 것은 이미 그 의미를 상실한 지 오래된 것이라고 해야 할 것 같다. 그것은 1960년대, 1970년대의 논의이고 매우 이데올로기적인 것이었다라고 해야 하는 것 아니겠는가. 나는 부족하지만 바로 그 시대의 한 논객이었다고 할까. 일본의 마루야마 마사오丸山眞男 같은 학자도 그렇고 그때는 그런 논리로 일본이 아시아 다른 나라에 비해서 우위성을 자랑하던 때가 아니었던가 생각된다.

사상사적 연구가 그런 근대화에 대한 선진성, 후진성을 문제 삼았을 때 그것은 아주 이데올로기적인 역할을 했다고 해야 한다면 그것이 '목표 지향성' '신분 지향성' 같은 근대화 문제를 떠나서 단순히 특정한 사회를 이해하기 위한 사회 이론으로서 사용되었다면 문제는 없었다고 할 수 있을까. 개인이 다른 것처럼 역사를 달리하는 사회는 서로 인간관계를 달리하는 것이니까. 단지 일본과 한국 그리고 중국의 역사가 가진 인간관계나 사회구성을 설명하는 이론을 지향하면서 그 사회의 문화와 그 특이성을 설명해 주려고 했어야 했다. 그것이 인간 이해를 도와주고 국제 이해를 증진시켜 주면 되는 것 아니겠는가.

그런 의미에서 종縱의 사회와 횡橫의 사회를 문제 삼고 더욱이 동아시아의 문화권에서 앞날을 위한 상호 이해에 공헌할 수 있다면 하고 생각하지 않을 수 없다. 그런 뜻에서는 그것도 유효한 사회이해의 도구일 수 있을는지도 모른다. 이런 입장에서 사상사적 연구의 탈脫이데올로기적인 자세가 새롭게 요청된다고 할 수 있지 않을까 생각한다. 어쨌든 그 사회의 지배적인 에토스를 찾아가려는 사상사적인 노력은 있어야 할 것 같다. 탈이데올로기적인 사회구성론이라고나 할까.

2012년 10월 16일

디킨스의 『미국 기행』을 읽고 있다. 토크빌과는 다르게 미국에 대해서 아주 비판적이다. 미국의 제도를 보기보다는 현실을 보고 있는 것이기 때문일까. 디킨스는 이 책 제3장에서 미국의 자선사업, 장애아 시설 등이 얼마나 뛰어난 것인가를 자세하게 묘사했다. 영국에 비해서 엄청나게 좋은 시설이며 거기서의 여러 가지 실험이 성공을 거두고 있는 것을 자세히 소개했다. 그러나 남쪽으로 향하면서 그는 이것저것 비참한 정경을 묘사하지 않을 수 없었다. 흑인 노예들이 아버지를 떠나서 울면서 팔려 가는 모습을 보고 "아이들은 가는 길 내내 울고 있었고 어머니는 말할 수 없이 비참했다"고 하면서 '생명' '자유' '행복의 추구'를 옹호한다는 백인들이 이 모양이라고 했다. "오두막집 문가 맨땅에서 개나 돼지와 함께 뒹굴고 있는 흑인 어린이들"이라고 썼다.

워싱턴이란 '각 주의 서로 대립하는 질투와 이해를 피하는 수단'으로 선택한 땅이고 비위생적이었으며 씹는담배를 내뱉은 것과 뱉은 가래로 정결한 자리를 찾아보기가 어려웠다. 자기 이익만을 찾는 무리로 국회는 말할 수 없는 혼란이었다. 양원 밖에서는 "무엇을 말했는가"가 문제가 아니라 "얼마나 오랫동안 말했는가"가 문제였다는 것이다. 원래 민주주의란 그런 데서 자라나는가 하는 생각으로 한국의 민주주의의 오늘을 다행하게 생각했을 정도였다. 그런 데서 민주주의란 기적처럼 자라나는 것일까.

프레데릭스버그에 이르러 황폐해진 땅을 보고 디킨스가 한 말. "일대의 외관은 황량하고 무미건조했지만 이 무서운 노예제도가 지니고 있는 저주의 하나가 남겨준 것을 발견하고 마음으로부터 기뻐했다." 그는 이어서 분명하게 "노예제도를 키우고 있는 다른 모든 지역과 마찬가지로 여기서도 파멸과 폐허의 공기가 넘쳐 있었다"고 했다. 노예제도하에서는 인간도 자연도 황량해지고 폐허로 화한다는 것이었다.

이렇게 읽어 가면서 프랑스인 토크빌과 영국인 디킨스를 더욱 대조시켜서 생각할 수밖에 없었다. 토크빌은 프랑스혁명 후의 반혁명의 소용돌이 속에서 미국에서 새로운 정치의 성공을 기대했기 때문이었을까. 토크빌이 처음 미국을 찾은 것은 1831년이었고, 디킨스가 찾은 것은 그 뒤 11년 후 1842년이었다. 토크빌은 그의 첫 번째 미국 기행을 끝내고 나서 『아메리카의 데모크라시』 제1권 제1부 제8장 끝머리에다가 다음과 같이 썼던 것이 아닌가. "인간이 자기 자신 이외에 적을 가지지 않고 사는 신세계란 그 얼마나 멋있는 장소일까." 행복하고 자유로울 수 있기 위해서는 인간은 다만 이것을 구하면 되는 것이다. 그것은 정말 국내외적으로 언제나 적에 둘러싸여서 그들과의 투쟁 속에서 살아야 했던 토크빌로서는 피할 수 없는 감회였으리라고 생각된다.

디킨스의 미국 기행문에서 미국에 대한 어두운 대목을 찾자면 끝이 없다. 앞으로도 구할 수만 있다면 더 미국 기행문을 찾아서 비교해 보고 싶다. 자기가 품고 있는 선입견에 따라 그렇게 남을 보는 눈이 달라지는 것이라고 해야 하는 것 아니겠는가. 남을 본다는 것은 역시 나를 연장해서 보는 것이라고 해야 하겠다. 내 자신이 미국을 보는 눈도 그랬을 것 아닌가. 그러니까 그것은 내 정치적인 생각과 비례해서 어느 때는 흐렸고 어떤 때는 개였다고 할까. 그것은 인간의 눈의 한계이면서도 그 특이성이라고 해야 할 것 같다. 이에 비해서 일본에 대한 동서양인의 기행문은 어떤 것이었을까 하는 생각도 든다. 디킨스는 기행문 제17장에서 노예제도를 논하고 나서 그 마지막 말을 다음과 같이 끝맺었다.

> 그 날카로운 낯선 칼날과 칼을 가지고 미국의 '자유'는 노예들을 찌르고 자르는 것이다. 그리고 그래도 마음이 풀리지 않는다면 그 '자유'의 아들들은 그것을 좀 더 나은 용도에 즉 자기들끼리 서로 찌르는 데 사용하려고 한다.

이것은 1861년에 터지는 남북전쟁에 대한 예언이라고도 할 수 있을는지 모른다. 남북전쟁은 그런 많은 비난 때문에도 일어날 수밖에 없었다는 것일까. 미국은 그런 노예제도의 후유증을 아직도 앓고 있다고 해야 하는 것이 아닐까.

2012년 11월 1일

30년 단위의 한국 현대사

디킨스의 『미국 기행』을 읽고 나서는 별로 읽을 만한 책이 없어서 도쿄에 이와나미분코岩波文庫를 좀 부쳐 달라고 하고는 미네소타

대학 도서관 동양문고에 들러 봤다. 한·중·일의 책을 구별 없이 주제별로 한곳에 배열해 놓은 것이 재미있었다. 이제는 동양을 공부하려면 한·중·일의 언어를 모두 함께 공부해야 한다는 것이겠지.

서구책의 번역본은 거의 없어서 하는 수 없이 시마자키 도손 전집 제3~4권을 빌려 왔다. 먼저 제3권에서 장편 「봄」을 읽기 시작했는데 이것은 도손의 36세 때, 즉 1907년 작품으로서 『도쿄아사히신문東京朝日新聞』에 연재된 소설이다. 일본의 신문학이 그의 말대로 메이지 20년대에 시작된 것이라면 그것은 1880년대 말에서 1890년대 초가 아니겠는가. 그러고 나서 1907년이라면 우리나라 신문학이 막 시작될 무렵이다. 『소년』에 「해에게서 소년에게」가 나온 것이 1908년이니까 도손의 「봄」은 이것보다 1년 앞서는 셈이다.

1897년에 시작되는 메이지 30년대에도 일본문학에 있어서 서구문학이란 먼 곳에 있는 낯선 것이었다고 한다. 입센의 희곡도 극소수의 연구자들 사이에서나 알려져 있었다고 했다. 「봄」의 주인공 기시모토岸本의 주변 인물이라는 사람들이 썼다는 글은 '문어의 글들'이다. 이처럼 일본의 신문학은 문어로 시작된 것일까. 시인들의 글에서는 문어의 시가 1945년 종전 때까지 계속된 것이 아닌가. 우리 신문학은 거의 시작부터 문어와는 결별한 것이었는데… 그래서 시조는 쇠퇴의 길을 걸어가야만 했다. 이처럼 한일 양국의 신문학을 그 기원과 언어 문제 등을 비교하면서 논해 볼 필요가 있지 않을까.

그리고 도손이 그의 문학에 있어서 자연주의라고 하면서 시대성 탈색이라는 정치 회피의 길을 걸은 것은 일본 근대문학 전부에 나타났던 경향 아니겠는가 생각한다. 사실 마르크스문학의 경우를 제외하고는 일본의 전통문학도 근대문학도 거의 그랬었다. 그러다가 전쟁에 말려들어 간 셈이다. 우리 문학의 경우에는 항상 정치와 씨름을 해야 했다. 일본의 근대문학에는 이광수의 「무정」에 나타나는 정치적 배경 같은 것도 없었던 것이 아닐까 생각한다. 이인직의 신소설 『혈의 누』는 1906년의 작품이고 문어의 작품이라고 해야 하는 것 아닐까. 이런 개화기의 한일문화의 비교연구를 해보고 싶다.

도손은 「봄」이라는 소설에 서구 시를 끌어들여 길게 그 원문까지를 인용했었다. 신변소설 같은 글을 펼쳐 가다가 때로는 그 부질없는 이야기도 전개의 길이 막힌 듯 불필요한 내용으로 한 회를 채운 것 같은 데도 있는 것이 아닌가 느껴졌다. 제3권에 수록된 단편들도 그런 수준을 넘지 못하는 것 같았다.

2012년 11월 8일

요즘은 왜 그런지 해방 이후의 좌우익 문제 그리고 북한과 남한의 문제를 자주 머리에 떠올리게 된다. 그것을 회피하면서 쓴 전후사는 바른 역사가 아니지 않는가 하는 생각이 들어서 견딜 수가 없다. 나는 일본말로 『한국문화사』와 『한국근현대사』를 써왔지만 무엇보다도 북이 소련군에게 점령되고 남이 미 군정하에 들어간 시절에 대해서 우리 모두가 깊이 있게 다루지 못한 것이 아닌가 하는 생각이 들어 못 견디겠다. 역사란 현실에서 자기 생각에 따라 취사선택해서 나열한 것이 아닌가 하는 생각을 금할 수가 없다.

1964년 10월 1일에는 대구 10·1폭동사건이 있었다. 1979년 10월 16~17일에는 부마사태. 그리하여 박정희는 쓰러진다. 해방 후 경북과 대구에서는 사회주의 동조 세력이 강했다. 그러나 박정희의 통치 이후에는 경북은 그의 비호 정책에 말려들어 갔다. 그래서 그 지역 반정부투쟁은 아주 약화되었다. 경남과 부산은 다소 달랐던 것 같다. 여기에서 박정희의 말년에 경북 대구는 조용했고, 경남 부산이 크게 반박反朴 운동에 동원되었던 것이 아닐까 하는 생각이 든다. 박정희에 대한 암살도 여기에 연관지어 생각할 수 있지 않을까. 그만큼 역사에 지방색이 스며들어 있었다.

그런 면에서 오늘의 박근혜와 문재인과 안철수의 대립이 있을 수 있겠다고 생각한다. 한국의 정치적 판도, 그 대립의 구도가 그렇게 축소되었다고 하겠다. 그것이 전라도 세력이나 기타 지역에서 지지를 얼마나 끌어당기느냐에 따라 승패가 결정되는 셈이 아닐까. 노무현 시대에도 경남 세력은 전라도 세력과 손을 잡지 않았는가. 이번에 문재인과 안철수는 단일화를 이룰 것이라고 생각하지만.

해방 후 이승만 정권은 남쪽에 팽배해 있는 좌익 세력을 누르기 위해 친일 세력과 손을 잡았지 않았는가. 민주화 후에도 경상도에서는 박정희에 대해서는 긍정하면서 이승만에 대해서는 부정적이라고 해왔다. 그래서 이승만 정부 때 특히 6 · 25 때에도 이승만 정부에 참여하는 것을 꺼렸다. 이런 판도이기 때문에 다른 도 출신, 심지어는 이북 출신이 대구에서 출마했던 적까지 있지 않았는가. 남한 전체가 남한 정권에의 참여에 긍정적이게 된 것은 대체로 6 · 25 한참 후였다고 생각해야 한다. 그리하여 정부와 국회에 영남 세력, 호남 세력의 참여가 크게 늘어난다. 영남 세력이 호남 세력을 누르고 압도적이게 되는 현상은 박정희 치하에서 매우 뚜렷해진다.

해방 이후 한국에 있어서의 정치 세력이란 이북 세력 우위에서 이남 세력으로 옮아가고 그리하여 영남 세력이 점점 독점하게 되어 가지만, 그 안에서도 경북과 경남이 대립하게 된 것이라고 할 수 있지 않을까. 이남 세력은 6 · 25 이후에야 북을 부정하는 남의 세력, 말하자면 이승만의 단독 정부 노선을 기정적인 것으로 받아들였다고 하겠다. 그 지역의 공기는 6 · 25 초에만 해도 남쪽 정부에 대해서 대체로 관망하는 자세였다. 좌익 세력에서 게릴라들까지 거기에 나타났던 것 아닌가. 그리하여 그 많은 희생자. 나는 오늘도 미국의 영향을 배제한 통일 세력 운운하는 정치를 내걸려고 하는 사람들이란 남한의 반공 세력에 의하여 희생된 사람들과 역사적으로 관련이 있는 것이 아닌가 하는 생각을 지워 버릴 수가 없다.

젊었을 무렵 대학에서 우리를 북에서 왔다고 백안시 하던 세력 그리고 6·25 때 곧 통일이 온다고 내놓고 공언하던 세력을 상기한다. 그후 남에서 세도를 쓰는 데 가담하면서도 북에서 남하한 사람이라면 기피하던 사람들이 있었다. 북이 그들이 생각하는 민족주의를 표방한다고 생각하던 지난날에 대한 향수가 남아 있어서였을까. 6·25 이후에 이남 사람들이 적극적으로 정부에 참여하면서 북에서 남하한 사람들은 추방당했다고 할까. 그래서 남하한 많은 사람이 가볍게 미국 이민이라는 길도 택하지 않았는가. 관청에서나 실업계에서나 그들은 추방되기에 이르렀던 것이다.

국회의원도 일제 때 저항했다는 것을 내걸고 참여하던 시대는 지나가고 말았다. 물론 그런 사람이 지금 남아 있을 리 없지만 이제는 돈과 인간관계를 동원할 수 있는 토착 세력만이 판을 치게 되었다고 하겠다. 애국운동을 했다는 것을 내걸던 시대와 민주화운동을 했다는 것을 내걸던 시대는 사라져 갔다. 요즘은 민주화운동 경력 같은 것이 있다고 해도 선거전에서 그런 것은 도리어 숨기려고 하는 시대가 아니겠는가. 이런 심층의 역사를 파헤치고 문제 삼는 역사를 써야 하는 것 아닌가 생각한다. 그래서 내가 쓴 현대사란 연표적인 것으로 보이고 우리 가슴에 와 닿지 않는 것으로 나 스스로 부정하고 싶어진다. 이승만에게는 부정적인 시선을 던지면서 어쩌면 박정희는 부정적인 입장에서 구해 보려는 민심이 있는 것 아닌가 하는 생각이 들 때가 적지 않다. 그에 대한 비호 세력이 오늘도 박근혜를 받치고 있는 것 아니겠는가. 그것은 부정되어야 할 세력인데 하는 생각을 가지고 나는 이번 경남과 경북이 서로 싸우는 선거를 지켜보고 있다. 무엇보다도 경상도 이외의 세력에 호소해야 한다는 현실 앞에서 어느 쪽이 이번에는 성공하느냐 하는 것을 눈여겨보고 싶다.

그런 지극히 인간적인 감정을 넘어 역사는 전진하는 것이라고 그것을 넘어선 큰 흐름을 지켜보아야 하겠지만 말이다. 북이든 남이든 우리는 자기가 처해 있던 해방 후의 역사에 반발하면서, 특히 북에서는 소련의 힘을, 남에서는 미국의 힘을 거부하고 싶어 하면서 허망한 역사의 그림을 그려 보았던 것 아닌가 하는 생각이 든다. 그래도 이남 친구를 발견하고 다정한 이야기를 나눈 적도 있기는 한데 하고 먼 지난날을 아련히 회상한다.

2012년 11월 10일

나는 노무현 집권 시대에 너무나 한심하다는 생각에서 내각책임제를 선호한 적이 있었다. 그러나 다시 대통령제 우위를 생각한다. 무엇보다도 그래야 개혁을 국민에게 약속하고 다소라도 실행할 수 있을 것 아닌가. 오늘은 혁명이란 불가능하고 점진적인 성장만이 있을 수 있으니까 말이다. 혁명의 허망성이란 이북이 보여 주는 저 현실이 우리에게 가르쳐 준다. 그것은 소련이 패망해 가던 모습을 재생산한 것, 아니 더욱 악화시킨 것이라고 할 수 있지 않겠는가. 호흡이 긴 민주화의 길밖에는 도리가 없다. 급성장, 급변화란 인간에게는 있을 수 없는 것이다. 모든 생명에게 있어서 그런 것이라고 해야 하겠다. 인간사회란 하나의 생명체니까 그럴 수밖에 없다고 할까.

한국의 현대사는 30년 단위로 생각할 수 있는 것이라고 보인다.

해방 후부터 박정희의 죽음까지 30년이란 거의 민주주의 없이 일제 잔재에서 허덕이던 시기였다. 그러니까 6·25도 있었던 것 아닌가. 그후 오늘날까지 30년은 군정체제에서 허덕인 시대이고 이제는 민주적인 길을 걷기 시작한 것이라고 해야 하겠다. 무엇보다도 전면적인 선거 부정 등 독재의 잔재는 없어졌으니까 말이다. 그러니까 박정희의 딸이 나타나는 것이 지난날 역사의 마지막 장이 아닌가 하고 느껴진다. 그것을 넘어서야 한다. 그것은 역사의 급변을 추구하다가 실패한 민주 세력이 낳은 반동의 시대라고 나는 생각한다.

이제는 동북아의 시대라고 하겠는데, 이런 길을 유럽도 걸어온 것 아니겠는가. 지금 유럽에서 그것이 위기에 직면해 있다고는 하겠지만 말이다. 역사의 진보를 위해서 찾아오는 위기—해결을 하고 지나고 나면 또 위기가 생기고 새로운 문제를 찾아 나아가야 하는 것이 역사가 아니겠는가. 그런 사이클을 역사는 걸어간다. 참 이런 우리의 현대사 이전에 일제시대 30여 년이라는 것이 있었지 않는가. 이런 근현대사를 생각하면서 이제부터는 혁명 없는 역사의 성장이라고 현대사를 그려 보게 된다. 우리는 이러한 역사, 진보의 길을 걸어왔다. 성미가 급해서 혁명을 몇 번이나 꿈꾸었지만 말이다.

앞으로의 동북아의 시대에는 한국의 정치 현실이 중국과 일본에 비해서 보다 진보적이라고 할 수 있지 않을까 생각한다. 중국의 낙후된 정치 형태와 일본의 보수적인 정치 형태를 생각한다. 그렇지만 일본과의 우호는 매우 중요하다. 민주주의라는 점에서도 그렇고 무엇보다도 미국과 중국과의 관계에서 우리는 그들과 가장 가까운 거리에 있어야 한다고 생각한다. 일본과 접촉하는 법을 신중히 생각해야 한다. 독도 문제 같은 것은 떠들지 말고 은근히 우리가 지켜 가면서 역사적으로 정착하게 하면 된다. 일본의 국민성에서 그것을 전진적으로 우리와 해결할 도리는 없을 테니까. 내 주장만이 아니라 상대의 입장도 고려해 줄 줄 알아야 이 시대의 정치라고 하겠는데 민족주의적인 목소리를 높여서 정치의 안정을 찾아야 한다는 정부니까. 독도 문제도 중일간의 센카쿠열도 문제도 국제적으로 양국 소유로 한다는 것을 인정하는 지혜의 시대가 올 수 있으면 하고 나는 생각한다. 그래야 동북아시아 공동체의 시대라고 하지 않겠는가.

2012년 11월 13일

나가이 가후의 『아메리카 이야기』를 읽고서

나가이 가후永井荷風(1879~1959)의 『아메리카 이야기』를 다 읽었다. 1903년부터 거의 4년간 미국에 체재했던 기록이다. 미국 찬미, 따라서 일본 비판의 글이라고 할까. 그러니까 글에 따라서는 그때에 발표할 수 없었던 것도 있었던 모양이다. 외국인들의 이런 미국 여행 기록을 비교 연구할 필요가 있지 않겠는가. 토크빌이나 디킨스의 기록은 19세기, 남북전쟁 이전의 미국을 대상으로 한 것이었고, 토크빌은 보다 긍정적으로 보았다면 디킨스는 보다 어둡게 그려 냈다. 각기 조국을 달리했고 정치적 사상가와 소설가로서 보는 눈이 달랐고 찾아간 곳도 달랐지만.

나가이의 미국행은 토크빌이나 디킨스의 60여 년 후, 미국이 노예해방선언을 한 40년 후였다. 나가이는 흑인의 어두운 생활에 대해서는 거의 그리지 않았다. 미국에 사는 동양인 특히 중국인과 일본인의 그늘진 모습을 그렸을 뿐, 미국은 자연도 인간도 아름답기만 하다고 했다고 할까. 이렇게 동양인과 유럽인들이 그린 미국은 서로 달랐다. 아직은 미국인이 동양인이나 흑인을 동등하게 다룬다는 것은 생각지도 못하던 시대였다. 그의 미국 부인들에 대한 긴 찬미의 글에서 한 구절만 인용해 보자.

> 나는 서양 부인의 육체미를 찬양하는 제일인자로서 그 곡선미 뛰어난 허리, 표정이 풍부한 눈, 조각과 같은 부드러운 어깨, 풍요로운 가슴에서 굽 높은 작은 구두를 신은 발까지 사랑한다는 것뿐일까…. 한편 일본의 아녀자의 모습을 보면 그들은 이런 식의 능력에 결여된 모습이라고 보이지 않는가. 무엇보다도 일본인이라고 하면 비난과 간섭의 국민이니까 이 사회에서 양성된 약한 여성은 두려워하고 위축되어서 마음대로 그 천부의 모습을 장식할 수 없는지도 몰라. — 337쪽

이런 생각은 오랫동안 일본 국민을 지배했던 것이 아닌가. 시인 하기와라 사쿠타로萩原朔太郎도 다카무라 고타로高村高太郎도 그랬던 것 아닌가. 그러다가 일본이 침략주의로 나아가면서 국가주의가 고취될 무렵에는 열등의식이 돌연 우월의식으로 바뀌어 갔다. 동양에서 일본인만은 스스로 백인화된 것처럼 생각하는가 했더니 백인보다 자기들이 더 우월한 존재라고 선전하면서 전쟁을 고취하기 시작했던 역사가 이어진 것이 아닌가. 그 문명에 황홀해하다가 하룻밤 사이에 경멸로 바뀌고 침략의 대상으로 삼는 무가문명이라고 할까. 해적적이라고 해서 좋을는지도 모른다. 그 문명이 찬란하다면 그 내실에 대해서 깊이 고찰해야만 했을 것 아닌가. 그들에게는 미국 문화의 내실에 대한 고찰은 거의 없었다. 이것이 바로 제국주의 시대의 문화적인 자세였다고 할까.

아직 미국은 일요일이면 해수욕도 못하던 금욕의 시대에 살고 있었으며 일본에서는 소설은 여학생이 읽어서는 안 된다는 시대였다.

차이나타운의 어두운 묘사. 동양인은 강제수용소는 피했다고 해도 그런 전락한 생활을 영위하는 그야말로 그늘진 인생이었다. 그런데도 어떻게 해서 오늘날과 같은 교육받은 세대들이 자라날 수 있었을까. 미국 사회의 변화 발전도 있었겠지만 역시 동양인의 신분 지향성이 큰 역할을 했다고 할까. 그때는 이렇게 생각했다는 것이다.

> 우리 동양인이 짊어져야 할 천직은 누가 말하듯이 동서의 문명을 조화시킨다고 하는 꿈과 같은 공상에 취하는 것이 아니라 남자는 모두 꽃이나 재배하고 여자는 모두 무희가 되어 섬나라 전부를 세계 환락의 악기 장으로 만들어 버려야 하는 것이 아닐까.

> 일단 뉴욕에 도착한 이후 가는 곳마다 불빛 찬란하지 않은 곳이 없는 이 신대륙 대도시의 밤이 얼마나 나를 즐겁게 하는가는 새삼 말씀드리지 않아도 되리라고 생각합니다. 아 아 뉴욕은 참으로 놀라운 불야성입니다. 일본에서는 도저히 상상할 수 없을 만치 밝고 눈부신 전등의 마계魔界입니다.

나가이는 1907년에 뉴욕을 떠나 10개월 동안 파리에 갔었다. 그의 『프랑스 이야기』도 서구문명의 내실에 관한 이야기는 거의 없고 전깃불 찬란한 거리에 대한 예찬에 끝난 것이라고 해야 할 것 같다. 그의 글은 화려한 미문이고, 명문이다. 『프랑스 이야기』는 1909년에 출판될 예정이었으나 발매 금지가 되었다. 그래서 그중 여러 편을 손질해서 여기저기 잡지에 냈던 모양이다. 그는 "현실에서 본 프랑스는 보지 못했을 프랑스보다 더 아름다웠고 더 다정했다"고 했으니 정말 심취되었던 모양이다. "프랑스의 땅을 밟기 위하여 지금까지 살아왔다"(545쪽)고까지 했었다. 발매 금지를 당하기 전에는 다음과 같은 글이 들어가 있었다는 것이다.

…머리칼이 부족하고 이빨이 더럽고 핏기 없는 여인의 얼굴은 일본이라는 나라에서는 화장술을 전시하고 얼굴에 대한 비판을 허용하지 않으며 모든 연애의 환락을 부정하고 여자는 전적으로 러시아를 정복할 미래의 병졸을 낳아야 하는 번식의 기계에 지나지 않는다는 것을 자신에게 암시하듯이 남에게 납득하게 하려는 듯이 보인다. — 651쪽

정말 나가이는 '언제나 꿈을 꾸고 있는 듯 단정한 파리의 처녀, 그에 못지않게 젊어 보이는 여인들'(546쪽)하고 파리의 여성을 묘사하는 데 끝이 없었다.

아아, 파리의 황혼! 그 아름다움, 그 번화함, 그 정취 넘치는 경치는 한 번 파리에 발을 들여놓은 사람에게는 오랫동안 잊을 수 없는 색깔과 음향이 어울려 혼란스럽다. — 548쪽

그래서 거기서 떠나 일본으로 귀국하라는 명령을 받은 외교관은 일본을 '길고 긴 여행 끝에는 앞에 놓이게 될 무서운 섬'이라고 생각하면서 파리에 머물 수만 있다면 하고 하층 노동자마저 꿈꾼다. '동양이라는 곳은 참으로 처참한 고장'이고 '무서운 노동의 나라'라는 것이었다.

이렇게 서양 숭배라고 할 만한 경지에 빠져 버렸던 일본인들이 어떻게 일본 국민들로 하여금 서구 정복마저 꿈꾸게 하였을까. 일본의 전통적인 무가 사회란 이렇게 나보다 거대한 존재라면 복종할 수밖에 없다고 생각하지만, 언젠가는 자기들이 정복해야 할 대상이라고 생각한다는 것일까. 처음에는 동양을 정복한 패자가 될 것을 꿈꾸었겠지만 그것이 허락되지 않으니까 고민하다가 무모한 길로 나아갔다고 할까. 국민 의식에서 본다면 그들은 열등의식에서 우월

의식으로 돌변했다고 하겠다.

다카무라 고타로는 1910년에 유럽에서 귀국했을 때 '원숭이 같은, 여우 같은, 날다람쥐 같은, 검정망둥이 같은, 송사리 같은, 귀와鬼瓦 같은, 찻잔 조각 같은 일본인'이라고 했다가 제2차 세계대전 때는 전쟁 참여의 시인으로 돌변했었다. 그리하여 1945년 이후에는 참회의 시인으로 급변했던 것 아닌가. 거기에 논리와 사상이란 없었던 것 아닌가 생각된다. 다만 세태에 따라갔던 것이라고 해야 할 것 같다. 나가이도 다카무라도 미국이나 유럽을 보았을 때 그 문화와 그 문화의 내실은 거의 찾아보지 못했던 것 같다. 나와 다른 것에 매혹당하고는 일본을 비하해서 생각했다가 어느 날인가 질투하고 적대시하고 폭력을 선포한 것 아니겠는가. 상대편에 있는 문화와 전통, 정의나 자유 그리고 고통과 고뇌 같은 것을 깊이 보려고 하지 않았던 것이 아닐까 생각된다.

나가이의 『아메리카 이야기』와 『프랑스 이야기』란 바로 아메리카 특히 프랑스에 대한 도취의 이야기였다고 생각한다. 그렇다면 나가이는 제2차 세계대전을 전후해서 어떤 자세를 취했을까. 사전에 기록된 것에 따르면 현실에서 도피하여 에도희작江戸戯作에 숨었다고 하는데… 그는 탐미적인 작가였으니까. 이런 데 비해서 중국과 한국이 본 유럽이나 미국은 어떠했을까. 도산의 경우를 보면 우선 미국 사회와 정치를 바라본 것 같다. 그리고 거기에 흐르는 기독교적인 윤리를 보았다. 같은 대상을 놓고도 일본과 한국이 자기네 과제를 중심으로 서로 다른 눈으로 미국을 바라볼 수밖에 없었다고 하겠다. 한국의 초기 미국 이민 거의가 기독교에 입교한 이유도 여기에 있지 않겠는가. 한일 근대화에 대한 비교연구로서 여기에 대한 사상사적인 연구도 하고 싶다. 일본의 경우에는 정치가나 정치사상가들의 견해도 찾아보면서. 그러나 여기서도 나는 일모로원日暮

路遠을 탄식할 뿐이라고 해야 할 것 아닌가.

한 가지 특기할 만한 것이 있다. 미국에서 그렇게 노예에 버금가는 대우를 받으면서도 한·중·일의 이민들은 어떻게 미국 사회에서 교육을 받고 중산층을 지향해 갔는가 하는 문제 말이다. 물론 그들은 같은 황색인종이면서도 대화는커녕 거의 적대 관계에 놓여 있었다. 우리의 미국 이민은 일제에 의하여 금지되기에 이르렀지만, 그러나 전후 오늘에는 이민자 수에 있어서 일본을 능가하게 되었다. 미국 이민에 있어서의 한·중·일 비교연구도 흥미 있는 과제가 아니겠는가. 이제는 어느 한 나라에 관한 연구보다 동북아의 앞날을 생각하면서 한·중·일을 비교해서 논하는 것이 필요할 것 아닌가.

2012년 11월 15일

경북과 경남

『삼국사기』를 때때로 읽는다. 신라의 삼국통일 전야의 삼국의 역사를 비교해서 읽어 보는 것이 좋은 것 같다. 신라와 백제의 사신이 빈번하게 당을 왕래하면서 조공을 바치던 말하자면 한반도 정세가 매우 긴박했던 시절이었다. 당이 최후에는 신라와 하나가 되어 고구려도 백제도 멸망으로 몰아가게 되지만, 특히 「백제본기」를 보면 당이 왜 이웃 나라끼리 싸우느냐고 하면서 '저병안인沮兵安忍' 해야 하지 않겠는가고 '공독린정 즉정병혁共篤鄰情 卽停兵革'을 권고하는 대목이 나온다.

여기에 대하여 백제 무왕은 곧 사신을 파견하고 사과의 뜻을 표했다고 했는데, 이것은 겉으로 꾸민 것이고 실제는 '내실상구여고內實相仇如故'였다는 것이다. 그러다가 고구려 문제로 당은 신라로 기울어지게 되는 것 아닌가. 의자왕義慈王 때 당 고종의 유서諭書는 더욱 대단했다. 이 시대의 이러한 삼국의 국가 전략을 비교연구해 볼 필요가 있지 않겠는가. 어쩌면 오늘에 있어서의 한반도에서 대립하고 있는 남북이 중국을 대하는 것과 너무나 유사하다고 하지 않겠는가. 중국이 당과 같은 태도를 견지하다가 지쳤다고 하면서 이제는 실리를 추구해 보겠다고 하는 것은 아닐까.

2012년 11월 16일

동북아시아 문화에 있어서 음악과 악기가 성장하지 못한 이유를 어디에서 찾을 수 있을까. 동양 종교에 있어서는 음악이란 그다지 중요하지 못했으며 침묵이 훨씬 강조된 것 같다. 서구에서는 교회음악으로 크게 성장하여 음악 자체로서 커다란 예술 세계를 이룩했던 것이 아닌가. 동양 종교가 보다 자연주의적이었고 이른바 인격적인 신을 전제하지 않았기 때문이었을까. 기독교는 Deus dixit에서 뚜렷하게 인격적인 신을 내걸고 그의 음성 그의 말씀을 전제했다고 할까. 음악 문제는 이처럼 언어적이었다는 것, 언어에 의한 커뮤니케이션에서 시작한다는 것과 관계가 있는 것 아닐까. 그리하여 서양음악의 악기는 얼마나 과학적인 길을 걸어왔는가. 어쩌면 그것은 서구과학과도 관계가 있을 듯하다. 인간이 힘을 다하여 신을 찬송하려고 했던 것 아닌가. 음악에서 과학으로라는 것은 너무나 지나친 생각일까.

2012년 11월 17일

아침에 이승만 목사와 전화로 이야기했다. 서울을 다녀왔다고 하면서 오재식의 자서전이 출판된 소식을 전해 주었다. 내가 서울에 있었다면 그런 자리에서 좀 더 자세한 이야기를 할 수 있었을 텐데 하고 생각했다. 박정희 정권 붕괴를 위하여 국내외 세력을 크게 동원할 수 있었던 것에 대한 이승만의 노력은 매우 큰 것이었다. 그러나 이승만은 자기 공은 언제나 숨기려는 사람이었다. 나는 이승만에게 부산과 대구, 경남과 경북에 대해서 이야기했다. 1979년 김재규가 박정희를 암살한 것은 경남북이 정치적으로 분열되어 있다는 것을 보여 준 것이었는데 사실 박정희 퇴진을 위해 대대적인 데모를 한 것은 부산이 아니었는가. 대구는 침묵하고 있었는데….

해방 후 특히 6 · 25 후였다. 남한 정부에 남한 국민들이 적극적으로 참여하게 된 것은 6 · 25 후가 아니었던가 하고 나는 생각한다. 체념했다고 할까, 현실적이게 되었다고 할까. 북한에 대한 관념적인 동경, 통일이라는 정치 슬로건을 포기했다. 그러면서 그들이 적극적으로 정부에 참여하게 되자 해방 후 이승만 정부에 참여했던 이북 세력은 후퇴해야만 했다. 그리하여 이북 세력의 자녀들은 관료의 세계를 떠나 학계나 의학계 같은 데로 피하고 많은 사람이 미국 이민의 길을 택했었다. 이런 현대사의 심층을 가려내야 하는 것이라고 생각한다.

경상도 세력이 점점 커지고 후에 가서는 경남북이 정치 자세를 달리하게 되었다고 할까. 경남이 경북보다는 대전라도 자세에서도 포용적이라는 것을 알아야 할 것 같다. 그래서 노무현이 김대중 밑에 머물러 있었지 않았는가. 그리고 그가 집권했을 때 전라도와 연립정권 같은 것으로 가는 경향을 보여 주었다. 이것은 경상남도 세력이 국민 세력화하는 길이었다고 할 수 있을는지도 모른다.

이번에 문재인과 안철수가 경남 세력으로 나와 드디어 단일화에 성공하고 박근혜는 박정희의 경북 세력을 집결시킨다. 이 결과가 어떻게 되는가 하는 것은 매우 흥미롭다. 나는 문재인의 경남 세력이 승리하고 호남 세력을 껴안을 수 있고 전국 세력화의 길을 갔으면 한다. 그래서 박정희의 악몽이 끝났으면 하는 것이다.

그렇게 되어서 한국 정치사가 후퇴하는 일 없이 전진할 수 있기 바라지만, 이런 배경에는 한국의 민주화 세력이 집권해서 자기 배반의 길을 가는 실정失政을 거듭했다는 것이 있다. 세계사적으로 보면 어디서나 정치현실이란 이렇게 혁명을 혁명으로 집권한 세력이 스스로 배반하는 것이었다.

어쨌든 한국 정치가 경남북의 대립에서 악순환을 거듭하고 있는 것은 퍽 흥미로운 풍경이라고 할까. 군사정권은 경북 세력이었으니까. 그때는 마치 경남북이 하나인 것처럼 보였지만 그 사이의 분열, 대립은 은근히 성장하고 있었던 것 아닌가 생각된다. 그러니까 부산사태 이후 경남 출신인 김재규가 박정희를 살해하는 사건이 일어났던 것이다.

이런 현실의 움직임에 대한 정치사적·정치사상적인 해석이 매우 필요할 것이다. 오랜 유교적인 대립의 역사가 이런 과정을 거쳐 가면서 극복되어 가는 것 아니겠는가. 역사란 혁명을 필요로 하지만 혁명이라는 단순한 환상으로 극복되는 것이 아니다. 혁명은 단지 미래를 멀리 불 비추어 보여 주는 것 아니겠는가. 이렇게 역사를 긍정적으로 평가하고 격려해 주는 것이 필요하다고 나는 생각한다.

한국 현대사에 대한 이견이라고 할까, 의견이라고 할까. 정권 교체를 혁명이나 된 것처럼 흥분했던 시대는 지나갔다. 앞으로는 더욱더 잡음 없는 대통령선거로 정권이 교체되어 가리라고 본다. 미국에서 케네디나 마틴 루터 킹이 살해되던 시대가 지나간 것처럼 말이다. 오바마가 재선이 되지 않았는가. 한국도 점점 조용한 민주주의로 발전해 가리라고 생각한다. 경상도에서 경북과 경남이 정치적 성격을 뚜렷이 달리하고 경남이 전라도 세력과도 함께하는 정권을 자아내고 전국적인 정권을 산출해 낸다는 것은 흥미 있는 정치 풍경이 아니겠는가. 그리하여 다음에는 그들이 다른 도 출신의 후보자를 지지하게까지 된다면 한국의 정치는 지역 정치적 시대를 넘어서게 된다. 그렇게 해서 남북통일의 시대를 준비해야 하는 것 아니겠는가 생각한다.

1946년 10월 1일에 일대 폭동이라고 했던 소요를 일으켰던 대구. 그러나 4 · 19 후에는 잠잠해졌고 박정희의 비호 세력으로 화했다고 했던 경북이 아닌가. 1979년 부산은 군사정권에 대해서 거센 저항을 했고 그리하여 김재규를 내세우기까지 했던 경남이 아닌가. 이런 정치 풍토가 이번 선거 밑바닥에 아직도 여전히 깔려 있는 셈이다. 역사는 엄존하고 혁명은 그것에서 분출하는 함성, 화산의 분출은 그 풍토에 수정을 요구하는 경고가 아니겠는가. 박정희는 부산에서 대대적인 데모가 일어났을 때 저 데모대 몇백 명 또는 수천 명만 잡아 치우면 된다고 생각했다는 것 아닌가. 지금은 민주적인 정권 교체의 시대이다. 언제가 되어야 우리도 미국처럼 조용한 선거를 치를 수 있을 것인가 하는 생각을 하면서 눈을 감는다.

2012년 11월 17일

이곳에서 오늘 오후에 방송된 KBS 뉴스니까 한국에서는 어제 방송되었던 것이겠지. 문재인이 선거강연을 하면서 이명박이 한 것이 아무것도 없으니 0점이 아닌가고 큰소리치는 장면을 보았다. 그런가 하면 원자로도 팔았고 세계 8대 무역국에 들어가게 하지 않았느냐 등 못한 것보다 잘한 게 더 많다고 지지하는 사람도 있는 것 아닌가.

문재인이라는 사람이 지혜 있는 사람 같이 보이지 않아 좀 걱정이다. 이명박이 잘못한 데도 있지만 경제정책은 상당히 해낸 것 아닌가. 역대 대통령이 말기에는 인기가 땅에 떨어졌던 것에 비하면 그렇게 야당에서 끌어내리려고 해도 잘 견디어 내고 있다고 생각된다. 거기다가 여당 내에서도 이명박과 박근혜는 서로 대립해 있는데 말이다. 그런 선동조의 유세 강연이 먹혀 들어가는 시대는 지나가고 있는 것 아닐까.

야당이 인물과 정책에 있어서 빈약한 것 같아서 참 문제다. 지난번 국회의원 선거에서도 야당이 유리한 풍토를 이용하지 못하고 패배한 것을 회상하게 된다. 여야가 모두 인물 결핍의 시대에 접어들었다. 정치적 인간에 대한 경멸이 더욱 확대되어 가는 이 시대를 어떻게 극복할 수 있을 것인가. 그래서 안철수도 나왔던 것인데. 박근혜는 죽은 박정희를 내세우고 문재인도 죽은 노무현을 내세우는데 그들에 대해서 비판적인 사람들은 어떻게 하겠다는 것인가. 이번에 나온 사람들이야말로 양식의 사람들이어야 하지 않겠는가. 낙관적인 생각을 하다가도 한국 민주주의에 위기가 다가오고 있는 것 같아 우려하게 된다.

2012년 11월 28일

나가이 가후의 문학

나가이 가후의 작품을 계속 읽고 있다. 일본문학은 주인공을 큰 인물로 미화하는 것을 기피했던 것 아닐까. 그는 기생, 게이샤藝者를 즐겨 그렸지만 그것은 타락한 인간상이고 거기를 즐겨 찾는 남성은 모두 퇴폐한 인간이라고 해야 하겠다. 성관계에 얼룩진 그림이지만 거의 매음의 세계이다. 인간을 왜소화하면서 원래 인간이란 이런 광적인 세계를 살아가는 하잘 것 없는 존재라고 설득하려고 애쓰는 것 같았다.

이것이 『겐지모노가타리源氏物語』 이래의 일본문학 세계의 전통이 아닐까 생각한다. 그리하여 근대에 이르러서는 천황만 신격화했고 일반인은 죽어야만 불佛이라고 하지 않았는가. 인간의 영웅화는 리얼리즘이 아니고 허위라고 생각한 것으로 보인다. 그런 묘사 속에서 음탕한 공기를 느끼기보다 서글픔을 느끼게 된다. 일본의 '아와레哀'란 그런 것이 아닐까 생각했다. 거기에 삶의 비장함이란 없었던 것 같다. 이렇게 인간을 거인화하기보다는 왜소화한 문학. 그래서 끔찍할 수 없는 계급적인 무사 사회에서 체념하면서 그래도 숨쉬고 살아남으려고 한 조닌문학町人文學이라고 생각하게 된다. 오리구치 노부오折口信夫는 그래서 '은자문학隱者文學'이라고 했던 것 아닌가. 나가이는 바로 그 문학 전통에 충실하려고 했다고 할까, 그것을 즐겼다고 할까.

일본은 전통적인 사회를 제도로 묶었다고 한다면 한국은 사상으로 묶었었다. 이것이 모두 근대에 이르러 붕괴되기에 이른 것 아닌가. 조선왕조 이래의 주자학 아래서의 신분사회 그리고 일본의 무사제도 아래서의 신분사회, 이 모두가 붕괴하면서 일어나는 사회적 갈등. 정말 다난한 시대가 아니었던가. 거기서 조선의 식민지화라는 무사적 전통의 일시적 승리가 있었다고 하겠다. 그러나 세계사적으로 그것은 패배하는 수밖에 없었다. 그렇게 계속되는 한국과 일본의 역사적인 갈등은 언제까지 계속할 것인가. 프랑스와 독일처럼 손잡는 날은 언제 가야 가능할까. 무엇보다도 동북아시아에서 내셔널리즘의 전통이 퇴색해야 하는 것 아니겠는가고 나는 생각한다.

2012년 11월 29일

역사의식에 있어서의 공간과 시간이라는 문제를 요즘 무척 생각하게 되었다. 광대한 지역이면 더욱 그렇다고 하겠지만 우리나라의 경우는 남북의 문제가 특이한 조건으로 작용해 온 것이 아닐까. 조선 시대는 물론이고 삼국 시대까지 거슬러 올라갈 수 있을는지도 모른다. 특히 해방 후 60여 년의 역사란 그런 것이 아니겠는가. 6·25사변 때 전라도 출신 동창을 만났더니 이제는 좌익의 시대가 될 것이 아닌가고 그 전란의 시대를 다행하게 생각하는 것처럼 말하는 것을 듣고 당황했던 것이 잊어지지 않는다. 그때 나는 사병으로 38식 총을 메고 있었는데 그는 군대도 피하고 유유자적하고 있었다고 할까. 그후 그런 날을 잊은 듯 그는 요직을 역임했다. 그는 해방 후 월남한 나와는 역사적 경험을 달리했으니까 하는 수 없었겠지 하고 생각할 뿐이다.

이러한 의식의 단절이 세대 간에서도 생기는 것을 지금 우리는 보지 않는가. 박정희 시대를 많은 노인들이 지지하는가 하면 또한 젊은 층이 지지한다고 하는 기이한 현상을 보게 된다. 그래서 나는 연표적 시간계열로 서술하는 역사에 회의를 느끼곤 한다. 그렇게 다른 역사의식 또는 현실 이해를 앞에 놓고 우리는 하는 수없이 다수를 택하고 그것으로 만족하기로 하고 갈등을 회피하는 도리밖에 없다고 하는 것 아니겠는가. 이것이 민주주의라는 것일까.

2012년 11월 30일

나가이 가후 전집을 계속 읽고 있다. 왜 이렇게 작품에 나오는 여성이라면 거의 모두를 게이샤화하고 창녀화하는 것일까. 인간 왜소화 그리고 가족은 붕괴 상태. 지금 읽는 「부침浮沈」에서도 후지키藤木도, 기요지마淸島 사다코도 그런 타기할 수밖에 없는 인간상 아닌가(전집 제9권 379쪽 전후). 사다코에게는 연민의 정이 간다고 할까. 다도코로田所라는 변호사는 이면에서는 사창가의 장사꾼 아닌가. 윤리의 부재, 여기서 농락당하는 여인 군상. 이렇게 일본 사회를 전락한 모습으로 몰고 가야 하는 것일까.

이런 작품 구성을 나가이는 해방 후 말하자면 그들이 말하는 종전 후에도 계속했다는 것일까. 더 읽어 가야 하겠다. 이런 경향은 일본문학 전체에 암류暗流처럼 흘러가던 것 아닌가. 시마자키 도손의 『날이 밝기 전』 같은 대작에도 영웅적인 주인공은 없었던 것 같다. 그들의 문학은 인간 왜소화의 문학인데 그것은 일본 사회가 주는 압력에서 온 것 아니겠는가 하는 생각이 든다. 천황, 도노사마殿樣·藩主 이외에 자주적인 인간이란 있을 수 없었다는 사회에서 온 것 아니겠는가. 사실은 그들, 윗사람도 조종을 받아야 하고 자주적인 인상은 허상에 불과했지만. 그것이 그들의 철학 그들의 인생관이었다. 그러니까 무상에 흐를 수밖에 없었고 무상관으로 체념해야만 했다. 그들의 무상관의 근원은 바로 거기에 있었는지도 모른다. 이것이 일본에서의 천변풍경川邊風景적인 것, 세태소설 같은 자연주의적인 작품이라고 할까.

우리에게 있어서는 이광수의 계몽적인 소설, 예를 든다면 『무정』에 등장하는 기생 영채도 히로인화되었던 것 아닌가. 나가이의 소설 같은 것은 우리 문학에서는 찾을 수 없는 것 같은데, 이런 비교문학적인 고찰은 한일 사회에 대한 비교로 이어지는 것 아닐까 생각한다.

나가이 전집 제8권에 있는 「장마 전후」(314쪽)에는 '기미에君江처럼 나면서부터 여자의 수치와 정조의 관념이 결여되어 있는 여자'라는 말이 나와 있지만, 이것이 나가이가 되풀이해서 찾아서 그리려고 하는 여인상이었다. 그와 함께 마쓰자키松崎라는 법학박사이며 정부의 고관인 인물이 잠깐 등장한다. 그는 독직 사건에 걸려들지만 "세월은 공죄功罪 모두 이러한 망각 속에 묻어 버린다. 이야말로 참말로 꿈과 같다고 해야 한다"라고 말한다. 그는 "세상에 대해서도 자신의 생애에 대해서도 모두 반은 강개慷慨하고 반은 냉조冷嘲하고 싶은 심통한 심정이 된다." 그래서 "인간 세상은 과거도 장래도 없고 그날그날 고락이 있을 뿐이고 훼예毁譽도 포폄褒貶도 모두 깊이 생각할 필요가 없다고 생각하게 된다." 그러니까 60이 되어서도 병도 없이 '스무 살 여급女給'을 데리고 마음대로 즐길 수 있고 "그 행복은 훨씬 왕후王侯 이상의 것 아니겠느냐"고 웃어 버리려고 한다는 것이었다.

이런 체념이라고 할까, 그런 데서 자칫하면 불교도 가볍게 추구된 것 아닌가 하는 생각이 든다. 이렇게 왜소화된 인생이라는 것이 일본적인 삶이라고 체념해야 했던 것 아닌지 모르겠다. 그것은 그늘 속에 피는 꽃의 삶이고 아와레라고 하는 것인지도 모른다. 이것은 무사 사회라는 견고한 사회가 주는 개인의 의식이 아니었을까 하는 생각이 든다.

「부침浮沈」은 전쟁 중에 썼지만 1946년 1월 이후에야 발표할 수 있었다고 하고 그 후반은 전후에 다시 썼다고 하니까 여기에 나가이 가후의 그 시대에 대한 의식이 스며들어 있다고 하지 않겠는가. 파란 많았던 여급 기요지마 사다코와 귀족 출신인 오치越智의 동거 생활이 정상적인 결혼으로 나아가 해피엔딩으로 끝나게 된다. 그런 긍정적인 묘사, 신분 높은 남자와 바의 신분 낮은 여급이 함께 가정을 이루고 귀족 남편이 낡은 주택을 팔고 아파트로 간다는 것이 새 시대를 상징한다고 하겠지. 오치는 병을 앓아 입원했다가 퇴원하고서 이 작품 마지막에 나오는 그의 일기에다가 다음과 같이 썼다는 것이다.

> 그녀는 지난날 시대 사람들이 가지고 있었던 것을 지금도 역시 버리지 않고 있다. 이 점에 있어서 그녀도 나와 마찬가지로 세상의 낙오자임을 면할 길이 없다. 사다코가 지난날 세상의 미덕을 버리지 않고 있는 한 우리 둘의 관계는 이후에도 파란 없이 평화롭게 계속될 것이다. 나는 그것을 원하고 있다.

이것이 전쟁 전에서 전쟁 후로 이어지는 작가의 의식이라고 할까. 전쟁 전을 그렇게 어둡게 그렸음에도 불구하고 거기에는 일본적인 선한 것 아름다운 것이 깃들어 있었다고 생각한다. 그리고 사다코는 그렇게 시달리면서도 아름다운 것을 유지하고 있었다고 하는 것이다. 거기에는 전쟁 전후의 단절이란 없는 셈이다.

> 뭔가 급한 용무라도 있으면 갑자기 뛰어드는 거동, 거기에는 경망하다기보다는 언제나 어린애 같은 악의 없는 성품이 보여 주는 남들로 하여금 곧 측은한 생각과 사랑의 정을 느끼게 하는 매력이 있었다. — 제9권 412쪽

『아메리카 이야기』에서 그렇게 미국을 찬양하고 『프랑스 이야기』에서 귀국해 가야 할 조국을 '무서운 섬'이라고까지 하면서 몸부림치던 젊은 날의 나가이는 정말 일본을 사랑하는 작가였다. 이것은 나가이 개인을 넘어 어디서나 볼 수 있는 일본인상이었다고 하겠다. 그리고 지난날에 그지없이 어둡게 그리던 비판적인 작가가 패전 후에는 뒤를 되돌아다보고는 그날들에 깃들어 있던 아름다움을 회상하면서 차라리 자기는 거기에 머물고 '낙오자'가 되겠노라고 했다. 이처럼 「부침」이라는 작품은 전쟁 전과 전쟁 후를 잇는 연결고리였다.

2012년 12월 5일

가후의 작품은 전쟁 전후 별로 변화가 없었다고 해야 하겠다. 「가을의 여인」(1947)이라는 작품에는 드물게도 '무모한 전쟁을 계획하고 곧 패배한 나라의 여성'(전집 제10권 380쪽)이라는 말이 나온다. 그는 이 작품에서 또 이렇게 말한다.

> 나는 긴소매 옷을 입고 고토琴나 샤미센三味線을 치고 차를 달이고 꽃을 꽂거나 하는 모습만이 전통의 미를 보존하는 것이라고는 생각하고 있지 않습니다. 그리고 그것은 일본도日本刀를 차고 있기만 하면 고무사古武士의 면목을 지니고 있다고 하는 것과 같은 오해에 지나지 않을 것입니다. 여성의 일본적 전통미의 그윽함과 정다움이란 그 형태가 아니라 그 정서에 따른 것입니다.
> — 380쪽

> 일본도를 차고 수회收賄에 날을 가리지 않는 모습을 하였기에 전쟁에 보기 좋게 패배한 것 아닙니까. 남이 보는 것에 목적을 두지 않고 더욱 꽃을 사랑하고 금전에 눈이 어두워지지 않고 칼을 가는 것 같은 풍습은 어느덧 우리의 세계에서 사라졌던 것입니다.
> — 381쪽

가후는 이렇게 일본의 패배를 바라본 것이다. 전쟁으로 몰고 간 것은 일본의 전통의 귀추라고는 보려고 하지 않고 일본의 전통 사회에 대한 배반이라고 본 것이다.

무사 사회란 무엇인가. 무武를 본질로 하고 무에 의한 승리를 최고의 가치로 삼았던 것 아니겠는가. 물론 전쟁이 가져온 인류사적 비극, 아시아의 치명적인 상처를 볼 수 있는 눈은 거기에 없었다고 보아야 하는 것 아닌가 생각한다.

아무래도 일본의 문학에는 인물의 평준화라고 할까 또는 인간상의 격하라고 할까, 이런 것이 보편화되어 있었다고 하지 않을 수 없을 것 같다. 그것은 그들의 사회가 무사 사회였다는 것과도 관계되는 것이 아닐까 생각한다. 일본문학의 자연주의적인 경향이 바로 거기에 있었다고 생각된다.

2012년 12월 8일

가후의 소설을 읽고 나서 이어지는 연상이 좀처럼 머리에서 사라지지 않는다. 일본문학은 대체로 개인을 영웅화하지 않는 것 아닐까 하고 다시 생각한다. 사실 그것이 리얼리티일 테니까. 이에 비하여 우리나라 문학은 개인을 영웅화했다고 할까. 더욱 계몽 시기의 문학에 있어서는.

일본의 근세문학은 영웅이 있을 수 없는 조닌문학에서 시작했으니까. 그리고 유교적인 모럴이 강요되지 않는 조닌의 세계를 그렸으니까. 가후는 그것을 이어받아 게이샤와 그들과 즐기는 객客들의 관계를 그렸다. 그것은 일부일처의 세계는 아니었고 그것을 지향하는 로망의 세계가 아니었다. 일본 사람들은 근본적으로 남녀 관계는 그런 것이고 도대체 세상에는 개인이 영웅화되어야 할 관계란 없다고 생각한 것 아닐까. 사랑의 영원한 로망이란 있을 수 없었다. 있었다면 정사情死 정도였을까. 그런 서민의 세계에 나타나는 애환이란 그렇게 유교윤리와는 관계가 없는, 말하자면 유교윤리로 은폐된 관계는 아니었다. 개인의 영웅화란 허구적인 것, 그렇기 때문에 그것을 될 수 있는 대로 해체시키려고 했다고 생각한다.

그들은 그러면서 죽으면 호토케佛라고 하는 것처럼 삶을 극한, 삶의 해체에서 영웅화·허구화하고 그리하여 그들을 신사神社에도 모시면서 숭상하려고 했다. 현실이란 탈영웅화해야 하는 가혹한 세계였다고도 하겠다. 이것이 일본적 리얼리즘이라고 해야 할 것 아닌가 생각된다.

천황을 신이라고 한 인간 숭배는 허구화하고 의식화儀式化한 예외적인 경우가 아니었을까. 천황은 세상 질서에서 숭배를 가장해야 하는 예외적인 존재였다. 가후의 소설이 그렇게 유교윤리와는 거리가 먼 조닌의 세계에 집중한 것은 일본이 지켜 온 이러한 인간 소외, 인간 왜소화의 전통을 소설화한 것이라고 생각된다. 그는 거기에 집착이나 하듯이 그것을 되풀이했었다. 그것이 일본에서의 조닌 문학의 전통이었던 것 아닌가 나는 생각한다. 사실 거기에서는 상당히 광범위한 자유, 이키누키息抜き가 허용되어 있었다. 이런 의미에서 일본의 근세문학인들은 무사 사회의 신분 지향성을 벗어나서 자유를 택한 것이라고 할 수 있을 것이다.

그러나 그들의 자유는 무사 사회의 가혹한 현실에서 도피한 것이었고 그것에 저항하는 것은 아니었다. 물론 언제나 그들은 지배체제의 명령이 떨어지면 체제에 동원되는 수밖에 없었다. 더욱이 근대에 이르러 메이지 시대 이후에는 점점 그 사회는 일원화되어야만 했다. 가후의 문학이란 이런 속에서 이루어진 일본의 문화적 전통을 이어받아 가지고 근대 일본 속에서 고뇌한 대표적인 문학이라고 할 수 있는 것 아닐까 생각한다.

2012년 12월 11일

라스키의 미국론을 읽으면서

라스키Harold J. Laski(1893~1950)의 『아메리카 데모크라시』(1948)를 읽고 있다. 호리 마키요堀 眞淸 교수가 보내온 책이다. 라스키는 아메리카의 좋은 점에 대하여 아메리카를 경멸의 눈으로 바라보려는 영국 사람들에게 설명해 주려고 노력했다. 나는 한편 일본에 대해서 무조건 반발하는 한국인들에게 일본인들에 대해서 설명해 주려고 했고 또 한편 한국인을 경멸하려는 일본인들에게 한국인들에 대해서 설명해 주려고 애썼다고 할까. 라스키는 미국이 정치적으로 또는 종교적으로 학대 받던 사람들의 은신처라고 했다. 미국인들은 실험적이고 열성적이며 자기를 주장하는 데 정열적이라고 했다. 내가 일본에 대해서 하려고 했던 역할을 앞으로 미국에 대해서도 할 수 있다면 하는 생각이 없는 것도 아니지만 그러기에는 지나치게 늙었다. 그리고 이제는 그런 미디어가 내게 주어지지 않는다는 것을 생각하고 쓴웃음을 머금는다.

라스키는 18세기에 미국의 워싱턴이나 애덤스 같은 사람들이 생각한 것을 영국이나 프랑스에서는 19세기에 가서야 비로소 생각할 수 있었다고 했다. 여기에 흥하는 미국과 쇠퇴하는 유럽이라는 그림이 이미 그려진 것이라고 할 수 있지 않을까 생각된다. 미국의 전통에는 다음과 같은 경향이 있다고 라스키는 기록했다.

> 미국의 전통에는 한없는 희망과 그 희망에 포함되어 있는 마음 들뜬 쾌감이 있다.

> 국가를 보는 눈은 자칫하면 의혹과 혐의의 눈이기 쉬웠다.

이런 점은 우리나라에 비교할 수도 있는 것이 아닐까. 그들은 전통적으로 정부를 '방위와 질서의 기관'이라고 본다는 것이다. 우리나라에서도 대통령 권한 축소 문제가 지금 일어나고 있다. 대통령의 그 거대한 권한이란 군사정부가 남겨 놓은 악 유산이라고 해야 한다. 그래서 나는 노무현 정부를 보면서 우리도 내각책임제로 가야 한다고 생각했었지만, 정치적 안정이 없는 풍토에서는 역시 대통령제를 생각해야 하는 것 아닐까 하고 요즘 다시 생각하고 있다. 지난번 『정치일기』에다 쓴 내각책임제 운운한 대목에는 이러한 수정을 가해야 하겠다.

미국에는 유럽의 유산에 의뢰하려는 경향이 있는데 그것은 상층에 있었고 미국의 대중 속에는 그들 자신의 눈으로 사태를 보고 미국의 권리를 주장해야 한다고 하는 생각이 있다는 것이었다. 그런데 이 사이에 타협이 성립되었는데 그것은 미국의 앞날에 대한 약속을 모두가 신뢰하고 있었기 때문이라고 라스키는 말했다. 이것이 우리의 정치 풍토를 생각하는 데 도움이 될 것 같다. 상층과 일반대중 사이에 그런 분열이 있을 수 있지만, 미국의 경우는 그것을 넘은 통일이 있었다는 것이다. 이것이 매우 중요하다. 그 사이에 권력의 이동이 있다고 해도 국민은 동요 없이 기다릴 수 있어야 한다. 그리고 정권을 쥐면 이 양자 간의 균형을 늘 생각해야 한다. 라스키는 미국은 유럽이 제공해줄 수 있는 모든 것을 계승하면서도 낡은 것에 속박되는 일이 없었다고 했다.

한국이 근대적인 모든 것을 받아들이면서도 그것에 속박되는 일 없이 앞으로 나아가는 데 힘을 모을 수 있다면 얼마나 좋겠는가. 그러기 위한 정치력을 창출해 낼 수 있다면 하고 생각한다. 남의 나라와는 다른 우리 고유의 문화를 자각적으로 유지해 가야 할 것이 아닌가.

라스키는 미국인은 일본인처럼 세평에 민감하다고 했다. 그것은 후진적으로 늦게 세계무대에 등장하려고 할 때 나타나는 현상이라고 해야 하는 것 아닐까. 오늘에 있어서는 한국도 그렇다고 해야 할 것 같다. 그러나 미국인들은 일본인들처럼 남이 엿볼 수 없는 '신비의 베일'로 자신을 숨길 줄은 모른다고 했다. 일본의 그러한 자기 보신본능保身本能이란 무사 사회의 전통에서 오는 것이라고 할 수 있을 것 같다. 그 사회에서는 그래야 살아남을 수 있었을 테니까. 이 두 가지 점에서 본다면 한국인은 미국인에게 가깝다고 할 수 있지 않을까 생각한다.

라스키는 미국의 기독교가 미국의 환경을 만들어 갔다고 하기보다는 '환경의 필요에 맞게 전통적 종교'를 형성해 갔다는 면이 크다고 했다. 그는 '미국 전통의 기반'이라고 하면서 '열심히 일하는 것, 질서 있는 생활을 보내는 것, 성실하고 공정하다는 평판을 받는 것, 부질없는 허식을 위하여 자기 자산을 낭비하지 말 것, 하고자 한 목적을 어디까지나 추구한다는 결의를 가질 것'이라는 윤리를 제시하고 미국의 기독교가 이것과 결합했다고 했다. 한국은 미국의 선교사에 의한 기독교를 받아들이면서 이런 근대 윤리를 받아들이고 스스로를 형성해 온 점이 있지 않을까.

라스키는 『아메리카 데모크라시』 제1장 「미국의 전통」에서 미국이 지니고 있는 특이한 역사적 특징을 열거하면서 오늘날 미국이 불가피하게 짊어지게 된 세계사적인 사명을 어떻게 받아들이고 수행할 수 있을 것인가 하고 문제를 제기했다. 그후 반세기 넘게 60년 이상을 보내고 나서 소련도 붕괴된 오늘 더 분명하게 미국은 역사적 필연으로 이러한 사명 앞에 서서 생각하지 않을 수 없게 된 것이 아닌가. 라스키는 미국은 아직 흑인 문제를 해결하지 못하고 있지만, 다음과 같은 역사적 장점을 지니고 있지 않는가고 했다. 물론 오늘에 있어서는 흑인 대통령하에서 흑인들의 화려한 진출도 나타나고 있지만.

미국에는 '구세계의 장애'가 없다. 다른 나라에서 볼 수 없는 충분한 '자연 자원'과 그것을 이용하기 위한 발명과 국민의 적극성이 있다. 문벌 같은 것을 생각하지 않고 그렇게 생산적인 근로에 열중

하면서 그것을 영예로 생각하는 국민이란 지금까지는 없었던 것 아닌가. '지식 달성의 길'을 그렇게 손쉽게 누구에게나 개방한 나라도 없었지 않는가. '진보에 대한 신념'이 저렇게 깊고 넓게 국민 사이에 보편화된 적도 없었다. 문제를 자기 힘으로 해결하는 능력을 저렇게 '영속적으로 확신한' 국민은 지금까지 없었던 것이 아닌가. 이렇게 라스키는 미국의 우위성을 제시했다.

나는 물론 6 · 25전란으로 폐허가 되었던 데서 일어난 한국의 경우를 이에 비추어 보려고 했던 것을 부정할 수가 없다. 전란이란 참혹한 비극이지만 그것과 더불어 뛰어난 민족이라면 그것을 넘어서는 시대를 열 수 있는 가능성도 그것은 제시해 주는 것이라고 말한다면 지나치다고 할 것인가.

라스키는 '미국 정신'이란 대체로 '세속화된 퓨리터니즘의 정수精髓'라고 했다. 그러면서 "미국 정신은 마치 저자라는 사람이 비평가를 의아스러운 눈으로 보는 것에 가까운 방식으로 정치가를 바라본다"라고 말했다. "미국 정신은 정말 정치에 대해서는 의혹의 눈으로 바라본다"고 했던 것이다. 미국 정신은 정치에 대해서 '폭정과 억압'에 관계시켜서 생각하며, 누구나 마음대로 할 수 있는 '자유를 깊이 존경하고 있다'는 것이었다. 정치적 억압을 피하여 조국을 떠나기로 작정하고 미국을 택하여 유랑의 길로 들어서야 했던 그 많은 미국의 창시자들을 생각하면 이런 경향이란 당연하다고 하지 않을 수 없을 것이다. 이런 자세는 한국인과 정치권력의 관계를 생각할 때 그대로 적용할 수 있는 것이 아닐까 생각된다. 한국의 오랜 정치사 속에서 우리는 정치인들의 끝없는 배반을 체험하면서 정치에 대한 증오마저 키워 온 것이 아닐까 생각된다.

2012년 12월 15일

미국의 인구가 1790~1860년 사이에 400만대에서 3,200만 정도로 성장했다고 라스키는 말하면서 대학은 1800년에 24개 정도였는데 1860년에는 적어도 그 10배는 되었을 것이라고 했다. 이렇게 해서 미국에 그 넓은 땅에도 불구하고 행동 기준에 획일성이 생겨났고 급진적인 운동은 부분적으로 성공한 경우는 있어도 대체로 약하기 그지없었다고 했다.

이것을 오늘의 세계에서 생각한다면 세계가 국내적으로나 국제적으로 그렇게 되었다고 할 수 있을 것 같다. 소련식 강제에 의한 획일성이 아니라 사회발전의 단계가 그렇게 된 것이라고 하겠다. 거기에서도 이른바 미국의 선진성이라는 것이 세계적으로 운위될 수 있는 것이 아니겠는가. 역사적으로 미국이 먼저 간 길을 세계가 따라간다는 것이 되는 것 아니겠는가.

"한 사람의 인간이 선택되는 것은 이 사람이 해야 할 특수한 일에 그 사람이 '쓸모'가 있기 때문이고…"라고 미국의 프래그머티즘을 설명했다. 영국이라면 그 자리에 대한 적당한 인물을 찾을 때 '문벌이나 교육'을 따진다고 했다. 그러나 미국은 오늘 여러 분야에 민족이나 인종을 따지지 않고 사람을 채용하기에 이르렀다. 이것은 사람을 그리워한 프런티어 시대부터의 전통이라고 하겠다.

2012년 12월 16일

미국의 남북전쟁을 유럽 국가들이 그렇게 회의적인 눈으로 바라보았다는 것은 놀라운 일이다. 거기에는 신흥국에 대한 두려움도 있었다. 미국이 그런 것을 무시했던 것은 무엇보다도 바다로 고립된 채 유라시아 대륙에서 멀리 떨어져 있었던 사실 때문이었다. 그러나 미국의 사상적 영위는 점차로 '시야의 넓이와 정신의 원숙'을 갖추게 되었다.

특히 그런 경향은 제1차 세계대전 후 뚜렷하게 나타나게 되었다. 19세기의 90년대에 이르러서야 '미국 정신'이 미국 땅에 뿌리를 내리게 되었다고 라스키는 말했다. 제1차 세계대전 전에는 '미국의 문화적 중심'은 유럽에 있었다. 유럽에서 인정되어야 미국에서도 인정되었다는 것이다.

그래서 그는 남북전쟁 이후의 '미국 정신'과 제1차 세계대전 후의 '미국 정신'을 나누어서 비교하면서 미국이 지나치게 빠르게 '세계 문제의 무대'에 서게 되었다고 했다. 이런 속에서 "대중 교육이 소수자의 특권에 위협을 준다"는 유럽의 일반적인 공포를 미국은 초극했다는 것이다. 이렇게 생각한다면 한국의 오늘의 급속한 고등교육의 보편화를 어떻게 볼 것인가. 어쩌면 고급실업자의 문제란 하나의 사회적 도전이고 그것을 해결하기 위해서는 산업의 고도화를 생각해야 하는 것이 아니겠는가.

미국은 '보통선거에 기초를 둔 정치적 민주국가'로 세계 어느 나라보다 먼저 진출했다. 유럽에서는 군대에서조차 '세습적 귀족계급' 출신의 '특별한 사관계급'이 존재했고 보통선거에 대해서는 공포를 느끼고 있었다. 1947년에 아직도 미국 흑인이 처해 있는 상황에 대하여 라스키는 절망하다시피 했는데 오늘날은 흑인 대통령의 시대가 된 것 아닌가. 흑인 대통령을 민주적으로 선택할 수 있는 국가이고 이제는 그 대통령을 저격하는 것도 있을 수 없는 사회로 미국이 성장했다는 것은 정말 놀라운 역사의 변화이며 발전이라고 하지 않을 수 없다. 그러니까 미국은 세계사의 진행을 대표한다고 하게 된 것이다.

우리는 미국사의 세계사적 진행에 주목해야 한다. 시리아의 문제, 이북의 문제는 어떻게 될 것인가. 그것은 낡은 세계사의 잔재라고 나는 생각한다.

라스키는 특히 제1차 세계대전 후 즈음부터 전통적인 아메리카니즘과 현실 사이에 벌어진 간격을 문제 삼았다. 오늘 한국에서도 사회와 정치 사이에 벌어진 간격에 대하여 생각해 볼 필요가 있는 것 아닌가. 대통령선거 때 볼 수 있는 선거전 방식 또는 후보들의 인물과 자세와 국민 또는 사회 상황을 비교해 보면 무서운 괴리를 느끼지 않을 수 없다. 사회 상황의 진보를 정치가 도저히 따라가지 못하고 있다고 할 것이다. 그래서 안철수의 돌연한 출현 같은 것이 생겨날 수밖에 없었던 것이라고 생각된다. 새 시대에 맞는 국민과 정치라는 과제를 지식인들은 진지하게 연구해야 할 것 아닌가. 라스키는 링컨이나 프랭클린 루스벨트가 그러한 '미국 민주주의의 일신과 전환을 동시에 예언했다고 보이는' 대대적인 연설을 했던 것을 회상했다. 한국에서도 그래야 하는데 이번 대통령 선거에서 그런 것을 찾을 수가 있을 것인가. 시대는 그런 것을 요구하고 있다고 하겠는데 말이다.

이런 과제에 대한 라스키의 설명은 아주 명쾌한 것이었다. 그는 독일을 떠나 미국으로 왔던 문헌 학자 예거Werner Jaeger가 인용한 희랍의 투키디데스가 한 말을 인용했다. "그것은 시체 해부 보고가 아니라 국가에 생명을 부여하려고 하는 최후의 시도였다…." 라스키는 이 연설은 '과대한 개인주의'에 대한 비판이었다고 했다. 오늘날 우리나라에서는 어떠한 대통령이 앞으로 취임연설을 할 가능성이 있으며 그런 위험한 '과대한 개인주의'를 견제하려고 할 수 있을 것인가. 투표가 진행된다는 상황을 바라보면서 우리에게 그럴 수 있는 인물이 있을 것인가고 되풀이하여 생각해 본다.

2012년 12월 18일

선거를 치르고 나서

한국 선거 결과는 박근혜의 승리였다. 사실은 육영수, 박정희가 죽은 이후 38년 또는 33년의 서리고 서린 집념의 승리, 한의 승리라고 해야 한다고 나는 생각한다. 문재인의 갑작스러운 대통령 후보와는 다르다. 미국의 대통령 오바마의 경우는 남북전쟁 이전부터의 수백 년의 한이 서리고 서린 다음에 나타난 것이었다. 이렇게 한에 서린 대통령들이 그 한을 어떻게 풀려고 할 것인가고 생각하게 된다. 한의 정치라고 할까. 박근혜의 경우는 개인적인 것이고 오바마의 경우는 종족적인 것이고 인류적인 것이라고 하겠다. 거기에 기독교 신앙의 유무는 관계가 없을까. 거기에 인간과 철학이 서린다고 할 수 있는데. 한의 정치의 시대. 한국의 정치적 미래에 대해서 주목하려고 한다.

박근혜의 일가의 그런 비극이란 사실은 한국에 넘쳐 있는 것 아닌가. 일제 때부터 그리고 해방 후는 북의 공산당 통치, 남에서의 저항 그리고 6 · 25를 지나 심지어는 박정희 통치까지 나와 다른 자에 대한 살육이 계속되었다. 그런 허다한 거의 한반도 보편의 한에 미치지 못한다면, 그는 개인의 원한 문제 이상을 넘지 못하는 셈이다. 한국의 한을 넘어서려는 새로운 시대를 추구하지 못한다면 박정희의 의식을 넘어서지 못한다.

거기다가 한국 최초의 여성으로서의 대통령이라는 역사가 시작되는 것이 아닌가. 우리 의식 속에 있는 남존여비라는 인습을 넘어설 수 있는 것일까. 그의 아버지 박정희의 폭정 시대로부터 이어져 온 원한에서 많은 사람을 해방시켜 줄 것인가. 그에게 맡겨진 과제는 너무나 크다. 박정희의 계승이라고 한다면 그의 반동의 역사를 계승하여 종결짓는 것이겠지만, 그것을 넘어서 국민 통합으로 가는 길이어야 하지 않겠는가. 적어도 선거 과정에서 본다면 박근혜가 박정희를 업는다고 하면 문재인은 노무현을 업는다는 것이었고 그런 반동 이상의 선거전은 되지 못했다. 그런 과거의 권력이란 내세우지 않아도 자연히 자기들을 지지할 것 아닌가. 반대 세력을 어떻게 끌어들여 국민 통합을 이룩해 내느냐 하는 선거 전략은 찾아볼 수가 없었다.

아류의 권력으로 끝나는 것이 아니라 그것을 넘어선 새 시대의 새 지도력을 보여 주어야 하는 것 아니겠는가. 무엇보다도 문재인은 박근혜를 박정희와의 관계에 있어서 반동적인 세력으로 몰아가고 자기는 새로운 시대의 통합적·국민적인 지도자로 부각시키는 전략을 취한 것이 아니라 노무현의 아류로 자처하여 분열된 국민의 한쪽을 대표하는 세력으로 부각시켰던 것 아닌가. 이런 의미에서 그도 역시 오늘날 국민이 기대하는 지도력이 아니었던 것이라고 해야 하겠다.

미국의 오바마의 한은 수백 년의 흑인에 대한 억압이 낳은 것이라면 박근혜의 한은 권좌에 앉은 아버지 밑에서 그녀 자신에게 다가온 쓰라림, 그 한에서 온 것이라고 해야 한다. 그 아픔을 잘 견디어 냈다고 해야 하는 것 아닐까. 그러나 그것은 폭정의 대가가 가져온 민족적인 심판이었다는 것을 그녀는 인식하고 있는 것일까. 그녀의 한은 그녀 개인 가정의 비극에서 온 한이 아니겠는가. 한의 정치라고 할까, 박근혜의 경우 그것이 어떤 것으로 구체화될 것인가. 그의 한에는 속죄의 모멘텀이 작용해야 하는 것일 텐데 하고 나는 생각한다.

우리 국민이 그녀를 선택한 것은 한국 정당이 내거는 보잘것없는 인물 중에서 그야말로 '차악lesser evil', 부족한 두 사람 중에서 덜 모자란다고 생각한 사람을 선택한 것에 지나지 않는다고 해야 할 것이라고 나는 생각한다. 민주적인 정당정치의 타락한 상황에서 하는 수 없이 선택할 수밖에 없었다는 것 아니겠는가. 거기다가 라스키가 『아메리카 데모크라시』에서 인용한 폴리비오스의 격언을 인용하고 싶어진다. 우리의 경우에는 지난날의 군사정권을 기억하지 못하는 세대로 된 대중의 등장이라는 사실이 있고 이른바 민주적인 정부라는 것이 거듭거듭 범해 온 실정에 대한 노여움도 있을 것이다.

> 모든 국가의 대중은 불안정하고 정당하지 못한 욕망을 품고, 비합리적인 노여움에 불타고 격심한 정열에 넘쳐 있는 법이다.

혁명을 이룩한 세대가 집권하고 나서 저지른 갖은 과오로 말미암아 모든 혁명은 실패한 혁명이라고까지 하지 않는가. 우리 국민에게도 그런 역사가 한처럼 드리워져 있는데, 이번에는 그녀의 개인의 한에서 오는 정치가 처음 여성 대통령으로서 개혁적인 국민적인 진정한 민주주의로 승화될 수 있을 것인가. 우리는 그녀의 정치에 대해서 처음부터 반기를 들기보다는 신중한 자세로 관망하면서 선한 협력이라면 언제나 이에 응한다는 자세를 취해야 하리라고 생각한다. 그야말로 거의 본능에 가까운 혐오증을 자제하면서 말이다. 나 자신 역시 그녀의 집권을 한국 정치의 이변이라고 생각하는 선입견이라고 할까 집념이라고 할까, 그런 것을 넘어서기가 정말 어려울 것 같다. 우리가 되찾은 민주주의가 상실되는 것이 아니고 더욱 전진될 것이라고 약속하는데도 말이다.

박근혜는 여인의 원한은 오뉴월에도 서리 내리게 한다는 개인의 한을 풀었다고 할 수 있을지 모르지만, 호남에서 볼 수 있는 것 같은 그 많은 역사의 희생자들의 꺼질 수 없는 한에 더욱 원한의 불을 지폈다는 불행한 사실은 부인할 수 없을 것 아닌가. 그 불이 더욱 크게 번질 텐데 어떻게 할 것인가. 오바마가 미국의 평화의 상징이었다면 박근혜는 한국의 더욱 깊은 분열의 상징이었다고 역사에 기록될 것을 나는 두려워한다. 이 역사의 무서운 응어리가 앞으로 어떻게 전개될 것인가. 그것을 넘어설 수 있는 위대한 시대를 산출하였으면 하지만 박근혜가 그런 인물일 수 있을 것인가. 주위에 그것을 권고하고 추진할 수 있는 세력이 있을 수 있을까. 다만 불행한 시대가 나타나지 않기를 기원한다. 나는 역시 그가 개인적인 한을 안고 나타나지 말았어야 하는데 하는 생각을 지울 수가 없다. 한국에 또 시련의 시대가 왔다. 한 여인의 30년이 넘는 그야말로 일제시대에 버금가는 긴 세월 동안 되씹어 온 한은 풀었다고 할는지는 모르지만.

그 여인의 기나긴 한과 그 집념에 지금까지 싸워 온 한국의 민주주의 세력은 패배하고 말았다. 이것은 엄연한 사실이다. 이 역사를 어떻게 풀어 나아갈 수 있을 것인가. 기득권 세력의 재통합이라고 할까, 이것을 염려하게 된다. 아아, 민주주의에 의한 국민 통합의 시대란 요원한 것인가. 그러나 혁명사적으로 보면 반동 세력이란 재기를 거듭하면서 한층 더 깊은 몰락으로 전락하는 법이다. 반동의 역사는 그렇게 하면서 역사에서 잊어지고 사라져 가는 법이다.

프랑스혁명이 1789년 이래 얼마나 오랜 방황의 길을 걸어왔던가. 1세기 이상이라고 할까. 민주주의에서 전제, 독재, 전쟁으로 얼마나 방황했던가. 역사에서 낡은 것을 망각으로 몰아가는 길은 그렇게도 고된 길이다. 우리는 그래도 민주주의라는 질서 위에서 인간만이 뒤바뀐 편이라고 할까. 근대 이후 우리도 정말 오랜 방황의 길, 시행착오의 길을 걸어왔다. 식민지 통치에 몇 번이고 독재의 길에도 회귀해야만 했다. 해방과 남북 분단 그리고 4·19 또 그 이후라고 한다면 정말 프랑스혁명만큼이나 방황했던 길이 아닌가. 이런 한국의 민주주의에로의 암중모색, 그 고민 어린 굴절의 길을 국민이 공감할 수 있도록 누군가가 역사학적으로 또는 사상사적으로 밝혀 주어야 하는 것 아니겠는가 하고 오늘도 생각한다.

2012년 12월 20일

박경리의 『토지』 제1권과 제2권을 다 읽었다. 계속해서 읽어 가야 하겠다. 그렇게 산만하게 시작하더니 제2권 말부터는 픽션의 세계로 이야기를 모아 가는 것 같다. 한말의 어둡고 어수선한 향토 풍경. 그야말로 토속적인 내음이 잘 풍겨 나오는 것 같았다. 무엇보다도 뒤얽힌 갈기갈기 찢어진 대화가 뛰어났다. 내가 잘 이해할 수 없는 사투리가 너무도 많았지만. 시대의 검은 그림자가 전편을 뒤덮고 있다. 그리고 그의 문장 표현이 뿜어내는 지방의 어둡고 끈끈한 풍경화는 그야말로 우리의 향토색이라고 해야 하는 것이 아니겠는가. 이광수의 『흙』과는 다른 풍토색이라고 할까. 남도南道의 풍경을 그린 언어다.

*

박근혜의 승리라는 것을 앞에 놓고 한국의 현대사를 다시 곰곰이 생각하게 된다. 누가 이 현대사를 생생하게 그려 낼 수 있을 것인가. 1945년 이후 여러 가지 외세에 둘러싸이면서 자아내는 풍경, 역시 문학작품이 그려 내야 할 세계라고 해야 한다. 신문과 잡지 등 여러 가지 자료를 더듬으면서 이 현대사를 더듬고 싶은 생각. 아무래도 후세에는 문학작품이 지나간 시대를 더 생생하게 전해 줄 것 아닌가 하고 생각하게 된다. 1945년 이후에는 혁명과 반혁명의 '반동'의 역사적 소용돌이가 계속한 것이라고 하지 않겠는가. 이번 박근혜의 등장으로 다시 격랑 속에서 물결치게 되었다고 생각하게 된다. 안면安眠을 허락하지 않는다. 그런 의미에서 우리 역사, 우리 근대사에는 정말로 휴식이 없다고 할 수 있다. 일본의 근현대사와는 전혀 다른 역사의 소용돌이라고 해야 한다.

박정희 전두환 노태우 박근혜라는 선線이었고 이명박은 하나의 방선傍線이었고 혼선混線이었다. 이 반혁명의 선에서 이제부터 박근혜 일당은 어떤 모습으로 드러날 것인가. 그렇지만 이제는 민주주의 노선상에서의 반동이라고 해야 하는 것 아닐까 생각한다. 반동으로의 전환을 정치 세력 속 여러 군데에서 볼 수 있는데 김대중 측근마저 박근혜에게 추종한다는 난맥상이다.

그런 와중에서 지금까지의 안면에서 깨어날 수밖에 없게 되었다고 하겠는데 민주당은 앞으로 정치적 갈등을 어떻게 풀어 나갈 것인가. 여당 후보도 야당 후보도 경상도라는 한국 정치의 축도는 또 어떻게 생각할 것인가. 조선조 말기의 영남 정권이라는 말인가. 이렇게 낡은 관습이 오늘도 이어져 오고 있다는 것인가. 서울과 전라도가 뚜렷하게 보여 준 패배한 쪽 세력에의 가담이라는 그림은 또 어떻게 볼 것인가. 거기에 해외 거주민의 65퍼센트가 박근혜를 거부했다는 것도 흥미 있는 그림이 아니겠는가. 긴 봉건과 독재 그리고 지역감정이라는 울타리를 한국의 정치는 어떻게 이어가고 극복해 갈 것인가고 생각하게 된다.

어쩌면 이러한 민주주의 세력과 반동적인 세력의 대립이란 해방 후 우리 민족사를 지배해 온 두 줄기의 흐름이라고 해야 할는지도 모른다. 말하자면 4 · 19 후에 나타난 민주 세력과 5 · 16 이후에 나타난 반민주주의 세력. 민주주의 세력이란 민족적이고 반지역적인 세력으로서 언제나 북에 대한 화해마저도 내포하려고 했으나 그것은 민주주의를 내거는 한 약체에 지나지 않았고 조직으로서는 아주 혼란스러웠다. 반민주주의 세력이란 5·16 이후 경상도에 기초한 세력이고 전 민족을 내포하려고 하기보다는 그 지역을 특권화하려는 세력이었다. 그리고 철저하게 반공을 내걸었다. 그것은 어쩌면 해방 직후의 상황에서 본다면 대단한 우경화로의 길이었다고 하겠다. 그러나 점차로 특히 1988년 이후에는 정치적으로 민주주의를 채택하지 않을 수 없었다. 그렇지만 그 내실을 파헤쳐 보면 경상도 중심의 지역주의였고 그 지역을 비호 세력화함으로써 공고한 기반을 다졌고 퍽 배타주의적인 정치 세력이었다. 그러니까 그것은 개방적인 전 민족의 정치 세력일 수 없었고, 그것은 언제나 반공적인 세력으로서 그들의 정치 세력을 공고히 해왔다.

이번에도 나는 야당이 처음부터 대북 정책에 있어서 유연성을 내걸며 더욱이 노무현 정권의 연장이라고 할 인상을 주면서 이명박 정부에 대한 전면적인 부정이라는 자세를 취하는 데 대해서는 퍽 회의적이었다. 노무현 정권의 실정이 민주 세력의 패배에 이어진 것이라고 생각했다. 무엇보다도 노무현 정권의 편파적 자세로 나는 그것은 민주주의적인 전통을 위배해 왔다고 하는 생각을 지울 수가 없었다. 이번에 박근혜는 어떤 길을 택할 것인가 하고 생각한다. 그것은 대의도 윤리도 없는 편협한 지역주의를 벗어나지 못할 것 같은 생각을 나는 벗어나지 못하고 있다.

2012년 12월 22일

라스키는 『아메리카 데모크라시』라는 책에서 '미국의 전통'을 말하면서 일본에 대해서 다음과 같은 말을 했다. "아마도 일본인을 제외하고는 미국인들만큼 세평에 민감한 국민은 없다." 그렇지만 곧 미국인들에게는 "일본인들처럼 국외자가 들여다볼 수 없는 신비의 베일로 몸을 가리는 기술은 없다"라는 대목이 나온다. 미국인들이 숨김없이 솔직하다는 것은 잘 알려져 있는 사실이다. 미국인은 세평에 대해서 민감하면서도 일본인들과 달리 자기네 생각을 솔직하게 드러내 놓는다는 것은 틀림이 없다.

오늘도 텔레비전에서 미국인들은 아랍인에 대한 차별 의식을 솔직히 드러내 놓고 토론하는 것이었다. 일본에서 이렇게 예를 든다면 한국인, 특히 재일 한국인에 대해서 공공연하게 이야기한다는 것은 생각할 수 없는 일이다. 그것을 지적해 주면 일본 사람들은 그런 것은 덮어 두고 있으면 사라질 것 아닌가고 말한다. 관심 없는 듯한 자세로 덮어 두면 없어진다는 생각이라고 할까. 사라질 수도 있겠지만 음성적으로 더욱 커질 수도 있는데 말이다. 일본 사회에 이어져 온 "냄새가 고약한 것에는 덮개를 씌워 둔다"는 생각이다. 이렇게 해서 무사하기를 기대하다가 그것이 크게 터지는 경우를 흔히 경험하게 되는 것 아니겠는가. 한일 관계에는 그렇게 가려진 음지가 있다는 것을 생각해야 한다. 한국 사람도 남의 평판에 대해서 상당히 민감하다고 할 수 있다. 그러나 남에게 대한 자기 생각이나 느낌을 숨겨 둘 줄은 모른다고 할까. 무엇보다 오래 참지 못하는 성격이 아닌가 생각한다.

2012년 12월 31일

270만의 재미교포이고 이제는 이들의 교회가 신앙에 확고하게 서서 국내 교회에 영향을 주어야 한다. 그 옛날 미국 교회가 이민 교회로서 유럽을 바라보는 교회에서 점점 독자적인 교회로 성장하여 유럽에 영향을 주는 교회로의 길을 걸어왔던 것처럼 말이다.

미국으로 우선 이민의 길을 찾아 나서려고 한 사람들은 월남한 지난날의 소지주 세력이라고 할까. 많은 교회 관계자들이 앞장섰었다. 그들은 마음 한구석에 북의 세력이 남하하면 자기들은 살아남을 수 없다는 잠재의식에 가까운 공포감을 되씹고 있었다. …고향을 잃었으니 마음 둘 곳을 못 찾고 미국을 환상으로 그렸다고 할까. 한국의 독재정권을 지지하는 미국을 그렇게 비판하면서도.

2013년

다시 역사란 무엇인가고 생각하면서

윌리엄 포크너William Faulkner(1897~1962)의 단편집 『곰*The Bear*』을 읽고 있다. 「곰」「옛사람들」「곰 사냥」「아침의 추적」이 들어 있다. 미국 남부 미시시피강 유역 삼림을 배경으로 하고 백인, 흑인, 인디언들이 평화스럽게 공존한다는 풍토에서 전개되는 이야기다. 물론 차별하고 학대하는 잔인한 역사도 있었겠지만, 그런 차별을 느끼지 못하는 자연적인 삶이 있었음이 틀림없을 것이다. 차별로 시작된 생활이지만 오래 살아가노라면 인간이란 그런 전통적인 터전 위에서도 끊을 수 없는 정을 나누게 되었을 것이다. 우리나라 양반 사회에서도 그랬을 것 아닌가. 신분의 차이라는 제도 위에 섰다고 해도 인간의 따뜻한 사귐이라고 할까.

이런 전통에서 미국 남부에서는 흑백이란 아직도 자연적이라고 할 수 있는 면을 가지고 있을 것이다. 나도 저 남부 거리를 잠깐 지나가면서 그런 공기 같은 것을 느꼈었다. 좀 느리다고 하겠지만 푹 가라앉은 듯한 안정성 같은 것이 거기에는 있었다. 요즘 흑인들의 등장을 보면서 미국인들은 흑인에 대해서 우리보다 훨씬 자연스럽게 느끼는 것이 아닐까 생각한다. 흑인 아이들을 입양한 백인 가정을 여기저기서 보면서 느끼게 된다. 우리 눈에는 퍽 이상하게 보이지만, 동양에 온 선교사들 사이에서 흑인을 발견한다는 것은 아주 희귀한 경우가 아닐까. 확실히 우리 동양인들이 훨씬 인종차별적이라고 할 수 있지 않은가 하는 생각이 든다. 포크너의 작품에서 그들 사이에 나타나는 그런 관습에 따른 흑백 합류의 자연적 현상이라고 할까, 그런 것을 느낀다.

이런 현상은 흑인 차별에 반대한 북부에는 도리어 적었을 것이 아닌가. 흑인 노예제도를 반대한다는 의식에서는 퍽 흑인에 호의적이라고 하겠지만 실제로는 남부보다 흑인을 혐오했을 북부가 아닐까. 이제는 그후 150년에 북부에 사는 백인도 달라졌고 흑인 대통령까지 두게 되었다. 노예제도에 반대한 유럽은 도리어 흑인에 대한 혐오에서 벗어나지 못하고 있고 우리도 유럽인과 같은 흑인관을 지니고 있는 것이 아닌가 생각한다. 내 자신도 관념과 현실의 격차라고 할까, 부끄러운 생각이 들지만 그런 의식이란 체질화된 것처럼 벗어나기 어렵다. 사실 우리 역사에는 오랫동안 타민족이란 없었으니까. 포크너의 작품 세계는 그런 미국 남부의 풍경을 전제로 해서 이해할 수 있는 것 아니겠는가. 그것은 낡은 제도의 옹호가 아니라 그런 인간의 습성을 지적하면서 북미에 있어서의 관념적인 흑인관에 도전하는 것이 되었을 것이 아닌가 하고 생각하게 된다. 이런 인종 문제에 있어서는 미국 사회는 인류사에서의 선진성을 지니고 있다고 하지 않겠는가.

이렇게 생각하다 보면 낡은 관념이 무너지는 격동을 겪지 못했다는 것은 얼마나 슬픈 일일까. 물론 그 격동은 견디어 내기 어려운 아픔이었겠지만. 우리의 남북 분단이라는 역사가 이런 새로운 역사로 이어지는 날이 올 수 있을 것인가. 남쪽 안에서도 이번 선거에서 다시 본 것처럼 지역적 대립에서 오는 진통을 겪고 있는데. 이것이 언제가 되어야 극복될 수 있을 것인가.

2013년 1월 3일

『겐지모노가타리源氏物語』를 읽고 있다. 11세기 초 작품이라고 한다. 아직 현대 일본어로 번역된 책 둘째 권을 읽을 정도이지만 그 반복되는 궁정인宮廷人의 방탕한 생활에 진력이 나서 읽어 가기가 참 힘들다. 방탕한 남자의 여자 놀이밖에 없지 않은가. 읽어 가면 앞으로는 무슨 색다른 대목이 나올는지 모르겠다.

한편 박경리의 『토지』 제4권을 읽고 있다. 천변풍경 같은 이야기의 연속이라고 할까. 앞으로 무슨 눈여겨볼 만한 이야기가 나타날 것인가. 나로서는 이해하기 어려운 데가 많은 남부의 말을 잘 수록해 주었다고 할까. 그 대화록이 이 작품이 남겨 준 귀중한 자산이 아닐까 생각된다. 지금까지 거의 같은 이야기의 반복이다. 그들의 일상생활이란 그런 것이었겠지만 말이다. 풍속도와도 같은 것이 이 작품의 공적이라고 할까 하고 생각한다. 갈기갈기 찢어진 사회이고 가족 관계이다. 앞으로는 그런 속에서도 전개되는 어떤 주인공의 극적인 이야기라고 할까, 영웅적인 이야기라고 할까, 그런 전개가 나타날 수 있을 것인가 하고 생각한다.

『겐지모노가타리』를 일본의 놀라운 문화유산이라고 하지만, 나는 아우구스티누스의 『신국론』 그리고 더 올라가서는 그리스 시대의 희곡 같은 작품을 생각한다. 역시 서구문명의 선진성을 우리는 인정하지 않을 수 없는 것 아닌가고. 그리고 기독교의 성서문명이라고 할까, 아전인수라고 할 것 같아 논하기 어렵지만, 그 문명의 선진성을 말하지 않을 수 없을 것 같다. 그런 동서문명의 차이가 근세는 물론 오늘도 이어지는 것 같아 역사의 불가사의성 같은 것을 느끼면서 역사란 무엇인가고 새삼 묻고 싶어진다. 동서 비교사상사라고 할까, 그리고 앞으로 전개될 세계사란 어떤 것이라고 할까 하고 생각하게 된다.

2013년 1월 5일

애니미즘이나 다신론多神論에 머물러 있는 한 세계를 통일적으로 인식하고 해석할 수는 없었을 것 같다. 일신론에서, 하나의 원리에서 세계를 해석하려고 하는 자세에서 과학이 발전할 수 있는 터전이 가능했을 것이라고 생각한다.

이렇게 서구의 세계관을 해석하면서 동양의 경우와 비교하는 사상사가 가능할 것 같다. 통일적인 과학이 서구에서는 가능했고, 그래서 우리는 역사에서 뒤졌다는 것을 생각하게 된다. 그러나 이제는 세계적으로 하나라는 역사에서 인류의 앞날을 전망해야 한다. 그렇다면 이른바 동양이라는 것이 이룩한 인류사적 공헌이란 무엇이며 그것을 어떻게 생각해야 할 것인가 하는 문제를 생각하지 않을 수 없다.

2013년 1월 6일

일본의 『겐지모노가타리』를 읽고 있지만 일부일처제가 일본에서도 아주 늦어졌다는 점을 생각하지 않을 수 없다. 10세기 초인데 일부다처제에 대한 비판이란 있을 수 없었다. 중국도 한국도 일본도 일부일처제란 근대 이후가 아닌가. 유교 이후라면 남존여비, 일부다처제에서 일부종사가 강요되었다. 일본의 경우는 일부종사의 유교윤리도 약한 것이었던 것 같다. 유럽에서는 기독교의 도입에 따라서 일부일처의 윤리가 강요되기에 이른 것이 아닌가. 그렇다면 일부일처의 윤리가 가족윤리이게 되는 것은 동양에서는 유럽에 비하여 2천 년 가깝게 뒤떨어진 것이게 된다. 그리고 아우구스티누스의 『신국론』에 나타난 것 같은 진보사관도 그렇게 늦어진 것이고 종말론이라는 것은 찾아볼 수도 없었다고 하겠다. 거기에다 다신적인 세계관이었고. 다신적인 세계관에서는 진보사관이니 종말론이니 하는 것은 생각할 수도 없는 것이 아니었겠는가고 생각한다. 이런 의미에서 동서의 사상사적 비교를 솔직하게 전개할 필요가 있을 것 같다. 그리하여 근세 이후의 만남을 인류사적으로 자리매김해야 한다고 생각한다.

여기에 구속사적인 기독교사가 성립되어야 할 이유가 있지 않겠는가. 그리고 기독교가 보여 주는 역사에 대한 발전사적인 이해가 중요해지지 않을 수 없다. 비록 그것이 역사를 단축된 것으로 제시했다고 하더라도. 어쩌면 그것은 그 무한하다고 할 역사를 인간이 생각할 수 있는 상징으로 표상화한 것이라고 해야 하겠다. 일목요연하게 제시된 우주의 창조사라든가, 인간 역사의 시작이라든가, 바벨탑에 나타난 인간 언어의 분열이든가 하는 것처럼. 그 모든 것은 세계의 시초에 대한 인간이 생각할 수 있는 가장 적절한 언어 표현이었다고 해야 한다. 그렇게 상징적으로 압축된 표현으로 표상화할 수밖에 없었다는 것 아니겠는가. 이런 것 이상으로 표현할 수 있는 수단이 어디에 있었겠는가. 언어란 거창한 그 무엇에 대한 상징적인 표상을 위한 거의 유일한 수단이었지 않는가. 그래서 그것은 인간 이성으로 생각한 것이 아니라 계시된 것이라고 했다. 하나님의 말씀이라고 했다. 그렇게 초월계에서 역사 안으로 들어왔다고 했다. 그리하여 이스라엘에서 유럽으로 그리고 미국으로 또 아시아에도 흘러들어 왔다는 것이다. 그것을 여기까지 날라 오는 수단이란 때로는 너무나도 인간적인, 혐오할 죄악에 물든 것이기도 하였지만. 이스라엘에 있어서조차 그것은 십자가에 얼룩진 것이었으니까. 역사에 있어서의 진리란 피로 물든 인간의 손에 맡겨져 있었던 것이 아닌가 하는 생각이 든다. 처참한 식민지화의 역사 없이 문화 전파가 있을 수 없었다고 해야 하는 것일까.

많은 사람의 비난을 받을지 모르지만 역사는 그런 가혹한 길을 걸어왔다고 해야 할 것 같다. 6 · 25 이후의 처절한 역사 속에서 우리는 낡은 반동적인 역사를 극복해 온 것 아닌가. 박해를 피하여 청교도를 비롯해서 유럽 이민들이 미 대륙으로 오지 않았다면 미국의 계급 없는 민주주의 사회가 그렇게 무거운 악한 유산에 짓눌림 없이 이룩될 수 있었겠는가. 유럽에 비해서 미국은 먼저 민주주의의 길을 걸어가게 되었다. 그래서 지금은 유럽에서는 생각할 수도 없는 흑인의 위치가 가능한 사회가 된 것 아닌가.

우리가 봉건사회의 짓눌림 없이 민주주의적 역사의 길을 갈 수 있었다면 그것은 6 · 25의 처참한 비극과 파괴를 겪었기 때문이라고 하는 역설이 가능할는지도 모른다. 그렇다면 일제의 지배라는 슬픈 역사도 그런 역사의식에서 되돌아볼 수 있다고도 할 수도 있는 것 아니겠는가.

이런 역사의 아이러니, 이러한 냉혹한 역사. 그 역사에 대해서 악한 자와 선한 자, 살인자와 희생된 자라는 도덕적 판단은 그대로 남겨 둔 채 우리는 그것을 넘어서 역사적 판단을 내릴 수 있다고 하겠는가. 더욱이 현명한 민족일 때에는 행위에 따른 선악은 그대로 남겨 두면서도 역사는 악하고 부정적인 것조차 선용하면서 전진한다고 할 것인가. 그 민족이 자질 있는 백성들이라면, 이런 역사를 축복하거나 그것에 감사하기보다는 다만 체념 어린 눈으로 바라보아야 하는 것일까. 그래서 "그러나 나의 원대로 마시옵고 아버지의 원대로 하옵소서"라고 예수는 기도해야 했던 것일까. 역시 역사는 선악을 분명하게 구별하면서도 그것을 넘어서 진행한다고 해야 할 것 같다.

2013년 1월 9일

일본에서 이와나미서점岩波書店이 2012년 2월에 낸 『「사상」의 궤적, 1921~2011』이라는 책을 읽고 있다. 2007년 8월 『사상』 통산 제1000호를 맞이하였다고 해서 '사상의 100년을 더듬다'라는 좌담회를 시대를 구분하여 가진 것을 수록한 책이다. 일본 사상사를 더듬는 것 같은 느낌을 준다. 이런 내용이란 일본에서의 지식인 간의 문제를 제시해 주는 것이라고 하겠지만 그 배후에는 실제적인 정치의 흐름이 있으니까 결코 현실과 동떨어진 것이라고는 할 수 없다. 전후 일본에서는 미소의 대립이라는 정치 정세를 앞두고 일본이 어떻게 대응해 가야 할 것인가를 논의했다. 공산체제가 무너지고 난 오늘에서 본다면 그 당시의 지식인들이 그 현실에 붙잡혀서 역사의 흐름을 바로 보았다고는 할 수 없다.

이런 의미에서 사상사를 더듬는다고 한다면 지식인의 정치적 또는 역사적 판단을 넘어서 현실의 역사가 실제로 어떻게 흘러갔는가 고 우리는 더듬어야 하는 것이 아닐까 생각한다. 사실의 역사는 우리의 원망이나 판단을 넘어서 진행한다. 나는 아무래도 지나간 일본 전후사를 일본과 아시아와의 관계라는 과제를 놓고 더듬고 싶어진다. 소련이 붕괴되고 나서도 20년 가까운 세월이 흘러갔지 않는가. "전후에 있어서의 동아시아와 일본의 관계에 관한 연구, '아사히신문朝日新聞' '세계'를 중심으로"라고나 할까. 이런 제목으로 왜 소련의 세계 제패의 꿈은 무너지고, 미국의 세계 지배는 실질적으로 눈앞에 다가오게 되었는가 하는 식으로 더듬어 보자는 말이다.

소련의 경우는 작위적인 데 반하여 미국의 경우는 역사적이었다고 할까. 일본은 전후에 동아시아에 대해서 지난날의 역사에 대한 작위적인 관여만은 포기한 채 동아시아의 고뇌도 발전도 무시해 왔다고 할 것 같다. 사실 그러면서 그들은 전쟁 중에 품었던 아시아관을 그대로 변함없이 이어 왔다.

여기에 오늘 일본이 그 네메시스에 괴로워하게 된 이유가 있다. 아시아는 그 힘을 가지게 되기까지는 선발국인 일본에서 많은 것을 배우면서 일본에 대해서 침묵하고 있었지만 이제는 그렇지 않다. 이런 동아시아의 일본에 대한 네메시스의 시대에 일본은 어떻게 대응하려고 하는 것인가. 지금은 반동적이고 보수적인 정치로 대응하려고 하는 것처럼 보인다. 그리고 동북아시아 삼국에는 보수적이고 반동적인 정권이 나타나고 있는 것처럼 보이는데. 보수반동이 서로 대립하는 지역이라는 것일까.

이와나미의 이 책에서 보니까 일본에 있어서는 종전 전 그 어려운 반동의 시대에 절개를 지키면서 견디어 낸 사람들이 전후에 결코 '사상적 우위'를 차지하지 못했다고 했다. 고바야시 히데오小林秀雄 같은 평론가는 "나는 무지하니까 반성하지 않는다. 영리한 자들은 기껏 반성해 보라지"라고 뻔뻔스럽게 반동을 자처하면서 인기를 누렸다는 것이다. 전후에도 "과거는 아름답다"라고 하면서 그렇게 인기를 누렸다고 한다면 그런 반역사적인 사고가 일본 사람들의 공감을 얻었다는 것 아니겠는가. 그것은 무엇보다도 반이성적인 반발이었고 아시아와의 화해를 거부하는 반동이었다. 그들은 집단적인 사고에 살았고 내면적인 고뇌는 별로 없었다고 할까. 사실 그들은 개인의 생각보다 집단에 의지해서 살아왔으니까. 여기에서도 그들의 무사 사회라는 전통과 우리의 유가 사회라는 전통을 비교할 수도 있을 것 같다.

예를 든다면 이광수의 전향에 대해서 우리 국민이 대단히 가혹했던 데는 여러 가지 중요한 이유가 있었다고 하지 않을 수 없다. 유가사회에서의 윤리적인 삶의 문제도 생각해야 하겠지만, 무엇보다도 대표적인 문학자가 이민족의 지배에 굴복하였다는 데 우리는 견딜 수 없어 했던 것이 아니겠는가. 해방 후 더욱이 군사정부의 국민에 대한 배반에는 우리도 애매하게 대했던 것이 아닌가 생각한다. 그래서 박근혜의 정치적 귀환도 있을 수 있었던 것이 아닐까. 이제는 그녀의 정치가 국민적 판단을 받을 것이라고 생각하지만. 그것은 단순한 그녀의 정치에 대한 판단이라고 하기보다는 지난날의 군사정부나 그 동조자들에게 대한 심판이기도 할 테니까.

그런 의미에서 앞으로의 5년간은 뒤늦게 찾아온 그들의 통치에 대한 국민적 심판이라는 의미를 지닐 것이라고 나는 본다. 박근혜는 박정희 통치에 대한 진정한 심판을 받기 위해서 국민 앞에 선 것이라고 하겠다. 지난날 민주화 세력도 그처럼 역사적 심판을 받아야 했지 않는가. 프랑스혁명이 1세기를 두고 혁명과 반혁명을 되풀이해야 했던 역사를 생각하지 않을 수 없다. 미국의 혁명은 그것과는 퍽 다른 길을 걸어와서 오늘 세계사의 모델로 나타나 있는 것처럼 보이는데 말이다.

2013년 1월 24일

일본 지식인들의 지난날을 돌아보면서 느끼게 되는 것은 역사 판단에 있어서의 일본의 오류 또는 오판이라고 해야 할 것 같다. 물론 이것은 세계적으로 우리 인간들이 보여 주는 과오의 한 토막이라고 해야 한다. 무엇보다도 현대사에서의 과오라면 소련에 대한 과도한 환상적인 판단과 '재팬 애즈 넘버원'이라고 한 일본에 대한 지나친 기대였다고 할 수 있는 것이 아닐까 생각한다. 소련에 대한 판단, 그렇게 독재의 나라이고 인민은 압제의 토탄에 시달리고 있는 그야말로 인공적인 역사인데도 불구하고 그것을 이상의 나라라고까지 선전한 무서운 과오에 우리는 빠졌던 것이 아닌가. 그런 과오란 언제나 자기 앞에 주어진 것은 보잘것없다고 보고 남의 것은 크다고 생각하는 인간의 본성에서 왔다고나 할까. 우리나라에서 북에서는 남을, 남에서는 북을 동경한 것처럼 말이다. 그리하여 역시 지식인의 몰락이 찾아왔다. 자승자박이라고 할까.

정말 지식인의 역사적 판단이란 어리석은 것이었다고 해야 할까. 이러한 인간의 과오를 지적하는 역사를 따로 써야 하는 것 아닐까 생각된다. 인간의 예상과 소망이 배반을 당해 온 역사 말이다. 현대사에서 보는 미국의 위치를 생각한다면 더욱 그런 것 같다. 그래도 토크빌이나 라스키 같은 사람들이 전개한 미국에 대한 예견에 다소라도 위안을 느낀다고 해야 하겠다. 그들은 정치평론가가 아니라 진정한 역사가다. 인간들은 이렇게 생각했는데 실제 나타난 역사는 이런 것이 되었다는 역사서술이 필요할 것 같다. 칼 포퍼는 "그랜드 디자인으로서의 정치를 설계하는 것은 이성의 오만이다"라고 했다지만. 그러니까 나는 인간의 역사와 신의 역사라는 이중의 잣대가 필요하다고 생각하는 것이다. 그런 이중의 역사가 쓰일 수밖에 없다고 느낀다. 그런 의미에서 참다운 역사는 나의 과오, 나의 잘못된 생각에 대한 고백일 수밖에 없다는 의미를 지닌다고 해야 할 것 같다. 이것은 역사에 대한 회의론이라고 할 수 있겠지만 말이다. 적어도 '과거는 아름답다'식의 반동을 직시하면서 역사를 더듬어가야 하리라고 생각한다.

일본에서의 그런 자국주의와 그런 반역사적인 사고가 오늘 커다란 파탄을 맞이하고 있는 것이 아닌가. 이런 시대에는 진보가 안 된다면 보수로, 보수가 안 된다면 진보로가 아니라, 이런 위기가 새로운 기회라는 생각에서 조용히 멈추어서 생각해야 하지 않겠는가. 그래서 나는 미국의 세계에서의 성공을 생각하면서 일본도 동북아시아와 일본의 관계를 실증적으로 되돌아볼 수 있어야 할 것이라고 생각한다. 역사가 나아가는 방향을 직시하면서. 그야말로 E. H. 카가 말한 것처럼 역사를 미래에서 풀어내야 할 것 아닌가 생각한다.

일본은 아시아 지배를 꿈꾸다가 실패하자 아시아 망각을 밑에 깔고 경제적인 이익을 구미에서 찾았다. 그사이에 아시아는 발전해서 일본에 대결하려고 하기에 이르렀다. 일본은 미국의 세계에 대한 대응방식을 배우려고 해야 하는 것 아닌가 생각한다. 미국은 긴 역사를 주시하면서 상대의 나라가 스스로 성장하여 미국을 더욱 필요로 하는 데로 나아가기를 기다린다. 지난날의 소련처럼 자기네 진용에 통합될 것을 강요하고 자기네 지배력에 복종할 것을 강요하지 않는다. 내버려 두고 그 나라의 자생력을 믿고 기다린다. 역사에 대한 낙관론이라고 할까.

마루야마 마사오가 말한 일본의 고층古層 회귀의 심성을 되새겨본다. 안 되면 그 옛날의 자기네 길로 돌아가 칩거하려고 하겠지만 그것은 이미 비역사적이며 반현실적이다. 회피의 사상이라고 할까, 무사 사회에 있어서 힘에 버겁다고 생각하면 회피했던 것처럼 말이다. 어떻게 '과거는 아름답다'라고 하면서 역사를 정지시킬 수 있다는 것인가. 그 환상적인 역사관. 그것에서 벗어나지 않으면 일본도 없고 사실은 동북아시아도 없는 것이라고 할 것 같다. 일본은 곧잘 일본은 아시아에 속하는가 하는 어리석은 질문을 되풀이해 왔다. 그것은 지정학적으로나 지정 문화적으로나 현실적으로 있을 수 없는 물음이 아니겠는가. 전후로 이어진 그런 아시아 망각에 빠져 있던 일본은 깊이 반성해야 한다. 그리고 무엇보다도 일본에게 있어서도 지금의 위기는 기회라고 나는 생각한다.

2013년 1월 25일

세계사를 생각할 때 근대에 나타난 세계 지배의 사상을 어떻게 생각해야 하는 것일까. 유럽의 제국주의는 포르투갈이나 스페인이나 네덜란드나 영국 같은 나라에서 시작해서 세계를 휩쓴 경제적 수탈을 찾아가는 역사였다. 그것은 시대에 따라 그 주체와 양상을 달리했다고 할 수 있다. 후에는 신흥 자본주의 국가라고 하는 독일과 이탈리아 그리고 일본의 경우가 있고 소련의 사회주의적인 침략이 있고 오늘의 미국 중심의 이른바 '팍스 아메리카나'가 있다. 분명히 그 사이에는 변화가 있다고 보아야 한다고 나는 생각한다. 오늘의 미국의 경우에는 민주주의적인 대외 관계라고 해야 하는 것 아닌가 생각한다. 그것은 제2차 세계대전 후 미국의 경제적인 원조로부터 시작된 오늘의 세계사적인 관계다. 제국주의 역사를 더듬으면서 시대에 따른 차이를 분명히 해둘 필요가 있다. 그리하여 거기에서도 역사의 발전을 보고 그때그때의 질서에 오늘의 눈으로 본 역사적 의미를 부여해 줄 필요가 있다.

나는 역사에 대하여 언제나 낙관적이었다고 할 것 같다. 물론 오늘의 미국 주도의 세계 지배에는 영토적 야심이란 찾아보기 어렵다. 나는 거기에 힘의 균형, 상호적인 교류와 경제발전, 인류의 평화와 번영이라는 이념이 스며들어가 있다고 생각한다. 그래서 역사의 반복이 아니라 역시 역사의 진보를 상정한다. 이런 관점에서 우리는 지난날의 역사, 이른바 대국이 자의적인 지배를 꿈꾸었던 세계사를 비판적으로, 그것은 비극적인 것이었다고 다시 기록해야 하리라고 본다.

그런데 오늘 일본은 독일 같은 나라와는 다르게 자기반성을 회피한 채 동북아시아에 다시 참여하려고 하다 실패하고 고민하고 있다고 생각한다. 일본은 지난날을 반성하지 않고 안이하게 동북아시아의 현대사에 참여하려고 하다가 심한 난관에 당면하지 않을 수 없게 된 셈이다. 일본은 언제나 곤란이 오면 그것을 피해서 어떻게 영리하게 살아갈까 하고 생각해 왔다. 이것은 그들에게 있어서 역사적으로 거의 체질화되어 있는 것이 아닌가 생각한다. 그들은 미국이 오늘 지니고 있는 대세계의 자세에서 많은 것을 배워야 한다. 그들이 쓰는 용어를 빌린다면 전후 '지知' 특히 그들이 지니고 온 아시아에 대한 '지'에 대한 깊은 자기비판이 필요하다. 전후에 아시아의 혼란과 곤란에서 눈을 돌리고 아시아를 떠나 세계를 누비면서 부를 찾아 헤매던 자세에 대한 자기비판 말이다. 전쟁 시절만이 문제가 아니다. 전후에도 한때 일본은 아시아에 속해 있는가 하고 자문한다고까지 했던 반지성에 대한 자기비판이 필요하다. 이런 요청이란 일본과 아시아의 내일을 위해서 제기하지 않을 수 없는 것이라고 생각한다.

소련은 이데올로기적인 우의를 내걸면서 지나치게 성급하게 완전 지배를 추구하던 제국주의였다. 이에 비하면 미국은 점령한 땅에서 언제나 자유와 독립과 민주주의를 권장하면서 점차로 그 지배의 고삐를 늦추어 준 것이라고 하겠다. 이런 비교정치학적인 고찰을 하면서 우리 자신도 비판하지만 미국을 좀 더 격려해 줄 필요도 있지 않는가 생각한다. 지금까지의 제국주의가 취했던 지나치게 성급하게 작위적이고 수탈적이었던 자세에 비해서 미국이 취해 온 점진적이고 호혜적인 태도는 세계사적인 것이었다고 해주어야 하리라고 생각한다.

그래서 우리가 그리던 역사적인 혁명이라는 의미가 퍽 달라졌다고 해야 한다. 이런 시대에 일본은 말하자면 지금까지의 대아시아 관계를 회피해 온 역사가 던져 주는 네메시스 앞에 당황하게 된 것이다. 역사는 만드는 것이라고 하겠지만 동시에 이루어지는 것, 우리 앞에 주어지는 것이다. 인간 스스로가 만들어 가려는 것이 곧 역사가 스스로 걸어 나아가려고 하는 길이어야 하는 법이다. 진정한 오늘의 혁명이란 그렇게 점진적인 것이다. 이것이 무엇보다도 지난날의 소련의 붕괴에서 우리가 터득한 교훈이 아니겠는가. 그래서 혁명이라는 용어가 아니라 역시 발전이라는 용어를 써야 하는 것 아닌가 하고 생각하게 된다.

2013년 1월 30일

배제의 논리를 넘어

「Angelique Kidjo and Friends」라는 비디오를 보았다. 아프리카를 회상하는 흑인의 노래다. 그러나 이제는 흑인도 백인도 함께하는 음악 그룹이다. 배경음악 그룹에는 동양 여자도 섞여 있었다. 청중 속에서는 물론 백인들도 환호하는 것이었다. 이런 풍경이 미국이 아니고 유럽에도 있을 수 있을까. 오늘에 있어서도 아직 유럽에는 이런 풍경이 없을는지도 모른다.

6·25 때 그러니까 1951년이 아니었을까. 한국 전선에서의 이야

기지만 육군 3사단에는 미군 고문단에 한 명의 웨스트포인트 출신의 흑인 소위가 있었다. 그는 언제나 고독했고 슬픈 얼굴을 하고 있었다. 한 백인 장교가 자기는 아무래도 흑인이 백인에게 섞여 있는 미국의 현실을 이해할 수 없다고 다른 백인 장교들과 이야기하는 것이었다. 그런 상황이었으니까 흑인 민권운동이 일어날 수밖에 없다고 생각했다. 그런데 오늘은 흑인 대통령 시대까지 왔다. 이 기나긴 역사, 앞으로 아프리카가 아시아처럼 대두하는 시대가 오고 인종의 차별을 넘는 세계도 오겠지. 그렇다면 미국사의 선구적인 성격을 부인할 수 없지 않겠는가. 팍스 아메리카나가 가지는 역사적 의미를 생각하지 않을 수 없다. 미국에서의 흑인, 미국에서 저 흑인 음악이 차지하는 지위. 그것은 아직도 우리 아시아에서는 생소하기만 하다. 미국이 흑백을 넘어섰다는 것 또는 넘어서려고 몸부림친다는 것, 그것은 역사의 선구를 가려는 몸부림이 아니겠는가.

*

박경리의 『토지』 제8권까지를 읽었다. 간도에서 고향으로 돌아가는 서희를 그리면서 이런 대목이 나온다. 어둠 속을 걸어가면서 길상이 아내의 손을 잡는다.

> 부부간이지만 집 밖에서 살갗이 닿았던 일은 처음이다.
>
> "망측스럽게, 손 놓으시오." "오늘 밤엔 최 참판댁 손녀 최서희가 아니요. 내 아내야, 기생하고나 이럴 수 있다. 그런 양반네 법도는 잊어버리시오."
>
> — 378쪽

그러면서 멀리 섬진강을 회상한다. 길상은 독립군으로 가고 최서희는 고향으로 돌아간다. 맏아들 환국이가 아버지 없이 자기들만

고향으로 돌아간다고 다락에 숨었다. 그것을 발견하고 아버지랑 가겠다고 하는 그에게 서희는 흐느껴 울면서 '마차 타고 배 타고 또 기차도 타고 그러는 동안' 동생 "윤국인 어떡거니" 하면서 타이른다. 그러한 정경 묘사가 참 진실하다. 박경리의 묵직묵직한 수식어 속에서 이런 대목에 이르면 참으로 눈물겹다. 일본 소설에서는 찾아볼 수 없는 묘사가 아닐까 생각한다. 망국의 서러움이 스며들어 있다고 할까. 그녀도 외로운 사람이었으니까 흐느껴 가면서 이런 글을 이어 갔을 것이 아닌가 하는 생각이 들었다.

상민인 남편은 독립군으로 가고 양반인 아내는 일제와의 관계를 지탱하면서 고향으로 돌아가 조상 전래의 땅을 되찾는다. 이런 이른바 친일파를 어떻게 단죄하겠느냐고 하는 것일까. 반일과 친일의 심연을 넘어서 민족의 길을 열려고 하는 것일까. 그러면서 해방 후의 민족상잔의 흑암을 넘어 보자는 전망을 제시하는 것인지도 모른다. 이른바 우리의 전통적인 반상의 문제 그리고 친일파 갈등 같은 것을 넘어서는 데 해방 후의 6·25전란이 아이러니컬하게도 다행한 역할을 했다는 것일까. 인간의 역사를 좀 더 긴 세월이라는 분광기分光器로 보는 셈이라고 하겠다.

2013년 2월 22일

아무리 생각해도 우리는 이제 근대사에 대한 비판적 또는 부정적 검토의 시대에 들어선 것이 아닌가 하는 생각이 든다. 근대란 인류사에 있어서 정말로 잔인한 시대가 아니었던가. 그래서 지금은 핵무기를 앞에 놓고 고민하게 된 것이라고 해야 하는 것 아닌가. 문명의 절정에 이르렀다고 하면서 그 문명과 함께 인류의 파멸이라는 운명 앞에 서게 된 셈이니까. 이제부터는 길고도 긴 인류사 속에서 어떻게 기록해 갈 것인가.

근대가 그 이전의 역사와 단절되어 있는 것이라고는 할 수 없다. 역사와 더불어 인류사의 그런 성격이 확대되고 더욱 명백하게 그 모습을 드러냈다고 해야 한다. 도쿄에서 베이징까지 기차가 생기고 나서도 이틀이 넘게 걸리던 시절에서 이제는 비행기로 세 시간 정도면 되는 시절로 변모되었을 뿐이겠는가. 사색당쟁의 시대에서 오늘의 정당정치 시대로 되었다고 해서 인간의 행동 패턴이 얼마나 달라졌다는 말인가. 오늘은 근대 이후의 역사에 대하여 신랄한 비판을 가해야 하는 시대가 아니겠는가 하고 생각한다.

미국은 시리아도 북한도 방치해 둘 것이다. 그렇지 않으면 그후의 세계를 어떻게 감당해 낼 수 있을 것인가. 미국을 필요로 하는 세계로 머물게 해두어야 할 것 아니겠는가. 민주적인 세계 질서를 유지해 두어야 한다. 그렇다면 어느 정도의 문제는 남겨 두어서 역사적 관심이 그리로 몰리도록 해야 하는 것인지도 모르겠다.

나는 민주주의의 세계를 성원 다수의 결정에 누구나 복종한다는 체제라고 생각하는 시대는 지나갔다고 본다. 마치 혁명이 소련식의 잔인한 배제의 역사일 수 없는 것처럼 말이다. 한국의 국회나 국민을 보아서도 알 수 있지 않는가. 정말 민주주의하에서 다수와 소수가 합의를 도출해 낼 수 없다면 사회적인 안정을 기할 수가 없다. 이것은 미국처럼 여유를 가지고 있지 못하다면 더욱 그렇다고 해야 한다.

다수를 차지하면 승리라는 근대 민주주의를 수정해야 하는 시대로 역사는 진입하게 된다. 다수나 힘이면 권력을 독점하는 시대는 허용되지 않는다. 역사에 있어서의 최종적인 해결이란 있을 수 없다. 어떤 과제에서 결론을 찾아간다면 그 결론이 머지않아 다시 과제를 낳게 되는 법이다. 더욱이 역사적 상황의 변화가 있고 역사 행위자의 변동 또는 전략의 변경이 있지 않는가. 역사는 생명체처럼 동요한다. 거기다가 승리자의 변절이란 역사적 철칙처럼 보인다.

다수와 소수의 대립이 아니라 언제나 합의를 찾아야 한다. 우리는 합의를 찾는 자세와 지성이 성장하는 것을 기대해야 한다. 그러기 위해서 현대적 지성을 소유한 정치 행위자들이 요청된다면 그것을 찾도록 격려하는 국민 여론이 있어야 하지 않겠는가. 만장일치를 이상으로 하는 정치에 대한 요청이라고 해도 좋다. 누구도 소수라고 해서 패배를 용인하고 참아 내려고 하는 시대가 아닌 것 같다. 그래서 나는 혁명에서는 점点의 정치라고 한다면 집권하고서는 면面의 정치가 되어야 한다고 하는 것이다. 이런 자기혁명을 이루어 내지 못할 때 아무리 숨기려고 해도 전제적인 시대가 오는 것 아니겠는가. 전제적 체제란 세대를 거듭할수록 무서운 전략의 길을 간다는 것을 우리는 근현대사에서 경험해 왔다. 나는 이런 관점을 떠나서는 우리 땅에서 이미 전개된 그리고 앞으로 전개될 남북의 정치사를 해석할 수가 없다고 생각한다. 이제는 지난날의 대립과 쟁투의 시대와는 다른 화합과 평화의 시대. 여기에 한반도의 새로운 앞날이 달려 있다.

2013년 3월 11일

근대의 무서운 배제의 논리. 그것은 지금까지 인류사를 지배해 온 것 아닌가. 그것이 근대에 이르러 절정에 달했으며 극한에 이르러 핵무기를 산출하는 데 도달했다. 근대적 사고의 무서운 자기 파탄이라고 해야 한다. 그리하여 그 막다른 골목에 이르러 인류사는 방황하게 된다. 지금까지의 역사를 거부하지 않고 어떻게 인류사의 앞날을 전망할 수 있겠는가. 민주주의와 혁명의 논리란 역시 배제의 논리이고 근대적 자세의 결과인데 지금까지 그것을 인류가 추구해 온 것이라고 해야 하는 것 아니겠는가. 민주주의가 혁명보다는 다소 온건한 자세, 비폭력적인 양태를 내세웠다고는 하지만, 그것도 어디서나 지금까지 전개되어 온 배제의 논리를 은폐·수식해 온 것에 불과한 것이라고 해야 할 것 같다. 승자독식이라는 논리는 어느 경우에 있어서나 지배적이었다. 그러니까 이제 이 민주주의 시대에 그런 민주주의도 힘 있는 자의 승리, 다수를 만들어낸 측의 힘의 독점이고 폭력적인 혁명과 마찬가지라고 거부하려고 하는 것이라고 생각된다. 이제는 다수의 민주주의가 아니라, 진정한 합의의 민주주의를 찾아야 한다고 하고 싶다. 다가오는 평화의 시대를 누가 거부한단 말인가.

사실 근대 민주주의를 내건 서구 국가들은 국내에서는 민주주의, 대외적으로는 군사적 침략이라는 이중성을 드러냈다. 그 배후에 있는 배제 그리고 강자 독점의 논리는 공통적인 것이었으며 그것은 오랜 인류사를 관통해 온 사고였던 것이 아니겠는가. 비폭력적인 민주주의도 폭력적인 혁명과 침략도 모두가 마찬가지로 타자 배제의 논리를 바탕으로 한 것이었다. 그러니까 소비에트의 혁명도 무서운 세계 침략이었다. 그리고 그것과 싸운다는 민주주의도 세계 도처에서 은밀한 침묵의 폭력과 인간의 소외를 생산해 왔다. 이러한 인류역사에 의해서 소외당한 셀 수 없이 많은 원혼이 지금 역사의 밑바닥에서 눈물어린 호소를 하고 있다는 것을 느낀다. 도대체 다수를 꾸며 내고 다수라고 횡포를 다할 수 있다고 오만을 자행하는 역사를 어떻게 견디어 내라는 것인가.

그것은 지금까지의 인류사를 거부할 것을 부르짖는 소리가 아니겠는가. 이것이야말로 예수 그리스도의 호곡號哭이라고 나는 생각한다. 그래서 예수는 그런 인류사의 종언을 말하고 그들 한 맺힌 인간의 부활을 갈망하지 않았는가. 그때야 그들 인간의 한이 풀어지는 환희의 날이 올 것이라고 한 것이다. 예수가 지금까지의 인류사의 종언을 말했다는 것은 억울한 죽음, 아벨의 호소를 대변한 것이다. 그것은 정말 오늘도 계속되고 있는 통한의 역사였다. 예수는 그런 역사의 단절을 2천 년 전에 선언한 것 아닌가.

만약 이러한 역사 해석을 수납한다고 한다면, 그것이 가장 격앙된 상황이 한국의 남북 사이에서 지금 전개되고 있는 적대 관계일 것이고 세계적으로는 그것이 알카에다와 미국 등과의 대립에 아직도 남아서 꿈틀거리고 있다고 보아야 하는 것 아니겠는가. 지배하는 힘과 이에 저항하는 세력이 지난날과 같은 지반에서 상호 대립하고 있는 것이다. 그런 세력들은 비인간적인 대립 관계에서만 존재가 허용되는 상호 보완적인 세력이라고 해야 한다. 이런 데 대한 첨예한 인식을 하지 않을 수 없는 것은 우리가 특히 근대 이후 오늘에 이르기까지 그런 역사 속에서 말할 수 없는 진통을 겪어야 했기 때문이다. 사실 예수나 바울은 그 시대의 비인간적인 상황 속에서 부활과 구원 그러한 종교적인 발상으로 비약하는 것을 피할 수가 없었던 것 아닌가. 부활의 날에 있을 억울한 패자들의 환희하는 모습을 머리에 그려 내면서 말이다. 그렇게 기독교는 인간 세계의 모순에 직면하여 종교적인 환영을 뿜어낸 것이었다. 이렇게 인류사의 한계에서 드디어 종교적 발상으로 비약할 수밖에 없었다.

2013년 3월 12일

전후에 있어서의 일본의 아시아와의 관계도 탈아脫亞와 입구入亞의 사이 그 '하자마狹間'에서 서성거리는 방황의 시대가 보여 주는 것 아니었겠는가. 한국이나 중국이 정치적으로 동요되고 경제적으로 보잘것없었을 때 일본은 탈아의 길을 활보할 수가 있었다. 그러나 오늘 한국과 중국이 부흥하여 힘을 가지게 되자 일본은 아시아에로의 회귀를 시도하면서 심한 진통을 겪고 있다. 이것은 근대 초기에 명예 백인을 자칭하던 일본의 근대가 겪지 않을 수 없는 운명이다. 이제는 그들이 아시아를 점령하던 시대란 상상을 할 수도 없다. 일본은 그 궤도를 수정하려면 패전과 같은 거대한 진통을 겪어야 한다고들 말해 왔다. 이런 일본을 정상적인 궤도에 올라서게 하기 위해서는 어린이를 이끌어 가듯이 엿과 채찍이 필요하다고 할는지도 모른다고 했다. 이렇게 하는 것이 결국은 당신네 자신을 위해서 이익이 되는 것이 아닌가고 하면서 말이다. 그리고 낡은 아시아에 있어서의 낡아 빠진 환상을 우리는 재생산하지 말자고 해야 할 것 아닌가고 하는 것이다.

김정은이 미국과 한국이 군사훈련을 한다면 한국과 미국에 핵무기 공격을 가한다고 위협을 했다는 것이다. 김정일은 권력을 잡는데 20년이 걸렸지만 김정은은 1년도 걸리지 않았다는 것 아닌가. 그거야 김일성의 주변에는 그의 동생들을 비롯해 여러 인물이 있었지만 이제는 그런 인물들이 전혀 없기 때문이 아니겠는가. 김정은이 서해 기지를 찾아갔다가 돌아가려고 배에 오르자 아쉬워 견디지 못하겠다고 손을 흔드는 장교들이 바다 물속으로 뛰어들어 가면서 눈물 흘리며 소리를 지르는 저 체제, 저런 경지에까지 이른 정치권력이 세계에 또 어디에 있을까. 나는 저것은 오늘의 세계에서 이질적인 것이라고 하기보다는 오늘의 세계가 알카에다를 낳은 것처럼 저런 희극 아닌 비극을 낳은 것이라고 생각한다. 그것은 한반도에 있어서의 이질적인 현상이라고 하겠지만, 오늘의 세계가 낳아서 성장시킨 것 아니겠는가고 생각하는 것이다. 제2차 세계대전 전야에는 독일에 히틀러를 낳고 일본에 현인신現人神이라고 하는 천황을 낳았지 않는가.

그 광기를 전쟁 후에도 일본은 유지하려고 했고 미국은 그것을 지원했다고도 할 수 있는 것 아닌가. 그것이 현대사가 아닌가. 박정희의 딸을 대통령의 자리에까지 앉히는 한국의 정치도 그런 코미디의 하나라고 나는 생각한다. 문제가 있다고 생각하면 인간이란 앞으로 나아가는 것이 아니라 그렇게 증오하던 뒤로 되돌아가는 것일까. 수천 만의 인명을 앗아 가는 데 열광했던 일본 국민, 그 광기에 머물기를 바랐던 국민이 어떻게 그렇게도 쉽사리 정기正氣의 정치에 되돌아온다고 생각할 수 있을 것인가. 박정희의 딸을 머리 위에 세워 놓고 우리 국민도 정기의 정치를 이루어 낼 수 있을 것인가 하고 나는 생각한다. 지금 그들은 그런 정치를 결연한 자세로 부정하는 것이 아니라 찬양하고 싶어 한다니까. 정치의 난기류가 이제 속속 드러날 것 같아 염려가 된다.

전후에는 응당 아시아에서도 속죄의 역사학 그리고 면죄의 역사학이 성립되어야 했다. 역사란 E. H. 카가 말한 대로 현재에서 과거에 대하여 묻고 현재로 되돌아오는 것이라면 말이다. 그런 역사는 유럽에서는 존재했지만 아시아에서는 없었다고 할 것인가. 규탄의 역사가 있었고 자기옹호와 변명과 은폐의 역사가 있었을 뿐일까. 정말 아시아에서는 윤리 부재와 자아확대의 욕망만이 판을 쳤다. 대 일본 관계에서도 그랬고 국내에서의 이데올로기적인 대립에서도 그랬다. 이리하여 상처만 확대되었고 치유의 [illegible] 거의 존재하지 않았다. 거기에는 윤리적인 자세라는 인간적인 마음이 존재하지 않았던 것 같다. 우리는 지금 이 무거운 짐을 지고 허덕이고 있는 셈이 아닐까.

상대에 대한 규탄과 자기 절대화라는 극한적인 대립의 역사는 오늘까지 이어지고 있다. 정상적인 역사의 회복은 불가능한 채로 남아 있다. 이러한 상황에 대한 극복 없이는 아시아의 협력과 평화의 시대는 바랄 수 없다. 오늘도 같은 상황에 대한 겸허한 접근이 아니라 거꾸로 반동적인 정치로 젖어 들어가고 있는 것이 아닌가 생각한다. 유럽에 비하여 반세기 이상 뒤떨어진 역사다. 속죄의 역사학이 있으면 그것을 위로하면서 새로운 자세를 받아들이며 격려하는 공감어린 면죄의 역사학이 가능해질 것 아니겠는가. 독일의 속죄가 통합 유럽의 시발이 되지 않았는가. 아시아에서도 일본의 속죄가 아시아 공동체의 시발이 되어야 한다. 그리하여 지난날의 역사를 우리 모두가 슬픈 동북아시아 역사로 함께 공유하게 되어야 하는 것이다. 남은 규탄하고 자기는 정당화하려는 것이 아니라 동북아시아 공동의 역사나 역사 교육이 성립되어야 한다. 그 위에 서서야만 동북아시아 공동체의 새로운 시대가 가능하게 될 것이 아닌가 생각한다.

역사관과 정치는 이렇게 밀접하게 관계한다. 동북아시아의 역사적 후진성, 철학의 부재가 언제까지 계속되려는 것일까. 동북아시아 삼국의 반동적 정치의 시대가 언제까지 갈 것인가고 우려하는 눈길을 보내지 않을 수 없다. 이런 의미에서도 나는 오늘의 사회에서 지식인의 존재는 충분히 선행성을 지녀야 한다고 생각한다. 섣불리 지식인 소멸이나 후퇴를 선언하면서 책임을 회피하려고 해서는 안 된다. 그들의 면책을 방조해서는 안 된다. 다시 지식인론을 제기하고 정리해야 한다고 하겠다. 우리는 오늘의 사막과도 같은 지적 풍토를 분석하고 그것을 극복하는 길을 모색해야 한다. 그리고 그들 사이에서 동북아시아 연대 문제가 깊이 논의되어야 한다. 그들 사이에서 먼저 낡은 국가주의가 극복되어야 한다. 지난날의 정치 의존의 지식인, 어용 지식인의 탈을 벗어 버릴 수 있어야 하지 않겠는가고 생각하는 것이다.

민족주의가 추구되어야 할 때 지식인은 선구적인 역할을 담당했다. 그러나 그것이 국가주의가 되고 침략으로 나아갈 때 그 자리에 머물러 있었다면 반동적이며 어용적인 지식인이 되었을 것이다. 동북아시아 시대에 앞서서 지식인은 어떤 역할을 해야 할 것인가. 그들 사이에 연대가 이루어진다면 어떤 역할을 추구해야 할 것인가. 유럽 공동체의 경우나 미국의 경우를 살펴보면서 아시아 지성의 자리를 찾아야 할 것이라고 생각한다. 그런 때가 우리 사이에 찾아올 것인가. 그날을 위해서 오늘 지식인의 참여를 결의하고 실천해야 한다. 변화 또는 발전하는 현실을 직시하면서 동북아시아 시대를 위한 지식인의 역할을 설정해야 하는 것 아닌가. 현대의 대중 사회에서 지식인이 사라져 가고 있다면 그것은 오늘이 안고 있는 위기가 아니겠는가. 눈에 보이는 불빛은 찬란해도 흑암 속에 한 줄기 불빛도 없는 것 같은 시대가 아니겠는가. 이것은 신지식인론이라고나 할까.

정치란 한 사회에 있어서 문화 영역 중에서 가장 후진적인 영역이 아닐까 생각한다. 거기는 거의 합리성이 결여되어 있는 이익의 각축장이라고 해야 하는 것 아닐까. 그런 정치가 지배적이라면 견디기 어려운 사회라고 해야 한다. 정치적 혁명이 지배하는 사회에는 그런 위험성이 깃들어 있는 것은 물론이다. 아직 한국도 그런 상태에 놓여 있겠지만 북은 그런 점에서 본다면 말할 수도 없는 상황에 놓여 있는 것 아닌가. 오늘의 사회는 정보는 있어도 사상이 결여되어 있는 사회로 전락해 가고 있다. 그래서 정치가 지배적인 사회가 되기에 안성맞춤이라고 해야 한다. 여기에 이른바 지식인 소멸의 사회로 나아가는 데 대한 위기감을 가져야 할 이유가 있다. 지식인을 추방하는 오늘의 사회에서 어떻게 비판적인 지식인을 확보하는가 하는 것은 중대한 문제가 아니겠는가.

2013년 3월 14일

미국의 흑인들을 보면서

『삼국유사』 기이紀異 편에서 신라 28대 진덕왕조를 읽으면서 생각한다. 「태평가」를 지어서 당에 보냈다. 인을 천도라고 하고 당의 문치를 찬양한다. 신라에서도 당에 있어서도 요순시대로 상징되는 문치를 숭앙한다. 무란 비정상적인 사태에 나타나는 비정상적인 수단이다. 그러나 동북아시아에서 일본만은 무가 정상적인 것이고 문은 비정상적인 사태라고 해야 했던 것 아니겠는가. 그래서 일본에서는 전쟁터의 비참한 죽음을 미화하려고 그렇게 애를 썼고 죽음을 마다하지 않는 것을 그렇게 찬양하려고 한 것이 아닐까.

이런 의미에서 일본은 비아시아적인 에토스를 지녀왔다고 해야 할 것 같다. 인仁을 가치로 하기보다는 미美를 가치로 삼았다고 할까. 이것을 서구 사회에 비하면 어떻게 될까. 『헤이케모노가타리平家物語』에 감격하는 일본의 사상사를 다시 생각해 볼 필요가 있지 않을까. 『겐지모노가타리』부터 이미 미는 있어도 선은 없는 것 같다고 할까. 이런 일본적인 발상은 어디에 근거하는 것인가. 나는 이 시대에는 그 기원을 찾아서 그것을 해체시켜야 하는 것 아닌가 하고 생각한다.

2013년 3월 27일

포크너는 미국 남부에 대한 그의 사랑을 자전적 에세이 「미시시피」에서 다음과 같이 말했다는 것이다.

> 그 얼마가는 증오하고 있으면서도 그 전부를 사랑하고 있다는 것은, 사람을 '그래서'라기보다는 '그럼에도 불구하고' 사랑한다는 것이고 그 장점 때

문이 아니라 결점에도 불구하고 사랑하는 것이라는 것을 작가는 알고 있기 때문이다.

이렇게 소개한 『압살롬, 압살롬아!』의 일본판 역자 후지히라 이쿠코藤平育子는 "이것은 포크너가 작가로서 남부의 역사를 이미 받아들이고 있는 기쁨에 넘친 말로 들린다"라고 했다. 이것은 그대로 우리의 한국의 경우에도 적용될 수 있는 말이 아니겠는가. 박경리의 『토지』를 나는 그런 심정으로 읽고 있다. 그의 증오에 가까운 한국과 한국인에 관한 묘사. 그는 서슴없이 '조선놈'이라고까지 썼던 것 아닌가. 그러나 그것은 일본에 관한 증오에 가까운 묘사와는 다르다. 그가 조선놈이라고 할 때는 내 자식에 대한 노여움의 목소리와 같은 것이라고 해야 하는 것 아닌가 생각한다.

후지히라는 미국 소설가 토니 모리슨이 1985년 여름 '미시시피의 포크너회의'에서 포크너가 "역사에 기록되지 않은 미국의 과거를 예술로서 확실하게 표현하고 있다"고 하면서 "때로는 역사가 거부하는 것을 예술과 소설은 해낼 수 있습니다"라고 말했다고 전했다. 역사, 그것은 자칫하면 단순히 정치사에 불과한 것이게 되는데 사실은 인간의 호흡을 전한다고 할까, 그런 것은 소설이 하는 것 아니겠는가고 했다. 이광수의 『흙』도 박경리의 『토지』도 그것을 해내려고 하지 않았는가 생각한다.

나도 특히 해방 이후 오늘까지의 우리나라 역사에서 그런 민중의 호흡을 전하는 역사를 쓰고 싶었다. 신문 기사나 소설 등을 내 경험과 섞어 가면서 현대사를, 보통 역사에서는 누락된 것이라고 할까, 내가 경험한 현대 민중사라고 할까, 그런 것을 쓰고 싶었는데 그것은 한낱 꿈으로 끝날 것 같다.

2013년 3월 29일

미국을 어떻게 볼 것인가? 어떻게 보아야 하는가? 미국에 대한 내 생각이 얼마나 변해 왔는가. 미국을 동경하던 시대, 미국을 더욱이 6 · 25를 통해서 미화하고 그것에 감사하던 시대. 그러다가 1967년에 미국에 처음 와서 한미 관계는 특별한 것이 아니라 백이 넘는 세계 여러 나라와 미국이라는 관계의 하나라고 생각하려고 하지 않았던가. 그러면서 미국에서의 반베트남이니 흑백 문제니 동성 연애니 하는 것을 보면서 미국 문명도 세계 여러 문명이 그랬듯이 이제는 몰락기에 들어섰다고 생각하려고 했었다.

오늘 미국에 다시 와서 살면서, BBC의 미국사 프로그램을 보면서, 그리고 어제는 한국 교회 어른들의 저녁 모임에 참석해 더욱이 게이의 결혼을 교회에서 어떻게 다루어야 할 것인가 하는 토의를 들으면서 나는 어떻게 생각하는 것일까 하고 나 자신을 되돌아보지 않을 수 없었다. 나는 미국에 대한 내 생각이 무척 변천되어 온 것을 회상한다. 이제는 미국은 오늘의 세계사에 있어서 선구적인 경험을 해오고 있지 않는가 하고 생각하게 된 것 같다. 그리고 세계사의 앞날에 긍정적인 역할을 할 수 있는 나라는 미국밖에 없는 것 같다는 생각까지 하게 되었다고 할까.

*

구미의 백인 우월주의는 붕괴 일로의 길을 걸어왔다. 그것은 미국에서도 흑인은 물론 동양 이민도 무섭게 배척해 온 역사로 나타났다. 그러나 이제는 정말 미국은 인종적으로도 문화적으로도 멜팅 폿melting pot이 아니겠는가. 이것은 세계사가 경험하게 되는 역사의 흐름을 앞질러 체험하는 것 아니겠는가. 미국은 성서적인 가치를 주장하면서 이상을 내걸고 있었지만 현실은 가장 통속적인 종족주의적인 이기주의로 살아왔었다.

그러나 그것은 역사와 더불어 무너진다. 성서적 이상주의와 현실이 갈등을 빚어 오다가, 세계사에 앞서서 미국에서부터 예를 든다면 인종주의는 무너진다. 그것은 세계사의 방향이라고 해야 한다. 미국의 갈등은 세계 어디서나 되풀이될 수밖에 없는 것이 아닌가. 그것은 세계 모두가 짊어져야 할 인류사의 방향이 아니겠는가. 어디서나 미국의 현실에서 세계사의 방향을 보고 내일을 준비해야 한다. 신의 역사란 역사의 징후로 내일의 모습을 보여 주면서, 때로는 예언자를 내세워 경고를 발하면서 전개되어 온 것이 아니겠는가. 이제는 정말 원수를 사랑해야 한다. 평화로 세계사는 가야 한다.

우리는 그것에 어떻게 대해야 할 것인가. 심한 반발을 느끼는 경우도 있겠지만, 각성된 신앙의 눈으로 살아간다는 것은 한편으로는 그것을 받아들이면서 또 한편으로는 그것에 반발하기 쉬운 인간들을 바라보면서 슬기로운 역할을 담당해야 하는 것이어야 한다고 보인다. 미국 사회에서는 더욱이 동성결혼의 문제를 그렇게 받아들이려고 하는 것이 아닐까 생각한다. 그것은 내일의 우리나라 문제이기도 할 것이다. 다수가 기독교인이 아닌 나라라고 하면서 우리의 경우에는 그것을 교회 바깥 문제로 방치해 둘 것인가. 우선 무엇보다도 선교의 문제로 제기해야 하는 것 아니겠는가고 나는 생각한다.

2013년 4월 8일

미국 텔레비전에서 흑인들의 활약을 보면서 여러 가지를 생각하게 된다. 이렇게 된 것이 몇 년 전부터일까. 5~6년 전부터라고 생각하는데. 포크너의 작품에 나오는 답답하기 짝이 없는 백인 순수의 미국. 그러나 그것도 이미 유럽에서 온 여러 민족의 융합을 전제로 한 것이었다. 거기에서 흑인과의 융합으로 나아가고 황인종과의 연합으로 나아갔다. 미국에서 이처럼 오늘 민족을 넘은 세계로의 실험을 실시하고 있는 것 아니겠는가고 생각한다. 미국의 흑인들에게 대한 직업에서의 개방은 유럽이나 일본 등 여러 나라에 훨씬 앞서고 있다. 물론 우리나라에서도 아직 그것은 아주 먼 과제인 것처럼 보인다. 미국은 인종 면에서 보아서도 세계의 축도라고 해야 한다. 세계에 앞선 실험을 해나가야 한다. 그것은 세계사에 대한 예고이기 때문에 더욱 미국에 주목하게 된다. 물론 새로 찾아온 이민들의 적응을 위한 고난과 비극도 이어지지만 그 통합과 스테이터스의 향상을 위한 피나는 노력이 계속된다. 그것은 인류사의 실험이라고 하겠다.

17세기 전반에 시작된 서구 백인들의 미국 이민이 19세기 후반에는 흑인 노예해방 그리고 21세기에 들어와서는 대대적인 아시아계의 이민으로 이어진다. 그리하여 흑인 대통령이다. 매우 느린 발전이라고 할는지 모르지만 이 길은 인간 해방으로의 긴 여정이라고 해야 한다. 그 발전의 길은 미국에서 느릿느릿한 것이기는 하여도 후퇴하는 일 없이 진행돼 왔다. 그리하여 세계는 아주 느리게 싫은 얼굴을 하면서 그 뒤를 따라가야만 했다. 미국만이 예외적으로 멜팅 폿이라고 했지만 그것은 어김없는 세계사의 흐름이다. 그 흐름에 있어서 미국은 역시 선진적이었고 세계에 앞서서 인류의 통합을 선언하고 그 길을 걸어왔다고 해야 한다. 이래서 미국은 현대사의 주인일 수밖에 없었다고 하겠다.

혁명적이라고 자칭한 공산주의 사회가 그것과는 다른 길을 걸으면서 자신의 길을 고집했다는 것은 얼마나 자기모순이라고 할 것인가. 그것은 혁명이라는 구호만 내걸었지 낡은 가치와 그에 따른 자기 이익을 독점하려고 했을 뿐이었다. 그것을 여실하게 보여 주는 가장 타락한 형태가 오늘 우리가 보는 이북 땅이 아니겠는가. 오늘도 그렇게 단일민족 운운의 환상을 안고 허덕이는 나라가 있다는 것인가. 축소된 세계로 가는 나라들이라는 역사에서 미국이 보여주는 선진성을 우리는 문제 삼고 거기에 대한 해석을 시도해야 할 것이다. 세계사의 미래 그리고 거기에서의 내 나라의 미래를 그려보아야 하겠다. 거기서 민족을 고집하는 것이 얼마나 웃음거리인가를 새삼 깨달을 필요가 있다. 세계사가 나아가는 방향이란 언제나 우리에게 가지가지의 뼈아픈 희생을 강요하면서 나아가는 길임을 다시금 확인할 필요가 있을 것 같다.

2013년 4월 12일

『토지』에서 『태백산맥』으로

나는 박근혜의 천박함이라고 할까, 그의 아버지와 같은 협소함, 어떤 의미에서의 잔인성이라는 위험을 계속 생각하지 않을 수 없다. 어쨌든 새로운 권력으로 말미암아 한국 국민 모두가 환희할 수 있는 합의의 시대, 국민의 시대는 적어도 5년은 뒤로 물러난 것이라고 본다. 그가 나는 아버지가 간 그런 길을 가지 않겠다, 아버지의 시대에 대해서 그런 슬픔을 되씹고 있는 그 많은 국민이 있지 않는가. 나는 아버지의 불가피한 점도 그리고 그가 노심초사한 점도 잘 알고 있다. 그러나 그의 전제정치로 고통을 겪은 많은 국민을 생각하지 않을 수가 없다. 그래서 나는 한쪽의 지지밖에 얻지 못하면서 차지하는 권좌는 원하지 않는다. 나는 국민 통합의 새 시대를 이끌 인물을 선택하고 지지한다. 이렇게는 할 수 없었을까. 그가 그런 인물이 되지 못하는 한국사의 불행이라고 할까. 그런 것은 정치인에게서는 구하지 못한다고 하겠지만 말이다. 그것은 지사, 애국지사에게서나 바랄 수 있는 것이니까. 어쨌든 대통령이 국민적인 권위를 상징하던 시대는 이렇게 해서 완전히 사라지고 말았다.

야당의 문재인도 그런 인물이 아니라는 것은 마찬가지였다. 북에 대해서 좀 더 관대해야 한다는 세력이 그를 지지하는 것은 정한 이치인데 왜 그런 세력에 접근하는 발언만 하는 것이었을까. 이미 그들은 자기에게 투표할 것으로 정해져 있는데도 그들을 향한 발언만 한다면 거기에 회의적인 국민은 모두 그를 떠날 것 아니겠는가. 북에 관대하다는 세력은 이미 자기 영역 안에 들어와 있는 것이니까 그렇지 않은 세력이 지지할 수 있는 자세를 취했어야 했을 것 아닌가 하고 생각한다. 남북문제는 중요하다. 북은 어려움 속에 있다. 북의 권력이 국민을 위한 권력으로서의 자세를 취해야 한다. 그렇다면 우리는 북에 대해서 어떻게 해야 할 것인가. 국민 전체와의 그야말로 열린 광장에서 함께 고민하면서 길을 찾아야 하겠다. 국민이 원하지 않는 길을 나는 독선적으로 택하지 않을 것이다. 왜 이렇게 하지 못했을까. 북의 문제에 대해서 회의적인 국민이 압도적으로 많다는 것은 누구나 알고 있는 현실인데 말이다.

국민 통합의 환희의 시대를 버리고 자기이익으로 달리는 정치를 하려는 자들이고 이런 세력밖에 선출할 수 없는 한국의 정치 상황이라고 생각된다. 이런 세력 아래서 우리는 앞으로 다가오는 위기의 시대를 어떻게 견디어 나아갈 것인가. 북에 있는 저 가난하고 굶주린 국민을 방치해 두고 그들의 아픔을 모르는 정치, 북도 남도 마찬가지가 아니겠는가. 그 아픔에 공감하는 정치력을 산출해 내지 못한다면 한국 문제는 출구를 못 찾고 공전하는 것 아닐까 생각한다. 지금 이 나라의 모든 정치력은 인간의 아픔을 모르는 잔인한 군상들이 아닌가고 묻고 싶어진다. 그렇다면 남북이 모두 마찬가지라고 해야 할 것 같다.

*

나는 계속 박경리의 『토지』를 읽고 있다. 지금 읽고 있는 것은 15권째이다. 이광수는 『흙』이라고 했으니까 박경리는 『토지』라고 했을 것 같다. 『흙』은 일제하, 이 지상의 그릇된 정치체제 아래서 민족의 불변의 근원을 땅에서 찾은 것이겠지. 그것은 일제 지배하에서 '자숙'하면서 그려 낼 수밖에 없었다고 한다면 『토지』는 자유롭게 모든 것을 그려 갈 수 있었다고 할까. 민족적 합의를 찾기 어려웠던 역사 속에서 몇 사람의 여인상이 아름답게 굳게 서 있다. 박경리는 그런 여인상을 그 자신의 소망의 대상, 또는 그 자신의 분신으로 그려 가면서 그 자신의 삶을 15권의 작품 속 인물들의 삶에다 투영한 것이 아닐까 생각한다.

> 우는 대신 웃고 있는 것인지 모른다. — 63쪽

> 박달나무도 좀 쓴다 했인께로 늙는 것을 누가 막을 거여. — 68쪽

> 화살 같은 세월과 천추 같은 일각, 이 양켠 골짜기, 생과 사의 골짜기를 지나는 억조창생, 장엄한 비극이다. — 184쪽

> 죽으믄 그만인기라. 춥고 더운 것을 알아 걱정인가, 배부르고 배고픈 것을 알아 걱정인가. — 185쪽

『토지』에는 불교의 무상관이 깊이 흐르고 있다고 생각한다. 그로써 작가 자신 홀로된 몸을 견뎌 낸 것이라고 할 수 있지 않을까. 『토지』는 그 자신의 한의 소산. 그것이 민족의 한과 하나를 이루었다고 할까.

2013년 4월 13일

어제 일요일에 대학 시절에 부부가 민주화운동을 했는데 지금은 미국에 와서 남편은 학위를 위한 공부를 한다는 부인을 만났다. 한국의 오늘의 반동적인 정치 상황에 언급하면서 눈물을 글썽거릴 정도였다. 그는 한국 교회가 저래서 되겠느냐고 해서 나는 문득 이제는 미국에 있는 한인 교회가 본국의 선교에 의존하는 것이 아니라 도리어 한국에 영향을 주는 교회가 되어야 하지 않겠는가고 했다. 이것은 내가 별로 생각해 온 것도 아닌데 그렇게 말이 흘러나왔다.

실제로 그렇지 않겠는가. 270만의 재미교포이고 이제는 이들의 교회가 신앙에 확고하게 서서 국내 교회에 영향을 주어야 한다. 그 옛날 미국 교회가 이민 교회로서 유럽을 바라보는 교회에서 점점 독자적인 교회로 성장하여 유럽에 영향을 주는 교회로의 길을 걸어왔던 것처럼 말이다. 미주에 있는 우리 한인교회가 이런 선교적 자세를 가지도록 성장해야 할 때가 된 것이 아니겠는가 하고 생각한다. 이런 선교신학을 찾아야 한다. 이런 전환을 위하여 내가 이 인생의 마지막에 무언가를 해야 하는 부르심을 받았다고 마음속에 다짐하다가는 그것은 부질없는 오만의 자세가 아니겠는가 하고 생각해 본다. 교회도 민족도 남이 나에게 해줄 것을 기대하는 것이 아니라 내가 남에게 무엇을 해줄 수 있을 것인가 하고 생각할 때 크게 성장하는 것 아니겠는가.

2013년 4월 15일

박경리의 『토지』 제21권까지 다 읽고 나서 이제 막 조정래의 『태백산맥』을 읽기 시작했다. 『태백산맥』을 두서너 페이지 읽었다고 할까. 무엇보다도 『토지』에 비해서 문장부터 다르다. 『토지』는 어떤 의미에서든 이광수의 『흙』을 염두에 두었던 것이고 『흙』이 북을 배경으로 했다면 『토지』는 남을 배경으로 한 것이다. 그 풍부한 남도의 문장, 남도의 언어 구사 특히 토속적인 대화와 수식. 북 출신인 이광수의 『흙』을 넘어서려고 했다고 생각된다. 『태백산맥』과 비교할 때는 영남 작가와 호남 작가라는 관점도 제기할 수 있을 것이다. 그런데 『토지』에 스며든 토속적인 문장 묘사, 그러면서도 문장의 약동하는 것 같은 입체성, 역동성. 어쨌든 거기에 비하면 『태백산맥』은 여학교 생활을 묘사한 데 같은 데서 보는 것처럼 그런 입체성이 결여되어 있는 것 같다. 두세 장 읽었는데도 아무래도 평면적인 묘사라고 느껴진다. 하나는 서정적인 문장이고 또 하나는 서사적인 문장이라고 할까. 『토지』는 여성 작가의 작품이면서 그의 처절한 개인적인 삶의 체험이 꺼질 수 없는 한으로 밑에 깔려 있기 때문일까.

시마자키 도손의 『날이 새기 전에』 등도 생각하면서 아시아의 근대에 있어서 토지를 중심으로 한 애환을 그린 그야말로 근대 전야의 작품 세계를 한 번 비교해 보고 싶다고 생각하지만, 물론 이제는 그런 것은 불가능한 꿈이 아니겠는가. 이 나이에 더욱이 미국에서는 그런 공상이나 할 따름이다. 중국의 작품 세계도 있을 것 아닌가. 『토지』를 읽고는 머릿속에 꺼지지 않는 깊은 우수가 남았지만. 그후에 이어지는 『태백산맥』이란 시대적으로는 그 이후 해방 후 남북 분단의 시대를 다룬 것 아닌가. 『토지』의 '지리산'이 있었으니까 '태백산맥'이라고 했을 것 아닌가. 이런 의미에서 거기에는 표면화되지 않은 상호연관이 있다고 보아야 하리라고 생각한다.

한국의 경우에는 해방 후 남북에서의 저항 세력이 각기 그 성격을 달리했지 않는가. 북은 공산 세력하에서였고 그래서 그것에 대한 저항 세력은 시민계급적이었다고 할까. 남에서는 사회주의적이었고. 그래서 남북에서는 서로 반외세적이고 민족적이며 반권력적이면서도 친공과 반공이라는 대립이 생겨났고 그 사이에 끼어서 남한에서는 지난날의 친일파라는 세력이 이상하게도 연명할 수 있었다. 지난날 반일적이며 민족적이었던 기독교는 기묘한 위치에 처해 있었다. 북에서는 완전히 박멸·추방되어 남에 와서는 더욱 친미·반공을 내걸었다. 그들은 이승만 정권에게 반공의 기치를 내걸면서 결부되었다가 4·19가 일어나자 크게 놀라게 된다. 남하한 반공 세력은 서북청년회의 경우에서 보는 것처럼 떠도는 불운한 신세로 남한에 있어서는 도리어 권력이나 친일파에게 이용당하기 쉬웠던 것이 아닐까.

나는 남한의 토착적인 정치 세력이 남한 정치권력과 결부하기 시작하는 것은 6·25 이후라고 해석하고 있다. 그래서 남한에서는 6·25를 전후하여 조용한 전향이 일어난 것이라고 했다. 오늘도 우리 사회에는 그러한 시대의 여운이 짙게 남아 있는 것이 아닐까. 남의 세력이 등장함으로 말미암아 북에서 남하한 사람들의 흔적은 현실 정치에서 일소되었다고 하겠다. 그러니까 북에서 내려온 세력의 일부는 정치적 비판 세력으로 화했다고 할까. 어쨌든 해방 직후 남북의 정치 판도에 나타나는 소용돌이를 정치지리적으로 좀 더 깊이 다루어야 하는 것이 아닌가 생각한다.

2013년 5월 10일

이무래도 글을 쓴다면 한 번은 이런 글을 써야 하지 않는가 하는 생각을 잠재울 수가 없다. 우리는 정말 우리 민족을 사랑한다고 하겠는가. 이것은 인간은 인간을 사랑하는가 하는 물음과 결부되는 것이라고 할 수 있다. 예수가 그렇게 사랑을 강조한 것은 인간이란 인간을 사랑할 수 있는 존재인데도 실제로는 서로 사랑하고 있지 않기 때문이 아니었을까. 극단의 경우는 캄보디아의 포르포트 같은 잔인한 행위도 있게 되니까 말이다.

6 · 25를 생각하고 한국의 민주주의를 생각할 때도 이런 물음을 되풀이하지 않을 수 없다. 이제는 전쟁 없는 시대를 생각하면서 인간은 인간을 사랑할 수 있는 존재인가고 다시 물어야 할 것 같다. 민주주의는 서로 사랑할 수 없는 인간들이 하는 수없이 제시하게 된 한 타협 사항이 아닌가 하는 생각도 든다. 특히 근대의 그 무서운 대립과 쟁투를 생각할 때 민주주의는 대립의 현실 위에서 잠정적인 타협을 찾아보려고 한 것이라고 해야 하는 것은 아닐까. 그러나 그것은 그러한 인류를 위한 역사의 귀결점이고 그것을 초월하자는 것은 아니지 않는가 하고 생각하게 된다. 종교만은 그것을 초월 극복하자는 것이었는데 그것도 인간의 원죄 속에서 방황해 왔던 것 아니겠는가.

그럼에도 불구하고 이제 인류는 정치에서도 여야의 투쟁이 아니라 여야의 협력을 찾아야 하겠다고, 정말 인간의 선의를 찾아가게 되어 가는 것이 아닐까 생각한다. 여야의 쟁투가 아니라 여야의 축제를 기대한다. 그것만이 인간의 구원인 것처럼 생각하게 되는 것 같다. 우리도 민주주의를 회복하였다고 하면서도 여야의 대립과 쟁투에 이제는 견딜 수 없게 되어 가는 것처럼 보인다. 그런 정치에 대한 혐오도 확대되어 가는 것 아니겠는가. 새로운 민주정치가 아니라면 그것도 포기하려고 하는 것처럼 보인다. 이러한 변화 발전에서 바로 우리는 인류사의 진보를 보아도 되는 것이 아닐까 생각한다.

역사적으로 뭔가를 포기해야만 한다면, 정치체제의 경우에도 우리는 우선 그것에 대한 거의 감성적인 혐오감으로부터 시작하는 것이 아니겠는가. 이른바 민주정치라는 것에 대한 우리의 염증 또는 혐오증이라고 하겠지만 이것을 깊이 검토할 필요가 있지 않는가 생각한다. 지난날에는 물론 아주 미숙한 민주주의였겠지만, 거기에서 공산주의는 물론 파시즘 같은 전체주의를 택하려고도 했던 것 아닌가. 한국에서는 지금 국민이 여당도 야당도 싫다고 하고 있는 것 아닌가 생각되는데.

2013년 5월 21일

포크너와 미국의 「창세기」

인간의 역사, 그 얼마나 지그재그를 그리는 우여곡절의 과정인가. 그야말로 반이성反理性의 과정이라고 해야 할는지도 모른다. 마르크스의 역사관은 인간 이성 내에서의 역사라고 해야 한다. 그러니까 그것을 따르려던 공산주의는 실제의 세계사에서 파탄에 빠질 수밖에 없었다. 인간의 역사임에도 불구하고 역사는 인간의 이성을 넘어서 진행된다. 그런 의미에서 그것은 비이성적이기까지 하다고 해야 한다. 인간은 역사 앞에 겸허해져야 한다. 오랜 역사를 되돌아다보면 거기에는 하나의 법칙이 있다고 느낄 만치 그야말로 눈에 보이지 않는 손이 함께한 것이라고 고백하게 된다. 미국은 오늘 세계사에서 여러 민족이 펼치고 있는 역사를 이미 미대륙 본토에서 축소해서 경험한 것처럼 보인다. 무엇보다도 인종 간의 대립과 그 극복에 있어서 그렇게 본다면 미국사는 세계사의 상징처럼 보인다고 해야 할는지 모른다. 지금 세계사는 전쟁 없는 시대로 들어간다. 인간의 생각을 넘어서. 앞으로는 누구도 세계대전 같은 것을 예상할 수가 없다. 그렇게 무서운 무기를 만들면서 세계전쟁을 예상하고 그것에서 승리를 다짐하려고 한다고 하겠는데도 실제로는 전쟁

없는 시대가 서서히 다가온다고 해야 하겠다.

나는 인간의 행위를 이어 가는 역사 그 밑에서 진행되는 무서운 역사, 그야말로 신의 역사라고 할 역사에 눈을 돌리고 싶다. 우리나라의 남북문제를 생각해 보자. 박경리가 『토지』에서 그려 낸 일제 지배 전야에서 해방의 날까지의 민중의 역사 그리고 조정래의 『태백산맥』을 읽으면서 생각하게 되는 해방 후의 남한 민중의 역사. 그 소설들의 세계를 실지로 역사로 엮어 내야 한다는 일종의 역사화 과정이 요구된다고 하겠다.

북이 공산화된다고 하자 북에 있던 비교적 상층이 남하한다. 남에서는 상층 또는 친일파나 남하한 사람들을 들어 쓰게 되자, 반미적이던 민중이나 지식인들이 저항하는 시대상이 벌어졌다. 기독교는 북에서는 탄압을 받고 추방당했지만 남에서는 일종의 특권을 누렸다고 할까. 거기에 바로 기독교의 공과가 있다고 할는지도 모른다. 그 속에서 인간이 보고 기대하던 역사와는 전혀 다른 역사가 진행되었다고 할 수도 있다. 그런 때에는 그야말로 내가 품었던 생각을 고집할 것이 아니라 역사에 대한 내 무지를 깨닫고 새로운 역사를 받아들이고 나 자신을 수정하는 지성이 요구된다. 이런 입장에서 쓰는 역사, 나는 역사를 잘못 보고 잘못 행동했나이다라고 고백하는 지성에서 보는 역사가 기독교적인 역사관이어야 하는 것 아니겠는가. 거기에 나타나는 겸허한 지성이 이루어 내는 역사라고 할까.

내가 쓴 역사는 언제나 수정받아야 할 역사이고 다만 일시적으로 그 자리를 차지하고 있는 데 불과하다고 해야 한다. 역사라고 하기보다는 연표이고 하나의 견해이며 해석이라고 할까. 나는 남한에서의 민중이 남한 정치와 지배층을 긍정하고 동참하게 되는 것은 6·25 이후라고 생각해 왔다고 했다. 그리하여 월남한 세력은 한국 정치의 전면에서 후퇴하게 된다. 이러한 해방 이후의 역사적 경험에 따라서 남한에 있던 남한 출신과 북한 출신은 역사적인 자세를 달리해 온 면이 있다고 하겠다. 북한에서는 그러한 역사를 더듬을 수 있는 자유로운 공간이 사라졌고 역사가 역사적인 현실에서 추방되었다.

거기서는 역사란 철저하게 이데올로기화되고 집권 세력에 봉사했다고 해야 한다. 남한에 있어서도 역사가 이러한 남북의 역사적인 현실에서 오는 역사적 왜곡을 얼마나 극복했다고 하겠는가. 한국의 특히 근현대사는 정치적 대립처럼 얽혀 있다고 해야 한다. 나는 나 자신의 역사 기술에 대해서 여러 가지로 자책을 금할 수가 없다. 그것은 남한의 정치 이데올로기를 넘어서지 못한 그야말로 그것에 예속되어 있는 어떤 의미에서 반민중적이라는 비판을 받아야 하는 것이 아닐까. 나는 한국 근현대사를 다시 써야 할 의무를 지니고 있다고까지 생각한다. 이런 입장에서 오늘도 각종 학교 역사교과서에 관해서 충돌이 빈번하게 일어나는 것을 거의 불가피한 것이라 생각한다.

2013년 6월 4일

다시 포크너의 소설을 읽기 시작한다. 이번에는 『압살롬, 압살롬아!』라는 1936년의 작품이다. 압살롬은 조사早死한 다윗의 아들이고 이 소설 첫머리 가까이에는 이런 말이 나온다.

> 43년이나 지나면 어떤 상대라도 우리를 놀라게 할 수도 마음으로부터 만족하게 할 수도 심하게 노여움을 느끼게 할 수도 없을 테니까.

우리는 이 말에서 일제 지배를 생각하고 6·25를 생각하고 군사 독재를 생각하게 된다. 일제는 68여 년 전에 물러갔고 박정희 독재도 34년 전에 쓰러졌다. 6·25는 63년 전에 일어난 전쟁이 아닌가. 이러한 비극과 우리는 60여 년을 대결해 오면서 그것이 망각으로 사라질까 두려워 반복해서 증오심을 불러일으키려고 애써 왔다. 그러나 포크너가 남북전쟁을 회상하려는 노파를 향해서 '절대로 용서하지 않겠다고 생각한 낡은 결의 속에서 43년간이나 전투태세를 지탱해 온 고독으로 뒤틀어진 늙은 여인의 육체가 발하는 부르짖음'이라고 냉혹하게 표현한 것을 우리는 되새겨야 할 필요가 있을는지도 모르겠다. 이 나이에 내가 지난날의 참극에 뒤얽힌 역사를 다시 회상하려고 한다는 것은 서글픈 일이라고 하겠다. 역사가 그것을 누락시키려고 한다면 우리는 예술이나 소설에서 그것을 되찾으려고 한다고까지 할 수 있을는지도 모르겠다.

역사의 자연으로의 환원이란 불가피한 현상이라고 해야 한다. 포크너는 『압살롬, 압살롬아!』에서 '운명의 아내인 자연'이라고 했지 않는가. 프랑스혁명에 이어지는 반동의 역사. 우리도 그런 길을 가면서 박정희의 딸이 등장하고, 민주화를 계승한다고 하는 민주당의 전락이 이어진다. 이 모든 것이 역사의 자연현상이라는 말이다. 짙은 인간의 역사가 시간과 더불어 희석되어 자연으로 되돌아간다. 개개인에게 있어서 망각이 이어지는 것처럼. 역사의 자연화와 그것에 저항하려는 역사의 인간화라고 할까. 생생하게 혁명을 입으로는 이어 간다고 하면서도 여지없는 타락으로 전락해 가는 역사가 아니겠는가. 역사의 자연화를 누가 막을 수 있겠는가. 우리 모두가 그런 시간 속에 살고 있는 것이 아닌가. 『토지』 『태백산맥』도 그러한 역사에 대한 지극히 인간적인 저항의 몸부림이라고 하지 않겠는가.

역사로 기록해 두겠다는 것, 그것이 바로 망각해 가고 소멸되어 가고 자연으로 되돌아가려는 데 대한 인간적인 저항이 아니겠는가. 그러나 우리가 죽음에 저항할 수 없는 것처럼 누가 그런 망각에 대한 저항에서 성공할 수 있다는 말인가. 누가 이런 시간과의 싸움에서 승리할 수 있겠는가. 어느 날 지구가 소멸된다면 지상의 모든 것이 영원한 망각으로 되돌아갈 것인데 말이다. 정치일기를 쓰면서 나 자신 그 작업이 얼마나 무의미한가를 되씹는 나날이라고 할까. 시간과 영원의 싸움, 그 패배를 반추하면서도 도전한다고 할까. 이것을 비극이라고 한다는 것을 알면서도 도전한다는 것이니까 그 비극성 아니 그 어리석음은 더욱 짙어질 수밖에 없다고 할까.

2013년 6월 6일

포크너의 난삽한 문장을 밀림 속에서 방황하듯 하면서 읽어 가고 있다. 헨리는 그의 누나 주디스와 결혼하려고 하는 찰스 본이 자기 이복형이라는 것을 알고 살해하게 된다. 그런데 찰스 본은 미시시피대학에서 선망의 대상이라기보다는 절망의 대상이었다고 하는 대목이 나온다. 선망은 자기도 그런 행운을 차지하게만 된다면 그렇게 할 수 있다고 느낄 때에 일어나는 것이고, 도저히 그런 행운을 차지할 수 없고 거기에는 도달할 수 없는 것이라고 하면 그것은 '절망'의 대상이라는 것이다. 우리 주위에는 그런 의미에서 선망의 대상이 아닌 절망의 대상, 우리로 하여금 '격노激怒'를 불러일으키게 하는 대상이 얼마나 많다고 하겠는가. 개인만이 아니라 나라에 대해서도 그렇다. 그런 절망에서 오는 반미주의도 있을 것 같다. 그리고 그런 감정을 포기한 무조건적인 친미주의도 있다고 할까. 포크너는 이렇게 쓰고 있다.

선망이라는 것은 우연만 아니라면 단연 자기 쪽이 우위에 섰을 것이라고 믿는 상대에 대해서 또 자기가 지금까지 차지한 것보다 조금이라도 행운을 누리게 된다면 언젠가는 반드시 손에 넣을 수 있다고 생각하는 것에 대해서 느끼는 것이기 때문이다.

우리의 대일 감정과 대미 감정을 이 말에 비교해 보면 어떻게 될 것인가. 절망의 대상으로서의 찰스 본과 그를 둘러싼 학우들에 대해서 포크너는 이렇게 기록했다.

본은 그 사치한 듯한 쾌락을 마음대로 즐길 때, 이국풍이고 거의 여성적인 복장으로 학우들 사이를 건들거리고 걸어가면서, '이제는 싫증이 났어'라고 그들 모두에게 말했지만 그때마다 학우들로 하여금 놀람과 괘씸한 느낌에서 어찌할 바 없는 격노를 불러일으키게 할 뿐이었다.

거기서 사실 헨리는 여동생 주디스에 대하여 자기도 근친상간적인 감정을 느끼기까지 하는 것이었다.

2013년 6월 7일

1860년대 초의 남북전쟁에서 1세기 반이 지나면 흑인 대통령이 탄생할 것이라고 생각했다면 누가 흑인을 미국 땅에 들어오게 했겠는가. 미국의 역사란 남북전쟁 이후 반동으로는 되돌아가지 않기로 한 것이라고 하겠다. 그렇지만 역사에 있어서는 앞으로 올 이런 모든 것이 대개는 오늘의 우리 눈에는 가려져 있다는 것이 아니겠는가.

1967년 내가 유니온에 갔을 때만 해도 누군가 얼굴이 흰 사람이 강연을 했을 경우에도 미국 백인들은, 우리 이방인의 눈에는 전혀 알 수 없는데도, 곧잘 저 사람에게는 흑인 피가 들어가 있다고 이단시하는 것이었다. 마틴 루터 킹의 민권운동을 거쳐 오면서 유니온은 그 운동을 전면적으로 지원하면서 그렇게도 개방적이었는데도 그런 형편이었다. 난삽한 포크너의 작품을 읽으면서 그런 지난날을 생각하고 인간과 역사, 미국 사회의 역사 인식, 이런 것을 생각하게 된다. 그리고 세계사에서의 미국 사회의 의미라는 것을 거듭 생각하게 되는 것이다.

포크너는 8분의 1의 흑인 피가 흐르고 있다는 여인도 문제로 삼아야 했던 시대를 그렸던 것 아닌가. 남북전쟁 후 43년이라면 그런 역사는 망각의 저 너머로 갔다고 하면서도. 그리고 오늘 우리는 흑인들에게 대한 미국 백인들의 관대함에 놀란다고 하지만. 미국사의 세계사적인 성격이라고 할까, 의미라고 할까, 선구적인 성격이라고 할까, 그런 것을 생각하지 않을 수 없다. 프랑스혁명에 비하면 미국의 혁명에는 반혁명적인 반동이 거의 없었다고 할 수 있을 것 같다. 그 역사가 세계사에 대하여 선구적인 양상을 보여 준다고 해야 하는 것 아닌가. 인종적으로 보아도 미국 사회는 세계의 축도라고 거듭 생각하게 된다. 미국이 가는 길을 세계는 따라간다고 보인다. 역사에는 그런 모델이라고 보이는 것, 선민選民이라고도 할 수 있는 것이 설정돼 있는 것이라고 할 것인가.

역사의 불가사의성, 역사에 대한 회의론을 또 생각한다. 그것은 정말 신만이 아시는 역사라고 해야 하는 것 아닐까. 지난날의 역사에 나타난 눈에 보이지 않는 손을 그리게 하면서 앞날의 역사에 대한 겸허한 심성을 우리에게 촉구하는 것이 역사가 아니겠는가. 우리는 자칫하면 그것을 거역하며 눈을 가리려는 반동적인 자세를 보이고 있지만 말이다. 일본은 이런 의미에서는 이북과 마찬가지로 역사에 대한 반동으로 점철된 길을 가려고 하는 것처럼 보인다고 할까. 그런 발상이 가져다주는 네메시스를 가장 손쉽게 극복할 수 있다는 것이 미국 사회라는 생각을 지울 수가 없다. 거기에 미국사의 선구성, 그 역사가 지닌 인류사에 대한 선진성, 좀 대담한 표현을 쓴다면 인류사에 대한 교훈으로서의 역사를 느끼게 된다. 그런 면에서 미국사는 선택된 역사라고까지 할 성격을 가진 것이 아닌가 생각하게 된다. 신은 세계사 속에 언제나 그런 본보기로서의 역사를 계시한다고 할까. 마치 구약성서에서 세계사로서 아담과 하와 그리고 이스라엘 역사를 선택한 것처럼. 그리고 오늘은 미국으로 하여금 예언자적인 역할을 담당하게 하려고 하는 것이 아닌가고 생각한다면 그것은 너무나 지나친 말이라고 할 것인가.

2013년 6월 9일

지난날에는 고난을 견디어 내야 하는 민족에게 인류의 뜻있는 삶을 계시하셨다면 오늘은 넉넉함을 누리고 있는 무리에게 역사의 앞날을 제시하게 하는 것이라고 해석한다면 과도한 비약이라고 할는지 모른다. 토인비는 적당한 부로 만족하고 사는 삶을 현대인의 지혜 있는 삶이라고 제시했었다. 그리고 미국의 혁명이 세계를 몇 바퀴씩 돌면서 혁명을 고취한다고도 했다. 바로 이렇게 생각하는 것이 현대인에게 있어서의 종교적 자세라고 한다면 그것은 지나친 비약이라고 비난을 받을 것인가. 이 문제는 현대 기독교가 생각해야 할 중요한 과제가 아닐 수 없다고 나는 생각한다. 토인비는 오늘의 부유한 나라들을 인류가 처음 도달한 굶주림이 없는 사회라고 했는데, 이런 축복 속에서의 종교적인 삶을 생각해야 하는 것 아니겠는가. 이것이 세계 평화를 위한 우리의 사색의 출발점이 되어야 하리라고 생각한다.

오늘의 세계사에서의 미국의 선구성을 인정하면서도 그곳에 이르는 길이 얼마나 험하고 더딘 걸음이었는가를 생각하지 않을 수 없다. 해외에 파견된 미국 군인의 국제결혼을 인정하고 배우자의 미국 입국을 자유롭게 허용한 것이 제2차 세계대전 후 한국전쟁 무렵부터였을까. 미국 흑인들이 텔레비전에서 뉴스 캐스터로 나오기까지 하고 저렇게 드라마에서 자유롭게 흑백이 섞여서 출연하게 되는 것이 2천 년대에 들어와서가 아닐까 생각하게 된다. 그런 풍토가 일어나니까 오바마 대통령이 등장하게 되었다.

포크너의 『압살롬, 압살롬아!』를 보면 알 수 있는 것 아닌가. 8분의 1의 흑인의 피가 들어가 있어도 흑인이었다. 1967년에 내가 유니온에 왔을 때만 해도 이미 흑인의 민권운동을 넘어선 시대였지만 거의 백인이라고 보여도 저 사람은 흑인 피가 섞였으니까 흑인이라고 아직도 경원하는 자세가 아니었던가. 1860년대의 남북전쟁 그리고 1960년대의 비폭력적인 민권운동을 거쳐서 이제는 흑백 문제에 있어서 세계에서 가장 자유스러운 미국이라고 할 수 있게 된 것이 아닌가.

『압살롬, 압살롬아!』를 읽으면서 개척기의 미국은 구약 시대를 생각하게 한다고 할 수 있지 않을까 생각했다. 넓은 땅 사람이 희소한 지역에서 벌어지는 개척의 역사란 잔인한 것이었으며 인종차별은 정말로 격심한 것이었다. 거기에 기독교가 있었을 텐데도 불구하고 성관계니, 결혼관계도 난맥 상태였다. 그래서 구약에서와 마찬가지로 종교가 무엇보다도 정치와 함께하면서 그런 인과관계에 영향을 주고 질서를 잡게 한 것이 아니겠는가. 그런 의미에서 미국사는 인류사의 단축된 반복이라고 할 수 있을는지도 모른다. 구약은 인류사의 본보기이고 그것이 미국사에서 반복됐다고 한다면 어떨까. 인류사의 개척과 개화의 역사가 거기서 단축되어서 되풀이되었다고 본다는 말이다.

오늘 창세기에서 인류사의 시초를 바라보듯이 우리는 미국사의 시작을 포크너의 작품에서 바라보아야 하는 것 아니겠는가. 나는 『압살롬, 압살롬아!』의 제5부를 특히 그런 눈으로 읽어 가고 있다. 거기에 나오는 토마스 사도펜의 광기를 창세기 34장에서 야곱이 히위족속 하몰의 무리를 몰락으로 몰고 가는 광기에 비교하면서. 할례를 받고 한 민족이 되자고 하고는 히위족속이 할례를 받은 지 3일 만에 고통을 당하고 있는데 야곱의 아들들이 그들을 습격하여 멸망시키지 않았는가. 이런 인류사가 미국사에서 되풀이된 것이라고 해야 하지 않겠는가. 그것은 미국사의 원죄라고 해야만 할 것 아닌가. 그러나 그러한 원죄에서만 미국을 바라보는 것이 아니라 거기서 나와서 발전해 온 과정을 인정하자는 것이다. 그것이 인류사 전체에 대한 시각이라고 해야 하는 것 아닐까 생각한다.

인류사에 있어서의 역사의 방향이란 무엇일까. 패배한 쪽에도 승리한 쪽에도 개인적으로는 선이 있고 악이 있다. 역사의 방향을 담당한 쪽도 이 죄 많은 현실 속에서는 악에 뒤섞여 있었다. 나는 한국전란 속에서 본 한국군의 악을 잊어버릴 수가 없다. 그래서 역사는 개개인의 선과 악을 넘어서 그 자체의 방향을 지향하고 있는 것이라고 해야 하는 것 아닐까 하고 생각할 수밖에 없었다. 역사란 개인의 선악을 넘은 그렇게도 무서운 흐름이라고 해야 하는 것 아닐까. 보이지 않는 손이 모두를 이용해 나아가는 것이고 개인에 대한 윤리적 판결이란 그가 승리자이거나 패배자이거나 어느 진영에 속했는가에 관계없이 내려지는 것이라고 해야 하지 않겠는가고 생각하는 것이다.

2013년 6월 10일

『압살롬, 압살롬아!』는 현대적인 성서 이야기다. 인구 희소의 미국 남부의 땅. 근친상간, 그리하여 인류의 비극이 다시 빚어진다. 구약성서 이야기가 아니겠는가. 포크너는 현대의 구약성서 이야기를 미국 남부의 삶 속에서 재현해 본 것이다. 그것이 사실은 현대라는 '문명' 속에서 은폐되어 있지만 인간의 본원적인 모습이 아니겠는가고 했던 것이다. 미국사의 시초를 창세기에 비유하여 그것을 제2의 창세기로 제기했다고 생각한다. 미국사의 창세기적인 기원 또는 성격이라니 그것은 놀랄 만한 상상이 아니겠는가. 거기에는 제2의 인류사의 시작이라는 암시가 숨어 있다. 『압살롬, 압살롬아!』에서 우리는 그것을 희미하게나마 느끼기 시작하는 것이라고 해야 하는 것 아닐까 생각한다.

우리나라의 문학은 아직 이러한 깊이에서는 멀다고 해야 할 것 같다. 선악이 그렇게 단순한 것이겠는가. 선 속에 악이 둥우리를 틀고 있으며 악 속에 선의 싹이 방긋방긋 미소를 뿜어내고 있는 것 아니겠는가. 눈에 보이는 선과 악을 넘어서, 그 밑바닥에 깔려 있는 그런 선악의 갈등을 들추어내면서 인생을 무엇이라고 하겠는가고 물어대는 것이 문학이 아니겠는가고 생각하게 된다. 이에 비하면 철학은 단순한 일원적인 사고라고 해야 할 것처럼 느껴진다. 문학은 혼돈을 묘사하고 그것을 그대로 제시하고 폭로하는 것이라면 철학은 선불리 결론을 찾으려고 하고 해석과 해결을 제시해야 한다고 생각하는 것이 아니었을까. 그래서 문학에 있어서의 십자가가 그렇게 다르다고 할 수 있지 않을까. 문학에 있어서의 십자가의 이미지란 해결이나 해답 또는 구원이 아니라 해결될 수 없는 모순 그대로이고 한없는 진통이라고 하는 것 아니겠는가 하고 생각한다. 정말 구원이 없는 문학이라고 해야 하겠다. 더욱이 포크너의 문학은 그렇다고 해야 하리라고 생각한다.

대담한 해석을 가하는 것을 허락해 준다면 포크너 문학에 있어서의 미국 남부란 창세기적인 미국이 아니겠는가. 그 혼돈을 보여 주기 위한 그의 문장이라고 하면 어떨까. 콤마도 피어리드도 없고 의미가 분명치 않은 긴 문장들. 거기에는 모럴도 없고 흑백의 문제가 질서 이전의 세계처럼 뒤얽히고. 예를 든다면 특히 찰스 본의 아들과 흑인 여성 사이에서는 그림자 사이에서의 관계 같은 의미를 알 수 없는 나날이 전개된다. 포크너의 소설 자체가 그런 것 아니겠는가. 거기에 등장하는 토마스 사도펜은 물론 많은 인물이 그런 식으로 등장하지 않는가. 인간사회의 의미를 찾고 질서를 찾는 것은 사실은 가식을 찾는 것이고 인간의 본래적인 삶이란 원시사회가 보여 주는 것처럼 의미를 찾을 수 없는 갈등만이 흐르는 것 아니겠는가고 말하는 셈이다. 포크너는 그런 것을 미국의 역사에서 보여 주는 것이다. 질서라는 허위를 혼돈이라는 진실에 환원시킨다. 그런 의미에서 그는 미국사에서 창세기, 어떤 의미에서는 제2의 창조를 찾으면서 현대사에 도전한 것이 아닐까 생각한다.

정말 현실 또는 원시사회에 의미를 분명하게 하는 무슨 구두점이 있다는 것인가. 포크너는 한 번 그렇게 해서 생각해 보자는 것, 그렇게 살아 보자는 것 아니겠는가. 19세기 후반에야 이곳 미네소타 같은 데도 백인들이 들어오기 시작했다는 것 아닌가. 미국과 제2의 창조라는 세계사의 과제는 지금도 미국사에 수수께끼처럼 얽혀 있다고 나는 생각한다.

2013년 6월 13일

『압살롬, 압살롬아!』의 끝머리 마지막에 "내가 생각하는 것은 말이야, 머지않아 짐 본드 같은 자들이 서반구西半球를 정복할 것이라는 거야"라는 말이 나온다. 혼혈아들의 세상이 온다는 것이다. 흑인을 노예로 하고 성적 대상으로 삼은 탐욕적인 점유, 그런 자들의 정복과 승리의 결과로 백인의 피는 흐려지고 드디어 백인들은 패배해 버리고 만다는 것이다. 정복이란 원래 그런 패배로 가는 길이어서 결국은 '흑인 사도펜'이 혼자 남는다. 이런 것을 아쉬워하는 발상이 탐욕이라는 것이 지닌 모습이 아니겠는가. 포크너는 그의 전통적인 미국 남부의 발상에서 탄식하고 경고한 것이 아니겠는가. 창조의 역사란 그렇게 예정된 것인가고 물으면서, 그렇게 퇴색해 가는 것인가고 묻는 것이다. 거기에 그의 말세사상, 종말론이 깃들어 있는 것 같다는 생각을 지울 수가 없다. 그것을 승리의 길이라고 보기보다는 끝없는 패배와 퇴보의 길이라고 보는 짙은 페시미즘이 깃들어 있는 것 같다.

말하자면 처참한 모습이지만 혼자 남은 로자 골드필드는 비극의 피날레처럼 처절하지만 아름다움이 흔적으로 남아 있는 모습이었다고 하겠다. 그것은 오늘도 미국 남부에 남아 있는 일종의 한이고 또한 백인 세계 전체에 남아 있는 한이 아니겠는가. 역사의 진행 속에서 잃어져 가고 잊혀질 수밖에 없는 그들 백인의 운명이라는 환상이라고 할 것 아닌가. 포크너의 작품은 백인들의 의식 속에 아직도 남아 있는 엘레지를 그 난해한 문장 구성 속에 담고 있는 것이라고 생각한다. 그럼에도 불구하고 그것이 보편적인 공감을 자아낼 수 있는 것은 우리 인간 모두가 역사의 진행 속에서 무엇인가 그런 잃어 가는 것에 대한 엘레지의 심성을 품고 있기 때문이 아니겠는가.

진보란 무엇인가. 그것은 무엇인가 얻는 것이겠지만 무엇인가 잃어버리는 것이기도 하다. 그래서 진보하는 역사에 대한 애가란 불가피하게 따라오는 것이다. 우리는 어쩌면 애가를 읊조리면서 전진하는 것이라고 해야 한다. 역사의 전진 또는 진보에는 애가 또는 종말론이 불가피하게 따라오는 것이다. 그러니까 노인의 의식 또는 노화한 문화란 지난날에 대한 엘레지를 고독 속에서 그야말로 나 홀로 고요하게 되뇌는 것이라고 해야 하겠다. 그들은 흑백의 차별과 구별이 없어지다니 하고 길게 탄식할 것이다. 포크너의 문학에서는 어쩐지 그런 개탄하는 한숨 소리가 들려오는 것만 같다.

2013년 6월 19일

'동양 평화'에서의 한국

우리 민족은 주자학적 유교 탓이었을까, 대단히 사상이나 이데올로기에 대해서 고집스러운 것 같다. 그러나 근대 이후 몇 번이고 전향을 경험해야 했다고 해야 하겠다. 식민지 지배의 시대가 있었고 해방 이후 남한에서는 미군 점령하에서의 성급한 좌경화, 그러다가 남한 체제와 이데올로기로의 회귀였다. 생활 원칙의 포기가 이어졌다고 할까. 그런데 이제 그 모든 이데올로기의 소멸의 시대에 직면했다고 할까, 그 모두를 넘어 휴머니즘으로의 복귀라고 할까.

나는 창세기 11장의 바벨탑 이야기에서 볼 수 있는 '온 땅의 언어를 혼잡하게 하셨음'이라는 언어의 기원이라고 할 역사를 되새기게 된다. 그때로부터 근대에 이르면 국가주의의 발흥과 더불어 각 국어가 거의 신성시되다시피 하고 표준어가 확정되는 것이 아닌가. 그러면서 사실은 국가 중심 언어가 아닌 지방 언어라고 할 언어들은 소멸되어 가야 했다. 그리고 국어의 신성시라고 할까, 그런 심성에서 그 국어를 아름답게 다듬으려고 노력했다. 여기에 문학이 얼마나 큰 역할을 해왔던가. 그래서 문학자들은 민중의 존경을 받았다. 일제하에 우리가 한글을 지키려고 피눈물 나는 노력을 했던 것을 다시 회상하게 된다.

오늘 우리는 영어와 세계 각국의 국어라는 문제를 깊이 생각해 보아야 할 것 같다. 유럽에는 라틴어의 시대가 있었다. 그것은 종교어로서 살아남았으나 가톨릭교회에서조차도 포기하게 되어 가는 것 같다. 라틴어는 종교적인 언어였으며 일반적으로는 기껏해야 글로 쓰인 언어에 불과했다. 동북아시아에서의 중국어가 아니라 한자라는 것도 그런 것이었다. 각국 사람들의 일상적인 만남이란 거의 없었으니까 그것은 쓰여진 언어로서 동아시아에서 지식인들 사이에서 소통되었던 것 아닌가.

그리고 프랑스어란 국가 간의 외교적 용어였다. 그러나 외교 관계에서도 이제는 영어가 지배적이 되고 말았다. 영어는 여러 나라 사람들의 일상적인 만남의 언어이고 앞으로 지구화한 이 시대에서 이것이 바벨의 언어 분열 이후 그야말로 인류의 언어를 통합으로 향하게 하는 것이 아닐까 생각된다. 국어가 지방어가 된다면 점차로 소멸되어 갈 것 같은 생각마저 드는데. 세계의 통합, 컴퓨터의 일상생활화로 고유 국어는 사라져 가는 것으로 보인다. 단일 언어로의 긴 행로. 여기에서 고유의 각국 문화 특히 문장 그리고 문학도 쇠퇴의 길로 가지 않겠는가. 인쇄문화가 쇠퇴해 가는 것이니까. 소용이 없다면 쇠퇴해 간다는 운명은 언어의 경우도 피할 수 없는 것이 아닌가 생각한다. 아이누어, 인디언어처럼 허다한 언어가 거의 흔적도 없이 사라져 간 것 아닌가.

내셔널리즘의 쇠퇴에 따라 국가적인 근대 언어의 쇠퇴란 거의 불가피하게 될 것 같다. 나도 박경리와 조정래의 소설을 읽으면서 그 지방의 사투리를 읽어 내는 데 얼마나 고생을 했는지 모른다. 어떤 것은 아예 이해할 수 없어서 포기했다. 이런 지방어의 쇠퇴가 오고 다음에는 국어의 지방화와 쇠퇴가 오는 것일까. 미국에 유학 온 학생들은 영어로 살면서 한국어는 지방 토속어처럼 여길 것 아닌가. 미국에서 자라난 아이들은 물론 그럴 것이고. 이런 언어적인 변천도 당연한 것으로 받아들여야만 할 것이다. 컴퓨터 문제도 있고. 그런데도 내가 내 정치일기의 출간을 생각한다는 것은 없어질 것을 알면서도 시도한다는 것 아니겠는가. 원래 인간 행위란 아렌트가 말한 것처럼 일회적인 것 그리고 없어지는 것 아닌가.

키르케고르는 거기에서 신과의 관계에서 일회적인 언어에도 영원성을 부여하려고 했다고 하겠지만. 과거는 현재에 흘러들어 오고 미래는 현재에서 배태되어서 과거 현재 미래가 하나가 되며 거기에서 신과 수직적으로 대면하게 되는 것이니까. 그래서 현재는 영원성을 지니는 것이라고 했지 않는가. 그러나 그것은 바로 사라져 가는 현재가 지닌 허무성과의 갈등을 일으키고 몸부림치는 것이 아니겠는가. 그리하여 현재에 의미 부여를 하려고 철학은 실존을 내세웠지만 말이다.

2013년 7월 11일

미국에서 2009년에 히트했다는 록 오페라 「이방인으로 산다는 것Passing Strange」을 비디오로 보았다. 영어를 알아듣지 못하니까 자세한 내용은 모르지만 1970년에 로스앤젤레스에 살던 흑인 청년이 유럽으로 떠났다가 방황 끝에 회귀한다는 것이다. 그러니까 마지막에는 '잇츠 올 라이트'를 수없이 되풀이하는 합창으로 끝난다.

우리는 일제하에 비극으로 끝나는 우리 소설을 들어가면서 해피엔드로 끝나는 미국의 영화를 천박하다고 하면서 얼마나 비웃었던 것인가. 이제는 우리도 그들의 그런 인생을 받아들이려고 하는

데 말이다. 미국 흑인들은 언제 이런 긍정적인 역사에 회귀하게 되었을까. 그들은 1960년대의 흑인 인권운동을 회상할 것 아닌가. 어쩌면 그런 전통이 미국의 문화에 활력을 불어넣어 준다고 할 것 아닌가. 우리의 재중 또는 재일 동포의 역사에는 아직 그런 활력은 없는 것 같은데.

동북아시아 문제를 생각하게 된다. 유럽에 비한다면 주로 한·중·일 세 나라 사이인데도 왜 이렇게 어려운 것일까. 하긴 유럽은 역사 이래 한 지역에서 여러 민족, 여러 부족이 오랜 갈등을 겪어 왔지만 우리 동북아시아에서는 대륙 내 중국의 갈등이 주였고 한·중·일을 포함해서는 크게 몽고, 거란, 청나라와의 갈등 그리고 임진왜란 등이 있었다고 할까. 어쨌든 오늘에 있어서는 동북아시아의 정치 상황은 유럽에 비해 훨씬 후진적이라고 할 수밖에 없다. 국가 연합 정치에 있어서의 동북아시아의 후진성을 말하지 않을 수 없다.

중국의 낡아 빠진 대중국 구상. 박근혜가 이번에 중국에 가서 대접을 잘 받았다고 한국의 신문이 써대는데 중국은 지난 7월 9일에 베이징에 있는 중국위인납상관中國偉人蠟像館에 김정일의 밀랍상 증정식 행사를 가졌다고. 북쪽 인사들을 초청하고 '위대한 영도자 김정일 동지 밀랍상 증정의식'이라고 플랜카드를 내걸고 야단이었다고 한다. 그리고 북의 김정은이 가을에 북경을 방문하게 될 것이라고까지 한다. 중국의 전통적인 대한반도 정치 수법이다.

중국의 대국으로서의 주변 국가 지배란 언제나 그런 것이었다. 동북아시아에서는 종교적 지배 질서는 없었다. 그런 중국의 영향하에 있으면서 우리는 그들에게 대해서 마음속으로는 경멸감을 품었던 것이 아닐까. 물론 일본에 대해서도 그랬었지만. 우리 국민은 전통적으로 이들 두 국가를 생활 감각적으로 잘 이해하고 있었다. 박근혜에게 융숭한 대접을 한다고 하더니 그다음 날은 김정일 위인

밀랍상 운운하는 이중 외교. 동북아시아의 미래를 향한 윤리 감각이나 역사 감각은 그들에게는 없다. 진정한 우호를 위한, 새로운 동북아시아를 위하여 삼국 관계를 수립하자는 자세란 없다. 일본은 저 모양이고. 그들에게는 새 자세로 국민에게 설득하려는 이념적인 자세란 없다.

우리는 동북아시아 삼국 사이에 있어서 평화의 견인차 역할을 하게 되기에는 아직 멀다고 하겠다. 삼국 관계란 그리하여 역사적 방향과는 멀리 역전하는 듯한 느낌을 준다. 19세기에 근대로 들어서면서도 그랬고 20세기 제2차 세계대전이 끝나고 나서도 그랬었다. 그리고 오늘 동북아시아의 시대에도 그렇다고 해야 하는 것일까. 역사에 끌려 갈 뿐 역사에 주체적으로 대응하지는 못한다는 것일까.

여기서 나는 지식인의 탈정치화를 생각하는 것이다. 동북아시아 국민들이야 얼마나 좋은가. 아시아의 지식인들은 국가가 미약하고 외침으로 흉흉할 때 아주 민족주의적 발상으로 저항할 수밖에 없었다. 나는 그러나 이제 저 정치 세력 밑에서는 탈정치화하면서 아시아의 연대—정치를 넘은 휴머니티를 문제 삼아야 하는 것 아니겠는가 하고 생각한다. 낡은 민족주의로 떠도는 정치는 그대로 두자. 그 정치에 영합하는 지적 연대가 되어서는 안 된다. 그럼에도 불구하고 또는 그런 것을 해체시키기 위하여 지적 연대가 활성화되어야 한다고 나는 생각하는 것이다. 아직 중국은 여기에 이르지 못했다고 할는지 모르지만 한일의 시민은 정치적으로 역사상 처음으로 정치를 넘어서고 있는 것이 아니겠는가.

그래서 예를 든다면 대對일본의 자세에서 일제하를 전제로 하는 증오의 자세를 넘어 정의의 자세를 강조해 왔지만, 이제는 일본의 저런 정치적 자세를 연민의 눈으로 바라보면서 저런 정치를 넘어 아시아 삼국의 평화의 시대를 그리고 그 속에서 대화하고 협력하는 자세를 찾아 세우려고 해야 할 것이 아니겠는가고 생각한다. 위기면 위기일수록 이러한 지식인 연대가 요청되는 것 아니겠는가. 저런 정치적 자세는 머언 눈으로 바라보면서 우리는 평화의 메시지를 서로 교환하면서 나아간다는 것, 이것이 EU를 가능하게 한 유럽 지식인들의 자세가 아니었겠는가. 이것을 오늘의 동북아시아에 있어서도 지식인의 자세로 찾아 세워야 하지 않겠는가. 그리하여 저 소란한 정치를 바라보면서 국민에게 설득하고 새로운 모델을 제시해야만 하는 것 아니겠는가고 생각하는 것이다.

그것이 우리 국익에도 가장 부합하는 것이 아니겠는가. 동북아시아의 양대 강국 사이에서 우리 국민이 주체적으로 살아간다는 것은 그런 것이 아닐까 하고 생각하는 것이다. 그런 뜻에서도 한반도의 평화란 절대적인 것인데 이것은 초정치적으로 생각하는 것이라고는 할 수 없지만 탈정치적으로 생각하는 것이라고는 할 수 있지 않을까 생각한다. 근대 이래의 국가주의의 무서운 속박 속에서 벗어나 보자는 것이다. 이러한 동양 평화론이란 양대 대국 사이에서 뿜어낼 수밖에 없었던 우리의 역사적 사고, 특히 근대 이후의 사상이 아니었던가 생각한다.

2013년 7월 14일

출애굽기 34장 12절에서 "너는 스스로 삼가 네가 들어가는 땅의 주민과 언약을 세우지 말라 그것이 너희에게 올무가 될까 하노라"고 하면서 이스라엘 민족을 향한 선민의 사상이 피력된다. 여기에서는 하나님의 계시는 구체적인 대상을 가진다. 그것은 만민을 향한 도덕법칙이라고 할 일반 계시와는 다르다. 특수 계시는 그 시대에는 이스라엘 민족으로 향했다. 그런 특수 계시는 역사의 장을 달리할 때 어디 누구에게나 향할 수 있는 것이다. 오늘날 내가 선민이라는 것은 남다른 고난을 짊어지고 겸손한 길을 걸어가며 희생의 제물이 된다는 것 아니겠는가.

또 이런 생각도 한다. 네 원수를 사랑하라, 네 이웃을 사랑하라 하는 말씀을 오늘 당장 눈을 부릅뜨고 대립하고 있는 현장을 향한 말씀이라고만 생각해서 되겠는가. 미국에 와서 얼마 되지 않았을 때 일이지만 집사람이 잔디 풀을 뽑고 있는데 옆집 아주머니가 지나가다가 외국 생활이 힘들지 않느냐 무슨 일이든 도와 드릴 테니 말하라고 했다. 어느 날 내가 슈퍼에 갔다가 고급 노인 홈 앞을 지나가려니까 일하고 있던 미국 아저씨가 내일 여기 홈 커밍이 있는데 누구나 부담 없이 와서 점심을 함께하는 것이니까 참여해 달라고 한다. 그 노인 홈은 이국인을 환영한다는 것 아니겠는가. 백인들만이 들어와 있는 곳이기보다는 각기 다른 종족 사람들이 모이는 곳이 된다는 것이 바람직스럽다고 생각하는 것이다.

미국 사람들이 가지게 된 이런 개방성이란 어디에서 왔다는 것일까. 1861년에 시작하는 남북전쟁. 그로부터 1세기 반 만에 이렇게 성장했다는 것 아니겠는가. 그것이 바로 오늘과 같은 세계에 적용되어야 하는 것일 테니까, 미국의 선구성을 말할 수밖에 없는 것 아닌가 나는 생각한다. 우리 모두는 역사와 더불어 변해 가면서 살아간다. 여기에 영어가 세계어일 수밖에 없는 역사가 나타나 급속히 퍼져 가는 것 아니겠는가. 물론 백인주의가 아직 도처에 도사리고 있겠지만 말이다.

2013년 7월 27일

스탕달의 『적과 흑』(1830)을 읽었다. 비련의 소설이라는 것이겠지만 오늘 우리의 감각하고는 아주 멀다고 할까. 프랑스혁명 그리고 나폴레옹 전쟁의 시대를 지내고 나서도 프랑스는 이런 귀족주의 사회였던가. 그러니까 프랑스의 혁명의 시대는 1세기 간이나 이어졌다고 하는 것이겠지 하고 생각했다. 우리나라에서도 박정희 치하의 역사가 오늘도 계속되고 있는 것이니까.

스탕달 시대의 프랑스에서는 이렇게도 부패가 판을 쳤다는 것인가. 우리나라가 아시아에서 부패도가 가장 높은 나라 중의 하나라고 한다. 수뢰의 횡행이란 이렇게도 지속되는 것이다. 1960년대였을까. 그때에는 구청에서 호적등본을 뗄 때도, 해외여행을 하기 위하여 경찰서에서 신원보증서를 받을 때도 뇌물 액수가 정해져 있었던 것 아닌가. 신원보증서의 경우는 10만 환이었던가. 내가 유니온에 갈 때에 부패와 싸운다고 그것을 거부하다가 마지막에 가서 그들이 "우리 생활비 보조가 아닙니까"라고 하는 말로 해서 타협했던 쓰라린 경험을 회상하게 된다. 이것도 역사의 진보라는 과정에 있었던 지난날 일이라고 생각해야 하는 것일까. 관공리의 청렴도와 사회 발전의 관계라고 할까. 경제로 보아 한국은 세계 10대국 안에 든다고 떠들어대면서도 말이다.

2013년 7월 30일

조정래 선생에게

조정래 선생! 선생의 『태백산맥』을 다 읽었습니다. 참 힘겨운 독서였습니다. 1985~1989년에 걸쳐 집필한 대작이라고요. 1946년 대구 10 · 1폭동사건에서 시작하여 1948년 제주도의 4 · 3사건과 5 · 10 국회의원선거 반대투쟁 등을 거치면서 1950년의 6 · 25에 이어지는

'민족 세력'과 '반민족 세력' 투쟁에서 민족 세력이 패배해 간 것을 생생하게 그린 것이라고요. 마지막이 제10권에 있는 3 · 8 '휴전선으로 변한 3 · 8선' 아닙니까.

그리하여 많은 화제를 낳고 해외로 번역 · 소개되었으며 법정투쟁으로까지 번져 갔던 대작이라고 알고 있습니다. 박경리 선생이 일제시대를 그렸다면 선생은 해방 후 특히 좌우의 대립과 갈등 그리고 국토 분단의 시대를 그린 셈이겠지요. 한국 현대사를 선생은 이 작품에서 어떻게 그렸을까요. 선생의 한국사에 대한 역사의식을 깊이 검토해 보고 싶기는 하지만 역시 그것도 제 능력을 넘어선 작업이 아닌가 생각됩니다. 작품 구성과 문장 표현에 있어서는 나는 박경리 선생의 『토지』를 좀 더 선호합니다만.

선생의 역사관에 대해서 다소 문제를 제기하고 싶습니다. 더욱이 남북에서 추방당한 사람들의 역사의식을 주제로 해서 말입니다. 선생은 북에서 남하한 기독교 목사나 서북청년회 같은 단체를 고발했지만 앞으로 우리는 북으로 간 사람, 남으로 온 사람에 대해서 어떤 종합적인 평가를 해야 할 것이 아닌가 생각합니다. 북에 있는 김일성대학에서 저는 남에서 북을 택하고 좌절을 되씹고 있는 교수와 학생들을 보면서 얼마나 많은 슬픔을 되씹어야 했는지 모릅니다. 거기에는 이태준도 김사량도 이강국도 있었고 이제는 이름을 기억할 수 없는 수많은 사람들이 있었습니다. 거기에 비하면 남하한 사람들은 이승만 시대에 너무나 안이하게 남한 땅에서 자리를 차지하게 되었다고 할까요. 물론 남하한 그들은 6 · 25 후에는 남에서 권력을 찾는 이남의 세력에게 추방당하게 됩니다만. 그리고 남한은 주로 영남과 호남이 정치적 각축을 벌이는 땅이 되지 않아요.

그런데 선생은 이 책 마지막에서 북에서 숙청당하고 마는 남쪽 공산주의 세력에 대해서 기이한 역사적 해석을 가하면서 북의 세력을 변호했지 않습니까. 한마디로 말하면 6·25에 있어서의 북의 실패를 누가 책임질 것인가. 그것은 북으로 간 남쪽 공산주의자들이 져야 하는 것 아닌가. 그래서 북의 세력은 남에서 온 공산주의자들에게 가혹한 징계를 가할 수밖에 없었다는 것 아니겠습니까. 그들은 죽어 가야만 할 수밖에 없었다. 정치의 위선과 잔인을 규탄하면서 인생무상이라고 탄식하는 것이 아니라 그것은 '역사적 선택'이라고 변호하려고 했지요. 그래서 실패를 책임지고 슬기롭게 떠나갔다는 것이라고 할까요.

이것은 너무나 안이한 역사적 해석이라고 해야 하는 것 아닐까 하고 저는 생각했습니다. 그런 안이한 역사적 선택이 아니라 남북이 모두 정치라는 악령에 사로잡혀 역사적 잔인성으로 얼룩지는 현대의 비극을 내다보는 문학적 입장이란 불가능한 것일까요. 작품 마지막에 가서 지리산 투쟁을 계속한 간부 박두병이 하는 말 '정의로운 역사를 위하여 새로 시작하는 싸움'이란 구정치체제를 꿈꾸는 데서 가능한 것이 아니라 새로운 국민의 시대, 말하자면 국민의 민주주의적인 이성이 역사에 관여하고 역사를 결정할 수 있다는 가능성이 열려 있는 시대가 찾아올 때 가능한 것이 아닐까요. 그것이 완전히 꽃피게 된다는 것은 역사의 진보, 역사의 이상이라고 하고 영원한 '이데'라고 해야 하겠지만 말입니다.

적어도 한 가지만은 강조해 두고 싶습니다. 남북 정치와 거기에서 추방당한 사람들을 함께 바라보는 시각, 거기에 나타나는 인간적인 역사관을 언제 가야 우리는 자아낼 수 있을까요. 극한적인 대립이 아니라 기꺼이 자리를 함께해서 현실적으로 가능한 것에 합의할 수 있는 이성적 자세라고 할까요. 적어도 미소의 점령과 그 정치적 이해관계에 가담하여 춤추지 않는 자세로 말입니다. 그러나 우리나라에 관계되는 국제 문제라고 해서 국수주의적인 민족주의로 풀어 갈 수 있다는 환상 없이 말입니다. '민족 세력과 반민족 세력'이라는 도식적 구별을 넘어서 말입니다. 역사 체험의 상이로, 앞으로 언젠가는 올 통일을 현실적으로 추구하려고 할 때, 단순한 정치 세력 간의 대립이 아니라 국민적인 대립이 올 것이 아닌가 하고 저는 두려워하고 있습니다. 조선 왕조 때의 남북의 차별과 대립에서 보았던 것처럼 그 무서운 대립을 정치 세력 간에서만 보는 것이 아니라 국민 전체에서, 말하자면 민주주의적인 평면에서도 보게 된다면 말입니다.

그리고 '인민의 적 미제 앞잡이이며 이승만 도당의 주구들'이라는 단순화된 것이 아니라 세계 정치에 있어서 미국을 바라보는 시점이 오늘에 있어서는 매우 필요할 것 아닌가 생각합니다. 6·25 때 참전한 저는 미국 군인이나 미국 고문관에 대해서도 조 선생과는 너무도 다른 체험을 했다는 것을 첨언할 필요가 있을는지도 모르겠습니다.

제 자신의 하잘것없는 자서전 『경계를 넘는 여행자』에 다소 기록했습니다. 『태백산맥』이라는 작품에 대해서 전면적으로 논하기에는 제 나이가 '노인'의 경지를 훨씬 넘어서 있는 것이 아닌가 생각합니다. 여기에 『태백산맥』에서 제가 의문부를 붙이지 않을 수 없는 문장을 모두 열거한다는 힘든 작업을 해낼 수 없어서 비교적 짧은 몇 개의 문장만 열거해 보겠습니다. 함께 생각해 보자는 것입니다. 주로 미국에 대한 인용입니다만.

> "빨갱이들을 가차 없이 처단하고 근절시키는 데는 결국 서청밖에 믿을 수가 없어요."
>
> — 제1권, 순천에서

> "빨갱이 사상으로 말하면 이북은 복숭아고 이남은 수박이요. 이남 중에

서도 전라도 하고 경상도는 아주 특제 수박이요."

— 제2권, 이북 출신 경찰의 말

황금만능을 앞세운 그들의 패권주의를 경원했고, 스포츠에 열광하는 그들의 단순한 행동성을 경멸하면서 경계했다.

— 제3권, 무교회주의자 서민영

그들은 제국주의 폭력과 간악을 앞세워 우리 민족의 삶을 파괴하고 자주를 강탈했다.

— 제4권, 지리산 게릴라 지도자 염상진의 생각

미국은 결국 막강한 화력을 동원해 한 민족이 스스로 삶을 위해 가려고 하는 길을 자기네들의 이익을 위해 가로막고, 동강내고, 좌절시키고 있었다.

— 제5권, 인천상륙에 대하여

인디언의 입장에서 보면 그들은 틀림없는 침략자들이면서 학살자들이었고, 흑인의 입장에서 보면 그들은 또한 확실하게 생명강도들이면서 착취자들이었고, 진정한 의미는 인류라는 입장에서 보면 그들은 용서될 수 없는 종족살해범이면서 인간 가학범들이었다. 그런 그들에게 한반도라는 좁은 땅은 그들의 국가적 자만심을, 그 땅에 사는 누런 사람은 인종적 우월감을 충족시키기에 더없이 좋은 무대가 아닐 수 없었다.

— 제7권, 한반도에 대하여

"역시 한국에서 쓸 만한 건 딱 한 가지뿐이야. 여자의 성기 빼놓으면 너무 미개하고 야만적이라서 정나미가 떨어져."

— 제7권, 미군 특무의 말

그런 이광수라는 자의 망령이 일본 놈들이 아닌 미국 놈들을 통해 또 나타나는 것을 김범우는 견딜 수 없었다.

— 제7권, 이런 식으로 '일본 놈'이 가르쳐 주었다고(작가는 1945년 8월에서 1953년 8월까지를 '민족자주국가 수립 노력의 시대'라고 하고 그후를 '민족 통일 추진의 시대'라고 규정. 물론 거기에서 민족주의란 단어는 언급되지 않는다.)

아시아인은 미국인과 동등하지 않다. 아시아인은 인간이 아니며 인간 이하의 존재다.

— 제8권, 이런 교육을 받았다고 영국 군인이 지적

적이고 민간인이고를 가리지 않는 그들의 무차별 폭격은 그야말로 자기네 이익을 확보하기 위해서는 수단방법을 가리지 않는 제국주의적 잔학이고 발악이었다. 다만, 그들의 무자비한 초토화 작전에 박수갈채를 보내고 있는 인간들은 이미 서울을 떠나 이승만 정권을 에워싼 채 덕을 보고 있는 친일반민족 세력들과 새롭게 생겨난 기회주의자들뿐이었다.

— 제8권, 거창사건을 서술하고 나서 부산으로 남하한 사람들에게 대하여

"…폭탄은 퍼다 부을수록 경기가 좋아진다니까 양키들은 더 신바람이 나지, 전쟁이 끝나기는 부지하세월입니다."

— 제8권, 그런 식의 한국전쟁관('코쟁이덜이 지멋대로 여자덜 욕보이구 덤비는 것'이라는 세태 묘사)

"느그 아부지럴 쥑인 것은 양코배기 미국놈덜이여, 미국놈덜언 우리 웬순께, 니가 후제 커서 아부지 원수럴 기엉코 갚아야 써."

— 제9권, 희생당한 광부의 어머니가 하는 말

130만 명이 친일반민족 세력으로 뭉쳐진 반인민적 반동정권을 처없애기 위해서 인민들의 희생은 너무나 컸다.

— 제9권, 등장인물 이지숙의 견해인가, 저자의 견해인가

그자들에게 미국이 없었으면 인민은 단 한 사람도 피 흘리지 않고 그자들을 모두 처단해 인민해방을 맞이했을 것이다. 미군은 절대로 용서할 수 없는 민족의 적이고 인민의 적이었다. 그러니까 민족해방전쟁이나 빨치산 투쟁은 곧 미국과의 싸움이었다. 빨치산 중에서 그 사실을 모르고 죽어 간 사람은 아무도 없었다.

— 제9권(이러한 견해는 국군 장교 중에서도 양심이 있다면 가질 수밖에 없었다고 하면서 다음과 같이 국군장교 심재모의 견해를 든다.)

"미군이 하는 짓들을 생각하다 보면 미군이 적처럼 생각되어 그쪽으로 총부리를 들이대고 싶어지는 때가 한두 번이 아니니까요."

— 제9권

100일에 걸친 군 토벌대의 동계 공세 동안 전남북과 경남, 그리고 지리산에서는 1만 8천여 명의 빨치산들이 죽어 갔다.

— 제10권, 1952년 초겨울

"6, 7만 명이 죽어 갔습니다"라는 말도 나옵니다. 나는 그런 것을 생각할 때 그들과 관련된 살아남은 사람들을 항상 머리에 떠올리게 됩니다. 그들은 어찌 되었던 간에 남쪽 한국의 역사 속에서는 견딜 수 없어 할 텐데 하고 생각하고는 해요. 이 땅에서 그들의 눈물 어린 애가는 그칠 수 없는 것 아니겠는가. 내가 북을 뒤로하고 나서 남하의 길을 택하고 그후 그 땅에서 처참하게 죽어 간 사람들을 잊

을 수 없어 하는 것처럼 말입니다. 정치란 그렇게도 잔인한 것인가고 새삼 느끼게 됩니다.

그러나 역사란 실제로 같은 내용으로 되풀이되는 법은 없는 것 아니겠습니까. 나는 언제나 북에 있는 김일성대학에서 만난 이름도 잊어버린 남쪽에서 왔던 교수와 학생들을 생각합니다. 그리고 그들의 고난과 죽음, 그 수난을 북의 권력자 세력이 불가피하게 택할 수밖에 없었던 '역사적 선택'이라고 하면서 일생을 공산혁명에 바친 김범준 소장의 생각 그리고 거기에 공감할 수밖에 없다고 생각하시는 오늘의 작가 조정래 선생의 역사관에 나는 결코 동의할 수 없다고 생각하는 것입니다. 비록 개인적으로는 그들이 선량하였고 그들에게 공격을 가한 세력이 부정하였다고 하여도 말입니다. 승자와 패자라는 역사가 그렇게 가려낼 수 없을 만치 우리의 마음속에 뒤얽히게 된 역사. 그것에 대한 해석이란 우리의 지혜를 넘어선 것 아닌가고 긴 한숨을 쉬면서요.

역시 저는 반동적인 부르주아지의 역사관 속에 사로잡혀 있다고 해야 할까요. 선생은 6 · 25를 나이 어린 몸으로 체험한 아련한 기억이나 지니고 있을까요. 저는 선생보다 20년이나 많은 나이로 방황하면서도 6 · 25에 참전할 수밖에 없었습니다. 이러한 체험의 차이는 우리의 의식의 차이를 넘을 수 없는 것이 되도록 했을까요. 이것은 불가피하게 우리가 짊어져야 하는 역사의 작위가 아니겠습니까. 역사 경험의 차이에서 오는 역사인식의 차이 그리고 거기서 오는 역사행위의 차이란 넘을 수 없는 산처럼 우리 앞에 가로놓여 있다고 생각해야 하는 것일까요. 앞으로 오는 역사는 선생에게 있어서도 저에게 있어서도 또 다른 것이겠기에 말입니다. 물론 미국도 세계도 그리고 한국도 선생이 『태백산맥』에서 보고 그린 그러한 나라와 세계도 아닐 것 아니겠습니까. 아, 참 놀라운 세계사지요.

그래도 우리는 이 땅에서 함께 살아갈 수밖에 없는 것 아니겠습니까. 그래서 우리는 그야말로 민주주의라는 원리에 따라 참고, 관용으로 대화하면서 살아가기로 하고 일단은 다수가 되면 묵묵히 받아들일 수밖에 없다고 할까요. 간신히 여야가 서로 대화할 수는 있어야지 하면서요. 이것이 오랜 아집의 역사를 넘어 우리가 타협하기로 한 보잘것없는 현실을 사는 지혜라고 할까요. 지나간 역사에 대한 애가를 함께 부르기로 하면서 말입니다. 역사란 언제나 우리의 판단을 넘어서 가는 것이라고 오늘도 겸손의 덕을 찬양하는 수밖에 없는 것 아니겠습니까. 이런 노년의 무기력을 용서해 주시기 바라면서 두서없이 몇 말씀드립니다. 오늘에 와서야 뒤늦게 이 작품을 읽게 된 것을 널리 양해해 주시기 바랍니다.

2013년 9월 8일

다시 찾아오는 일본 올림픽

역사에 있어서 양심적인 소수자를 발견하고 계승하는 사관이 필요한 것 아니겠는가. 힘 있는 사악한 자들, 그런 다수자의 무리를 바라보고 절망하는 것이 아니라 평화를 찾아 신음하던 소수를 찾아 힘을 얻으면서 감사하는 사관이라고 할까. 성서에 있는 것처럼, 그야말로 성경적으로 신이 역사役事하시는 길을 따라 역사를 더듬는다고 할까.

2020년 올림픽은 일본에서라고 한다. 나는 또 이번에도 미국의 싱크탱크, 두뇌집단의 관여를 생각한다. 역사의 바른 방향을 바라보며 고뇌하면서 그래도 가장 현실적인 리얼리스틱한 길을 추구해 가는, 역사의 배후에 있는 두뇌집단 말이다. 미국의 그러한 움직임에 유럽의 세력이 합류한다고 하면 어떻게 될까. 거기에 신의 뜻을 실현하려는 의지를 볼 수는 없을 것인가. 일본 올림픽을 통하여 일본의 보수반동화를 막고 동북아시아의 평화와 번영을 추구하는 세계사의 기도企圖를 투영하려고 했다고 하면 어떨까. 이런 꿈을 그려 보는 것은 나의 어리석음이라고 할 것인가. 그런 것을 기대하는데. 그런 자세가 없다면 세계의 리더가 될 수 없는 시대가 되어 가고 있는 역사가 아니겠는가고 나는 생각한다.

이런 역사 속에서 나는 한 · 중 · 일 사이에서 언제나 평화의 중간자 역할을 한국에서 구하려고 해왔다. 이것이 근대의 침략의 시대에 중 · 일 대국 사이에서 우리 선인들이 꿈꾸어 왔던 동양 평화사상이 아니겠는가. 중 · 일은 균형을 이루어야 한다. 우리는 중 · 일 어디에 일방적으로 가담하는 것이 아니라 쓰러져 가면서도 풀뿌리를 휘어잡고 몸부림치듯 동양 평화를 외치는 사상과 실천을 추구해야 한다는 것이다. 이제는 근대와는 달리 우리도 그럴 수 있는 힘을 다소라도 갖추게 되었다고 하겠는데 말이다. 세계사도 그런 역할을 우리에게 요구하고 있다고 본다.

나는 이 소리를 전할 길이 없어서 이렇게 유언처럼 내 사색록에 기록해 놓는 것이다. 이제는 많은 친구가 한국에서도 일본에서도 가고 없으니까. 그러나 호리 마키요가 호응해 주는 데 감사한다. 그는 일본에서는 물론 중국에서도 그리고 유럽에서도 그런 동지를 구하려고 애쓰고 있다. 이번에 중국에서 나온 그의 저서 『사상자적 발자취 지명관思想者的足跡 池明觀』이 앞으로 어떤 구실을 할 것인가. 그런 역할은 오늘의 세계사가 요구하는 것이 아니겠는가. 먼 지난날에는 중국의 지자知者는 아시아 전체의 지자가 아니었던가. 유럽은 오랫동안 지적 전통과 교류를 공유해 왔지 않는가. 동북아시아를 지난날의 제국주의사의 연장에서만 해석하려고 하지 말자. 역사는 언제나 새로 써지는 것이다. 세계사에서 지난날 영국이 하던 역할과 오늘 이 시대에 미국이 하는 역할이 다르다. 만년에 이런 역사관에 이른 것을 감사하고 싶다. 그것은 영국이나 미국이 시대에 따라 주체적으로 결정한 역사라고 할는지 모른다. 그러나 그것은 그들의 의지를 넘어 역사의 의지에 의하여 강요당한 것이라고 해야 할 것이라고 나는 생각한다.

역사는 나날이 새로운 것이고 그것은 많은 비극을 넘어서 가는 길이다. 삶을 감사하는 생각으로 인생 끝에 찾아온 미국이지만 나는 여기에서 많은 것을 생각하고 배우고 전할 기회도 찾게 되었다. 모든 것이 상상할 수도 없었던 것이다. 일반 역사에서도 그렇고 개인사에서도 그런 것 아닌가. 그 역사의 부르심에 응답을 해야 하겠다.

2013년 9월 9일

나는 현실 정치란 더욱 근시안적이 되어 가고 있다고 생각한다. 한국에서 새누리당이 한국의 반공을 대표하는 듯한 얼굴을 하고 민주당이 한국의 진보 더욱이 대북 융화정책을 대표하는 듯한 얼굴을 하고 있으니까 국민 통합의 정치 자세를 함께하는 시대란 더욱 멀어져 갈 수밖에 없다고 보인다. 그 먼 기원에는 북에서 박해를 받고 떠나야 했던 정치 상황이 있고 남에서 미국은 한국의 통일을 반대하고 친일파 지주 세력을 옹호한다고 하던 흐름이 있지 않겠는가. 냉전이 붕괴되고 이데올로기적인 분할이란 의미 없는 것이 되었는데도 아직도 그런 역사가 남겨 놓은 남북으로 분단된 한국이 있다. 역사는 변해도 이렇게 지워지지 않는 것이 유산으로 남아서 이어지는 것이니까. 그렇지만 역사는 결코 동일한 것이 반복되는 것이 아니고 그 자체로서의 진보를 우리의 이해를 넘어 이어 가는 것이라고 나는 생각한다. 조정래의 『태백산맥』을 읽으면서 더욱 그런 생각을 반추

해야만 했다. 역사는 결코 그대로 반복되지 않는다. 그럼에도 불구하고 눈에 보이지 않는 잔류는 이어지는 것이다. 그것을 누가 모두 파악해 내는 역사를 기록할 수 있겠는가. 모든 쓰여진 역사란 진정한 역사의 단편에 불과한 것이다.

2020년의 올림픽은 일본으로 정해졌다. 일본에게 안심을 주고 그들이 꿈꾸는 반동의 길은 막아야 한다. 동북아시아의 평화를 미국은 바라고 있다. 미국의 두뇌집단은 여러 가지로 생각하겠지. 박정희를 지지하던 미국은 이제는 지나가고 없다. 유럽의 통합을 넘어 동북아시아의 평화를 구한다. 미국의 두뇌집단은 결코 급진적은 아니지만 보수 반동은 아니다. 무엇보다도 그런 자세는 역사 속에서 살아남을 수 없는 것이니까. 그리고 지난날처럼 영토 점령의 식민지 시대는 지나가고 없으며 미국은 그럴 필요가 없는 나라니까. 이 시대를 위하여 준비된 나라라고 할 수 있을는지 모른다고 나는 생각한다.

시리아에서 정부군이 러시아와 이란이 대준 화학탄을 썼다고 한다. 미국은 시리아에 대하여 제한적인 보복 공격을 가하겠다고 하고 있다. 중국은 이번에 러시아 측에 가담하지 않은 것 아닌가. 중국도 미국의 실질적인 힘이 필요하다는 것이 아닐까. 그러니까 일본 올림픽도 필요해진다. 동북아시아의 평화와 협력의 시대가 와야 한다. 러시아의 진영은 더욱 약세로 간다. 이제 러시아에는 지난날 국제정치를 해내던 이데올로기도 재력도 없다고 해야 할 것 아닌가. 미국은 지난날 세계를 지배하던 국가와는 너무나 다르다. 직접 가해 오는 눈에 보이는 힘이 아주 적으며 이익을 주는 나라이지 착취하려는 나라라고는 비치지 않는다. 보수로 회귀하는 나라가 아니라 점진적이기는 하지만 평화와 진보를 향하는 나라로 보인다. 이런 대미관對美觀을 가지지 않으면 실패한다고 나는 생각한다.

참 한국의 여당은 벌써 차기 대통령감을 가시화하려고 하는 것 같다. 야당은 갈팡질팡인데 커다란 역사적인 변동이나 인물이 없다면 야당은 차기에도 실패할 가능성이 있는 것 아니겠는가. 한국에 있는 친구들과 이야기해 볼 필요가 있을 것 같다. 미국은 중국에서도 일본에서도 집권의 안정을 선호하고 한국에서도 그런 정치 풍토를 바라고 있을 것이다. 더욱이 다음 시대의 정치 과제는 남북통일일 테니까. 이렇게 역사는 대국이 조정할 수 있는 것이 되어 가는 것일까. 역사의 앞날에 대해서 지난날 식민지 세력이 그들의 국가 이익에서 추구한 것과는 달리 적어도 오늘에 있어서는 세계 평화의 길을 추구하고 있다면 말이다. 소련의 세계 지배와 미국의 경우를 역사적으로 곰곰이 비교해 볼 필요가 있지 않을까 생각한다. 우리 한반도의 경우에는 그것을 경험에서 그야말로 구체적으로 비교해 볼 수 있지 않겠는가. 미국의 경우는 점차로 국민이 자유를 확대해 가면서 누리게 해왔다고 할까.

2013년 9월 11일

「멤피스」를 보고서

뮤지컬 「멤피스」를 비디오로 보았다. 1950년대 아직 흑백의 결합을 금하던 시절의 흑백 문제를 다루고 흑백의 결혼을 무대에 올린 것이다. 영어를 알아듣지 못하는 것이 한스럽다. 언젠가 일상생활에서 본 미국을 본격적으로 다루고 싶다고 생각했지만 이렇게 생각나는 대로 기록할 수밖에 없을 것 같다. 텔레비전에서 구별 없이 어울리고 흑인 대통령이 선출되는 미국. 이 나라에 대해서 나는 지나친 호감어린 눈으로 바라보고 있다고 할는지 모른다. 이번에도 일본에서 나오는 『복음福音과 세계』에서 미국과 미국 교회는 거의 희망이 없는 듯 그려 내고 있는 글을 읽으면서 나는 이 나라를 그렇게 비판해 낼 수 있을 것인가 하고 생각했다. 정말 지난날 흑인을 차별하면서도, 또 한편에서는 신의 인간 창조를 믿는다니 얼마나 곤란했을까. 그러니까 1960년대에 민권운동이 일어나자 곧 이에 굴복할 수밖에 없었던 것 아닌가. 하나님의 뜻과 세상 질서와 이 사이에서 항상 고민하는 미국이라고도 할 수 있지 않겠는가.

오늘 이렇게 모두가 모여드는 나라가 세계에 미국 이외에 어디에 있다는 것인가. 그래서 나는 미국은 세계의 미래상을 보여 주고 있다고 생각하면서 오늘의 '팍스 아메리카나'에 주목하고 있다. 노인의 집에서도 우리 동양인들을 들어오라고 손짓하는가 하면 마당에서 일을 하고 있으면 찾아와서 불편한 것 없는가 하면서 무슨 도움 받을 일이 있으면 언제든지 연락해 달라는 이웃집 할머니. 길모퉁이에 우리 부부가 앉아 있으니까 그 옆 회사 여직원이 어딘가 불편한가 하고 물어 왔고, 길에서 만나면 대개가 누구를 막론하고 인사하면서 서로 길을 어기고, 병원이라도 가면 무료 환자인데도 그렇게 친절하고 여유 있게 보아 주면서 도와주는 나라. 신호등이 없는 작은 횡단 길을 건너가려면 대부분의 차들은 반드시 멈추어 주지 않는가. 모든 것에 서둘러대는 동방의 나라에서 온 이방인은 처음에는 도리어 당황할 정도였다. 미국은 물질적으로 여유가 있으니까라고 간단히 치부해서는 안 되리라고 생각한다.

미국이 이렇게 개방적으로 변해간 것이 20세기 말경부터이고 텔레비전 출연을 흑인들에게 개방한 것은 5~6년 전 일이 아닌가. 그런 의미에서도 오바마 대통령의 출현은 역사적인 메르크말(Merkmal)이라고 해야 한다. 1960년대에 시작한 흑인운동이 여기까지 온 것이라고 보아야 하겠다. 개방된 사회에서의 변화란 이렇게 눈부신 것이 아닌가. 이것은 세계사에 대하여 미국이 선구적인 역할을 하고 있다는 표식이라고 생각한다. 이 무서운 변화를 세계 여러 나라는 느린 속도로, 하는 수 없다는 듯이 따라오고 있는 것 아니겠는가.

그런 미국의 시민사회를 떠나서 미국의 정치를 세계 지배의 악령이라고 하는 것은 그야말로 반미주의적인 글에 불과하다고 나는 생각한다. 나는 미국을 들어서 신의 세계 지배가 진행되고 있다는 그야말로 역사에 나타난 눈에 보이지 않는 손을 느끼고 있다고 하겠다. 「멤피스」에서 보는 미국의 모습이 역사의 철칙이고 그것이 미국에서 세계로 흘러가는 데 신의 손길을 느낀다는 말이다. 어린아이들의 교실도 백인 미국인이 아닌 비非백인이 이곳 미니아폴리스에서도 반을 넘어서고 있다는 것 아닌가. 거기에 인종차별이 없는 능력주의가 지배한다. 일본이 그런 생각을 할 수 있겠는가. 한국은 동남아 여성들과 결혼한 가정 이야기를 매주 텔레비전에서 공개하고 그들에게 무료로 동남아 고향을 찾게 하고 있는데 일본은 어떤가. 일본은 그런 가정들이 있는데도 전적으로 숨기고 있는 셈이 아닐까. 백인 여성이라고 하면 텔레비전에 등장시키지만.

그런 일본에다가 2020년의 올림픽이라는 행사를 안겨 준다. 그것은 1964년의 도쿄올림픽과도 다른 의미를 가진 것이라고 해야 하는 것 아닐까. 일본이 동북아시아의 평화를 위해서 어떤 역할을 할 수 있다는 것인가. 그것은 역사의 방향이라고 해야 하겠는데 말이다. 한·중·일이라는 동북아시아에서, 평화와 상호협력이라는 발상이 결여되어 있는 이 지역에서 선인들이 말한 동양 평화를 위한 역할을 한국은 스스로 담당해야 할 것이 아니겠는가. 동북아시아에 대한 평화의 이니시어티브는 한국으로부터라는 밝은 이념에서 우리는 우리의 둘레를 바라다볼 수 있는 정치적 지혜와 능력을 구사할 수 있어야 하겠는데 하고 생각한다.

2013년 9월 20일

영남을 생각하면서

아침에 산책을 하다가 문득 이런 생각을 했다. 경상도에 대한 생각이다. 본토에서는 그 지역만이 6 · 25 때에도 고스란히 북의 침략에서 살아남았다. 옛날에는 1946년의 10 · 1대구폭동사건을 들면서 그 지역이야말로 정치적으로 저항한 비판적인 공기가 넘치는 곳이라고 해왔다. 그러나 지금은 보수적인 다수의 지역이라고 하고 정권은 그 지역에서 나온다고 하게 되었다. 호남 지방 등 타 지역에서는 소외의식이 계속되고 있는데 이런 공기는 결코 간단히 가셔지리라고는 생각되지 않는다.

발상의 전환을 요구할 것은 바로 이 영남 지역에 대해서라고 해야 하는 것 아니겠는가 하는 생각이다. 이것이 기독교적인 발상이고 기독교적인 메시지가 되어야 하겠다고 생각한다. 그것은 우리만이 누리라는 특권이 아니라고 생각한다. 그것은 우리를 민족을 위해 봉사하라고 부르시는 징표이다. 이런 발상의 전환 말이다. 이런 메시지가 그 지역 교회에서 쏟아져 나와야 한다. 6 · 25 때에 고도처럼 지켜진 곳. 거기서 구원의 역사가 한반도로 흘러나간다. 이런 사명을 그곳 교회에서 자각하고 외칠 수는 없을 것인가. 어쩐지 그것이 분열하고 대립을 일삼고 있는 이 땅에 대한 구원의 시작이 아니겠는가 하는 생각이 든다. 바로 이런 의식이 또한 북을 대하는 우리 남쪽의 의식이 되어야 하는 것 아니겠는가. 마치 미국이 세계에 대하여 오만한 자세가 아니라 봉사하고 희생하며 구원의 역사를 담당해야 한다는 사명의식을 품어야 하는 것처럼.

60여 년 전 신의 은혜로 보존되었던 한국의 동남 쪽 지역에 역사적 사명이 부여되었다고 하는 역사해석이다. 그 특권을 누리면서 남을 지배하려고 하는 것이 아니라 남에게 봉사하려고 할 때 삶의 의미를 가지게 되며 한반도 전체의 앞날에 공헌하게 된다. 물론 그 지역 자체도 되살아난다. 어떻게 증오의 대상이 된다면 살아남을 수 있겠는가. 역사에 있어서 예를 든다면 스탈린의 러시아는 공산주의라고 하면서도 국내외적으로 오만한 나라가 되었던 것 아니겠는가. 스스로만을 위해서 사는 오만을 가지고는 그런 자멸의 길을 갈 수밖에 없다. 이런 역사적인 교훈을 영남 지역 그곳 사람들에게 전해야 할 날이 가까워 오는 것이 아닌가 생각한다. 박정희 시대의 과오를 상기시키고 그것이 남긴 상처를 지적하면서 기독교적 발상으로의 전환을 호소한다. 그곳 교회에 이러한 새로운 자세를 일깨워 줄 수는 없는가 하고 생각한다. 이처럼 기독교만이 우리에게 생명의 길을 제시해 주는 것이다. 이러한 한국 현대사에 대한 복음적 이해, 신학적 해석을 시도하고 싶다. 그것이 가능할 것인가.

2013년 9월 21일

오늘날의 눈으로 볼 때 15~16세기에 유럽에서 비롯한 근대란 무엇이라고 규정할 수 있을 것인가. 그것은 서구가 세계와 전면적으로 직면한 시대가 아니겠는가. 동양은 전적으로 수동적인 입장에 처해 있었다. 포르투갈과 스페인이 동양에 진출하고 가톨릭교가 전해졌다. 그다음에는 영국 그리고 프랑스나 독일 그리하여 일본은 이 서력동점西力東漸에 대해서 저항하면서 서쪽으로 가는 길을 시도했었다. 그다음에는 러시아도 이러한 세계 속에 진출하려고 했다. 그리고는 미국이 아니겠는가.

인간이란 남과 처음 만나면 대립하고 남을 정복한다는 시도를 하는 것이라고 할까. 국가의 경우도 마찬가지였다. 정말 근대란 세계와의 전면적인 조우 그리고 대결의 시대라고 하겠다. 그리고 이어지는 수탈이었다. 그러면서 승자의 세계 지배를 위한 질서 수립을 위하여 안간힘을 다한 역사가 아닌가. 처음은 적대 관계, 지배 관계였겠지만 모두 실패하고 나서는 상호 평등의 관계로 나아갈 수밖에 없다. 미국의 세계와의 직면이란 지배나 수탈이기보다는 세계 평화였고 그들의 헤게모니란 지배라기보다는 싸움 없는 평화라고 해야 하는 것 아니겠는가. 미국은 영국이나 러시아나 일본같이 부를 수탈해 가야 할 필요를 내세우지 않아도 되는 기본적인 풍요를 스스로 누리고 있으니까라고 할까. 미국의 헤게모니에 대한 분석이 필요하다. 미국은 국내적으로 다른 나라와는 다른 부를 소유하고 있다. 인종 문제가 있고 국민 정신 등 여러 가지를 선행 제국주의 나라들과 비교해 볼 필요가 있다. 물론 역사에 있어서의 세계사적인 진보라는 것도 생각해야 한다.

미국의 이슬람 세계와의 대결은 앞으로의 세계 질서를 위해서 미국이 넘어야 할 거의 마지막 고비가 아닌가 생각한다. 그것은 물질적인 욕구를 우선적으로 내걸고 있지 않는 세계 평화를 위한 갈등이라고 해야 하는 것 아니겠는가. 그것은 새로운 세계 질서를 향한 대결이라고 할 수 있겠다. 종교적으로 본다면 기독교가 오랜 시간을 거쳐 가면서 거의 국가권력과 분리돼 온 것처럼 이슬람도 그런 날을 찾아서 고된 날들을 경험하고 있는 것인지도 모르겠다.

유럽연합 그다음에는 동북아시아의 질서 아니겠는가. 이렇게 유라시아를 통합과 평화로 이끌어 가면서 더 나아가서 남미도 생각하고 인도양 그리고 아프리카도 생각해 가야 할 것이다. 미국의 중국과의 접근에 퍽 주목해야 하겠다. 그리고 나는 이런 세계 정치사를 바라보면서 인간의 노력과 신의 계획이라는 이원적 관점에 서서 인류사를 생각하고 싶다. 인간의 뜻을 넘어서 그것에 역사하시는 신의 이른바 '보이지 않는 손'을 생각하고 싶은 것이다. 18세기의 애덤 스미스의 『국부론』을 이렇게 오늘의 관점에서 읽어야 하는 것 아닐까.

2013년 9월 25일

일본 와세다早稲田대학 교수 호리 마키요에게서 내가 90세가 되면서 낸다는 정치일기에 자기의 코멘트를 넣어서 와세다대학 출판부에서 일본어판으로 내면 어떻겠느냐는 소식이 왔다. 곧 회답을 냈다. 나는 그것을 한국어로도 냈으면 어떻겠느냐고 했다. 그런 출판은 일본에서도 한국에서도 초유의 일일 테니까. 공저를 생각해도 되리라고 본다. 사실 일본의 우익 정치계가 품고 있는 아시아에 대한 생각만이 문제가 아니다. 일본에서는 모두가 아시아에 대해서는 눈을 감은 채 서구를 향하여 걸어왔다. 지식인들도 출판계도 학계도 마찬가지가 아니었던가. 그것에 대한 비판은 근대 이후의 일본 사회 전체에 대한 도전이라고 해야 할 것 아닌가 생각한다. 방향 전환이 요구된다. 그래야 새로운 동북아시아를 구상할 수 있는 것 아니겠는가.

나는 근대 이후 일본의 침략 앞에서 두려움에 떨면서 동양 평화를 외친 우리나라 선인들을 늘 생각해 왔다. 그들이 현실 정치에서는 파탄을 보아야만 했던 동양 평화론이라는 것을 오늘 다시 회상해야 하는 것 아니겠는가고. 한국은 중간자로서 지난날에는 힘에 의해 중·일 어느 한쪽으로 끌려가야만 했지만 오늘은 중·일 사이를 매개하고 평화로 그들을 세계의 여론과 함께 권고해 가야 한다. 선인이 힘없이 주장했던 그 생각을 이제는 국가적 힘과 정치적인 지혜와 존경 받을 수 있는 도의적 자세를 가지고 전개해 가는 것이다. 그것을 위하여서도 한국의 정치력은 성숙되어 가야 한다. 언제가 되어야 이러한 시대가 무르익을 수 있을까 하고 생각한다. 그날은 그야말로 동양 평화의 날이고 동북아의 안정과 협력, 번영의 날일 텐데 말이다. 오늘의 한·중·일의 국내 정세 또는 외교적 상황 어디를 보아도 그런 날은 요원한데 할는지 모른다. 그러나 역사는 그런 평화의 방향으로 흘러갈 수밖에 없는 것이고 그 사이에 이미 수많은 진통을 겪었다고 나는 생각한다.

이러한 역사에 대한 일본 지식인들의 인식이 남다르게 빨리 일어날 수 있기를 나는 기대해 왔다. 제2차 세계대전의 가해자로서 말이다. 그리고 전후사에서는 민주주의 사회를 지향한 아시아적 선구로서 말이다. 그러나 그다지 평탄치 않은 문제인 것 같다. 일본의 우익적인 정치 세력만이 문제가 아니다. 근대 이후 특히 전후 일본의 전 사회가 구미 지향적이었다는 것을 누가 부인할 수 있겠는가. 남에게 베풀기보다는 남에게서 받아들이고 이익을 얻어야 했고 남과 특히 아시아의 여러 나라와 함께 공동의 노력을 한다는 것은 배우지 못했지 않는가. 그러니까 동북아시아 지향이란 일본 사회 전체의 전반적인 방향 전환 아니 한중도 포함한 동북아 모두의 방향 전환을 촉구하는 것이라고 해야 하겠다. 역시 나는 이 경우에도 일단 지식인이나 언론이 먼저라는 아전인수 격인 생각에서 벗어나지 못하고 있다. 내가 요즘 중국 근대 이후의 문학으로 관심을 돌리고 있는 것도 그 이유의 일단은 여기에 있다.

2013년 9월 26일

월남과 월북에 대하여

나는 그야말로 고백적으로 내 일생에 대해서 써야 한다고 할는지 모른다. 그럴 만한 인생도 되지 못하고 그렇게 고백록을 쓸 만한 자신도 용기도 없다고 하겠지만. 다만 다소 공적인 것, 아니 한국의 정치 상황과 나의 삶이라는 관점에서 쓴다고 해도 정말 많은 것을 써야 한다고 하겠다. 『태백산맥』이 그려 낸 것 같은 일종의 좌익 동조의 경향이란 해방 이후 특히 남한의 지식인들 사이에서는 어떤 의미에서 공통된 분위기였다고 할 수 있는 것이 아니겠는가. 사실 내가 1947년에 충주사범학교에 있을 때도 그랬고 1948년경 서울대학 분위기도 그랬었다. 그 무렵 좌익적인 동정 또는 공감이란 거의 남한 전체 또는 이곳 비판 세력이 지니고 있던 분위기였으니까. 그래서 어떤 의미에서는 이승만은 정치권력을 지향하는 한 현실 정치력으로서 지난날의 친일 세력과 접촉할 수밖에 없었다고도 하겠다. 그런 분위기는 소작제의 농촌을 기반으로 한 남한 사회에서는 당연했을는지도 모른다.

그러나 이러한 분위기는 6 · 25를 겪고 나면서 달라진 것이 아닌가 생각한다. 영남 지방에서는 드디어 박정희 시대에 이르러 조선 시대나 되는 것처럼 정치를 독점하려고 하게 되는 것 아닌가. 46년 10월 1일에 이른바 폭동사건을 일으킨 대구가 지금은 보는 바와 같이 보수적 영남 정권을 지지하는 기반이 돼 있다고 하겠다. 섣부른 좌익으로 흘렀던 반동이라고 할까.

나는 영남 지역을 생각하면서 한국사 또는 한국전쟁사의 성서적 또는 신앙적 해석이라는 것을 생각한다. 이제 그 지역이 우리나라 정치나 사회 권력을 거의 독점하는 시대가 왔으니까 말이다. 그래도 또 한편으로는 호남 지방도 그렇겠지만 그 지역에 지난날에 대한 아집에서라고 할까, 지난날의 통일 지향이라는 북에 대한 선의의 공감이 서려 있다고 할까. 나는 일가를 희생당한 가정 출신, 지금은 세상을 떠난 어떤 교수가 잊을 수 없어 하던 통일에 대한 향수를 기억한다. 그런 사람들 그리고 거기에 공감하는 세력이 오늘도 면면히 흘러오고 있는 것 아닌가 생각했다. 그래서 자기 가족이 희생당한 사람들이 어떻게 남한의 체제에 만족하고 살아갈 수 있겠는가고 생각하는 것이다.

김일성대학에서 만난 북으로 살길을 찾아서 왔던 남한 출신 교수나 학생들. 얼마나 풀이 죽은 몸가짐이었던가. 그후 그들은 월북한 공산 세력의 중심마저 잃어버렸으니 어떻게 되었을까. 어떤 의미에서 중동의 부족 세력과 정치라는 문제에 유사하다고 하겠다. 거기에 정치 이데올로기는 부수적으로 따라다녔다고 할 수 있을는지도 모른다. 정말 월북 인사들을 생각할 때면 나는 언제나 이태준의 그 준수한 모습을 떠올리고는 한숨짓는다.

남하한 우리는 북에서 겪은 고난으로 말미암아 남한의 정세를 아전인수 격으로 해석하고 그야말로 거의 본능적으로 남한의 정치력을 따라간 것이 아닌가. 남쪽 세력은 6 · 25를 경험하고 나서야 이승만하에서 잃어버렸던 자기 영토 찾기를 결의하게 된 것이 아닌가 생각한다. 그래서 북에서 남하한 세력은 정권 주변에서 물러났고 경제력도 잃어버리게 된다. 영남 세력과 호남 세력의 대두라고 할까. 그러다가 그후 그 두 세력 사이에 반목과 쟁투가 좀처럼 가실 수 없이 계속된다고 할까. 이런 역사적 풍토에 대한 묘사란 역사책에는 나타나지 않는 정사 아닌 정사가 아니겠는가고 나는 생각한다. 그래서 언제나 써진 역사에 대한 한계를 느낀다.

그리고 미국으로 우선 이민의 길을 찾아 나서려고 한 사람들은 월남한 지난날의 소지주 세력이라고 할까. 많은 교회 관계자들이 앞장섰었다. 그들은 마음 한구석에 북의 세력이 남하하면 자기들은 살아남을 수 없다는 잠재의식에 가까운 공포감을 되씹고 있었다. 그런 의식에 나도 사로잡혀 있었던 것을 고백하지 않을 수 없다.

사실 6·25가 터지자 그런 의식 속에서 죽음을 각오하고 모두가 방황했었으니까. 그러면서 나도 가족에 대해서 도미할 수만 있다면 그것이 구원의 길이라고 생각했다. 1967년에 미국에 유학을 왔을 때 나는 이런 의식에 사로잡혀 있었다. 한쪽에서는 제대로 된 한국 땅을 그리면서 부패한 정권에 의혹을 품은 채 저항했고 아이들은 미국으로 유학을 보내려고 애썼다. 한편에서는 바른 나라를 꿈꾸면서 또 한편으로는 자신과 가족의 안전을 찾아서 고국 땅을 떠난다고 할까. 아이들은 해외로 보내 놓고 단신으로 남아서 가족에 대한 염려 없이 싸운다는 것이었나. 고향을 잃었으니 마음 둘 곳을 못 찾고 미국을 환상으로 그렸다고 할까. 한국의 독재정권을 지지하는 미국을 그렇게 비판하면서도.

제대로 한국을 바라보고 마음을 쓰면서 살게 된 것은 1990년경부터라고 할까. 내가 일본에서 귀국한 1990년대 초라고 할 것 같다. 이런 과정을 거쳐 오면서 오늘은 문득 1950년대의 한국전쟁의 역사를 무척 생각하게 된다. 전쟁 때문만이 아니라 이 무렵에 우리의 역사와 삶에 대한 생각이 전면적으로 전환되었다는 사상사적인 관점에서 말이다. 이제 북의 공산주의에 대한 공포는 없다. 여기까지 걸어온 사상사적인 길을 더듬어서 정리해야 한다. 요즘 특히 세속의 역사와 신앙 속에서 구속사적인 관점에서 바라보는 역사라는 이중적 사관이라고 할까, 그런 것을 품고서 여러 가지를 생각하게 된다. 그런 두 가지 사관을 함께 품고 역사를 생각한다는 것은 있을 수 없는 것일까.

1950년 6·25 속에서 남하하는 침략을 막고 홀로 남게 되었던 영남. 그것을 세속의 역사에서 우리는 실증적으로 기록할 수 있을 것이다. 그러나 또 한편 신앙적인 눈에서 거기만이 특별히 남겨졌다는 사실을 어떻게 받아들여야 하는 것일까. 그것을 하나님의 은

혜로, 신의 섭리로 받아들인다면 어떻게 생각해야 할 것인가. 그 영남이 이제 한국 정치사에서 집권 세력을 창출해 내는 거의 전통적인 지역으로 화한다고 한다면 신앙적으로 거기에 어떠한 해석을 가하고 그 지역뿐만 아니라 한국 전체에 어떻게 전해야 하겠는가. 세속적인 권력을 기뻐하고 거기에 안주해 버린다면 언제나 신의 보복을 받게 되는 휴브리스에 빠질 것 아니겠는가. 그런 역사를 향한 기독교적인 메시지란 어떤 것일까.

한국의 역사를 위하여 새로운 부르심을 받은 지역이라는 책임의식을 일깨워 주어야 하는 것 아니겠는가고 생각한다. 내가 스스로 권력을 누리는 것이 아니라 주어진 특권을 봉사의 기회로 삼는다는 겸허한 자세 말이다. 그러한 역사 해석을 가하고 그러한 선교적인 사명을 부여하는 교회의 메시지가 있어야 하지 않겠는가. 그러한 담대한 케리그마kerygma로 영남의 교회가 깨어나야 하는 것 아닌가 생각한다. 그렇지 않으면 영남이 버림받을 수 있다는 성서적 메시지를 귀중하게 받아들여야 한다는 말이다. 그렇지 않으면 그것이 한국 전체의 불행을 낳는다는 생각이다. 그래야 정말 한국에 기독교적인 리바이벌이 찾아올 수 있을 것 아니겠는가. 성서적으로 본다면 고난 속에서도 안전하게 남겨 두는 지역이나 부족은 새로운 역사를 위한 사명을 함께 부여받는 것이라고 생각한다. 60여 년 전의 역사를 이제는 바르게 이해하려고 애써야 한다고 할지도 모르겠다. 지난날 역사의 소용돌이 속에서 남북에서 세상을 떠나가야만 했던 외로운 영혼들을 생각하면서.

구약성서를 보면서 정말 이중적 사관이라는 문제를 더욱 생각하게 된다. 모세의 시대를 성경은 그야말로 구속사적인 관점에서 바라보았다. 예를 든다면 이스라엘 민족이 이렇게 하니까 하나님은 진노하셨고 그래서 이러한 불행이 다가왔다고 했다. 그리고 다시 이렇게 하니까 하나님은 그 노여움을 푸시고 축복하셨다고. 그 시대를 세속의 역사로 담담히 기록한 것이 아니다. 세속사와 구속사가 뒤얽혀 있다고 하겠다. 이런 문제의식을 가지고 한국의 역사 특히 해방과 그 이후의 역사를 기독교가 어떻게 이해하고 거기에 메시지를 전해야 할 것인가 생각해 보아야 할 것 아닌가. 지난날에는 함석헌의 『뜻으로 본 한국사』가 있었다. 진정한 의미에서 이러한 사고가 없다면 기독교의 참다운 케리그마는 될 수 없다고 말할 수 있을는지도 모른다.

우리는 이러한 역사적인 인식을 기독교에서 배제하고 세속의 세계사와는 아무런 관계도 없이 어쩌면 오늘의 역사적 현실과도 관계하지 않고 케리그마를 전해 왔다고 해야 할 것 같다. 이런 문제를 이제 어떻게 반성하고 해결하려고 할 것인가. 우리는 1945년 해방 직후 또는 6·25 때에는 그래도 신앙적인 입장에서 역사에 대한 구속사적인 해석을 하려고 했었는데 그후 반세기 이상의 세월 동안 우리는 평안한 일상에서 그런 문제에서 떠나 역사와는 관련 없는 개인적인 말씀과 생각으로 도피해 왔다고 할 수 있는 것이 아닐까 생각된다.

2013년 9월 28일

지식인 삶의 종언에 대하여

지식인의 대두와 퇴장에 대해서 사상사적인 연구를 해보는 것이 좋을 것 같다. 나는 오랫동안 지식인에 대한 리즈만의 정의를 사용해 왔다. 그러나 지식인의 비판적 기능을 기대하는 미디어는 점점 축소되어 가고 있다. 지적 기능을 하는 기관에 종사하는 기업인들이 연명하고 있을 뿐이라고 할까. 그런 의미에서 우리는 언론인을 들 수 있을는지도 모른다.

지식인 소멸론이 대두되고 있다. 지식인이라는 개념은 봉건시대의 유물로 20세기까지 간신히 살아남았다고 할까. 그럼에도 불구하고 정치인들처럼 지극히 짧은 상상력밖에 가지지 못한 부류가 아닌 지적 인간들을 역사는 역시 필요로 하고 있는 것 아니겠는가. 오늘 동북아의 현실 속에서도 주로 오늘의 정치적 또는 경제적 득실에서 한·중·일을 문제 삼을 수 있을 것이다. 그러나 좀 더 나아가서 좀 더 멀리 동북아나 세계의 평화와 번영을 내다보면서 그 문제를 논할 수도 있지 않겠는가. 그런 앞날을 위해서는 오늘의 이익을 위한 논의에 견제를 가해야 하는 경우를 얼마든지 상정할 수 있지 않겠는가. 그렇다고 해서 두 영역에 속하는 인간을 구별할 수는 없는 것 아닌가고 생각한다. 실제로 리즈만도 지식인을 인간적으로 구분한 것이 아니라 기능적으로 구별했던 것이 아닌가.

예를 든다면 한국의 국가 이익을 위해서 발언하다가 동북아시아의 평화를 위해서 더 멀리 발언할 수도 있다고 생각하면 어떨까. 오늘의 정치인이라고 할 사람들이 세계 평화 논자일 수 있고 그렇게 발언의 양면성이 동시성에 전개될 수도 있다고 생각한다는 말이다. 한국의 국가 이익을 위해서 발언하면서도, 그것을 넘어선 어떤 의미에서 훗날의 일이라고 할는지도 모르지만 동양 평화, 세계 평화에 대해서 발언할 수 있다는 것이다. 때로는 이 두 가지 사이에 상충된 것처럼 보이는 경우도 있을는지 모른다. 그것은 리얼리즘과 아이디얼리즘의 상충이라고 할는지도 모르지만 인간이란 원래 그런 모순을 품고 살아간다고 해야 한다.

오늘 저런 정치체제에 항거한다는 것이 동북아시아 평화에로의 길일 수도 있지 않겠는가. 여기서는 이런 선택을 하고 저기서는 저런 선택을 한다고 할까. 정치에서는 국가 이익을 우선 생각하고 또 한쪽에서는 동양 평화를 논하고 거기에 참여할 수도 있다는 말이다. 인간 그리고 역사나 현실이란 그렇게도 어렵고 다기다난하고 때로는 우리의 상상을 초월해 있는 것이다. 정말 누가 인류의 앞날을 정확히 예상할 수 있겠는가.

나는 일본에서 흔히 쓰는 복안적複眼的이라는 말을 회상한다. 한편에서는 현실 정치를 바라보면서 생각하고 또 한편에서는 역사의 앞날을 내다보며 절대적인 인간 윤리의 입장을 받아들인다. 하나는 오늘의 삶의 입장에서 뿜어내는 상대적인 사고이고 또 하나는 영원에서 보다 절대적인 입장에서 바라보는 것이라고 할 수 있을는지 모른다. 하나는 이기주의적이라고 할 현실적인 나 자신의 승리를 바라보면서 생각하는 것이고 또 하나는 이타주의적이라고 할 수 있을 정도로 우리를 생각하면서 내 입장을 양보도 할 수 있는 것이라고 하겠다.

복안적이라는 것을 우리는 이중적 사고, 다중적 사고라고 해도 좋을는지 모르겠다. a man of double thinking이라는 것을 도리어 긍정적으로 평가하고 싶다는 것이다. 지난날 지식인은 단세포적이라고 할는지도 모른다. 이에 비하여 훨씬 복합적인 지식인을 생각하는 것이다. 정치에 참여하여 정치적 이해관계에서만 사는 단세포적인 인간이 아니다. 정치에서는 그렇게 정치력에 치우쳐서 생각해도 또 한편 지식인의 세계라고 할까 바른 역사를 전망하는 자리에서는 또 다른 빛을 던져 볼 수 있다는 입장에서 대화에 참여한다는 것이다.

지식인의 세계라고 해서 언제나 현실 정치에 대결하는 입장을 설정하는 것이 아니다. 하나의 인간이 이런 다원적인 판단을 하는 것이며 때를 따라 가장 현명한 입장을 설정하는 현실적인 판단력을 가진다는 것이다. 그러니까 종래의 지식인이라는 계층, 그러한 상대적인 개념은 지난날의 계급사회의 유물로서 사라지는 것이다. 엘리트와 대중이라는 구별은 사라졌지 않는가. 비판적인 역할은 존재하지만 그런 계층이란 존재하지 않는다. 단일한 아이덴티티가 아니라 이제는 하나의 인간이 다원적인 로열리티를 때로는 모순을 느끼면서 짊어지고 살아가는 것이다. 우리는 지금까지 현실 정치에 참여하는 세력을 지나치게 차별했던 것이 아닌가 생각된다.

일원적인 아이덴티티는 사라진다. 원래 인간이란 가정에서의 인간, 직장에서의 인간, 오늘을 사는 인간, 영원을 찾는 인간, 나로서의 인간, 우리로서의 인간 그리고 동물로서의 인간, 이성으로서의 인간 등등으로 때와 장소를 따라 그 모습을 달리하는 존재가 아니겠는가. 단일한 인격이란 허상이고 위선에 불과하다. 그렇다면 현대에 있어서 인간으로서의 성실성이란 무엇일까. 그 갖가지 모양으로서의 인간 그대로를 산다는 것이고 거기에 허상을 개입시켜 허위를 가장하지 않는다는 것 아니겠는가. 단일한 인간상에 대한 희구란 결국 허망한 것이고 그것이 낳은 것은 지난날의 위선이 아니겠는가 하고 나는 요즘 생각하고 있다. 라인홀드 니버의 기독교 윤리를 회상하면서. 그는 기독교 윤리에서 절대적 윤리와 상대적 윤리를 말하면서 현실적으로 상대적인 입장을 취할 때 느끼는 아픔을 이야기하지 않았던가.

지식인, 인털렉추얼이란 무엇이겠는가. 우리는 미국에서는 인털렉추얼이 성립하지 않았다고 경멸하는 목소리로 말해 왔지 않았던가 생각된다. 미국에서는 계몽주의 시대란 없었다. 미셸 푸코가 지적했듯이 이런 '소거' '부재'에 관한 연구가 중요한 것 아닌가 생각한다. 우리는 그런 인털렉추얼의 부재를 가지고 미국에 대해서 경멸의 눈초리를 보내려고 해온 셈이다. 미국 사회에 그것이 없었다는 것은 미국에 봉건사회의 존재와 그 붕괴 과정이라고 하는 역사가 없었기 때문이 아니겠는가.

그러니까 미국에서는 전통적인 사회의 붕괴를 의미하는 혁명이 있을 수 없었다. 특권계급이 없었으니까. 독립전쟁과 노예해방을 위한 남북전쟁은 있었어도, 대중의 의식적인 정치 참여가 곧 처음부터 있었다고 하겠다. 지식인에 관한 각국 비교연구도 필요하지 않겠는가. 그리고 그 지식인 또는 지식인 계급 내지는 그 계급에 리드된 혁명 계층의 저항과 배신의 역사를 더듬어 볼 필요도 있지 않겠는가 생각한다. 러시아에 있어서의 지식인 계급의 성립과 그 혁명화 그리고 집권 후의 난맥과 독재도 이런 역사적 맥락에서 검토될 필요가 있을 것이다. 정말 지식인의 배신의 문제도 논하지 않을 수 없다. 미국 역사에서 보는 것처럼 지식인의 부재와 혁명 부재라는 문제도 검토되어야 할 것 같다.

우리나라 역사에 있어서의 지식인 문제, 물론 그것은 유교적인 전통 사회와도 관계하지만, 그것이 3·1독립운동과 관계되었던 것도 생각해야 하겠다. 그리하여 지식인은 역사에서 영예로운 자리를 차지하였고 4·19나 그후의 역사에서도 지식인과 학생 세력은 혁명 세력으로 등장했었다. 지식인계층의 대두란 원래 봉건사회가 붕괴돼가는 과정에서 나타난 것이 아니겠는가.

학생 세력이야말로 준지식인 세력, 아니 혁명 행동의 전위 세력이라고 해야 했던 것이 아닌가. 아직도 그 여파는 남아 있다고 하겠지만 역시 우리나라 역사에서도 그 경향은 점점 사라지는 것일까. 무혁명의 시대처럼 보이는 요즘 정치사에서는 학생 세력이 어떤 도식으로 나타날 것인가 생각하지 않을 수 없다. 혁명이 요구되는 단계라면 혁명 세력화할 가능성을 가장 농후하게 지니고 있는 것이 역시 학생 세력이 아닌가 생각된다. 마르크스가 말하던 노동자 세력을 오늘날의 혁명에 관계하여 운운한다는 것은 현실적이 아닌 것 같다. 학생 세력은 양적으로 거대할 뿐만 아니라 질적으로 매우 순수하고 전 국민의 심성에서 출발하여 쉽사리 그들의 공감을 얻어낼 수 있을 테니까. 그래서 나는 아직도 무혁명의 시대라고 하면서도 현대사회에서는 학생 세력에 주목한다고 할까.

2013년 10월 31일

그러나 지난날을 생각해 본다면 러시아혁명이 보여 준 것처럼 지식인들을 리더로 했던 혁명 세력이 현실적으로 범한 과오는 너무나 컸던 것 아닌가. 우리 한국에서도 마찬가지였다. 그런데 한편에서는 시대와 더불어 대중의 용기가 계속됐다. 그것은 현실에 대한 절망이나 실망에서 비롯한 체념을 밑에 깔고 있는 세력이며 정치권력에 대한 심한 경멸을 내포하고 있는 것이었다. 그렇다. 그것은 혁명으로 향하던 세대와는 달리 혁명에 대한 짙은 경멸을 가슴에 품고 있었다. 선거라도 있어서 혁명적 미사여구라도 나열한다면 민심은 도리어 저 멀리 가고 만다. 그래도 박정희가 낫다고 하면서 차라리 그의 딸을 선택한 것처럼 말이다. 혁명이니 이념이니 하는 것에 대한 냉소주의에서 비롯한 그야말로 시니시즘의 시대, 반모럴의 시대가 나타나고 있다.

오늘은 정치에 있어서는 반도덕의 시대, 비도덕의 시대라고 나는 생각한다. 모두가 모럴이라는 것을 입 밖에 내기도 주저한다. 우리나라를 포함해서 많은 나라가 그러한 경지에 빠져 있는 것이 아닌가 생각된다. 1967년에 내가 미국에 처음 왔을 때에는 일요일이면 상점들은 거의 문을 닫고 있었다. 남미 사람들이 하고 있다는 초라한 상점들만이 한두 곳 문을 열고 있었을 뿐이었다. 그러나 지금은 문을 닫는 상점이란 거의 찾아볼 수가 없을 정도다. 세상은 그렇게 세속화된 것이라고 해야 할까. 이것이 우리의 관습, 우리의 도덕, 우리의 문화에 그만큼 스며들어 가 있는 것 아니겠는가. 여기에서 정적靜寂과 선과 구별을 찾는 종교가 어떻게 살아남을 수 있겠는가. 그러나 이러한 흐름에 따라 얼마나 많은 오래된 우리의 편견이 사라졌겠는가. 그것에 한갓된 저항을 일삼는 것이 아니라 이제는 종교라고 하면 다시금 나 홀로 자신의 마음의 터전을 찾아야 한다는 것이 아닐까. 한편 세속적인 세계가 종교적인 아름다운 말을 필요하다면 언제나 앗아 가는 것이 아닌가. 지난날의 종교적인 말씀이 오늘 우리의 세속의 언어 속에 범람하게 됐다고 할까.

현실 속에서 종교를 생각하려고 할 때 나는 분명히 갈팡질팡하고 있다. 역사는 우리에게 심한 대중에의 영합을 요구하면서 또 한편 우리에게 격심한 나 홀로의 길을 요청하는 것 같다. 원심력과 구심력이 동시에 작용한다. 잡답雜沓 속에서의 나 홀로의 고독이라고 할까. 이것이 오늘날 문화가 걸어가야 하는 길일 것도 같다. 대중으로의 길이 평면적으로 내 옆에 다가온다고 한다면 고독으로의 길은 수직적으로 내게 위에서 내려온다고도 할 수 있지 않을까. 이 같은 갈등 속에 오늘의 지식인의 삶이 있다고 해야 할 것 같다. 삶의 고단함이여 하고 얼마 남지도 않은 인생을 탄식하게 된다.

2013년 11월 1일

역사에 대한 나의 환상

11월 16일 신문보도를 보면 일본 주간지 『주간 문춘文春』 최신호에 「한국의 '급소'를 찌른다!」라는 기사가 나와서 소란이 일고 있다고 한다. "중국은 싫은 나라지만 외교는 할 수 있다. 한국은 교섭도

할 수 없는 어리석은 나라다"라고 했다는 것이다. 그래서 일본 정부 대변인은 기자회견에서 '다양한 보도가 나오고 있지만 그것(총리의 발언)은 있을 수 없다는 것이 우리의 정식 견해'라고 했다고 한다. 이렇게 말해 놓고 또 한편 관방부장관이라는 사람이 "독도나 위안부 문제에 관한 사실관계에 있어서는 확실히 카운터펀치를 날릴 것이다. 각 부처 국장급이 모여 전략을 다듬고 있다"고 했다는 것이다. 그리고 총리의 측근이라는 사람은 한일 관계 교착 상태를 타개하기 위해 원화를 매점하는 등 풍파를 일으키는 것도 검토하고 있다고 했다.

이런 상황을 종합해 본다면 이런 풍파는 일본의 우익적인 정권이 내거는 거의 상투적인 전략에서 나온 것이라고 보아야 하지 않겠는가. 한쪽에서는 일을 벌여 놓고 또 한쪽에서는 그것을 부정한다. 그리고 다른 한쪽에서는 부정하지 않는 척하면서 압력을 가한다. 이런 낡은 전법을 쓸 정도로 한일 관계가 전락했는가 하고 생각하지 않을 수 없다.

1973년 김대중이 일본에서 납치되어 올 무렵 일본 정부가 알쏭달쏭 애매하게 응수하던 때 발언을 회상하게 된다. 박근혜는 국내외적으로 박정희 정권 마지막 무렵의 모습을 되풀이하고 있고 일본은 그 무렵의 자민당 정권의 대한 정책을 다시 구사한다고 보인다. 동북아시아에 또다시 찾아온 국제 관계의 위기, 정치 · 외교가 땅에 떨어진 시기가 다시 찾아온 것이라고 해야 할 것 같다.

중국도 대일 관계에서 난국에 처했다고 해야 하는 것 아니겠는가. 동북아시아 시대를 전망해야 할 이 시기에 한 · 중 · 일 관계 40년 후퇴라고 해야 하는 것 아닐까 하고 생각하게 된다. 그리하여 동북아시아 내에는 그것을 조정할 수 있는 정치력이 없어서 지난날과 마찬가지로 미국이 개입하게 된다는 것일까. 이 지역의 빈약한 정치력과 외교력을 다시 생각하고 아시아의 앞날을 우려하며 탄식의 숨을 내쉬지 않을 수 없다. 정말 정치 지도자의 왜소화, 열화劣化의 시대이고 정치력이 무력화한 외교 부재의 시대이다. 동북아시아는 역사의 진보를 혐오하는 것처럼 보인다. 새 시대가 찾아올 때 우선 보수 반동으로 대응한다는 슬픈 역사가 아니겠는가. 그래서 우리도 박근혜 정권이 이러한 상황을 운위해야 하는 현실을 타기하고 싶어진다.

2013년 11월 16일

구약성경을 읽으면서 느끼는 생각이지만 그 시대에는 왜 그렇게 간단히 인간을 대량으로 죽였을까. 20세기가 세계적인 전쟁을 두 번이나 치렀다고 해도 인구 비율로 보아 그런 지난 세기들에 비한다면 그 같은 인간 학살이 가장 적었다는 것 아닌가. 그런데 또 한편 현대는 핵무기로 인류 전멸까지 갈 수 있다는 것이다. 그렇지만 그런 핵무기 때문에 우리는 도리어 전쟁을 일으킬 수 없다고 하게 되었다. 힘이 극한에 이르러 무력으로 전환된다고 할까. 역사란 그런 아이러니를 내포한 것이라고 해야 할 것 같다. 그렇지만 아직도 핵무기를 가지고 협박하는 나라, 그런 정치가 존재한다. 정말 그런 광적인 인간 집단이 무서운 재앙을 일으킬 것인가고 세계적으로 감시하지 않을 수 없게 되었다고 해야 한다.

2천 년 전 기독교의 기원에는 바로 이러한 인간 세계에 대한 절박한 외침이 깃들어 있었던 것 아닌가. 천하보다 귀한 개인의 생명이라고 했다. 그것은 그런 비인간적인 시대에 대해서 그야말로 너무 이질적인 복음이었다. 그런데 오랜 유럽의 역사는 그런 기독교를 내걸면서도 인간을 대량학살하는 역사로 몰고 가면서 인간 살해를 충동했었다. 사실 기독교는 유럽에서 그런 정치를 합리화하면서 격려해 왔지 않는가. 오늘과 같은 인간 역사의 조건, 그런 환경이 조성되기까지 인간이 인간을 죽이면서 환호하는 역사는 계속되어 왔다고 할까. 거기에 기독교도 동원되었던 쓰라리고 부끄러운 역사였다.

이제 핵무기 시대에 이르러 인간의 잔인성이 최고조에 달하게 되자 도리어 인간 모두가 무력해졌다고 할까. 참으로 아이러니컬한 역사다. 어떠한 명목을 내걸어도 인간이 인간의 생명을 앗아 갈 수는 없다. 지금까지 인간 역사를 이끌어 가면서 인간의 인간에 대한 배려와 사랑을 실현해 가야 한다는 눈에 보이지 않는 손이 있었다. 인간들이 평화를 이루어 낸 것이 아니라 바로 그런 인간의 눈에는 보이지 않는 역사의 손이 이런 역사를 이루어 내고 있다고 해야 한다. 그런데도 인간은 어리석게도 핵무기를 가지고 자랑하면서 인류 역사를 괴멸로 몰아갈 것인가, 아니면 이런 아이러니컬한 역사를 겸허하게 받아들이고 보이지 않는 손 앞에 겸손한 자세로 나설 것인가.

나는 역시 오늘은 종교의 부름에 인류가 당면해 있는 시대라고 생각한다. 인간의 손으로 역사는 진행된다. 그러나 그 손을 이끌어 가는 거대한 힘, 그것을 신이라고 할 것인가. 우리 인간 모두는 이 좁은 지구 땅에서 짧은 인생을 살다가 갈 뿐이다. 모두가 자기 인생이라는 점点을 살아갈 뿐이다. 그런데 그것이 모두 지금까지 면면히 흘러오는 세계사에 합류하며 그 역사의 의미를 실현하고 있다는 것은 얼마나 놀라운 일인가. 개인의 삶은 거의 무인 것처럼 보이는데 그들이 살고 가는 유구한 역사는 우리가 깨닫지 못하는 무서운 의미를 지니고 있다는 이 엄청난 사실을 어떻게 해석하고 받아들일 것인가. 2천 년 전에 인간의 생명을 앗아 가는 무서운 죄를 고발하면서 인간이 인간을 사랑하면서 살아가야 한다고 한 그 말씀을 이제 인류적으로 받아들일 수밖에 없는 것 같은데 실제는 오늘이 역사상 가장 비종교적인 시대라는 이 모순, 이 아이러니는 무엇을 의미하는 것일까.

인간 생명이란 무라고 생각하는 이 시대에 인간의 생명을 무로 처리할 수 없게 하는 강한 힘이 작용한다. 인간이 스스로 인간의 생명을 존중하겠다는 것이 아니라 나 아닌 남을 없애겠다고 하는 오래된 그야말로 원시 적부터 이어 온 칼 잡은 손을 쓰지 못하게 강력하게 휘어잡는 힘이 작용하는 것이다. 그것을 인식하고 해석하지 못하며 더욱이 그것에 경의를 표하는 인간도 사상도 없는데 그렇게 살아갈 수 없게 되었다니 이 얼마나 놀라운 일인가. 그 운명을 받아들이지 않는다면 누구 한 사람도 예외를 허락하지 않는 인류의 멸망이 온다는 것이다. 이런 개인의 이해를 넘은 우리 운명 앞에서 모두가 서성거리고 있는 것이 오늘의 세계사가 아닌가 생각한다.

누가 이 운명을 자각적으로 살 수 있을 것인가. 오늘의 구원은 어디서 올 것인가. 비종교적, 반종교적인 시대의 극한에 도리어 종교의 빛이 숨겨져 있다고 할까. 정말 그것은 흑암 속에 숨겨져 있는 광명이 아니겠는가. 인류사란 원래 그런 것이며 그것을 보여 주고 설명해 주는 것이 계시라는 것 아니겠는가. 나는 복음의 계시가 이제 분명해지는 것이라고 생각한다. 구약성경의 세계란 인간 살상의 절정을 보여 주는 것이었다. 그러니까 그것을 비추어 보여 주고 그것이 흑암임을 분명하게 해주는 것이 예수의 세계이며 신약성경이라고 해야 하며 그 말씀은 계시, 특수계시라고 할 수밖에 없는 것 아니겠는가. 오늘의 역사 배후에 있는 이 무서운 역사에 오늘의 세계는 앞으로 어떻게 대응해 갈 것인가. 우리는 두려움을 가지고, 표면에 나타나는 한갓된 역사를 바라보면서 하루하루를 이어 가야 하는 것인가. 그것은 폭발하는 화산의 날을 기다리면서 두려움으로 살아가는 인생이 아닌가 생각된다.

어쩐지 종말적인 역사는 오는데 인간은 더욱 비인간화되어 간다고 할까. 이것이 종말론적인 인간 상황일까. 성경은 종말에 대한 준비가 없는 곳에 감쪽같이 그날이 온다고 하는 것 아니겠는가. 나는 더욱더 이러한 상념에서 벗어날 수가 없다. 그러니까 심한 두려움에 사로잡힌다고 할까. 인류사의 종말은 아무래도 파국적인 것이 아닐까 싶다. 저기 보는 인간상, 더욱이 정치적인 인간상이란 반인간의 극치가 아니겠는가 하는 생각을 좀처럼 떨쳐 버릴 수가 없다. 이것이야말로 나 자신의 종말적인 상념이라고 해야 하리라고 생각한다.

2013년 11월 20일

한국에서는 박근혜가 자기가 부정선거를 안기부에 지시한 적이 없다며 거기에 대하여 사과도 언급도 할 필요가 없다고 한다는 것이다. 대통령 후보가 그런 명령을 내릴 수 있다고 누가 말하는 것인가. 한편 일본에서는 특별비밀법이 통과되었다고 한다. 이런 식으로 국민의 양식의 소리는 패배해 가는 현실이다. 그런 시대를 사는 국민의 소리는 어느 방향으로 갈 것인가 하고 생각하게 된다. 그런 정부인 줄 안다면 왜 대정부 투쟁만이 유일한 길인 것처럼 생각하는 것일까. 국민이 뭉쳐서 자기 길을 찾아가려고 해야 한다. 정치력이란 더욱 약화되고 부도덕하게 되어 갈 것이라고 생각한다. 반동적인 정부와 국민의 양심의 소리 사이에 멀어지는 간격은 어디서나 한층 더 확대되어 간다. 집권 세력이란 더욱더 부패한 집단으로 전락해 가고. 여기에서 우리는 정치권력의 힘을 저하시키고 시민의 양심의 힘을 확대해 가는, 그야말로 악한 현실과 대결하는 양식 있는 시민의 힘을 집결할 중심을 키워 가야 할 것 아닌가.

현실 정치에 버금가는 시민의 힘으로 형성된 정치적인 중심을 탄생시켜서 성장시켜 갈 수는 없을 것인가. 지난날에 있었던 비판적인 지식인이라는 산발적인 목소리를 다시 불러일으키고 그것을 점차로 발전시켜서 민간의 정치 중심을 구성해 내는 것이다. 거기서 현실 정치 세력과는 다르게 양식과 양심을 국민에게 보일 수 있도록 말이다. 가령 한일 관계에서라면 일본은 일본의 국민적 양식을 대표하면서도 일본의 정치 세력과는 다르게 새로운 관계를 정말 시민적인 입장에서 공개적으로 추구하고 실질적인 관계를 확대해 가는 것이다. 거기에 한국도 호응해서 한일 시민 연대를 이룩해 내는 것이다. 한일의 정치적 현실에서는 이미 이렇게 시민이 정치권력을 넘어서고 있는 것 아니겠는가.

그것은 결코 경직된 정치 세력이 아니라 때로는 현실 정치 관계자와 대화도 할 수 있고 때로는 거기에 참여도 할 수 있어야 한다. 그런 것이 성장해 갈 수 있다는 전망이 선다면 그것이야말로 역사의 방향이 아니겠는가. 개별적인, 시민적인 저항을 지도할 수 있고 거기에 힘을 더해 줄 수 있는 시민의 힘의 중심, 그런 의미에서의 일종의 시민정부가 요청되는 시대인데 이것이 가능할 것인가. 유럽연합을 지향한 유럽 지식인과 시민의 힘은 그런 방향에 대한 중요한 시도였다고 할 수 있겠는데. 한갓된 조직에 머무는 것이 아니라 시대에 따라 자기 변화를 시도하지 못한다면 역사에서 버림받는 것이 되는 것 아니겠는가.

동북아시아에서는 아직은 한쪽에서는 연합을 말하지만 그것은 한갓된 구호로 그치고 더욱 추한 국가주의로 치닫는 것처럼 보인다. 그러니까 그것과는 다른 시민의 움직임이 있어야 한다. 이런 상황을 방치해 둔다면 과거와 같은 역사가 되풀이되는 것 아니겠는가. 이것에 저항하는 양식의 움직임이란 어디에서 가능한 것이며 그것이 이루어 내는 시민연대란 어떻게 이루어질 것인가. 정말 깊이 생각해야 하겠다.

2013년 11월 26일

어제 김경에게서 이메일이 왔다. 한 달 반 이상 소식이 없었는데 허리가 아파서 꼼짝 못했다고 한다. 나도 그런 고생을 한 이야기를 하면서 회답을 냈다. 그의 메일에는 미국이 일본에게 무기를 사라고 해서 중국은 경계의 눈초리를 보낸다는 문제가 있다고 했다. 나는 답장을 내면서 일본이 미국에 대해서 무역수지에서 대단한 흑자를 내고 있으니까 그럴 것 아니냐고 했다. 미국이 일반적인 무역에서 그렇게 적자라면 그럴 것 아니냐고 나는 생각한다. 중국도 대미 무역에서 대폭 흑자니까 어쩔 수 없다고 생각하는 것 아니겠는가. 무기에서의 우위로 미국은 세계를 지배한다. 그리고 미국의 통상무역에서의 열세를 그것으로 회복하려고 한다. 이러한 전략은 미국의 두뇌집단이 내거는 정략일 것이라고 생각한다. 이것에는 아마 대통령도 따라가야 할 것이라고 하겠다. 카터는 이것에 저항하다가 실패한 것 아닐까. 오바마는 잘 받아들이는 것이 아니겠는가. 이런 현실 정치 배후에 있는 반항구적인 두뇌집단이란 다른 나라에서는 생각할 수도 없는 것 아닐는지 모른다. 그러니까 민주주의를 해나가는 나라들이 안고 있는 정치 구조의 불안전성을 문제 삼지 않을 수 없다. 대통령에게 절대 권력이 주어진다고 한다면 임기 4~5년이 지나면 다음 정권이 어디로 끌고 갈 것인지 모르지 않겠는가. 민주주의하에서의 정권의 교체와 정책의 일관성이라는 문제는 매우 중요한 과제라고 하지 않을 수 없다.

미국에서는 정권이 민주로 가든 공화로 가든 이 점에서는 일관돼 있는 것 아니겠는가. 그래서 이런 문제에 대한 정치적 배려가 여러 가지 행해지고 있는 것 아닐까 생각한다. 나는 우리도 여기에 대해서 슬기로운 대처를 해야 한다고 해왔다. 정권이 어디로 가든 적어도 대북 문제 같은 데 있어서는 일관성이 있어야 하는 것 아니겠는가고. 대미 무역에서 흑자를 낸다면 미국 무기는 어느 정도 사야 한다. 이에 대한 국민의 비판에 어떻게 대처하는가에 정치력이 요구되는 것 아니겠는가. 정치 비판을 하는 사람들은 미국 무기 구매에 반기를 들 것이다. 그러나 미국에 가령 저렇게 범람하고 있는 도요다 차며 혼다 차를 보면 일본은 뭔가 미국 것을 사주어야 하지 않겠는가. 그러니까 미국의 그런 요구는 불가피하다고 하지 않겠는가. 무기는 사용하지 않으면 얼마 가지 않아서 쓸모없는 것이 될는지도 모른다. 그러나 그런 거래란 불가피한 것 아닌가 생각하는 것이다.

이것이 이른바 자유세계라는 것 아니겠는가. 반미는 비판 세력의 자세일 수 있겠지만 정부가 그런 자세라면 어디에선가 반격을 받아 무너지고 말는지 모른다. 국민의 비판과 국가 이익이라는 두 가지 축을 현명하게 처리하는 정치적 슬기에 있어서 김대중도 미국 공화당 정권 앞에서 패배한 것 아닌가 나는 생각한다. 박근혜는 어떻게 견디어 낼 것이고 일본의 아베 정권은 어떻게 대처해 나갈 것인가. 지금 아베 정권하에서는 오랫동안 구축해 온 동북아시아의 대일정책 노선이 산산이 무너지고 있는 것 아닌가. 그리하여 일본은 믿을 수 없는 나라라고 하게 된다. 동북아시아에 그 정도의 이해와 협력의 마당을 이룩하는 데도 말할 수 없는 선의의 노력이 필요했던 것인데. 오바마는 미국 두뇌집단의 생각과 어떻게 관계하고 있는 것일까. 그런 이면이란 알 수 없는 것이지만 거듭 생각하게 된다.

그렇다면 이런 미국의 세계 정략이 언제까지 오늘의 세계 질서를 지탱해 갈 것인가. 나는 상당히 오래 지속되는 것이 아닐까 하고 생각한다. 어떤 의미에서는 이런 현대 상황의 기본 틀이 점점 확고해져 가는 것처럼 내다보고 있다. 중국도 대미 무역 관계에서 보더라도 이것에 편입될 수밖에 없으리라고 본다. 애플인가 하는 미국의 컴퓨터가 중국에서 생산되어 세계로 퍼져 나간다는 것과 같은 데는 미국의 전략도 스며들어 있는 것이 아닌가 생각한다. 아마도 일본 다음으로 이제부터는 중국이 미국의 세계 질서 안에 편입되는 것이 아닐까 생각된다. 일본이 미국산 우수한 무기를 소유하는 국가가 된다면 중국도 그것을 고려해서 군비 확장을 해야 하지 않겠는가. 중국의 군사산업이 미국을 능가할 수는 없으리라고 나는 생각한다.

이런 미국의 전략이 동북아시아 다음에는 어디로 향할 것인가. 남미로 향하는 것 아닐까 하는 생각이 든다. 이것이 미국의 현대 세계에 대한 정략이 아니겠는가. 이제는 전쟁을 일으켜서 무기를 파는 시대는 아니니까. 미국의 무기는 여러 가지 국제적 대립 속에서 팔려 나갈 것이다. 이런 미국의 정략 그 배후에는 보이지 않는 역사의 손이 있다고 느낀다. 현대사 종언의 길이라고 할까. 미국은 군수재벌의 거대한 나라. 누가 여기에 저항할 수 있다는 말인가. 그러나 거기에 관계하는 인간들이란 그 모두가 역사에 잠시 동안 참가해 있다가는 사라져 가야 한다. 그런 데서 미국이 주도하는 평화를 이끌어 가는 보이지 않는 손이 있는 것은 아닌지. 그리고 그것도 넘어서, 나는 모든 인간의 생각을 넘어서 있는, 눈에 보이는 역사를 넘어서 있는, 보이지 않는 세계사의 손을 생각하게 되는데 그것은 물론 종교적인 것이라고 하겠다. 나는 그런 생각을 하면서 이것은 나의 환상이라는 것일까 하고 언제나 자문하게 된다. 역사의 행위자인 인간은 바뀌어 가도 역사의 연속성은 이어져 가야 한다. 이런 현대사의 의미는 하고 거듭 허공을 헤매듯 이것저것 생각하지 않을 수 없다. 내일은 12월 초하루라고 하는데.

2013년 11월 30일

역사란 언제나 우리의 전망을 요구하는 것이지만 그처럼 우리가 전망하고 노력하는 것을 넘어서 우리를 찾아오는 것이다. …나는 한국의 민주화투쟁 때 겪은 나 자신의 경험을 생각하지 않을 수 없다. 민주화운동이 거듭된 좌절에서 '선통일 · 후민주화'라고 주장하려고 했을 때 나는 한사코 '선민주화 · 후통일'을 주장해야 한다고 국내 교회 민주화 세력에게 권고했었다. 그래서 후일 통일 우선으로까지 치닫던 민주화 세력에게 나는 경원시당해야 했던 것을 회상하지 않을 수 없었다. 그 무렵에는 기독교 세력은 대체로 민주화운동의 전면에서는 후퇴했다고 할까. 그것도 급진주의 또는 강경파의 대두로 말미암은 운동의 분열이라고 할까. 한국 현대정치사의 중요한 한 토막이었다.

2014년

김경 선생에게

수상록을 일본에서도 내자고 해서 그동안 일역을 해서 보내느라고 본문을 더 써내지 못했다. 이것은 내 마지막 책, 만 90이 되는 날로 끝을 맺을까 생각한다. 요즘 그다지 책을 읽지 않는 시대라 자비출판으로 해서 수백 부만 찍어 친구들 사이에서나 내 유서처럼 돌려 보았으면 어떨까 하고 있다.

참 오랫동안 생각해 온 것이지만 근래 무척 생각하게 되는 것이 있다. 왜 이곳 젊은 목회자들조차 설교를 할 때 '나는' 하고 '여러분' 하면서 나누어서 말하고 나와 너를 합하여 '우리는' 하고 강단에서 말하지 못할까. '나는 목회자' '나는 주의 종'이요 여러분은 양들로서 나를 무조건 따라야 한다고 하던 우리 초대 교회에서 이어져 온 전통적인 언어구사법이 아니겠는가. 언제부터 이런 말이 설교의 어법으로 정착된 것일까. 나는 주님의 말씀을 대언代言하는 사람이요 당신들은 이 말씀에 복종해야 한다는 것 아니겠는가. 여기에도 한국 교회의 전통적인 경향, 그 역사가 스며들어가 있는 것이 아닐까 하는 생각을 하게 된다.

계몽 시대에 나를 따르라고 하던 선각자적인 자세에서 온 것일까. 또는 미국 선교사들이 자기를 포함해서 한국 사람들과 더불어 우리라고 하기 어려워서 그랬던 것을 우리도 따라 했던 것일까. 이런 것에 대해서 신학교 같은 데서 왜 설교학적인 검토를 하지 못했을까 하고 생각한다. 이것은 설교에서 나는 거룩하고 선한데 그대들은 속되고 나약하다고 하는 것처럼 들린다. 그것은 적어도 현대적은 아니다. 우리 모두가 누구나 할 것 없이 죄인이고 주님을 따라가야 하는데 함께 어려움을 느낀다고 하는 말씀으로 다가오지 않는다.

우리 모두가 같은 인간성, 같은 연약함을 안고 허덕인다는 것이어야 하는 것 아닐까. 나와 너를 구별하는 듯한 그런 어법은 설교 내용까지 지배하리라는 생각을 나는 떨쳐 버릴 수가 없다. 하나님의 말씀 앞에서 설교자 자신이 신자들과 함께 고뇌하는 모습이 거기에는 없는 것같이 보인다.

*

요즘에 일본서 오는 『복음과 세계』(2014년 2월호)를 보니까 지난 12월 25일 크리스마스 날 아침에 신교출판사新教出版社 전 사장 아키야마 노리에秋山憲兄 선생이 세상을 떠났다고 했다. 96세로 휠체어를 타고 다니셨는데 작고하기까지 신약성경 그리스어 사전 같은 기획에 손대고 있었다고 했다.

아키야마 씨는 내 생애에 대해서 결정적인 관계를 가지고 있다.

1964년 봄이었을까, 아마도 그분이 『복음과 세계』의 전신인 『기독교문화』의 편집장이었을 때가 아니었던가 생각한다. 한일 관계가 아직 열리지 않았을 때 서울에 오셔서 나를 불러 주셨다. 내가 막 『사상계』에 들어갔을 때였다. 그것이 내가 1965년 12월에 처음 일본에 가서 시나노마치信濃町 교회에서 모리오카森岡 巖와 만나 신쿄 출판사는 물론 일본 교계가 한국의 민주화를 적극 지원하게 되는 계기가 되었다. 그것이 그후 일본의 이와나미 출판사의 『세계』 편집장 야스에 료스케安江良介에게로 이어졌고 15년간이나 내가 『세계』에다 「한국으로부터의 통신」을 쓰게 되는 데로 발전해 가게 되었다. 일본 교회는 세계 교회와 한국 교회 사이에서 한국의 민주화운동을 중개하는 역할을 했던 것 아닌가. 그것은 우리 생각을 넘은 신의 섭리였다고 해야 하는 것 아니겠는가고 나는 생각해 왔다. 1972년에 내가 일본에 가게 되는데 도쿄대학의 스미야隅谷三喜男가 중개적인 역할을 한 것도 신쿄출판사의 요청으로 된 것이었다.

그 모든 일에 앞서서 한 가지 더 말해 둘 것이 있다. 1965년에 일본에 가기 전 군사정권하에 막 들어간 1961~1962년경 어두운 시대가 아니었을까, 신쿄출판사에 한일 출판계의 교류를 위해서 내가 편지를 냈던 적이 있다. 무슨 생각이 나서 그랬는지 기억에 없지만 한일 관계가 기독교 사이에서는 열려져야 한다고 생각했던 것 같다. 신쿄에서는 편지에 대한 회답은 없이 월간지 『기독교문화』만 한 권 보내왔던 것을 기억하고 있다. 그 일을 신쿄에서도 기억하고 있었는지에 대해서는 서로 이야기를 나눈 적이 없었다.

아키야마의 서거와 더불어 이제는 내 자신의 마지막 날을 생각하면서 이것저것 정리해야 하는데 하는 생각이 든다. 역사 속에서 모든 것은 영원한 망각으로 사라져 가는 것이지만 누구의 마음엔가 무엇인가를 남기고 간다. 그래서 한나 아렌트는 인간이 주고받는 사귄 그 대화에 그지없는 가치를 인정했었다.

김경에게 다음과 같은 회답을 이메일로 보낸다. 이것도 오늘 이 시점에서 기억하고 싶어서 적어 둔다.

김경 선생님

주신 소식 감사합니다. 저도 여기저기 불편한 데가 많습니다. 늙은 탓이겠지 하고 참고 지냅니다. 늙음을 어떻게 사느냐 정말 큰일인 것 같습니다. 금년 안에 수상록을 끝내기까지는 몸을 지탱해야 한다고 생각하고 있습니다.

우리나라 문제에 대해서도 저는 오래전부터 동북아라는 틀에서 보아야 한다고 생각해 왔습니다. 거기에는 EU의 문제가 참고가 되는 것이라고 생각하면서요. 근대 이후 우리의 과제였던 한·중·일 사이에서의 평화적인 역할을 상기하고 한말에서 3·1운동에 이르기까지 우리 선인들이 주장해 온 사상사적인 역할을 잘 되씹어야 한다고 생각해 왔습니다. 우리나라 정치 세력이 아직은 그런 과제를 수행해 나가기 어렵다고 생각하면서 저는 항상 30년 이상이나 노력해 온 EU의 경우를 머리에 떠올렸습니다. 거기에 참여한 지식인의 역할을 생각하면서요.

그것은 당사국들은 물론 미국 등, 세계가 평화를 위한 움직임으로 크게 긍정해 줘야 하는 것 아닐까요. 한국이 그처럼 동북아에서 역사적인 역할을 다할 수 있도록 성숙해 갔으면 합니다. 지정학적으로 보아도 우리가 그래야 하는 것 아니겠습니까. 그것을 위해서는 정부보다도 국민 세력이 먼저 형성되어야 하는 것인데 우선 시작은 교회나 종교 세력이 해낼 수 없을까 하는 꿈을 가지고 있었습니다만 저는 그 시작을 위해서는 오늘이 적기가 아닌가 하고 생각합니다. EC는 1967년 7월부터 움직였던 것 아닙니까.

어제는 이곳 백화점을 다녀 보았습니다. 의복은 중국제가 압도적으로 많았습니다. 국제 관계를 정치적 갈등에서 포기하기보다는 이런 경제 관계, 인간관계에서 가능성 또는 출발점을 찾는 것이 리얼리스틱한 것 아닌가 생각했습니다. 민간 연구소 같은 데서 이니시어티브를 쥘 수도 있을 텐데요. 행동을 위해서는 부정적인 면보다 긍정적인 면을 보고 낙관적이 되어야 하는 것 아니겠습니까. 저는 미국은 현실적으로 그런 가능성을 허용해 줄 수 있는 나라라고 봅니다. 물론 대국들이 서로 양해하고 출발해야 하겠지요.

저는 미국이나 유럽이 유럽의 평화 다음에는 아시아의 평화 특히 동북아시아의 평화를 모색하고 그리고 중남미로 가고 맨 나중으로 아프리카의 평화를 생각한다는 낙관적인 역사를 머리에 그려봅니다. 일본의 2020년도 올림픽은 일본으로 하여금 지금 그들이 가려고 하는 극우 노선으로 향하는 정치 동향을 견제할 도리밖에 없게 할 것이라고 봅니다. 그리고 참 2018년에 우리나라 평창 동계올림픽도 있지 않습니까. 이 모두는 동북아시아의 평화를 위한 기회를 우리에게 제공해 주는 것이 아니겠습니까. 그래서 저는 일본의 아사히신문이나 마이니치신문과 같은 양식 있는 노선은 결코 경시해서는 안 된다고 생각합니다. 그런 방향을 위한 한일 지식인들의 교류가 매우 필요하리라고 생각합니다.

저는 이런 긍정적인 세계 정책을 제시하지 못하는 우리나라 정치 또는 지식인 세력을 퍽 아쉽게 생각합니다. 제가 다소라도 활동할 수 있었던 시대에는 기껏해야 한일 관계의 문호를 트는 정도였지요. 회고해 보면 모두가 그런 한계에 사로잡히게 되는 것이라고 해야 하는 것 아니겠습니까. 생각 있는 개인이 어떤 힘을 발휘할 수 있게 기관이나 세력이 뒷받침해 주지 않는다면 그 생각을 펼쳐 나갈 도리가 없지 않겠습니까. 그런 의미에서 우리나라의 경우 지금까지 기회를 놓쳐 왔다고 생각합니다. 그동안 계속되어 온 정권들이 너무나 그런 역사의식에서 멀리 떨어져 있었던 것 같습니다. 앞으로 좋은 움직임이 나와서 역사적 역할을 다할 수 있기를 기원하고 있습니다. 남의 나라나 남을 바라보기보다는 먼저 우리가 무엇을 할 수 있을 것인가 하는 것을 생각하는 것이 중요하다고 하겠지요. 요즘은 최근에 쓴 글들을 일본어로 옮기면서 소일하고 있습니다. 여기는 지내기에 괜찮습니다. 그럼 오늘은 이만하지요.

2014년 1월 21일

사실 나는 지식인들이 정치를 넘어, 지난날의 틀을 뛰어넘어서 북에게도 어필해야 한다고 생각하고 있다. 남북문제에 있어서도 지금까지의 남북 정치인들이란 책임을 느껴야 하는 것 아닐까. 이런 입장에서 한 번 이곳 이승만 목사에게도 이야기하고 싶다고 생각한다.

*

몇 달이 걸렸을까. 간신히 중국 고전 『금병매』를 일역으로 다 읽었다. 명나라 때 16세기 말엽에서 17세기 초에 이르는 동안에 쓰인 통속소설이라고 하겠지만 그때 중국인들은 이렇게 장편을 구상해 냈다. 우리의 『춘향전』은 그후 250년이 되어서야 나왔다고 하겠다. 『금병매』는 그렇게 긴 소설이니까 역시 중국인들의 긴 호흡을 느끼지 않을 수 없다. 비유교적이며 비논리적인 토속적 불교의 분위기가 깔려 있다고 해야 하는 것 아닌가. 여성의 정조라는 면에서만 보아도 이렇게 분방할 수 있었을까. 한국 특히 조선조의 유교적인 사회에 비하면 중국도 일본도 서민 윤리에 있어서는 더욱이 성적으로 매우 분방했다고 할 수 있지 않겠는가. 이런 견지에서 동양 삼국의 문학을 비교해 보았으면 한다. 그것은 곧 이 세 나라의 전통 사회를 비교하고 이해하는 길이 될 것이라고 생각한다.

중국의 사회가 가장 윤리적으로는 자유스러웠고 한국처럼 주자학적인 견제가 지배하는 일이 없었다. 조선조는 윤리적인 통제로 그 긴 왕조를 지탱했다. 일본은 무가의 통제로 강한 사회 기강이 유지되었지만 조닌町人의 놀이문화 같은 데서는 숨통을 터주었다. 『금병매』에서 결말을 불교적으로 맺으려고 한 것은 그들에게 있어서는 인과응보라는 것이 가장 중요한 종교성이라고 할 수 있었기 때문이 아니었을까. 그리고 삶과 죽음, 그런 인생을 해석하고 설명하는 데는 불교 이외의 길이 없었던 것이 아닌가. 『춘향전』은 이에 비하면 조선조의 유교적인 윤리성을 강하게 드러낸 것 아니겠는가. 한·중·일의 비교사상, 비교문화적인 논리가 그리워진다. 『금병매』에서는 중국의 그 화려한 향락적인 일상생활 속에서 월랑月娘의 윤리성만이 뚜렷했다고 할까.

2014년 1월 22일

일본 도쿄도 지사 선거에서는 역시 집권당 자민당계가 압승했다고 한다. 『뉴욕타임스』에도 나와 있었다. 도쿄도 지사 보수계 시대가 너무 오래 계속된다. 일본 정치 보수계 시대는 생각보다 훨씬 오래 이어지는 것 아니겠는가. 우리나라의 경우에도 박정희계, 경북 보수반동의 시대가 계속되고 있는 것이기는 하지만. 동북아시아에서는 특히 중국이 일본에게 비판을 가하는 시대가 계속되고 있는데, 한국의 경우도 일본과의 관계를 정상화하는 시대란 쉽사리 올 것 같지 않다. 한·중·일 사이에는 섬들을 중심으로 한 영토 문제도 있으니까, 동북아시아 시대는 쉽사리 오지 못할 것 아닌가. 중국은 대이북 문제에서 아직은 동북아 평화의 시대를 열 것을 추구하려고 할 것 같지 않고. 중국은 그렇게 철저한 자국중심주의를 가지고 어떻게 세계를 리드하겠다는 것인가. 일본의 실패에 이은 두 번째의 동북아시아의 실패로 기록될 수밖에 없을 것 같다. 우리도 해방 이후 자국주의를 넘어서 동북아시아의 평화라는 발상의 축을 가져 본 적이 없는 것 아닌가. 그런 역사적 전망이란 생각할 수도 없었다. 그런 속에서 2018년의 평창 동계올림픽 더욱이 2020년의 도쿄 올림픽을 어떻게 치르겠다는 것일까. 나는 미국이 중심이 돼서 동북아의 평화라는 그림을 그리면서 평창 동계올림픽도 도쿄 올림픽도 밀었을 것이라고 생각한다.

일본의 자세란 위기가 오면 움츠러 들어간다는 전통을 쉽사리 벗어나지 못한다. 우리는 위기에서 그것을 극복하고 넘어서려고 한다고 생각했는데 지난번에 박근혜를 선택하는 것을 보고 이제는 다소 부유해져서 중산층이 늘어난다고 하니까 행동의 범주를 달리하게 되었다고 생각할 수밖에 없었다. 거기에다가 지금까지 야당이 집권해서 보여 준 정치에 대한 실망도 크지 않겠는가고 생각했었다. 봄이 오면 또 소란해질 것 아닌가 하는 생각을 지울 수가 없다. 박근혜는 국민 통합을 지향하는 것이 아니라 박정희 시대의 보수 세력으로 승리하려고 했으니까 국민 분열의 시대를 계속 짊어지고 가는 수밖에 없는 것 아니겠는가. 그다음에는 국민 통합의 리더십이 가능해지고 그 힘이 북에도 미칠 수 있었으면 하고 생각한다. 북이란 시대착오적으로 아직도 반대파라고 날조하고는 급습해서 처형하며 그 가족까지 그야말로 삼족을 멸하는 고대사를 계속하고 있는 것 아닌가. 중국은 그것에 어떻게 대응할 것인가 계산하고 있는 셈이라고 할까.

국민이 부모를 만나 함께 살아가겠다는 그야말로 인간 본원의 욕구를 남북이 모두 가로막고 있는 시대가 아직도 계속하고 있는 셈이 아닌가. 도대체 내 부모를 만나겠다는데 그것에 총질하는 국가가 이 지상 어디에 또 있다는 것인가. 그런 감옥과 같은 땅에서 부모는 이제 거의 가고 없다고 하게 되어 가는데. 정말 그것은 잔인한 정치 아닌 폭력이 아니겠는가. 어떻게 가족이 재결합한다는 것을 정치권력이 막는다는 것인가. 인권 위에 정치권력이 군림하는 것 아닌가. 나는 원수를 사랑하라는 말씀을 여기 이국땅에서 외로이 되뇌이고 있다.

2014년 2월 10일

보부아르와 뒤아멜의 미국 기행 등

시몬느 드 보부아르의 『아메리카 그날그날』을 읽었다. 1947년이니까 유럽은 아직 전란 후 가난하고 어지러운 상태에 있었지만 미국은 그대로 안정되고 도시에서는 밤이면 네온이 휘황찬란한 때였다. 그리고 무엇보다도 미국 사회에는 낡은 퓨리턴적인 규제가 도처에 남아 있었다. 보부아르는 미국의 어두운 면을 이것저것 지적했지만 미국의 자연과 인간을 무척 사랑했다. 화려한 명문이고 그야말로 아름다운 기행문이다. 그런 의미에서 지금까지 읽은 토크빌이나 디킨스의 미국 기행문과는 전혀 다른 풍취를 뿜어낸다고 할 수 있다. 무엇보다도 다른 책들에 비해 1백 년 이상이나 뒤늦은 글이었다. 내가 지금 보는 미국이란 보부아르의 그것보다 또 67년 후의 미국인 셈이다

미국은 넓은 땅. 그래서 인간 창조 이전의 토지, 인간의 손질이 미치지 못한 자연이 남아 있었다. 보부아르는 '한 대의 차도 없고

한 사람의 통행인'도 없는 거리를 바라보면서 "프랑스의 중세처럼 멀다"고 했었다. 정말 그는 미국에서 원시를 느꼈다. "주위에서부터 모든 선은 무한한 저 끝까지 이어지고 지평선은 현기증이 날 정도로 광대하다. 인간의 흔적은 어디에도 없다." 그런데도 미국은 뉴욕이나 시카고 같은 거대한 도시에서 보는 것처럼 눈부시게 빨리 움직이는 사회였다. 그것은 원시와 현대가 거리낌 없이 동거하는 정말 다양한 사회라고 보부아르는 느꼈었다. 다음과 같은 미국인의 자세만 해도 그는 놀라지 않을 수 없었다.

> 단지 지나가는 길에서 만난 사람들인데도 대개가 보여 주는 너그러움, 즉석에서 나타내는 따뜻함, 진심이 담겨 있는 소박함으로 나를 감동시켜 주어서 이 3주간 내내 끊임없이 나는 놀라움에 가득 차 있다.

그런데도 그들 특히, 남부 미국인들이 보여 주는 흑인 차별은 말할 수 없는 것이었다. 보부아르는 "미국적인 선의도 여기에서는 작용할 여지가 없다"고 했다. 버스를 탈 때도 흑인들을 헤치고 나가면서 백인이 "검둥이 여자를 먼저 태우지 말아요"라고 고함을 지른다는 것 아닌가.

> 흑인들은 맨 뒷좌석에 얌전하게 몰려가 앉아서는 될 수 있는 대로 눈에 띄지 않게 하고 있는 것이다.

보부아르는 미국의 흑인에 대해서 "그들의 70퍼센트 이상에게 백인의 피가 섞였고 약 20퍼센트에게는 인디언의 피가 들어가 있다"라고 했다. 이런데도 불구하고 백인들은 흑인 차별을 고집했다. 거기에 유대인 차별도 계속되고 있었다. 여기서 우리는 미국의 자연과 역사가 세계사를 축소한 것처럼 이어진 사실과 함께 인종 문제에 있어서도 세계사적 과제를 안고 방황해 왔다고 해야 하는 것 아닐까 생각한다. 보부아르가 다음과 같이 버나드 쇼의 익살스러운 말을 인용한 것은 흥미 있는 일이 아닌가.

> 고자세인 미국 국민은… 흑인들을 구두닦이를 하지 않고는 못살게 해놓고는 구두닦이를 하는 것은 흑인이 육체적·정신적으로 열등하다는 증거라고 말한다.

이렇게 흑인의 문제를 제시하면서도 보부아르는 미국의 양심이 종래에는 그것을 견디어 내지 못할 것이라고 전망했던 것이다. 그는 뉴욕을 바라보고 뉴욕은 미국에 있으면서도 이미 미국이 아니라고 하면서 이렇게 말했다.

> 자신에게만 틀어박혀 만족해한다는 것은 조그마한 거리, 조그마한 나라에서뿐이다. 참다운 대도시라면 국경에서 벗어나오는 법이다.

나는 문득 보수주의를 고집하는 일본 도쿄의 경우를 생각하지 않을 수 없었다. 그리고 우리나라에도 불고 있는 보수주의를 생각하면서 서울이 그래도 의연한 자세를 취하고 있는 것 아닌가 생각했다. 그러면서 우리나라의 경우에는 국민이 보수적이라기보다는 야당이 너무 퇴폐해졌기 때문이라고 생각했다. 그러나 이것은 여야의 문제라고 하기보다는 국민과 정치 세력의 관계라고 해야 하는 것이 아닐까. 퇴폐한 정치 세력 앞에서 많은 사람이 투표에 흥미를 느끼지 않는다고 해야 할 오늘이 아닌가.

보부아르의 미국에 대한 인상을 살펴본다고 하면서도 이렇게 나는 우리나라 국내정치를 생각하게 된다. 사실 보부아르도 제2차 세계대전으로 황폐해진 땅에서 일어나려고 몸부림치는 프랑스라는 생각에서 미국을 바라보는 자신을 어찌할 수가 없었다. 미국의 대학교수에 대해서도 그는 다음과 같이 말한다.

> 대학교수는 이곳에서는 프랑스에서보다 한층 더 희미한 존재다. 그러나 그것은 바로 그들이 전혀 정신적 지도자의 역할을 하려고 하지 않은 데서 온 것이 아닐까.

그리하여 보부아르는 미국은 '거대한 고래' 같다고 하면서 "동부라는 매우 작은 뇌와 끝없이 커다란 몸뚱이를 가지고 있다"고 하는 미국인의 말을 인용하면서 "지적 패배주의의 전통이 확립되어 있다"고 했다. 사실 미국에서는 이름 있는 작가들도 퍽 고독했었다. 그래서 그 당시 미국에는 소외된 좌익 지식인들이 상당히 있었던 모양이다.

보부아르는 미국인을 경멸하는 프랑스인에 대해서 신랄하게 비판했다. "프랑스인의 얼굴을 씰룩씰룩 떠는 안면경련보다는" 미국인의 "나뭇조각 같은 얼굴이 낫다"고까지 했다. 그리고 미국에서는 "독신생활이 유럽에서보다 훨씬 멸시를 받고 있다"고 하면서도 "남자가 여자를 사랑하고 있지 않다"고 했다. 넓은 땅에서 모두가 너무 멀리 떨어져 있고 각자가 자기 일에 몰두하고 있기 때문이 아니겠는가. 그들은 모두가 고독하다고 하면서 보부아르는 다음과 같이 말하기도 했다.

> 미국인은 마음속으로 공명하고 참여하지 않는 한 쉽게 집단적인 규제에 따르게 할 수 없는 국민이라고 나는 생각한다.

*

미국의 복합성. 자연도 원시에서 현대까지 있고 인간 사회도 인종적으로나 사상적으로나 참으로 다양하기 짝이 없다. 여기에서 미국 사회의 역사가 세계의 역사일 수 있고 그 모습이 세계사의 앞날을 보여 주는 것이라고 할 수 있는 것 아니겠는가. 보부아르가 1947년에 본 이런 미국의 모습이 곧 다가올 세계의 모습이 아니겠는가. 그런데 이제는 세계가 우리나라에서 보는 것처럼 미국의 자연과 사회가 가지고 있는 다양성보다는 각박한 현대사회만을 짊어지고 달려기면서 좌충우돌하고 있는 것은 아닐까 생각된다. 내가 미국 사회에서 느끼는 여유란 내 노년 탓만은 아닌 것이 너무나 분명하다. 미국사에 대해서 보부아르가 한 다음과 같은 말을 누가 부인할 수 있겠는가.

> 시간에 있어서 축약되고 공간을 통하여 당당하게 확산되어 가는 이 나라의 역사는 하나의 세계가 창조하는 역사다.

그 역사 속에서 미국인들은 때로는 긴장에 지쳐서 '심장병'에 걸리기도 하고 한없는 '외로움'에 사로잡히기도 한다. 그들은 "모든 가치와 진리의 근원을 자기 안에서 보는 것이 아니라 사물 속에서 본다." 이것은 단지 미국인에 한한 이야기가 아니라 오늘의 세계의 모든 인간에게 대해서 해야 하는 말이 아니겠는가. 이런 의미에서 우리 모두는 아메리카나이즈되어 가는 셈이라고 할까. 그런데 미국에는 그 광대함에서일까, 원시의 자연과 현대의 문명이 함께하는 듯 다양성과 관대함, 자제와 평화와 친절의 여유가 있다는 것이었다. 많은 말을 줄이고 보부아르가 미국을 떠나 프랑스로 향하면서 생각한 말을 몇 가지만 인용해 보기로 하자.

어째서 이 나라를 떠나는 것이 내게는 이렇게도 괴로운 것일까.

우리는 미국인과 다른 형태로 불행하고 거짓된 것이다.

여기는 인류의 장래가 달려 있는 세계의 한 지점이다.

파리는 마치 얼어붙은 것 같다.

보부아르의 이 긴 기행문을 끝맺는 마지막 말은 다음과 같은 한 마디였다.

나는 이제부터 다시 한 번 프랑스를 새롭게 공부하고 그 옛날로 되돌아가지 않으면 안 될 것이다.

이렇게 보부아르는 미국을 보고 프랑스와 자신을 재발견했던 것이다.

2014년 3월 20일

뒤아멜Georges Duhamel이 본 미국 『미국, 그 위협*America : The Menace, Scenes from the Life of the Future*』(1931)을 다 읽었다. 뒤아멜은 프랑스의 의사인데 미국을 보고 와서 1930년에 이 기행문을 쓴 모양이고 다음해 31년에 그 책은 영어로 번역·출판되었던 것이다. 뒤아멜은 서슴없이 당시의 미국을 유럽의 눈으로 비판했다고 해야 하겠다. 낯선 단어가 많아 내가 잘 이해했는지 모르겠다. 그는 자동차의 범람, 시카고 도살장의 모습, 술에 취한 자들의 허둥거림을 비판하면서 미국문명이 보여 주는 대량생산을 위한 기계화의 앞날을 어둡게 내다보았다.

뒤아멜은 미국에 범람해 가는 흑인 문제에 대하여 이것은 백인의 나라로서는 미국만이 안고 있는 문제라고 했다. 지금 6백만을 헤아리는 흑인이지만 머지않아 2천만이 될 것 아닌가. 안내자는 흑백이 혼합을 이루어 낼 수는 없을 것이니까 어디 섬이라도 사서 흑인들을 모두 거기에 실어 갈 생각도 한다고 했다는 것이었다. 그후 미국은 어디로 갔다고 해야 하는 것일까. 미국만이 흑인을 포용해야 하는 것이 아니라 지금은 세계가 이민족의 이민을 안고 고민해야 하는 것이며 이러한 민족 혼합의 문제에 있어서도 미국은 세계사의 선두에 섰다고 해야 하는 것 아닌가.

시카고의 난잡한 거리에 염증을 느꼈던 뒤아멜은 4만~5만 명이 모여든 미식축구에 대하여 "처절하고 야성적이며 배타적"이라고 하면서 도저히 친숙감을 느낄 수 없는 것이라고 아주 경멸하다시피 말했다. 그뿐만 아니라 모든 것이 자동화되어 가는 미국 사회를 보면서 앞으로는 누군가가 씹어서 먹여 줄 것이 아닌가 하고 비꼬았다. 그런 눈으로 미국을 바라보면서도 그는 분명하게 미국이 가는 길은 미국을 선두로 하고 세계가 따라가는 길이라고 했다.

> 이 미국에 의하여 나는 미래에 대해서 묻게 된다. 좋든 나쁘든 우리가 가야 하는 길을 결정하려고 하는 것이다.

그리고 미국과 러시아를 비교했다. 1929년의 공황을 겪고 난 직후니까 그것은 아주 심각한 문제제기라고 할 수 있었다. 그는 미국의 경우는 산업화의 길이라고 하고 러시아의 경우는 정치적 이데올로기적인 것이라고 하면서 러시아는 이미 '전제despotism'를 택했으니까 패배한 것 아니냐고 다음과 같이 선언했다.

미국의 실험은 승리했다. 미래는 확실하다. 거의 문제가 될 것이 없다. 전 세계가 존경하고 있다. 그 길을 가고 완성해 간다면 이제 그것은 실험이 아니라 법과 규정에 의한 완전한 장치다. 그것은 어떤 사람들에게는 방법이고 또 다른 사람들에게는 복음이다.

그리고 뒤아멜은 미국문명이 세계를 뒤덮을 것이라고 하고 혁명은 없다고 하면서 다음과 같이 말했다.

미국도 몰락할는지 모른다. 그러나 미국문명은 결코 망하지 않을 것이다. 그것은 이미 세계의 여주인이다.

*

1930년이라고 하면 제2차 세계대전 전야라고 해야 하는 것 아닌가. 이것은 무서운 선언이라고 해야 하겠다. 오늘 이것을 어떻게 읽을 것인가 하고 생각하지 않을 수 없다. 여기에서 우리는 현대사의 일종의 종말을 보아야 하는 것이라면 인류사를 이 종말에서 다시 해석해야 하는 것이라고 해야 하는 것은 아닐까. 더욱이 기독교적인 역사관, 그 종말론에서는 어떻게 보아야 하는 것인가 하고 깊이 생각하지 않을 수 없다. 어떻게 프랑스의 지식인들이 이처럼 미국론에 집중할 수 있었을까. 독일의 위협 앞에서 미국에 기대를 걸 수밖에 없었기 때문이었을는지도 모른다. 뒤아멜은 유럽에 대해서 다음과 같이 말하지 않았던가.

우리 대륙에는 프랑스에도 다른 곳과 마찬가지로 낡은 유럽 정신이 이미 떠나 버린 커다란 지역이 있다. 미국 정신은 조금씩 그런 지방 그런 도시 그런 가정 그런 영혼을 식민지화한다.

그 어두운 전간시대戰間時代에 어떻게 이렇게 세계사의 미래를 전망했을까. 그리하여 제2차 세계대전 후 EU에의 움직임도 프랑스에서부터 일어났던 것을 생각하지 않을 수 없다. 여기에서 우리는 우리나라의 지정학적 위치와 그에 따른 운명이라는 점에서 동북아시아에서의 역할을 생각해야 하는 것 아닐까 하는 생각이 떠오른다.

2014년 3월 26일

오늘 일본 국제교류기금에서 오랫동안 일해 온 쓰지모토 이사오라는 분이 편집해서 낸 『변함없는 하늘』이라는 단카집短歌集을 다 읽고 나서 그에게 감사하다는 서신을 발송했다. 이 책은 2011년 3월 11일에 일어난 동일본 대지진을 경험한 일본인 55명이 읊은 90수의 단카와 함께 영문 번역을 실은 것이다. 나는 회신에다가 그들이 직접 경험하고 읊은 다음과 같은 단가가 특히 마음에 든다고 했다.

"돌아왔어요" 하고
주인 없는 집에 말을 걸고
그리운 내음에
소리 내어 운다

입학식 호명에
대답하는 낮은 목소리
유영遺影을 안고 있는
어머니 목소리

기립한 어린이들

뒤에서 유영을 안고 있다
입학식에 나온
두 어린이 어머니여

이렇게 세 수를 인용하고는 더욱이 다음과 같은 단가에서 내 자신 젊은 시절 잊을 수 없는 추억을 되새겼다고 했다.

구원의 차열車列에
눈물 북받쳐 와
합장했더니
경례 되돌아와

내 자서전『경계를 넘는 여행자』에 기록한 다음과 같은 일제하 정경이 지금도 내 눈앞에 선하게 떠오른다고 했다. 그것은 지금은 갈 수 없는 북녘 고향땅 젊은 시절의 기억이지만.

어느 날 모내기에 동원되어 일하고 있을 때였다. 멀리 철로 쪽을 바라보니 압록강을 넘어 전쟁터로 가는 열차가 달리고 있었다. 고등과 여학생반을 담임하고 있었던 에가시라江頭라는 여선생도 그 열차를 바라보고 있다가 문득 나에게 "이 전쟁을 죽창으로 막을 수 있을까요?"라고 묻는 것이었다. 전쟁 말기에 일본 수상이 국회에서 총이 없으면 죽창으로라도 적을 무찌를 수 있다고 호언장담하던 시절이었다.

나는 이런 시대에 이런 사상적인 물음에 어떻게 대답해야 좋을지를 알 수가 없었다. 국회에서조차 일본 수상이 "우리에게는 야마토다마시日本魂가 있지 않느냐. 두려워할 것이 무엇이 있는가?"라고 부르짖던 것을 생각하고 나는 잠시 머뭇거리다가 솔직하게 "나도 어렵다고 생각하는데요…" 하고는 어찌할 바를 몰랐다. 그녀도 "저도 그렇다고 생각하는데요…" 하고는 힘없이 먼 하늘을 쳐다보는 것이었다.

일본이 패전을 수락하기 한 4개월 쯤 전이었을까. 물론 그때 그 동료 일본인 여선생은 불온한 말을 했다고 나를 경찰에 고발하지 않았으며 나는 먼 훗날 일본에 갔을 때 그를 방문한 적이 있었다. 쓰지모토에게 이때 기억을 되새겨서 상세하게 쓴 것은 아니었다. 왜 그런지 그때 그 기억이 너무나 선명하게 되살아나서 우리의 삶이란, 또 정치나 전쟁이란 하고 내 자신에게 되묻게 되었던 것이다.

그때야말로 일제하 우리의 하잘것없는 회의어린 물음이란 그야말로 소박한 백성의 마음에서 우러나는 것이었고 정치하는 자들이란 그것을 반국가적이라고 억압하고 무서운 벌을 가했던 것 아닌가. 지금도 그때 눈앞을 달리던 선로가 머리에 떠오르고 주변의 화창한 봄 날씨가 몸에 스며들어 오는 것 같다. 이런 기억 때문에도 나는 정치에 근본적으로 회의적이었던 것이 아닌가고 생각된다. 참 그때 일본군 수송열차가 왜 거기에 역도 아닌데 서 있었을까. 실려 가던 그들은 어디로 갔고 그중에서 얼마나 살아남아서 제 나라에 돌아가 온전한 생을 마칠 수 있었을까. 아무리 생각해도 정치권력과 국민이란 본래적으로 이런 것이 아닌가 하는 생각을 나는 지금도 지울 수가 없다. 그리고 그때 일본의 단카란 그런 정경을 노래했지만 그것은 영원한 인생의 모습을 그려 낸 것이라고 해야 하는 것 아니겠는가 하고 생각한다.

일본인들이란 그처럼 다정다감한데 전쟁에 동원되어서는 그 반대의 극을 달려가야 하는 극한을 살아간 것이라고 할까. 이러한 상극 속에서 일본인을 이해해야 하는 것인지도 모른다. 그것은 일본의 전통사회인 무사사회의 근원적인 모습이라고 해야 하는 것이니까. 여기에 일본의 단카라는 독특한 운문의 세계가 성립했던 것이 아닌가 생각된다.

2014년 3월 31일

환상

생의 마지막에 떠오르는 환상이라고나 할까. 어제 멀리 있는 레이크 슈피리어Lake Superior까지 다녀온 피곤 때문일까. 오래간만에 깊이 잠들었다고 생각했는데 새벽에 눈을 뜨고는 이런 생각 저런 생각에 사로잡혔다. 90을 앞두고 무슨 집념에 이렇게도 나는 허덕이는 것일까. 앞날을 생각하면 죽음이고 체념이고 지난날을 생각하면 회한 어린 환상이고 아픔이라고 할까. 먼저 일본인들과 그들의 시가라고 하면 그들이 일으킨 전쟁, 동양 제패라는 허망한 꿈이 생각났다. 『변함없는 하늘』을 읽은 탓이겠지.

바다 같은 레이크 슈피리어는 얼지 않던 예년과는 달리 금년에는 95퍼센트가 얼었다고 했다. 수십 년 만에 처음이라는 추위였다니까. 미네소타 쪽만이 상당히 넓게 동결되지 않은 고요한 호수에 아직 그 둘레는 눈에 덮여 있는 아름다운 풍경이었다. 어디까지나 흰색, 태고로 환원된 고요의 세계라고 할까.

이 새벽에는 우선 일본 시가에 대한 생각이다. 전쟁에 협력하지 않았던 시가도 있었을 텐데 하고 생각하면서 역시 일본에서는 바쇼芭蕉(1644~1694)를 떠올리지 않을 수 없었다. 어떻게 그렇게도 짧은 17문자 하이쿠俳句의 세계를 확립할 수 있었을까. 이렇게 생각하면서 내가 『서정과 애국』이라는 일본 근대 시가를 일본의 전쟁과 관련 시켜서 다룬 책을 쓰면서 읽어 온 하기와라 사쿠타로萩原朔太郎,

(1886~1942)가 머리에 떠올랐다. 그는 전쟁이 끝나기 전에 생을 마쳤기 때문이었을까, 어용시에는 동원되지 않았고 일본 근대시의 바른 길을 걸어올 수가 있었다. 정말 그것은 근대적인 아름다운 서정과 고뇌에 넘친 시 세계였다. 바쇼나 하기와라처럼 일제 침략에 동원되지 않은 일본의 시세계, 서사시가 아니고 와카나 하이쿠처럼 짧은 서정으로 침묵 속에 삶의 정감을 담으려고 한 운문. 천황제 찬양이나 전쟁에 동원되는 것을 피할 수 있었던 바쇼나 하기와라의 다행했던 나날을 생각하면서 그들에게서 일본적인 문학의 정통을 찾고 싶어진다.

그런 아름다운 서정이 어떻게 전쟁이라는 광기에 동원되었을까. 그러한 광기며 잔인한 일상을 그런 서정으로 미화했던 것 아니겠는가. 인간은 그런 잔인성도 미화하지 않고는 견디지 못하는 것이고 정치는 그것을 교묘하게 이용하는 것이라고 할까. 일본의 시심이란 이렇게 극단적인 서정과 광기 사이를 왕래하면서 차가운 서사의 노래는 배격해 온 것이 아닌가 하는 생각을 지울 수가 없다. 이것이 일본의 무가사회를 수놓아 온 사상적 전통이라고 할까. 그것은 그 사회를 살아가는 서정 우위의 삶의 방식이라고 해야 하겠다.

오늘은 무서운 전쟁에 동원된 채 이른바 충성을 다한다. 그러나 내일은 그런 세상에서 물러나서 아름다운 서정에 몰입한다. 그러면서 이렇게 극단적으로 양립된 삶에 대해서 별로 물으려고 하지 않고 그들은 그것을 운명이라고 체념으로 받아들였다.

왜 그런지 나는 이 아침에 이광수에 대해서 다시 생각하게 된다. 그리고 그가 일본인 소년을 그린 그의 초기 작품에서 보듯이 그는 남색적인 경향을 지니고 있었던 것이 아닌가고 썼던 기억을 되새긴다. 그는 나와 동향이라는 생각이 작용해서일까. 또는 아주 어렸을 때 고향 교회에 와서 어눌한 말씨로 강연을 하던 그의 모습이 잊어지지 않아서일까. 어려서 책을 읽기 시작하면서 그의 소설에서 크게 감동을 받았던 탓일까. 어쨌든 아마 이 모든 것을 합해서 나는 그를 친일부역자라고 간단히 치부하기 어려워서 고민했다고 할 수 있을 것 같다. 그래서 해방 후 남쪽 출신 작가들이 그를 손쉽게 단죄하는 데는 쉽사리 동조하지 못하는 심정이었다.

그는 친일적인 자세를 지닌 채 해방을 맞이했을 테니 어떤 심정이었을까. 우리는 그가 자기 심정을 말한 자기변명의 글월을 알고 있다. 나도 그가 일본에 광적으로 경도되었던 글들을 읽은 기억을 잊어버릴 수가 없다. 북에 납치되어 가서 그는 북의 정권에 협력해서 살아갈 것을 거부하고 삶을 마쳤다는 것 아닌가. 그의 일생이야말로 한국인의 근대사로서 누가 영화로 만들어서라도 조명해 주었으면 하는 생각을 저버릴 수가 없다. 이제는 그렇게 해볼 수 있을 만치 시간도 흘러간 것 아니겠는가.

사실 고백적으로 말한다면 일제하를 산 내 인생 초기 20년도 바로 그랬던 것 아닌가. 중학교 때는 이광수 등 여러 우리나라 문학인의 작품을 읽으면서 스스로 민족주의자라고 자처하고 싶어 했다. 이 무렵에는 모두가 잊어버린 듯이 한국어 책을 멀리하고 있던 친구들은 나를 민족적이라고 하면서 웃고 있었다. 그러다가 나는 소학교 교사 5개월을 내 나름대로 내면적으로 고민하다가 일본에 마음으로부터 협력한다고 했다. 그래서 해방이 되고 나서는 전향자의 고민 같은 것을 느끼면서 지난날에 대한 고백을 아이들 앞에서 해야만 한다고 생각했었다. 그러니까 공산주의체제라고 해서 다시 이승만, 김구를 비방하는 나날을 강요당한 1946년 초, 나는 견딜 수 없어서 소학교 교사를 물러서면서 괴로워하고 남하를 생각하지 않을 수 없었던 것이 아닌가.

주어진 날들을 어떤 체제하의 나날이든 간에 고민하지 않고 살아갈 수는 없었을까. 우리는 그렇게 정치적인 상황에 대결하면서 자기규정을 해야만 했다. 삶의 마지막이 다가오니까 그런 것까지 생각하게 된다고 할까. 독일의 경우는 전쟁범죄라는 자각에서 죄책고백을 해야 했지만 일본의 경우는 그런 자세란 거의 찾아볼 수 없었다. 거기에는 문화와 전통의 차이가 깃들어 있다고 해야 하는 것일까. 이런 뒤늦은 생각이 오늘 이 아침에는 머리를 누른다. 왜 그런지 그런 모든 것이 환상처럼 머리에 떠오른다. 프랑스인 지그프리드André Siegfried의 『현대의 미국*America Comes of Age*』(1927)을 막 읽기 시작한 때문일까. 살아온 역사와 그 고장 인간들의 심성과 생각은 뗄 수 없는 그야말로 운명적인 것이 아닌가 생각한다.

2014년 4월 3일

장뤽크 고다르Jean-Luc Godard의 「시네마의 역사Histoires du Cinema」라는 작품을 비디오로 보았다. 불어로 된 영화로 266분간이나 계속하는 긴 작품이다. 영화의 시작에서 이탈리아 네오리얼리즘을 거쳐 할리우드에 이르는 긴 작품이다. 영화사를 몽타주했다는 영화다. 나는 이 작품을 잘 이해하지 못한 채로 내 멋대로 내 생각을 전개해 보고 싶다. 지금 우리나라와 중국과 일본 사이에서 일본의 전쟁범죄라는 과거사가 문제 되고 있다. 한편 일본의 젊은 세대에 있어서는 그것은 제대로 전해지지 않은 이야기고 그다지 관심이 일어나지 않고 있는 모양이다. 일본 극우 세력은 이것을 좋다고 마음대로 날뛰고 있다. 그래서 아시아와의 관계에 있어서 일본은 지금 전후 최대의 위기를 불러일으키는 것처럼 보인다. 이런 때 고다르의 영화처럼 몽타주해서 과거사를 보여 주는 영화가 있었으면 하는 생각이 든다. 일본의 지난날의 뉴스영화나 본 영화 또는 신문기사 등 사실 그대로를 보여 주고 반일적으로 취급한다고 하기보다는 아시아의 뼈아픈 과거사로서 피차의 마음에 전달하는 것이다. 고다르의 작품은 그때의 비극을 되물으면서 역사란 무엇인가고 그 당시의 작가나 예술가에게 되묻고 있다. 그런 방식으로 일본의 지난날의 죄악을 되묻는 것이라기보다는 역사의 의미를 함께 생각해 보았으면 어떨까 생각한다.

자료를 구하는 단계에서부터 일본에서도 뜻을 같이하는 영화인들이 함께한다. 일본의 잘못을 규탄하고 중국이나 한국의 영웅적인 행동을 칭송하자는 것이 아니다. 우리가 어리석을 정도로 협력한 것도 그려낸다. 그 시대 그 무명無明의 역사를 몽타주해서 제시해 가면서 개탄하고 함께 생각에 잠겨 보자는 것이다. 1990년도 말에 중국 루거우차오盧溝橋 항일박물관을 찾아갔던 기억을 잊을 수가 없다. 1937년 7월 7일, 루거우차오사건이 일어나 일본의 중국 침략이 본격화하는 중일전쟁으로 번져 갔던 바로 그 발단의 땅이었고 그 다리 아래 그 모래사장이었다. 그 많은 전시물, 특히 생생한 기록들은 우리가 다시 보고 생각해야 할 것이었다. 그것은 일본 군벌들의 턱없는 생각의 결과였고 일본 국민은 그것에 환호했던 것 아닌가. 비극은 중국인의 헤아릴 수 없는 죽음뿐만이 아니라 일본인의 그 많은 죽음이기도 했지 않는가.

정말 역사에 무슨 의미가 있는 것인가. 거기에 사는 인간들의 생각을 넘은 초월적인 의미가 있는 것이라면 먼 훗날에 가서야 우리 인간들은 어렴풋이 그 의미를 머리에 그리게 된다고나 할까. 그렇다면 그 역사에 인간들은 인간을 넘은 힘에 의하여 동원되는 것이라고 할까. 그것은 인간이 지닌 어쩔 수 없는 숙명이라고나 할까. 정말 역사란 무엇일까 생가하고 또 생각하지 않을 수 없다.

2014년 4월 10일

어제 교회에서 홍사훈 교수를 만나니까, 얼마 전에 내가 이민 교육학도 있을 수 있지 않겠는가고 말하자 그럴 수 있다고 했는데, 자기가 이번에 난민 교육학이라고 할 프로젝트를 생각해서 연구비를 신청했다고 하는 것이었다. 미군이 군사 활동을 하던 동남아 등지에서 상당히 많은 사람이 이민으로 미국에 들어왔다. 그들의 자녀가 자칫하면 미국 교육에서 낙오되어 종당에는 사회문제거리가 될 수 있는데 거기에 대한 특별한 교육적 배려가 있어야 한다는 생각에서 그것을 대상으로 연구 검토하는 교육학을 생각한다는 것이었다.

사실은 그런 문제란 미국만이 안고 있는 것이 아니지 않는가. 그것은 전 세계적인 오늘의 문제라고 해야 한다. 우리나라에서도 동남아 여자들과의 결혼에 따른 문제가 크게 일어나고 있다. 북을 탈출해서 남으로 온 가족 어린이들의 문제도 있고 그들의 학교에 대한 적응 문제가 일어나고 있지 않는가. 이런 문제는 오늘 전 세계적으로 일어난다고 해야 한다. 이 문제에 있어서도 미국 사회는 세계에 앞서서 당면하고 있는 셈이다. 사실은 미국은 건국 이래 이민 문제와 함께 당연히 이민 교육 문제를 생각해 오지 않을 수 없었던 나라가 아니겠는가. 나는 미국은 그런 문제에 대해서 전향적으로 대응할 수 있는 자세를 가지고 있지 않겠는가고 했다. 교육학도 새로이 일어나는 사회적인 문제와 더불어 발전해 가야 한다.

여기에서도 미국은 선구적으로 모델을 제시해야 한다고 생각한다. 그리고 그것은 곧 잃어버린 한 마리 양을 찾아간다는 성서적인 자세와 관계되는 것 아니겠는가. 여기에 일반 교육학과 기독교에 있어서의 선교학과의 접선이 있다고 하겠다. 그런 교육학은 선교학적 기초 위에 세워진다고도 할 수 있다. 그러므로 교육학과 기독교 선교학의 만남과 대화가 성립되어야 한다. 그런 면에서도 사실은 이민 교회는 자신의 신학을 수립해야만 한다. 자기 신학의 형성 없이는 자립된 교회가 있을 수 없다. 그런 선교학적 신학이 정립된다면 그것을 가지고 조국의 교회와도 그리고 미국 내의 미국 교회, 나아가서는 세계 교회와도 대화할 수 있지 않겠는가고 나는 생각한다.

이런 생각을 하면서 집에 돌아와 저녁에는 미국에 유학 온 젊은 이들의 문제를 생각하기 시작했다. 옛날처럼 유학을 하면 귀국하여 우위를 차지하던 시대는 지나갔다. 나 자신을 위한 공부라기보다는 봉사할 수 있는 학문이라는 생각에서 이제는 조국을 향해서는 물론 세계를 향해서 선교적인 뜻을 가진 학문을 생각해야 하는 것 아니겠는가. 이런 의미에서 동북아시아 삼국 중에서 가장 기독교적인 배경을 가졌다고 할 수 있는 한국 유학생들이 새로운 비전을 가져야 할 것 아니겠는가. 그래야 조국에 돌아가서도 국내 일반 인재들과는 다른 역할을 할 수 있을 것이 아닌가 생각된다. 여기에 동북아시아 삼국에 있어서 가장 기독교적인 배경을 가진 국가라고 할 수 있는 한국에 새로운 문화 풍토가 이루어진다는 가능성도 있는 것이 아니겠는가. 그런 기독교적인 사명감 또는 선구적인 역할을 생각해 나아가야 하겠다.

여기 미국에서는 일본에서 생각하던 것과는 달리 생각하게 된다. 나 자신의 선교적인 역할이 아직 남아 있는 것 같은 느낌을 되씹는다. 일본에 있을 때와는 다르게 내 노후가 끝나 간다고 할까. 그러면서 잠 못 이루는 밤을 보내야 했다. 문득 바울사도의 20년이 넘는 선교 활동을 생각하고 그의 사상의 빛깔이 어떻게 노년이 되면서 짙어져 갔을까 하고 더듬고 싶은 생각이 났다. 바울은 더욱 부드러워지면서도 권위 있어졌으며 헌신적이 되어 가서 그야말로 "힘에서 힘으로from strength to strength" 더욱 전진했다고 주석서에는 기록되어 있는데 좀 더 성서학적으로 추구해 보았으면 한다. 나는 일기에다가 "불타는 젊은 시절과는 달라서 이제는 모두가 서글프기만 하다"고 했는데. 젊은 시절의 정열적인 사색이라고 하기보다는 이제 내 경우에는 띄엄띄엄 이런 것을 생각하면서 나의 삶은 아직 그래도 의미를 부여받고 있으니 감사하다고 해야 하는 것이 아닐까. 오늘도 가벼운 두통은 계속되고 있지만.

2014년 4월 14일

나는 어렸을 때부터 기독교의 영향에서였을까, 아무리 오늘이 어두워도 비교적 낙관적이었다고 할 수 있었다. 하나님이 역사를 주관하신다는 막연한 생각이 마음속에서 작용하고 있었던 것이었을까. 그렇게 절망하지 않았다고 할까. 삶에 대한 집념이 그렇게 강하지는 않았는데도. 가난한 삶이었다. 역사에 대해서는 역사적 사실보다 역사의 흐름에 마음이 끌려갔다. 그래서 역사라고 하기보다는 역사철학에 관심이 있었다고 하겠다. 전쟁에서 죽을 것을 두려워하는 동료들을 "아무리 전쟁터라고 해도 열 중 여덟아홉은 살아남는 것 아닌가. 하는 수 없이 1~2할에 속해서 죽는다고 해도 이 하잘것없는 인생, 죽어서 없어지는 것도 좋지 않은가"라고 위로하려고 했다. 아무 생각 없이 그야말로 우연히 그렇게 생각한 것에 불과했다. 모든 상황과 조건 중에서 나는 언제나 희망적인 것을 기대하려고 했고 그러면서 또 한편에서는 죽어도 좋지 않을까 하고 생각하려고 했던 것 같다. 그 밑바닥에는 역시 기독교 신앙이 깔려 있었고 어려운 삶 속에서 죽어도 한이 없다는 체념 속에서 살아온 것 같다. 오늘 죽을지도 모른다는 일종의 실존적인 생각에 사로잡혔지만 낙관적이고자 했다.

역사, 참 기이한 것 아니겠는가. 역시 눈에 보이지 않는 손에 의해 지배된다고 해야 하겠다. 문득 이런 생각이 떠오른다. 인간의 정복욕 때문이라고 해야 할까, 인류사에서 인간은 언제나 남을 정복하려고 해 왔다. 세계사를 한 번 생각해 보자. 공산주의가 패배한 오늘의 역사 속에서 아시아에서는 몽고의 세계 정복 그리고 근세의 일본의 세계 정복욕을 생각한다고 할까. 일본은 히틀러의 정복욕에 참여하지 않았는가. 유럽에서는 포르투갈, 스페인과 네덜란드의 야욕을 넘어서 영국의 야망, 히틀러와 무솔리니의 야욕과 소련 공산주의의 이름에서의 세계 정복 야심, 그러고 나서 미국의 세계 지배, 모두가 그 역사적 성격을 달리한다. 친미적인 생각이라고 공격을 받을지 모르지만 나는 미국의 세계 지배는 단순한 지배로의 길이 아니라 세계 통합으로의 길이라고 생각한다.

여기에서 지금까지의 세계사의 종말을 보는 것이라고 해야 하겠다. 이것을 세속적인 인간사에 대한 일종의 완성이라고 생각해 보려고 한다. 그다음은 그야말로 인간이 이룩하는 세계사가 아니라 하나님이 지배하는 인간 공동체의 삶이라고 할까. 구약성경에서 보는 것처럼 어리석은 인간의 몸부림은 계속되겠지만, 그 세계는 지금 아무리 그려 보려고 해도 그려 낼 도리가 없다. 지금까지도 세계사의 흐름이란 그랬던 것 아닌가. 정말 어떠한 세계사가 이어질 것인가. 훨씬 고도한 인간성을 찾아가는 세계, 아니면 인간사의 종말일까. 인류사의 종말이란 누구도 뜻하지 않는 날에 이 지상에 돌연 임해 올 것인가. 그 징조는 있지만 우리는 그날이 오기까지 분간하지 못한다는 것이 성경말씀이 아니겠는가. 지구에도 시작이 있었다면 종말도 있을 것 아니겠는가. 그러니까 아우구스티누스는 『신국론』을 생각할 수밖에 없었던 것 아닌가 생각된다.

2014년 4월 25일

지그프리드의 미국론

성인이 된 미국이라고 할까. 지그프리드의 불어로 된 책을 영역한 『현대의 미국』을 읽었다. 미국이 유럽 이민을 받아들이면서 성장해 간 과정을 자세히 더듬을 수가 있었다. 미국을 성립시킨 그 복잡한 민족과 종교적 배경의 차이가 상세하게 기록되어 있었다. 남부 개신교 세력이 구교 세력을 배척해 온 과정을 잘 알 수가 있었다. 그러니까 1963년에 케네디 대통령이 암살당할 수밖에 없었다고 할까, 그 배후에는 1866년에 시작된 쿠 클럭스 클랜Ku Klux Klan 같은 극우 종교 세력이 있었다고 했던 것 아닌가. 그런 상황에서 미국은 오늘까지 성장해 왔다고 할까. 지그프리드는 인종 문제만 해도 다음과 같이 쓸 수밖에 없었다.

> "북부든 남부든 어디에 눈을 돌려도 해결의 길이란 없어 보인다. 인종 문제는 우리가 다만 공포를 가지고 들여다볼 수밖에 없는 심연이다."

그러나 미국은 지금 흑인 대통령이라는 정치적 고비를 넘어서고 있다고 해야 하는 것 아니겠는가. 여기에 미국이 리드하는 오늘은 영국이 지배하던 지난날의 세계와는 질적으로 다르다고 해야 할 것 아닌가 생각한다. 문제가 없다는 것이 아니다. 있다고 하여도 넘어서 갈 것이라고 하는 것이다. 그리고 이것은 미국이 당면한 문제일 뿐만 아니라 이제는 세계가 당면한 문제이기도 하다. 미국은 여기에서도 선두에 서서 달리고 있다. 인종 문제에 있어서도 경제 문제에 있어서도 세계 통합을 비롯한 세계정치의 문제에 있어서도 미국은 그런 짐을 지고 있다. 지그프리드는 이 모든 문제에 있어서 1920년대, 즉 제1차 세계대전 후 제2차 세계대전 전야의 미국을 더듬어 보았다고 하겠다. 이제는 소련도 없는 오늘, 지난 3세기에 걸친 유럽의 세계 지배의 역사를 제1차, 제2차 세계대전을 넘어 미국이 지배한다는 시대가 아니겠는가. 지그프리드는 그것을 지난날의 영국 지배와 연결시켜 앵글로색슨의 세계 지배로 보려고 했지만 나는 그것과는 달리 세계질서의 발전이라는 관점에서 생각하려고 하는 것이다. 무엇보다도 역사의 진보라는 관점에 나는 서려고 한다. 미국의 달러의 경제와 군사력이 지배하는 시대이고 인류가 공멸할 수도 있다는 핵무기 하에서 평화와 교류를 내세우지 않을 수 없게 된 오늘의 역사다. 지그프리드의 논의를 더듬으면서 어떻게 그것과 비교해서 오늘을 논할 수 있겠는가고 생각한다. 그가 언급한 '황화黃禍, Yellow Peril'와 '대량생산'에 대해서만 조금 생각해 보고 싶다.

그 당시 일본은 중국과 함께 취급되는 것을 무척 견디기 어려워했었다. 지크프리드는 중국의 3천 년 역사를 내세우기도 했다. 그러나 그는 백인과 황인의 대결이라는 구도를 철저하게 고집하는 사람이었다. 그러면서 미국이 영국과 더불어 가는 앵글로색슨의 세계를 전망했다. 그런 입장에서 그는 다음과 같이 세계사를 내다보았다.

> 미국인은 조만간에 앵글로색슨족의 지도력이 될 것이다. 그러나 전 백인종의 지도자가 되는 날은 훨씬 뒷날일 것이다. — 343쪽

그러면서 그는 황인종을 배격하던 1920년대 미국을 지지했지만 그런 생각이란 그대로 현대사에서 유지될 수 없는 것이었다. 그는 미국의 대량생산의 문명에 대해서는 의문부를 던지면서 이 책을 다음과 같은 말로 끝냈다.

> 이 비상한 국면에서 우리는 유럽과 동방 양쪽의 심리에 공통된 어떤 특징을 보게 된다. 그래서 우리의 논의는 말하자면 포드와 간디의 대화라고 하는 것으로 확대되어 가게 된다. —353쪽

저자는 동양인 미국 이민에 대한 미국의 경계심에 찬동을 표하면서도 포드와 간디의 대화라는 발상에 이를 수밖에 없었다. 그는 대량생산이 던지는 인간 개성의 무시와 문명의 대중화와 천박화를 경계하면서 이런 마지막 말을 제언으로 내세운 것이었다. 그렇지만 오늘 미국의 사회는 세계의 오늘의 문명 속에서 가장 여유를 내포하고 있다고 해야 하는 것 아니겠는가. 그런 점에서 미국은 간디의 정신성과 대화할 가능성을 어디에서보다 보여 주고 있다고 할는지도 모르겠다. 미국의 대량생산은 세계 산업의 기준이라고 해야 할는지 모르지만 그런 의미에서는 미국의 기업이 세계 어느 나라 기업보다 종업원에게 여유를 주고 있다는 것을 어떻게 보아야 할 것인가. 그리고 포드로 대표되던 미국의 자동차 산업 또는 세계적인 기업이 사양화하고 1920년대의 황화의 대상이었던 일본의 도요다가 미국에 있어서도 자동차 산업의 상징이게 되었다는 것을 어떻게 생각해야 할 것인가.

먼로주의의 미국은 어디로 갔다는 것일까. 많은 말을 생략하고 한 마디로 줄인다면 지그프리드가 성인이 된 『현대의 미국』에서 바라보고 염려한 것과는 다른 세계와 미국이 그 시대로부터 1백 년 가까운 세월이 흘러간 오늘, 우리 눈앞에 나타나고 있다고 해야 하는 것이 아닐까. 우리가 예상했던 세계와는 다른 세상이 나타나고 있으니까, 역사란 얼마나 깊은 뜻을 내포하고 있다고 해야 할 것인가. 역사란 언제나 우리의 전망을 요구하는 것이지만 그처럼 우리가 전망하고 노력하는 것을 넘어서 우리를 찾아오는 것이다. 그것을 겸

허하게 우리는 받아들여야 한다고 하는 것 아니겠는가.

*

나는 이 책을 E. H. 카의 명저 『역사란 무엇인가』(1961)에 따라서 『한국의 현대사란 무엇인가』라고 하려고 한다. 이 책은 체계적으로 현대사에 대해서 물어 가는 것은 아니다. 한국이라는 풍토 속에서 하는 말이지만 그것은 나 자신이 겪는 역사를 향해서 내가 거듭거듭 그 의미를 물어온 과정이라고 할 수 있다. 그것은 맹인들이 한 가지 해답을 거부하는 우화의 코끼리와도 같은 것이었다. 나는 그렇게 느끼면 느낄수록 더욱더 내 물음을 계속해야 한다고 생각했다. 물론 오늘의 세계사 속에서 남북으로 분단된 채 부질없는 진통을 겪고 있다고 보이는 한국의 현대사를 향해서 주로 물어왔다. 1960년, 우리의 4·19가 일어난 해에 미국의 역사 속에서는 아일랜드계 가톨릭 신자인 케네디 대통령을 선출하고 미국의 리버럴은 그렇게 환호했었다. 그러나 곧 1963년에 다가온 텍사스에서의 그의 죽음. 그리고 뒤이은 1967년의 그의 동생 로버트 케네디의 죽음. 이것을 예고나 하듯 지그프리드는 미국의 역사 속에서 아일랜드계 이민이 겪어야 하는 운명을 그리면서 아일랜드 출신 가톨릭은 기껏해야 미국의 지방선거에나 머물러 있어야 한다고 했다. 그러면서 '교회'란 다음과 같은 운명을 지닌 것이라고 했을 때 나는 프로테스탄트의 한 사람이지만 놀라지 않을 수 없었다.

> 교회는 세계 어느 나라에서나 보수적인 영향을 대표한다. 도덕적 무질서에 대해서는 가족을, 방임에 대해서는 질서를, 혁명에 대해서는 소유를 대표한다. — 264쪽

이것은 특히 그 당시의 남미의 가톨릭을 염두에 두고 한 말이 아

니었을까. 나는 한국의 민주화투쟁 때 겪은 나 자신의 경험을 생각하지 않을 수 없다. 민주화운동이 거듭된 좌절에서 '선통일 · 후민주화'라고 주장하려고 했을 때 나는 한사코 '선민주화 · 후통일'을 주장해야 한다고 국내 교회 민주화 세력에게 권고했었다. 그래서 후일 통일 우선으로까지 치닫던 민주화 세력에게 나는 경원시당해야 했던 것을 회상하지 않을 수 없다. 그 무렵에는 기독교 세력은 대체로 민주화운동의 전면에서는 후퇴했었다고 할까. 급진주의 또는 강경파의 대두로 말미암은 운동의 분열이었다고 할까. 그것은 한국 현대정치사의 중요한 한 토막이었다.

이런 생각을 이어가다가 불현듯 한 가지 생각에 사로잡혔다. 박근혜 세력은 박정희 잔당을 모을 수 있는 한국 민주화 역사에 있어서의 마지막 반동의 불꽃이 아니겠는가. 그렇게 해서 낡은 세력은 사라지는 것 아닌가 하고 생각했다. 다음 세대는 그 군사 지배의 시대에 대해서 거의 기억도 하지 않을 것인데. 인간 역사란, 시간이란 이처럼 냉혹하고 어떤 의미에서는 허무한 것이라고 해야 할는지도 모른다.

2014년 5월 29일

『북회귀선』을 읽고

헨리 밀러Henry Miller의 『북회귀선*Tropic of Cancer*』(1934)을 일본어 번역으로 읽었다. 그는 1891년생이니까 이 작품은 그의 초기 작품이라고 해야 하지만 그때 그는 이미 40세를 넘긴 나이였다. 그는 절망 속에서 죽음을 생각하다가 유럽으로 파리로 갔었다. 북회귀선, 그곳이 인간의 눈을 떠난 무질서한 곳인 듯 결국 도피해 가야 하는 지대였으니까. 이 책을 읽으면서 나는 상당한 인내심을 가져야만 했다. 그의 기발한 표현이나 수식을 검토한다면 상당한 노력을 해야 하는데 모두 적당히 넘겨 버렸다고 할까. 인생철학을 펼치는 것 같은 난삽한 문장이 계속되는가 하면 권말에 프랑스 여성을 버리고 미국으로 남몰래 돌아가는 필포어를 그리는 것 같은 문장은 거의 다른 작가들의 문장과 다르지 않은 특별한 비약이 없는 극히 상식적인 문장이었다. 이 작품에는 그런 문장과 아주 의도적으로 구상한 비상한 것 같은 수식이 계속되는 문장이 섞여 있다고 하겠다. 그런 두 종류의 문장이 장소를 달리하여 뭉쳐 있는 것 같았다.

여러 매춘부와의 관계가 이어지는 정도라는 생각에 나는 이 소설을 다 읽어 낼 필요가 있을까 하고 생각했지만 끝까지 참고 읽고 나니까 밀러의 다른 작품들도 읽고 싶은 심정이 되었다. 이 작품에 대해서 문학적으로 내가 무엇을 말할 수 있겠는가. 1934년, 제2차 세계대전 전야, 미국에도 미국 탈출을 바라는 세대가 있었던 시절이 아니겠는가. 두 곳만 인용해서 생각해 보고 싶다. 밀러는 프랑스와 비교해서 미국은 다음과 같다고 했다.

> 바다 저쪽에서는 사람들은 언젠가 합중국의 대통령이 될 것밖에 생각하지 않는다. 잠재적으로는 모든 인간이 대통령이 될 수 있는 그릇이다. 여기(프랑스)에서는 다르다. 모든 인간이 잠재적으로 보아서는 제로이다. 만약 무엇인가 된다면 그것은 우연에 속하는 것이다. 기적이다. 태어난 교향을 떠난다는 것 같은 기회란 천에 한 번밖에 없다.

나는 어쩐지 한국에서는 대통령이란 누구나 되는 것이라는 '착각'이 오래 계속되어 온 것이 아닐까 생각한다. 한국은 양반과 상민이라는 구별은 있었다고 해도 일본에 비하면 엄격한 계급이란 없었던 사회라고 할 수 있지 않을까. 이런 생각이 좀처럼 가시지 않는다. 그런 한국사회에 있어서 해방, 6 · 25, 남북분단으로 전통사회가 여지없이 무너진 것을 생각하게 된다. 그리고 갑작스럽게 하잘것없는 존재가 자기를 대통령이라고 부르라고 강요하게까지 된다. 그래서 반일의 애국자 시대는 지나가고 지난날의 친일파까지 대통령의 자리를 차지하게 되었지 않는가. 대통령에게 카리스마란 전혀 없는 오늘과 같은 시대를 우리는 어떻게 살아갈 것인가 하고 이제는 생각하게 된다.

필모어는 프랑스 여인에게서 도주하게 되지만 미국의 '퓨리턴 얼굴을 한 녀석들'을 증오하면서도 그렇게 열광했던 프랑스에 대하여 다음과 같은 비난을 하게 되는 것 아닌가. 1930년대 초만 해도 자기 나라를 떠나 외국에까지 나가는 경우란 자기 나라 식민지가 아니라면 그다지 흔하지 않았을 것 아닌가. 이 작품속의 주인공들은 미국을 혐오하다시피 떠났지만 프랑스 생활에서 다시 탈출한다. 프랑스 여인에게 대해서 다음과 같은 말을 하면서 도주하는 것이다.

> 그들은 잔혹하고 욕심꾸러기다. 처음에는 놀랍게 보인다. 그런 것은 자유감을 맛보기 때문이야. 얼마 되지 않아 싫증이 난다. 마음속 깊이에서는 일체가 죽어 있다. 어떤 감정도 없고 동정도 없으며 우정도 없다. 그들은 뼛속까지 이기적이다.

이 소설 마지막에는 미국으로의 귀환이라는 징후가 나타난다. 조국으로 귀환하고 싶다는 심정은 미국인에게만 있는 것이 아니라 외국인이라면 누구에게도 있는 심성이라고 하겠지만. 미국인에게도 그것은 향수처럼 따라다니는 것 같다. 현대사와 미국 또는 '미국관'이라는 것을 연구 과제로 삼고 싶어진다. 머지않아 해방 69주년, 일제시대의 배나 되는 세월이 해방과 남북분단의 날로부터 흘러갔다는 것 아닌가. 남북이 이제부터는 더욱 거리가 멀어지는 것이 아니라 점점 가까워지는 거리가 될 수밖에 없으며 그렇게 되어야만 한다. 역사에는 영구한 체념이란 있을 수 없는 것 아니겠는가.

2014년 6월 28일

민주주의 그리고 민족주의

일본 와세다대학 대학원에 다니는 요시다 유키吉田有希에게서 이메일이 왔다. 한국에 있어서 군사정부 시대에 전개되었던 민주화운동을 남아의 만델라, 미안마의 아웅산 수치의 경우 그리고 중국의 문학자 루쉰과 함께 연구하겠다는 것이었다. 그래서 나는 정치가 개인에 대한 연구보다는 그들의 투쟁전선이라고 할까, 그런 집단 또는 국민의 투쟁을 비교해서 연구했으면 좋겠다고 하면서 아놀드 토인비와 크레인 브린튼에 대한 연구를 예로 들었다.

토인비의 경우는 1776년 미국의 독립운동이 지구를 몇 바퀴나 돌면서 근대혁명을 불러일으켰다고 한 것을 예로 들었고 크레인 브린튼의 경우는 『혁명의 해부』에서 미국독립혁명, 프랑스혁명, 러시아혁명을 비교하면서 논했던 것을 생각했다. 크레인 브린튼의 연구 후에 20세기 후반에서 21세기 초에 걸쳐서 일어난 세계혁명을 비교해서 논해 준다면 얼마나 좋겠는가고 했다. 그 시대에 프랑스의 학생혁명, 스페인과 그리스의 혁명 같은 것도 있기는 하지만 대개가 비유럽에 있어서의 혁명이니 우리가 연구를 시도해 보는 것도 좋은 일이 아니겠는가고 했다.

그러면서 나는 미국의 독립운동이 민주주의를 지향했고 그후 미국 정치가 거기에서 동요되지 않았던 것을 중요하게 생각하지 않을 수 없었다. 프랑스혁명은 나폴레옹 전쟁을 불러일으킬 만치 얼마나 동요했는가. 이제야 프랑스혁명은 안정의 길에 접어들고 있다고 할까. 미국의 혁명은 보수와 진보 사이를 오락가락했을지 모르지만 민주주의의 길을 벗어나지 않았다. 우리의 민주주의도 지금까지 아무리 희미한 길을 걷고 있다고 해도 이제는 전제정치로 환원하는 일은 없을 것 같다. 4·19는 다음 해 군사정권의 전제를 불러일으켰지 않는가.

이런 관점에서 생각한다면 근대국가로서의 미국의 선진성을 역시 말할 수 있는 것이 아닐까. 대통령 암살 같은 실패한 적은 있었지만 민주주의라는 길은 벗어나지 않았으니까. 그래서 미국이 민주주의 국가 모델이 되고 있다고 하게 된다. 그런 의미에서도 현대사가 사실은 미국을 중심으로 움직인다고 할 수 있는 것 아니겠는가. 세계사로서의 현대가 미국을 중심으로 움직인다고 하는 것이 정치적 현실이고 소련이 구호로서 외친 평등 사회란 사실은 무서운 힘으로 강요된 부자연한, 비역사적인 말하자면 인간의 자의에 의한 사회가 아니었던가.

역사는 종당에는 자연적인 흐름으로 귀착하는 것이다. 그러니까 오늘 다수라면 권력을 독점한다는 부자연한 민주주의도 극복해 가야 하는 것이다. 합리적인, 선의의 합의만이 민주주의 사회로 가는 길이 아니겠는가. 미국은 1960년대의 급진적이라고 할 수 있는 민권운동은 일단 거부했지만 대통령 오바마에 이르는 길을 허용했기 때문에 민주사회일 수 있었다. 한국도 박근혜의 반동의 시대를 넘어 그러한 길에 들어설 수 있어야 한다. 이것이 바로 성숙된 민주주의 사회라고 하는 것 아니겠는가. 말하자면 혁명이 없는, 혁명의 시대를 넘어선 민주사회다. 여기서도 미국은 앞서가고 있다고 하는 것이고 후진 민주국가들은 이런 미국의 뒤를 따르고 있다고 해야 하게 된다. 이런 의미에서 미국사의 선진성을 이제 우리는 확실하게 인정해야 한다.

그럼에도 불구하고 미국사의 부정적인 면을 지적하지 않을 수 없다. 세계의 고급 두뇌는 미국을 지향하고, 세계 교육 자체도 미국을 지향한다. 미국의 두뇌만이 아니라 세계의 두뇌가 미국으로 집결한다.

*

그런가 하면 미국의 군사적 우위는 어떻게 생각할 것인가. 미국은 무기 수출로 그 경제를 지탱하려고 하는 것인가. 그렇다면 이슬람도 중국도 이러한 미국의 국가 이익에 봉사하고 있다는 것 아니겠는가.

이러한 인간사회의 모순, 그런 모순이 지니는 세계사의 양면성, 이것은 인간 역사의 한계성이라고 할까, 에니그마라고 할까. 그런 생각을 하면서 요시다에게 보내는 편지에도 썼다. 출판문화의 전성시대도 지나간다. 컴퓨터의 시대를 어떻게 하겠는가. 서간문이 문학적 가치를 말하던 시대는 이미 완전히 지나가 버렸다. 컴퓨터 통신은 간결하고 편리해야 한다. 아름다운 수식의 문장은 고문으로 화해 갈는지 모른다. 그것은 국문학 시간에는 남아 있을는지 모른다고 하겠지만 우리의 평범한 삶 속에서는 사라지는 것이게 된다. 그것을 우리는 문명의 전진이라고 해야 하는 것인가. 이런 문명의 질주를 이제는 물끄러미 바라보고만 있어야 한다. 아무런 후회도 없이, 나는 내 마지막 책을 자비출판으로 해야 한다고 생각하면서.

2014년 7월 10일

나는 근래 1776년의 미국의 독립과 1789년의 프랑스혁명을 비교하면서 여러 가지를 생각한다. 프랑스혁명은 미국의 독립에서 배우면서 그후 13년이 지나서 일어난 것 아닌가. 토인비는 미국혁명이 세계를 몇 바퀴 돌았다고 했다. 프랑스혁명은 그 자체도 몇 번이나 반혁명을 경험해야 했고 근대 유럽에서 갖은 풍파를 겪어야만 했다. 프랑스 정치의 민주적 안정이란 제2차 세계대전 이후까지 프랑스의 과제였던 것이 아닌가. 그것은 정말 유럽이 혼란 속에서 많은 혁명과 반혁명을 거쳐 가면서 찾아가야 하는 머나먼 길이었다. 그것은 다수의 국민, 각종의 인종이 민주주의 속에서 함께 살아가게 되어 간다는 오늘의 역사가 더듬어 가야 하는 길이 아니었겠는가. 그것은 다가올 세계사의 선구이고 실험이었다.

미국의 혁명은 그것이 수립한 민주주의를 배반하지 않았다. 진보와 보수라는 대립은 있었어도 그것은 민주체제 안에서였다. 우리나라의 경우는 일단 민주주의의 길을 간다고 하다가 1961년 이후 1988년까지 27년 가까운 반동의 시대를 거쳐야 했던 것 아닌가. 그 후부터 누리기 시작한 민주주의. 박근혜도 그 아버지의 전제정치에는 돌아갈 수 없다. 이제는 한국의 정치사는 민주주의의 길을 걸어가는 것이다. 그의 집권이 끝나면 어느 정당이 집권하든지 민주주의를 더욱 지켜 내야 한다고 할 수밖에 없는 것 아니겠는가. 이미 정권의 힘은 약해졌다. 그것과 비례해서 국민의 힘은 강해졌다고 하겠지만 그것은 분산되고 약화되었다고 할까. 지식인과 시민연대의 저항 세력이란 민주주의를 갈망하던 지난날의 힘이었던 것 아닌가. 앞으로 어떤 민주주의가 실제로 가능한가를 주의 깊게 바라보아야 하겠다.

이제 미국에 온 지도 2년 2개월이나 됐다. 미국에 있어서의 한국 사람들이 얼마나 고독해하는가를 다소 알 수 있을 것 같다. 국내 상황을 되돌아보고는 그래도 미국 생활이 다행하다고 모두 자위하고 있는 듯하다. 국내에서도 아직 특히 자녀교육에 있어서는 미국을 지향하고 있다. 나는 1세기가 넘는 옛날 우리의 이민이 미국에 왔던 때를 회상한다. 하와이 사탕수수 재배 이민도 미국에서 반일 세력화되는 것을 두려워한 일본 당국은 곧 우리의 이민을 중단시켰지만.

다시금 미국에 있어서의 도산의 역할을 생각한다. 오늘에 있어서도 그런 지도력이 있어야 할 것 같다. 도산은 기독교 신앙을 가지고 있으면서도 교회에 속하려고 하지 않았다. 그것은 교회에 아이덴티파이 되면 동포 전체에 대한 지도력으로서 역할을 하는 데 문제가 있다고 생각한 때문이었겠지만 사실은 교회 자체가 지나치게 폐쇄적이라는 데도 문제가 있었던 것이 아닐까. 오늘도 교회가 미국에 사는 사람들을 위한 상호 교제와 서로 위로를 받기 위한 장소이기는 하지만 그 이상의 지도력을 발휘하지는 못하는 것 같다. 미국에서 동포들을 위한 지도력뿐만 아니라 국내와의 관계에 있어서도 지도력을 발휘할 수 있도록 어떻게 키워 가야 하는가 하는 문제는 금후 중요한 과제가 되는 것이 아닐까. 미국 사회에서 탈락해 가는 교포들을 위해서도 그렇다.

왜 한국 사람들은 근대사 이후 밖으로 나아가는 것을 그렇게도 선호했을까. 물론 가난했기 때문이었겠지만. 그러나 밖으로 나아가서도 강한 조국지향성을 잃지 않았다. 일제하의 가난한 조국이었으니까. 강한 신분지향성을 우리는 지녔던 것이라고 할까, 현대적으로 말하면 출세지향성이라고 해야 할까. 그래서 우리는 조국이나 고향을 떠나서 자유를 찾았던 것이 아닌가 생각된다. 가난만이 아니라 고향이 가하는 한계를 견딜 수 없는 억압이라고 생각해야 했던 것 같다.

언젠가 우리나라 한 무용가가 일본 무용은 그 몸짓이 중심으로 모이려고 하는데 한국무용은 밖으로 퍼지려고 한다고 하던 말이 생각난다. 한국인의 외향성과 일본인의 내향성이라고 할까. 그러면서도 한국인은 먼 땅에서 조국을 향해 눈물지어야 했다면 일본인은 섬나라에 갇혀 있으면서 먼 땅을 향해 아련한 동경의 눈길을 보내고 있었던 것일까. 나는 임진왜란에 있어서 이런 일본인들의 바깥 세계와의 만남이라는 것이 얼마나 처참했는가를 생각하게 된다. 그리고 만주에 간 우리 농민들이나 독립군의 그 불타던 조국을 향한 눈길을 회상한다.

어찌면 오늘 남북으로 분단된 조국에서 우리는 남으로 북으로 아직도 이런 눈길을 보내고 있다고 해야 할는지 모른다. 이런 근원적인 민족의 눈길을 망각한 정치 세력이란 정말로 정치적 야망으로 민족을 배반하고 있다고 해야 한다. 소박한 근원적인 민족심에 돌아가지 않고서는 통일을 논할 자격이 없다고 해야 하는 것 아닐까. 원래 한국의 전통에서는 정치란 악한 자들이 민중을 배반하고 자기 이익을 추구하는 것이라고 생각해 온 것 아니겠는가. 식민지하에 있었던 조국을 남북으로 분단한 채 69년이라니. “악한 위정자들의 세력이여” 하고 탄식하지 않을 수 없다.

동서독의 경우에서 보아온 것처럼 통일이란 저 대립해 있는 총칼 쥔 세력을 무시한 채 콘크리트 벽을 무너뜨리고 성큼성큼 분단선을 넘어서는 데 있는 것이 아니겠는가. 정치가 무너져야 통일이 온다. 이 민족이 민중의 근원적인 열망을 억압하려고 떠들어대는 정치의 논리에 이제는 더 견딜 수 없어 하는 것 같다. 통일이여, 그것은 인간의 잔인한 궤계가 무너지면서 찾아오는 것 아니겠는가. 인간이 통일을 만들어 내는 것이 아니라 인간의 반통일적인 정치와 궤계에도 불구하고 역사의 힘으로 그것은 다가온다고 해야 하는 것 아닐까. 긴 세월 참고 견디어 낸 민심이 이제는 점점 한계점에 도달하는 것 아닌가 생각된다.

*

영국의 석기시대의 비디오를 보면서 생각했다. 3천 년 전 선사시대에 인간은 태양숭배를 했다. 그러면서 인간은 철저하게 자신들은 땅에 속한 존재라고 생각했다. 그래서 죽으면 땅으로 돌아간다는 것이었다. 땅에는 인간의 화복을 주관하는 인간의 힘을 능가하는 여러 가지 신이 있다고 생각했었다. 이것은 아마 선사시대의 거의 인류 보편적인 종교적 신앙이라고 해야 하는 것 아닐까.

기독교는 이것을 부정했다. 태양 같은 자연신을 부정하고 이른바 인격신을 전제했다. 그리하여 지상에 있는 여러 신은 부정했다. 일신론이 되지 않을 수 없었고 지상과의 관계에 있어서는 수육설受肉說을 취하고 유일신이 지상에 내려온다고 했다. 그리고 그 신은 이 지상의 시공을 넘은 세계로 되돌아간다. 인류의 최후를 지상으로 정하지 않고 부활설을 취하고 인간이 신의 세계에서 신과 더불어 사는 삶을 상정했다. 신이 창조한 세계니까 그 세계에는 시작이 있었던 것처럼 종말이 있다고 생각했고 그날에는 인간과 신이 공존하게 된다고 내세웠다. 무엇보다도 그러한 세계관에서만 인류의 선악이라는 모럴이 정립되고 그것이 힘을 발휘할 수 있다고 생각한 것이다.

그러니까 그것은 출발부터 자연신론적인 다신론과 대립하지 않을 수 없었다. 그들의 종교는 신이 자신을 계시한 데서 왔다고 하면서 계시종교라고 해온 것이 아니겠는가. 인간이 생각한 종교는 신이 계시한 종교 앞에 머리를 숙여야 한다고 하면서…. 이것이 자연종교와 계시종교의 수천 년에 걸친 대립의 근거라고 해야 한다. 인류의 삶이 채집경제나 농경사회에 한정되어 있을 때에는 그것은 사활이 걸린 싸움이 될 수밖에 없었다. 오늘과 같은 복잡다단한 일상생활에서는 그것을 망각하거나 도외시할 수 있겠지만 긴 우주사에 있어서 이유 모를 짧은 삶을 살다 가야 할 인간으로서 한 번은 걸음을 멈추고 생각하지 않을 수 없는 것 아니겠는가. 노후의 허무감 속에서 나도 이제는 은근히 그런 상념에 사로잡히게 된다.

이곳에 사는 한국 교포들이 서울을 다녀와서 거의 이구동성으로 하는 말이 "복잡해서 한국에서는 못 살겠어"라는 말이 아닌가 생각한다. 사실은 그렇게 이곳 외로운 삶을 긍정하는 것이다. 내가 보기에는 이곳 삶이란 고립되어 있는, 정말 백인과도 흑인과도 벗하는 사람이 없는 외로운 삶이고 직장에서는 다만 노동력을 제공하고 보수를 받는 데 불과하다. 그 외로운 삶을 견디어 낼 수 있는 연결이 있어야 하는데 옛날에는 도산의 애국운동 같은 뜻 있는 운동이 있었을 것 아닌가. 오늘 이곳 교회가 그런 사귐을 충분히 이루어 내지 못하고 있는 것이 아닐까. 마음속 깊이에 뚫려 있는 공동. 그러니까 형무소에 간 입양 고아들 그리고 총격사건도 있는 것 아닌가.

그런데도 국내에서는 아직도 미국에 대한 동경이 있는 것일까. 해방 후 가난한 때에는 재일교포도 선망의 대상이었다. 그러나 점점 생활이 나아지자 그들을 도리어 멸시하거나 동정하려고 했는데 재미동포에 대한 감정도 그렇게 변화해 갈 것인가. 아직도 미국에는 직업의 기회가 열려 있고 유학하면 귀국해도 유리하다고 생각하는 것일까. 무엇보다도 국내에서는 영어를 필요로 하고 있다고 하겠지만 이런 상황도 점점 변해 가는 것이 아니겠는가. 한미 관계가 앞으로 어떻게 발전해 갈 것인가. 미국이 아직은 기회의 땅이라는 환영을 지니고 있다고 하겠지만. 미국에 사는 한국인의 고독, 그 소외감이 아직은 한국 교회의 선교 과제가 되어야 한다고 나는 생각한다. 이곳에 고립되어 있는 저 이념 없는 교회들을 바라보면서.

2014년 7월 17일

유럽 공동체가 걸어온 길을 바라보면서

나는 1972년에 일본에 갔을 때부터 유럽이 공동체로 가는 길을 보면서 우리도 동북아시아 공동체, 아시아 공동체의 길을 찾아가야 한다고 해왔다. 어떤 의미에서 그것이 선진국을 자랑하는 일본을 설득할 수 있는 논리라고 생각했다. 일본에 대해서 국가주의 노선에서 그들의 과거를 비난하기만 해서는 안 된다고 생각한 것이다. 그때는 아직도 반공적인 연합을 말하는 시대였지만. 그것만이 한국에서 북을 바라보는 눈이어야 하겠는가고 생각 했었다. 박정희가 내세우는 대북 적대노선이 범하는 무서운 잔인성에 몸서리치면서.

그 당시 한반도를 남북으로 갈라놓고 대결하는 모습이란 지난날 봉건군주가 서로 대립하던 모습과 무엇이 다를까 하고 생각하지 않을 수 없었다. 이미 그런 속에서 우리는 수많은 동족을 살해한 잔인한 민족사를 무거운 짐으로 지니고 있는 것이 아닌가. 1990년대에 와서는 동서독의 통합을 보면서 우리도 어떻게 하면 무혈통일의 날을 맞이할 것인가 하고 생각했다.

나는 역사란 무엇인가 항상 물어 온 것이 아닌가. 일제지배하에서 그리고 해방이라는 역사 속에서 거의 죽음의 길도 마다하지 않고 살아와야 했다. 지난날 그 많은 오류를 범해 온 것을 생각하면 부끄러운 일생이라고 해야만 한다. 1960년대 말경에 미국에 와서 콜롬비아대학의 마거릿 미드의 강의를 들으며 나는 월남전에서 패배한 미국의 현실을 바라보고 미국에도 로마의 말로가 찾아오고 있는 것 아닌가고 했었다.

그러나 드디어 나는 낡은 주권의식을 벗어 버려야 한다고 생각하기에 이르렀다. 이제는 내 이익을 주장하는 것이 아니라 어떻게 피차가 협조하고 공동의 이익을 찾아가는가 하는 것이 문제라고 한다.

거기에 보이지 않는 신의 손이 있다고까지 생각하게 되었다. 우리나라에서는 민족 또는 민족주의가 지난날의 일제지배하에서 겪은 경험 때문에 그렇게도 아름다운 향수마저 자아내는 것 아니었던가. 그러나 이제는 적어도 동북아시아 삼국 사이에서 우리나라가 가장 절실하게 동북아시아 공동체를 말하는 것 아니겠는가. 지정지리학적으로 그렇다고 해야 하겠다. 그래서 3 · 1운동에서도 가장 절실하게 동양 평화를 말했던 것 아닌가.

역사란 무엇인가. 우리의 역사의식과 실제 역사와의 사이에 벌어지는 괴리. 우리의 역사에 대한 생각이란 우리의 자의적인 소망이 깃들어 있는 아집의 역사관이었던 것 같다. 일본 사람들이 그들의 대중문화에 대한 한국의 시장을 개방해 줄 것을 얼마나 집요하게 요구했던가. 우리는 일본 문화 침략에 대한 방어라고 해서 이에 대해서 얼마나 저항했고. 그러나 현실은 어떻게 되었는가. 오늘은 우리 대중문화의 아시아에의 진출과 일본 문화의 아시아에서의 후퇴라는 상황이라고 할까.

2014년 9월 18일

나는 이 부족한 단편들 마지막에서 이 땅에 있는 남북의 정치권력자들 그리고 중국이나 일본의 권력층에 대해서도 개인 서신 형식으로 호소하는 글을 쓰고 싶다고 생각해 왔다. 그러나 그것이 부질없는 노력이고 웃음거리에 불과할 것이라고 생각해서뿐만 아니라 이제는 그런 글을 쓸 내 호흡이 거의 다한 것이 아닐까 생각한다. 펜을 놓으면서 한 가지만 더 첨가하고 싶다.

오늘의 유럽 통합으로 가는 길은 1957년의 유럽경제공동체로부터 40년 이상이 소요된 것 아닌가. 아마 우리 동북아시아 삼국이 통합으로 간다고 한다면 그 이상의 세월이 걸릴 것 아닌가. 아직 출발도 못하고 서로 대립하고 있으며 그런 이념과는 먼, 아직 굶주림이 도사리고 있는 우리나라 북녘 땅이 있고…. 그러나 나는 동북아에 그러한 평화와 번영이 찾아올 것이라는 꿈을 가슴 깊이 품고 있다. 그래서 지난날에는 '당唐에 의한 평화'가 있었는데라고까지 해 왔다. 역사란 현재에서 과거를 생각하고 현재로 되돌아오며 미래를 전망하는 것 아닌가. 정치가 자기 이익을 내걸고 그런 역사에 저항한다고 해도 그날은 온다. 역사를 움직이는 보이지 않는 손을 다시 상기해 보기로 하자.

그 평화의 날에 지난 쓰라린 날들을 회고하면서 피차가 웃음으로 담소할 수 있기를 바라고 싶다. 국가라는 이름으로 남을 적으로 삼고 증오하던 시대여, 어서 저 멀리 사라져 가기를 손 모아 빈다. 우리들은 그런 시대에 피땀 흘리며 살아갈 수밖에 없었던 불행한 인간들이었다.

2014년 10월 1일

인간은 참으로 길고 고된 길을 걸어왔다. 개인에서 가족으로 그리고 부족에서 국가로 그리하여 인류로 성장해 왔다. 개인과 개인 사이, 가족과 가족 사이, 부족과 부족 사이, 국가와 국가 사이는 쟁투나 전쟁을 마다하지 않는 대립과 경쟁의 마당이 아니었던가. 이런 인류사에서 본다면 유럽은 어디까지 왔으며 또 동북아시아는 어디까지 왔다고 하겠는가. 더욱이 우리 남북관계는 어디에 머물러 있다고 할 것인가. 선인들이 말한 것처럼 인류의 집단적인 성장이 개인 성장의 길을 되풀이해 온 듯도 한데.

한 생명은 천하보다 귀하다고 했지만 그것은 국가주의의 소란 속에 묻혀 버려야만 하는 보잘것없는 작은 소리에 지나지 않았지 않는가. 이제 그런 소란을 부정하는 시대가 싹트기 시작한다. 그런 불빛이, 아직 밤 어둠이 짙다고 해도, 먼동 트듯이 솟아오르는 날을 내다보면서 희망을 가지고 떠날 수 있다는 것을 감사하고 싶다. 평화 절대 우위, 총칼을 거두자. 이런 생각, 저런 생각이 있지만 모두가 한 가지 평화를 찾는다는 마음으로 모일 수 있는 것 아닌가. 평화, 화해 위에 서서, 서로 다른 생각이 있다고 하여도, 오손도손 이야기를 나누어 가면서 80 평생 살다가 간다는 평범한 삶의 지혜를 확인하자. 이것이 참다운 민주주의의 길이 아니겠는가. 유럽은 오랜 쟁투의 시대 끝에 이 길을 찾아냈고 우리도 이 길을 가기로 마음을 모아 가야 한다고 할 수 있는 것 아니겠는가. 한반도에서 우리가 이런 시대에 앞장설 수는 없을 것인가. 그것은 오랜 우리들의 염원이 아니었던가. 역사적으로도 지정학적으로도 이런 지혜, 이런 겸손한 자세가 먼저 우리에게 요구되는 것 같다. 3·1독립선언서에서 이런 민족의 고뇌가 짙게 묻어나는데 하고 다시금 역사를 되돌아보지 않을 수 없다. 개천절의 날이 밝아 온다.

2014년 10월 3일

(속)나의 정치일기 한국의 현대사란 무엇인가

초판 1쇄 2016년 10월 28일

지은이 | 지명관

펴낸이 | 고화숙
펴낸곳 | 도서출판 소화
등록번호 | 제13-412호
주소 | 서울시 영등포구 버드나루로 69
전화 | 02-2677-5890
팩스 | 02-2636-6393
홈페이지 | www.sowha.com

ISBN 978-89-8410-484-6 03910

값 24,000원